国家社会科学基金重大项目结项成果（15ZDB092）

· 俄罗斯文学与文化研究丛书 ·

张杰　主编

"万物统一"的美学探索：
东正教与俄罗斯文论

张　杰　管月娥　著

中国华侨出版社

·北京·

图书在版编目（CIP）数据

"万物统一"的美学探索：东正教与俄罗斯文论 / 张杰, 管月娥著. — 北京：中国华侨出版社，2023.1

（俄罗斯文学与文化研究丛书 / 张杰主编）

ISBN 978-7-5113-8731-8

Ⅰ.①万… Ⅱ.①张… ②管… Ⅲ.①东正教—研究—俄罗斯②俄罗斯文学—文学评论—理论研究 Ⅳ.①B976.2②I512.06

中国版本图书馆 CIP 数据核字（2021）第 265600 号

"万物统一"的美学探索：东正教与俄罗斯文论

著　　者：张　杰　管月娥

丛书主编：张　杰

出 版 人：杨伯勋

责任编辑：高文喆　桑梦娟

封面设计：毛　增

经　　销：新华书店

开　　本：710毫米×1000毫米　1/16 开　　印张：26　　字数：313 千字

印　　刷：北京天正元印务有限公司

版　　次：2023 年 1 月第 1 版

印　　次：2023 年 1 月第 1 次印刷

书　　号：ISBN 978-7-5113-8731-8

定　　价：125.00元

中国华侨出版社　　北京市朝阳区西坝河东里77号楼底商5号　　邮编：100028

发行部：（010）64443051　　传　真：（010）64439708

网　　址：www.oveaschin.com　　E-mail：oveaschin@sina.com

如发现印装质量问题，影响阅读，请与印刷厂联系调换。

民族精神的铸造：东正教与俄罗斯文学

　　文学以其独特的艺术审美形式承载着厚重的历史文化积淀和深邃的民族精神，经典的文学创作和批评为国家构型，为民族铸魂。俄罗斯文学，特别是 19 世纪俄罗斯文学，在东正教的深刻影响下，在俄罗斯的国家和民族形象构建过程中，使得西方知识界对俄罗斯的认知发生了转变，由怀疑到叹服，由鄙视到欣赏。俄罗斯不仅以地大物博跻身于世界大国之列，更是以其灿烂的文化，尤其是文学艺术，让世界为之惊叹。

　　沿着俄罗斯东正教文化批评理论家和俄罗斯经典作家的探索轨迹，我们不难发现他们均经历了由实在生活走向虚幻精神的殊途同归。只不过前者是由研究自然科学、经济学、法学等实在科学向宗教、神学的转向，后者则是把对现实生活的体验转化为虚构的文学作品。而恰恰是以"救赎"和"博爱"为本质特征的东正教精神将他们连接在一起，共同构筑俄罗斯民族的精神大厦。

　　在 20 世纪的两头，即 19 世纪末至 20 世纪初和 20 世纪末至 21 世纪

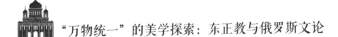

初，当俄罗斯社会发生剧烈动荡和社会变革的转折时期，俄罗斯的东正教文化均处于极其活跃的时期。探索民族的出路，重构民族的价值观，已经成为思想家和作家的共同追求。

"俄罗斯文学与文化研究丛书"是国家社会科学基金重大项目（15ZDB092）研究的最终成果，于2021年5月24日通过国家哲学社会科学工作办公室组织的评审（证书号：2021&J078），等级为良好。该丛书由五部专著组成，每个子项目为一部分，独立成书，具体如下：《"万物统一"的美学探索：东正教与俄罗斯文论》《保守主义、东正教与俄罗斯国家形象构建》《"聚和性"与俄罗斯文学经典》《东正教与俄罗斯民族语言研究》《陀思妥耶夫斯基主义引论——东正教与陀思妥耶夫斯基创作研究》。

本丛书重点探究，19世纪以来，在东正教的积极影响下，俄罗斯文学中的民族精神的建构问题以及这一构建所导致的俄罗斯文学艺术形式的变化，同时揭示俄罗斯文学如何以独特的艺术形象对东正教的"弥赛亚"意识、"聚和性"意识等核心思想的丰富，以期为当今我们崇尚个性发展，注重个体自身价值的社会，特别是我国的文艺创作和批评，提供值得借鉴的参考。

一、国外与国内：研究现状的回溯

俄罗斯研究现状

在俄罗斯，东正教与俄罗斯文学的研究热潮，复苏于20世纪末苏联解体前，这显然与当时苏联意识形态环境的剧变和庆祝罗斯受洗（公元988年）一千年密切相关，后来热潮有所降温。许多研究成果不只是见诸于大学学报、科学院刊物和文学杂志，而且更多发表在解体后蓬勃发展的教会刊物中。1992 年，在俄罗斯科学院高尔基世界文学研究所举办了"普希金与基督教文化"的学术研讨会，这是苏联解体以后首次举办的此类研讨会。1994 年，论文集《论普希金传统阅读资料》出版。该文集将普希金（Пушкин А.С.）的创作还原到东正教的文化背景中来研究，带动了普希金和其他俄国诗人、作家的东正教思想研究。1993 年，彼得罗扎沃茨克大学主办了"18—20 世纪俄国文学中的福音书文本"国际学术研讨会。此后，该研讨会每三年举行一次，而且会议的时间被特意定在了 6 月份的宗教节日——圣灵节期间。从第八届研讨会（2014 年 6 月）起，会议更名为"俄国文学中的福音书文本"全俄学术研讨会，第九届研讨会于 2017 年 6 月举办。不少与会者认为，俄国传统文化的灵魂根基是东正教，俄国文学文本的创作中心之一是福音书。因此，他们依托普希金、莱蒙托夫（Лермонтов М.Ю.）、果戈理（Гоголь Н.В.）、陀思妥耶夫斯基、布宁（Бунин И.А.）、勃洛克（Блок А.А.）、布尔加科夫（Булгаков М.А.）、帕斯捷尔纳克（Пастернак Б.Л.）、普拉东诺夫（Платонов А.П.）等人的创作文本，从宗教文化的传统与习俗、文学对宗教文本的直接引用及间接联想、艺术题材、情节、体裁等角度入手，就俄罗斯艺术创作的宗教特征、俄国文艺文本与基督教的相互关系等命题展开了深入的研讨。每一届大会都收到了众多高质量的论文，比如：扎哈罗夫（Захаров В.Н.）的《俄罗斯文学中的基督教现实主义》、叶萨乌洛夫（Есаулов И.А.）的《基督教传统与艺术创作》与《勃洛克后期的神秘主义与苏联文学的开端》、多罗菲耶娃（Дорофеева Л.Г.）的《〈伊戈尔远征记〉与普希金的〈上尉的女儿〉中的救赎思想》、嘉里切娃（Гаричева Е.А.）的《陀思妥耶夫斯基的〈卡拉马佐夫兄弟〉中的福音书词汇和古罗斯文学传统》、沃罗巴耶夫（Воропаев В.А.）的《"没有另外一扇门"——果戈理生命中的福音书》、斯皮里多诺娃（Спиридонова И. А.）的《普拉东诺夫战争小说中的圣像画》等。会后，这些论文都被收录在相关论文集中，主编由首届研讨会的组织者扎哈罗夫教授担任。目前，该论文集丛刊已经出版至第13期（2017年）。本应于2020年6月圣灵节举行的第十届研讨会，因新冠疫情被推迟至9月，此届研讨会依然以俄罗斯经典作家创作与陀思妥耶夫斯基文学遗产为讨论主题。

此外，俄罗斯近年还举办过一系列其他具有影响力的相关研讨会。2014年5月，高尔基世界文学研究所与《东正教的莫斯科》（Православная Москва）报社共同举办了"俄罗斯文学中的福音形象"研讨会，莫斯科大学等众多俄罗斯高校学者共聚一堂，讨论俄罗斯经典作品中的基督思想和文学创作中的道德标准。2003—2019年间，在下诺夫哥罗德大学阿尔扎玛分校已举办过六届"东正教与俄罗斯文学：大学和中学的研究"国际研讨会，并出版了一系列权威学术成果。

当今，最为突出的成果是莫斯科神学院教师杜纳耶夫（Дунаев М.М.）所著的六卷本《东正教与俄罗斯文学》（1996—1999）。该书不再仅仅从社会学、历史学的批评视角，而是主要从东正教视角来考察整个俄罗斯文学，并且深入分析了具体的作家创作，把俄罗斯文学的根本属性归结为"宗教性"。杜纳耶夫认为，很多研究者在过去研究俄罗斯文学时，没有抓住俄罗斯文学的宗教本质特征，因此对俄罗斯文学的研究是片面的、浅层次的。"俄罗斯文学反映现实的一个极其重要的特征，是她对现实世界的宗教的、东正教的理解。""伟大的俄罗斯文学的重要特征，首先这是东正教文学。""俄罗斯文学在其最高表现形式中成为不仅仅是语言的艺术，而是形象中的神学。"尽管杜纳耶夫的观点难免有所偏激，但是其研究成果的价值是毋庸置疑的。杜纳耶夫在完成了六卷本的《东正教与俄罗斯文学》之后，又在深入思考近几个世纪以来东正教与俄罗斯文学之间关系形成的缘由，他认为，俄罗斯民族在东正教信仰方面所经受的历史磨难，即从信仰—迷茫—缺失—诋毁—信仰，这一过程在近几个世纪俄罗斯文学创作中得到了充分的反映。杜纳耶夫在 2003 年发表的另一部学术专著《信仰在迷茫的磨砺中：17—20 世纪的东正教与俄罗斯文学》就是这一思索的结果。

叶萨乌洛夫的专著《俄罗斯文学中的聚和性范畴》（1995）是一本很有影响力的专题研究著作，该书主要是以东正教的核心范畴"聚和性"为中心，揭示其在部分俄罗斯文学经典创作中的作用。叶萨乌洛夫不仅把古罗斯文学文本《法与神赐说》和《伊戈尔远征记》置于东正教语境来解析，而且论述了普希金的小说《上尉的女儿》中的"聚和性"因素、果戈理的长篇小说《死魂灵》和中篇小说集《密尔格拉得》中的两种典型塑造、托尔斯泰（Толстой Л.Н.）长篇小说《战争与和平》中的"聚和性"思想、陀思妥耶夫斯基的《卡拉马佐夫兄弟》中"神赐和权力"思想、谢德林（Щедрин Р.К.）的《戈洛夫廖夫老爷们》中的基督中心主义和"聚和性"以及契诃夫创作中的东正教传统与艺术空间构造等。叶萨乌洛夫还探讨了苏联文学中的宗教因素，重点研究了巴别尔（Бабель И.Э.）诗学中的民族和审美观、阿斯塔菲耶夫（Астафьев В.П.）的小说《被诅咒和被杀害的》等，也把侨民作家什梅廖夫（Шмелёв И.С.）和纳博科夫（Набоков В.В.）的诗学特征纳入了自己的研究视野。这部专著深刻地揭示了俄罗斯文学中的东正教精神特征，为当今的俄罗斯文学史研究提供了非常有价值的参考。

在学界影响力较大的专题研究著作还主要有戈里切娃（Горичева Т.

М.）的专著《东正教与后现代主义》（1991）、莫丘利斯基（Мочульский
К.В.）的专著《果戈理，索洛维约夫，陀思妥耶夫斯基》（1995）、盖坚
科（Гайденко П.П.）的专著《弗拉基米尔·索洛维约夫与白银时代哲
学》（2001）等。第一部著作主要揭示了东正教文化对当今后现代主义文
艺思潮的影响；第二部著作则把东正教神学思想家索洛维约夫（Соловьев
В.С.）与19世纪俄罗斯经典作家果戈理、陀思妥耶夫斯基的创作放在一
起研究，从而深入展示东正教与俄罗斯文学之间的密切关系；第三部著作
似乎是研究哲学问题的，但却对研究"东正教与俄罗斯文学"问题有着十
分重要的关系，该书深入探析了索洛维约夫与陀思妥耶夫斯基创作中的
"千禧年说"主题，揭示了索洛维约夫与白银时代俄罗斯文学批评家之间
的关系。

塔尔图－莫斯科符号学派的宗教文化批评理论家托波罗夫（Топоров
В.Н.）的两卷集学术专著《俄罗斯精神文化中的神性与圣徒》（1995—
1998）（第1卷《基督教在罗斯的最初岁月》和第2卷《基督教在罗斯的
三个世纪（12—14世纪）》），是研究基督教在俄罗斯最初传播状况的分量
最重的研究著作。这两卷近1700页（大32开）的论著在一开始就深入发
掘了古希腊语中关于宇宙结构表述的词的内在含义，并指出了其对古罗斯
的影响，从历史的源头探讨了基督教，特别是东正教在俄罗斯精神文化中
的神圣作用，为研究东正教与俄罗斯文学之间的历史关系，尤其是古罗斯
文学，提供了不少宝贵的、极有价值的参考资料。

莫斯科大学教授库列绍夫（Кулешов В.И.）主编的《19世纪俄罗斯
文学与基督教》（1997）是一部学术影响非常广泛的论文集。该文集所
收录的论文主要源于1994年在莫斯科大学召开的"19世纪俄罗斯文学与
基督教"国际学术研讨会。论文集的作者队伍非常宏大，不但包括俄罗斯

各高校及科研院所的研究人员，也有世界其他国家的斯拉夫学研究者。他们研究了基督教对 19 世纪俄罗斯文学发展的影响，具体分析了作家创作中所表现出的基督教意识，揭示了俄罗斯文学创作对基督教艺术方法的借鉴。不过，库列绍夫为代表的一批学者与杜纳耶夫、叶萨乌洛夫等不同，并没有将俄罗斯文学完全基督教化。该书内容主要包含三个方面：其一，对 19 世纪俄罗斯文学与基督教之间关系的总体研究，如马尔其扬诺娃的《俄罗斯古典作品的人物和基督教人类学》、利班的《俄罗斯文学和俄国生活中的基督教危机》、阿尔辛其耶娃的《俄罗斯文学里的基督教道德理想和空想意识的问题》等；其二，对作家创作与基督教关系的专题研究，如米涅耶娃的《论卡拉姆津对使徒传文献资料的使用》、帕乌特金的《茹科夫斯基与基里列夫斯基通信里表现的基督教思想和情绪》、库列绍夫的《普希金与基督教》、塔马尔琴柯的《俄国小说里的神正论和传统的情节结构》、谢米勃拉托娃的《作家的遗嘱是其尘世生活的一种总结：果戈理与奥多耶夫斯基公爵》、卡达耶夫的《契诃夫世界里的演变和奇迹》等；其三，外国学者对"19 世纪俄罗斯文学与基督教"问题的研究，如意大利学者维多利奥·斯特拉达的《19 世纪俄罗斯文学和文化里的世俗化问题》、日本学者横田和村上的《列·托尔斯泰对性问题的宗教看法》、德国学者米罗拉多维奇的《丘特切夫诗歌里的多神教和基督教的要素》、美国学者叶费莫娃的《在陀思妥耶夫斯基的小说〈卡拉马佐夫兄弟〉的主人公们的神界意境里的旧约全书》等。

在 20 世纪末至 21 世纪，俄罗斯学界还编辑和出版了一些与"东正教与俄罗斯文学"问题密切相关的系列丛书，如"俄罗斯思想丛书"（1994—1995）、"20 世纪思想家丛书"（1994）、"杰出人物评传丛书"（1990—2015）等以及索洛维约夫等一批思想家的文集；编撰了《俄罗斯东正教圣徒和苦行者：历史百科全书》（2010）等工具书。由于在俄罗斯不少东正教思想家本身就是作家和批评家，这些丛书就具有十分重要的参考价值，如其中的丛书收入了20世纪俄罗斯著名文论家和文学史学家、批评家洛谢夫（Лосев А.Ф.）的重要论文集《哲学、神话与文化》（1991）和关于他的传记（1997）；同时洛谢夫本人又作为作者，执笔撰写了关于索洛维约夫的传记（1990）。

近年来，关于东正教与俄罗斯文学研究的新作屡有出现。亚历山德罗娃－奥索金娜（Александрова-Осокина О. Н.）在2015年出版的专著《1800—1860年朝圣散文诗：圣所、历史和人》（2015）中，首次对鲜有关注的朝圣散文进行了系统研究，揭示了俄罗斯文学中的东正教精神与民族文化的统一；乌柳宾（Урюпин И.С.）于2020年出版专著《时代民族文化背景下的布尔加科夫创作》，探讨了俄罗斯独特的哲学和宗教文化对布尔加科夫创作的影响。除了学术专著，近年俄罗斯还相继出版了一些供语文学、历史学、宗教学、艺术学等专业学生使用的俄罗斯宗教与文学相关的大学教材，如杰姆琴科夫（Демченков С.А.）编写的《古罗斯文学与文化中的基督教》（2016）、乌米诺娃（Н.В. Уминова）主编的《基督教与文学》（2019）等。无疑，“东正教与俄罗斯文学”在俄罗斯学界愈来愈成为一个学科跨度广、研究者逐增的热门研究课题。

当前，俄罗斯学界研究“东正教与俄罗斯文学”这一问题的核心重镇之一是位于圣彼得堡的俄罗斯科学院俄国文学研究所（普希金之家）。该所自1994年起开始出版《基督教与俄罗斯文学》系列论文集，由科杰里尼科夫（Котельников В.А.）等人主编，圣彼得堡科学出版社出版，从1994年至2017年，总共已出版了八本，文章内容可以在普希金之家的官网上浏览下载。论文集的作者主要是俄罗斯科学院俄国文学研究所（普希金之家）及圣彼得堡俄罗斯国立师范大学的学者们，还有来自俄国及国外其他科研中心、高校的研究者们。普希金之家是苏联意识形态解禁之后的首批着力于基督教与文化研究的科研机构之一。在 1994 年至 2003 年这十年之间，这里每年都会举行名为"东正教与俄罗斯文化"的研讨会。有众多知名学者如科杰里尼科夫、叶萨乌洛夫、布哈尔金（Бухаркин П.Е.）、柳勃穆德罗夫（Любомудров А.М.）等参加会议。学者们重新开始了基督教与俄罗斯文学相互关系这一重要主题的探索，其研究核心为基督教的本体论、认识论、道德论等与新时期俄罗斯文学的关系。研究所涉及的问题范围非常广泛，比如俄国文学的东正教特性，东正教的历史特征和俄国宗教性的一般特质，这些特点如何在不同作家如茹科夫斯基（Жуковский В.А.）、霍米亚科夫（Хомяков А.С.）、陀思妥耶夫斯基、果戈理等人不同时期的创作中通过文学表达出来，不同的基督教主题和联想如何在具体艺术文本中加以体现，等等。这些系列文集中收录了很多从宗教视角阐释文学作品的优质论文，比如科杰里尼科夫的《布宁的旧约》、布哈尔金的《新时期的东正教教会和世俗文学》、柳勃穆德罗夫的《作为文化准则的教会性》、摩多林（Моторин А. В.）的《俄国浪漫主义的耶路撒冷形象》、弗拉斯金（Властин А. П.）的《陀思妥耶夫斯基创作中的民族宗教文化》等。这显然是我们需要加以关注的一个重要研究窗口。

欧美研究现状

在欧美，东正教与俄罗斯文学的关系研究也一直是学界关注的重要问题之一。1995 年由英国格拉斯哥大学文学与神学研究中心专门主办了题为"罪、罚与基督：从宗教的角度阅读陀思妥耶夫斯基"的学术研讨会，会议重点探讨了俄罗斯经典作家陀思妥耶夫斯基创作与东正教之间的关系问题，不少学者从东正教文化的视角解读了长篇小说《卡拉马佐夫兄弟》和《罪与罚》等，这些研究为文学经典的宗教解读提供了极有价值的路径。

由美国斯拉夫和东欧语言教师联合会出版的《斯拉夫和东欧杂志》是欧美学界研究斯拉夫文化的前沿阵地。进入 21 世纪以来，俄罗斯文学与基督教尤其是东正教的关系越来越受到欧美学者的关注，比如该刊在 2002 年发表的维克多·泰拉斯（Victor Terras）的《俄罗斯文学评论的基督教革命》就是其中极具代表性的研究成果。在荷兰发行的 A&HCI 索引期刊《俄罗斯文学》中，也常有欧洲学者关注到俄罗斯文学中的宗教问题，如聂达·安德瑞克（Neda Andrić）2016 年发表的《德米特里·梅列日科夫斯基的小说〈达芬奇的浪漫〉的宗教哲学方面》、戈德伯格（S.Goldberg）2008 年发表的《丘特切夫〈佩萨斯特·埃斯特和莫尔斯基奇·沃尔纳赫〉中的基督教和浪漫主义》等。此外，由英国牛津大学出版社出版的《文学与神学》杂志长期以来一直密切关注着俄罗斯文学与东正教问题的研究，在 2015 年 6 月的 29（2）期上（第 183—198 页）就刊登了约瑟芬·冯·齐特赛威兹（Josephine von Zitzewitz）的论文《奥尔加·谢达科娃的旅行诗：形式的神性》，揭示了诗歌形式的东正教性。

欧美学界相关的英文研究成果主要有约瑟夫·弗兰克（Joseph Frank）的《宗教与理性之间：俄罗斯文学与文化随笔》（2010），乔治·帕提森、戴安·汤普森（George Pattison & Diane Thompson）的《陀思妥耶夫斯基与基督教传统》（2008），伊芙蕾姆·斯切尔（Efraim Sicher）的《十月革命后俄国文学中的犹太人：在希望与背教之间的作家与艺术家》（2006），露丝·寇茨（Ruth Coates）的《巴赫金身上的基督教：上帝与被流放的作家》（2005），戴维·M.贝特亚（David M. Bethea）的《现代俄国小说中的末世之形》（1989），斯图尔特·R.苏特兰（Stewart R.

Sutherland）的《无神论与拒绝上帝：当代哲学与〈卡拉马佐夫兄弟〉》（1977），赞科夫斯基（Serge A. Zenkovsky）的《中世纪俄国的史诗、历代记与故事》（1974），考克斯（Roger L. Cox）的《地与天之间：莎士比亚、陀思妥耶夫斯基与基督教悲剧的意义》（1973），等等。

2010 年，东正教文学专家马太·拉斐尔·约翰逊（Matthew Raphael Johnson）的专著《俄罗斯文学中的东正教古老传统》出版，作者旨在激发西方读者关注俄国宗教文化，认为文学翻译与批评必须重视俄国文学的历史及宗教内涵。这部学术著作可以说是最近欧美学者研究东正教与俄罗斯文学关系最为重要的学术成果之一。

我国研究现状

在我国俄罗斯文学研究界，任光宣、金亚娜、王志耕、梁坤、刘锟教授等均对此问题进行过较为深入的研究。任光宣等的《俄罗斯文学的神性传统：20 世纪俄罗斯文学与基督教》（2009）和《俄国文学与宗教：基辅罗斯——十九世纪俄国文学》（1995）、金亚娜等的《充盈的虚无：俄罗斯文学中的宗教意识》（2003）、王志耕的《圣愚之维：俄罗斯文学经典的一种文化阐释》（2013）和《宗教文化语境下的陀思妥耶夫斯基诗学》（2003）、梁坤的《末世与救赎：20 世纪俄罗斯文学主题的宗教文化阐释》（2007）、刘锟的《东正教精神与俄罗斯文学》（2009）以及他们和林精华的系列论文等多是这一方面研究的标志性成果。

任光宣教授在专著《俄国文学与宗教：基辅罗斯—十九世纪俄国文学》和《当前俄罗斯对俄罗斯文学与宗教关系研究一瞥》《俄国后现代主义文学，宗教新热潮及其它》等论文中，较为全面地概括了当前俄罗斯学界对"俄罗斯文学与东正教"问题的研究现状，从文化史的视角，探讨了东正教对俄罗斯文学创作的影响以及俄罗斯文学创作所反映出的东正教特征。在专著中，任光宣教授沿着基辅罗斯一直到19世纪俄罗斯社会的发展轨迹，揭示了19世纪俄罗斯文学中蕴含的东正教精神。这是在我国学界较早的一部关于"俄罗斯文学与东正教"问题研究的学术成果，具有非常重要的开拓性的奠基作用，很有参考价值。

金亚娜教授等著的《充盈的虚无：俄罗斯文学中的宗教意识》一书，以探究俄罗斯宗教文化的本质特征及其对民族文化心理的深层影响为目的，从宗教文化的视角重新解读了部分俄罗斯经典作家的创作，如果戈理的神秘宗教世界，陀思妥耶夫斯基与无辜受难者的灵魂磨砺，梅列日科夫斯基（Мережковский Д.С.）的《基督与反基督》的宗教思想，高尔基（Горький М.）作品中的民众宗教意识和人类中心宗教宇宙观、象征主义诗歌与宗教，布尔加科夫的《大师与玛格丽特》中的宗教神话主题，帕斯捷尔纳克的《日瓦戈医生》的宗教情结，顺季克（Шутько Н.А.）的《白萨满》中的萨满教观念，艾特玛托夫（Айтматов Ч.Т.）的《断头台》中的现代基督观，等等。这一成果把我国的俄罗斯文学创作的宗教解读引向了深入。

王志耕教授的专著《圣愚之维：俄罗斯文学经典的一种文化阐释》也许是最近几年来对此问题研究的分量最重、较为深入的一部专著。作者认为，要理解俄罗斯经典文学的独特性，必须对其做文化诗学的考察，也就是将其还原至它赖以生成的历史文化语境，通过对制约其存在的文化结构进行模型重构与解读，然后寻找它对文学文本的结构性渗透，从而最终说明俄罗斯文学特性的生成机制，因此，考察俄罗斯"圣愚"文化与俄罗斯文学经典之间的这种结构关系，便成了这部书的主要任务。全书共分四编，主要把"圣愚"作为一种文化，深入探讨"圣愚"与俄罗斯文学的精神品格、形式品格和生命品格之间的关系。该书对俄罗斯文学经典文本的文化解读，确实有许多精妙之处。

梁坤教授的专著《末世与救赎：20世纪俄罗斯文学主题的宗教文化阐释》（2007），从宗教文化视角研究20世纪俄罗斯文学的基督、索菲亚、恶魔、生态等几个重要主题，通过对欧洲与俄罗斯文化传统的溯源和对文学文本的分析，探讨其中共同蕴含的末世与救赎的精神结构，在宗教、哲学与文学的关联处发现俄罗斯民族自我意识的特征，考察其民族性格与文化心理，探讨了俄罗斯文学作品中主人公形象与东正教的关系。

刘锟教授的著作《东正教精神与俄罗斯文学》，从东正教文化的视点出发，从具体的文学经典文本分析入手，从俄罗斯文学中的东正教观念、圣徒传统、魔鬼观念几个方面阐述俄罗斯文学的总体特征，努力从宗教文化的视角揭示俄罗斯文学思想内涵的本质和它独特的文化价值。从整体上看，此书在研究方法上与金亚娜等著的《充盈的虚无：俄罗斯文学中的宗教意识》一书有点相似，其实刘锟本人也参与了金亚娜教授负责之作的撰写。

上述研究确实已经为我们的研究奠定了坚实的基础并且已经取得较为丰硕的研究成果。然而，任何研究又是可以进一步推进的。总体来说，以上研究多数是从东正教或其他宗教的视角来解读俄罗斯文学创作，需要深入推进东正教与俄罗斯文学之间的互动关系的研究，进一步揭示俄罗斯文学对东正教文化的形象阐释和空间拓展，在具体探究东正教如何对俄罗斯文学经典体裁结构和审美形式的影响方面，还有大量的工作需要去做。同时，需要特别说明的是，对某些关键性的学术术语翻译，学界还存在着不同的译法。例如王志耕教授发表的论文《"聚合性"与陀思妥耶夫斯基的复调艺术》、学术专著《圣愚之维：俄罗斯文学经典的一种文化阐释》和金亚娜教授的专著《充盈的虚无：俄罗斯文学中的宗教意识》中，均把

"соборность"翻译成"聚合性"，任光宣教授则译成"集结性"，也有学者译为"团契"。我们采用张百春教授的译法，即"聚和性"，因为该词的核心意义包含了"和而不同"的意思。

其实，从东正教文化与俄罗斯文学的相互关系来看，它们之间的影响应该是双向的。一方面，东正教精神影响着俄罗斯文学的形成和发展，对文学的主题、形式以及作家的思维方式和精神探索起着重要作用；另一方面，俄罗斯作家和大量的文学作品为东正教哲学提供了具有一定深度和广度的阐释可能性，以其艺术创作丰富和发展了宗教道德思想体系，深化和拓展了东正教的精神价值，体现了独特的宗教道德理想。而目前我国学界的研究更多探讨的是前一种影响，即东正教对俄罗斯文学的影响，而对俄罗斯文学对东正教文化的丰富与拓展的研究，则尚欠深入。此外，我国从事此方面研究的学者大都来自俄罗斯文学研究界，往往囿于文学的范围内来探索，结合具体的作家创作，从俄罗斯文学中的东正教观念、"圣愚"传统、魔鬼观念、"聚和性"、圣徒传等方面入手，揭示俄罗斯文学的特征。实际上，俄罗斯文学的使命始终与国家和民族的命运息息相关，宗教特征也是与此紧密相连的。俄罗斯知识分子以宗教的态度对待自己的创作，认为它负有一种救赎的使命，具有超越个人本身的精神价值。

如果走出与文学的关系来看东正教，张百春先生的专著《当代东正教神学思想》（国家社会科学基金"九五"规划重大项目）是值得特别关注的学术研究成果。虽然此书不是专门研究"东正教与俄罗斯文学"问题的，但是对于了解当代东正教神学思想具有十分重要的意义，更何况不少当代东正教神学思想家，如梅列日科夫斯基、舍斯托夫（Шестов Л.И.）、伊凡诺夫（Иванов В.И.）、洛斯基（Лосский Н.О.）、布尔加科夫、别尔嘉耶夫（Бердяев Н.А.）等，就是文学批评家和理论家。该书对当代东正

教神学思想的奠基人索洛维约夫、"聚和性"概念的提出者霍米亚科夫等
均进行了一定的论述，有助于我们对当代东正教神学思想与俄罗斯文学及
其批评理论之间关系的研究。

二、 意义与方法：研究内容的设计

研究的价值与意义

俄罗斯诗人叶夫图申科（Евтушенко Е.А.）曾写过这样一句诗："诗
人在俄国大于诗人。"换句话说，"文学在俄国大于文学"。本项目研究东
正教与俄罗斯文学的关系，已不再局限于纯文学问题，将探讨这种关系对
俄罗斯国家形象构建和民族精神塑造等问题的作用。其实，俄罗斯国家和
民族精神的形象，不只是凭借国外政治家、经济学家和旅行家等的"他者
化"解读，而更主要取决于俄罗斯人的自我塑造，其中很重要的部分就是
俄罗斯文学的创作。一个伟大的民族必然能造就伟大的文学，伟大的文学
又能构建伟大的国家和民族之形象，而这一切在俄罗斯又是与东正教有着
天然的内在联系的。文学的艺术追求只有融入在民族、国家的发展洪流
中，才具有不朽的生命力。本丛书的学术价值和社会意义之一就是重点研
究"东正教与俄罗斯文学中的国家形象构建"，以期为我国文艺创作和理
论探索在国家形象的构建上，提供有价值的参考。

在东正教与俄罗斯文学的相互影响研究中，本丛书注重影响的双向
性，一是侧重研究东正教的精神价值与俄罗斯文学创作和批评之间的相互
作用、相互拓展，进行双向性的阐释；二是探究"东正教与俄罗斯民族语
言"之间的双向影响，一方面探讨作为文学载体的俄罗斯民族语言与东正
教之间的渊源关系，另一方面也努力揭示俄罗斯民族语言的发展对于东正

教文化的反作用。这些研究可以弥补我国学界在此方面的某些不足，也是本丛书研究的又一学术价值和社会意义。如果将语言研究成果运用于我国的俄语教学，也会具有较大的应用价值和推广意义。

在具体的作家创作和文本分析中，本项目不仅深入考察东正教文化在创作主题和思想内容方面的影响，揭示作品的深刻内涵，而且进一步分析文学文本在文学体裁、诗学结构、创作形式、语言表述等方面与东正教文化的渊源关系。例如，巴赫金（Бахтин М.М.）在分析陀思妥耶夫斯基小说创作的诗学构造时，敏锐地揭示了该作家小说创作中的复调结构，然而他并没有深入发掘这一结构与东正教文化之间的关系，其实这与东正教的核心概念"聚和性"关系密切。这也是本丛书中《"聚和性"与俄罗斯文学经典》《陀思妥耶夫斯基主义引论——东正教与陀思妥耶夫斯基创作研究》等的学术价值和意义之所在，努力为我国文学批评和理论的建设，提供值得借鉴的参考。

"东正教与俄罗斯文论"的关系研究显然是具有引领意义的，该研究在理论阐释的基础上，将尝试对受东正教影响的各种文学批评理论及其方法的实际运用，也就是努力运用各种批评方法来分析具体的俄罗斯文学作品，以力求为我国的文学批评开辟新的途径。这无疑具有重要的学术价值和应用价值。

研究对象和主要内容

本丛书努力通过对"东正教与俄罗斯文学"之间双向互动关系的研究，探究东正教对俄罗斯文学的创作思想、艺术形式和批评理论的积极影响，同时也深入研究俄罗斯文学创作与批评对东正教文化的拓展与丰富，从而探索超越个体的精神价值，即民族精神和国家形象的文学塑造，揭示俄罗斯文学对国家形象的构建和民族精神的铸造过程。主要研究涉及三个方面，即"东正教""俄罗斯文学"以及两者之间的关系。其中，两者之间的关系是最为重要的，我们将深入探究反映这种关系的"与"字，选择东正教对俄罗斯文学产生积极影响的部分进行研究，同时也把受东正教影响较有代表性的俄罗斯文学的经典作家、批评家及其创作和理论，作为研究的主要对象。具体研究的主要内容如下：

在"俄罗斯文学"研究方面，将选择那些与东正教关系极为密切的作家和批评家的创作，作为研究对象，并主要从文学创作和批评两个方面展开研究。在作家创作方面，侧重研究以果戈理、陀思妥耶夫斯基、托尔斯泰等为代表的经典作家的创作；在文学批评方面，重点研究以卡特科夫（Катков М.Н.）、波别多诺斯采夫（Победоносцев К.П.）等为代表的文学批评家及其思想，重点揭示俄罗斯文学经典创作、批评与东正教的互动影响，特别是俄罗斯文学对东正教文化阐释空间的拓展和对东正教思想的发展。我们以"东正教与陀思妥耶夫斯基创作"为个案，立足于作家创作文本，重在分析传统的东正教意识与陀思妥耶夫斯基创作之间的互动。

在"东正教"神学研究方面，将侧重把与俄罗斯文学发展产生互动影响最为积极的"聚和性"和"弥赛亚意识"，作为主要研究对象，深入研究它们对俄罗斯文学的民族精神铸造和艺术形式构建的积极影响。"聚和性"是霍米亚科夫提出的一个概念，与"собор（大教堂，大礼拜堂）"同根同源。它作为俄罗斯民族东正教文化的本质特征之一，具有独特的含义。在霍米亚科夫看来，天主教会的统一没有自由，新教的自由缺少统一，"聚和性"则是自由与统一的融合。"聚"是指靠着信仰为了一个焦点而结合的意思，"和"是"和而不同"的"和"。①"弥赛亚意识"源自宗教词汇"弥赛亚"（Messiah），意指某个群体或民族认为自己赋有拯救世界的使命。俄罗斯民族长期信奉东正教，"弥赛亚意识"非常强烈，并且俄罗斯的"弥赛亚意识"融合了俄罗斯民族的传统文化与东正教文明，又经过俄罗斯学者数百年的补充和完善，衍生出一整套的理论和观念，早已经超出了宗教范畴而融入了俄罗斯民族的灵魂，成为俄罗斯民族的核心价值观之一。

在这两者的融合关系上，重点研究白银时代的俄罗斯宗教文化批评的思想家及其理论，揭示他们与俄罗斯文学批评理论之间的关系，如索洛维约夫的"完整知识体系"与宗教文学批评基础、特鲁别茨科伊（Трубецкий С.Н.）的"聚和性意识"与对话批评、梅列日科夫斯基的"新宗教意识"与象征主义、舍斯托夫的"悲剧哲学"与存在主义、伊凡诺夫的"合唱原则"与现实主义的象征主义、洛斯基的"直觉主义"与具体的理想现实主义、布尔加科夫的"宗教唯物主义"与"三位一体"文学批评、别尔嘉耶夫的"东正教人本主义"与救世的宗教文化批评等。这些理论家既是东正教神学思想的继承和发展者，也是俄罗斯宗教文学批评理论的拓展者。

其实，无论是东正教，还是俄罗斯文学，均是通过俄罗斯民族语言的表征而存在起来的。俄罗斯民族语言在承载着东正教和俄罗斯文学的同时，也成为它们之间联系的纽带。因此，研究东正教与俄罗斯民族语言形成与发展中的双向共变关系，揭示以东正教为主导特征的俄罗斯精神文化影响下的俄语语言世界图景，也成了本丛书研究的主要内容之一。

---

① 张百春：《当代东正教神学思想：俄罗斯东正教神学》，上海：上海三联书店，2000年，第55页。

总体框架与逻辑关系

本丛书的总体研究框架是，努力对"东正教与俄罗斯文学"问题进行系统性、互动性研究，侧重探讨两者双向互动的关系，从而揭示俄罗斯文学对国家形象和民族精神的铸造以及东正教所起到的作用。参见下图：

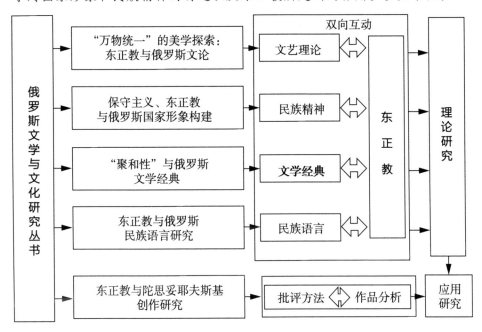

在研究的系统性上，本丛书注重创作与理论、思想与形式、群体与个案、整体与专题、内容与载体之间的系统研究，即在研究东正教对俄罗斯文学的影响方面，既重视对文学创作，特别是文学经典作品的分析，也深入对文学批评及其理论的探讨；既关注其对文学创作思想内容的影响，更努力发掘其与文学艺术形式的渊源关系；既有对经典作家和批评家的群体研究，也有对陀思妥耶夫斯基创作的个案分析；既注重其对俄罗斯文学整体影响的考察，也专门就俄罗斯国家形象构建的专题展开研究。本项目甚

至还对东正教与俄罗斯文学之间的纽带和载体——俄罗斯民族语言，列出专门的子项目研究。

在研究的互动性上，本丛书主要从纵、横两个维度上展开互动探索。首先，从历时的纵向关系来看，本丛书在深入探讨东正教对俄罗斯文学、俄罗斯民族语言的历史渊源影响时，也竭力考察俄罗斯文学、俄罗斯民族语言对东正教发展的反作用，特别重视研究双向互动的影响。从共时的横向关系来看，为了达到双向互动的研究目的，本丛书的各部论著之间也是互动甚至相互渗透的，比如，对俄罗斯国家形象构建的研究就不仅是《保守主义、东正教与俄罗斯国家形象构建》的任务，同时也渗透在其他四部论著之中；有关陀思妥耶夫斯基的创作除了《陀思妥耶夫斯基主义引论——东正教与陀思妥耶夫斯基创作研究》进行专题的深入研究之外，在《"聚和性"与俄罗斯文学经典》等论著中也会有所涉及等。

这种系统性与互动性的研究方式就是试图使得整个研究成为一个有机、互动的整体，而贯穿这一整体的精神就是在东正教的文化语境中俄罗斯文学对国家形象和民族精神的塑造。

在本丛书中，《"万物统一"的美学探索：东正教与俄罗斯文论》是一个引领性的理论专题研究，揭示东正教与俄罗斯文学批评理论之间的关系，这正好与《"聚和性"与俄罗斯文学经典》一起，构成研究"东正教与俄罗斯文学"的主体。本丛书力图通过此项研究表明，宗教思想与科学理论之间并非迥然对立，同样可以是"你"中有"我"，"我"中有"你"，均是探索真理的途径。

《保守主义、东正教与俄罗斯国家形象构建》是一部重点揭示俄罗斯国家形象构建的论著，主要探讨19世纪俄罗斯文学中国家形象的建构以及保守主义、东正教在此所起到的重要作用，其目的除了问题本身的研究以外，就在于努力进一步表明本丛书研究的核心问题是俄罗斯国家形象的构建和民族精神的铸造问题，这就使得本丛书的意义超越了研究本身。

《"聚和性"与俄罗斯文学经典》是一个以创作影响为主体的研究，主要通过历史渊源研究和具体文学经典文本分析，深入探讨东正教的"聚和性"与俄罗斯文学经典之间的相互关系，这是研究"东正教与俄罗斯文学"必不可少的一个核心问题。

《东正教与俄罗斯民族语言研究》以载体与纽带的研究为主要任务。俄罗斯民族语言既是文学和宗教的载体，又是它们的内涵表述的拓展者，这一研究其实既在语言文学的范围之内，又超越了这一界限，有利于我们更清晰、更深入地认识东正教与俄罗斯文学的关系。

《陀思妥耶夫斯基主义引论——东正教与陀思妥耶夫斯基创作研究》是一个个案研究，专门针对东正教与陀思妥耶夫斯基创作之间的关系，进行深入细致的剖析，这样有利于较为深入具体地揭示东正教与具体经典作家创作之间的相互影响。该论著对以往研究的突破在于，既考察宗教因素在推动陀思妥耶夫斯基思想观念形成过程中所起的影响，又探求陀思妥耶夫斯基及其创作如何提升民族认同感、发扬光大东正教文化的机制。

本丛书由批评理论和思想引领、民族精神和国家形象构建贯穿、东正教与文学经典互动考察、作为文学载体的俄罗斯民族语言研究、重点作家个案分析五个部分组成。

总体思路与研究方法

从总体思路上来说，本丛书认为，"东正教与俄罗斯文学"的研究并不等于"东正教＋俄罗斯文学"，也就是说，并非"1+1=2"，而是"1+1>2"。本丛书关注两者之间的关系研究，将研究提升至民族精神铸造和国家形象构建的高度，使之产生"1+1>2"的研究效果。本研究采用"二元"或"多元"融合、重点与一般兼顾、静态与动态结合、创作与批评交叉的研究思路。从总体上来说，着眼于东正教与俄罗斯文学的相互融合，这里不仅把东正教文化作为研究的背景，而且重点分析作为载体的俄罗斯民族语言、作为形象艺术的俄罗斯文学对东正教文化的丰富。在我们看来，在东正教与俄罗斯文学中，往往是"你"中有"我"，"我"中有"你"，而这就是本丛书关注的主要部分。在重点与一般的兼顾上，本丛书在解析陀思妥耶夫斯基的创作的同时，也兼顾到俄罗斯文学史上的一批经典作家，在重点探讨东正教文化精神如何影响俄罗斯文学对国家形象和民族精神的铸造的同时，也兼及一般文学创作、批评及其理论与东正教互动中产生的其他问题。在静态与动态的结合中，本丛书既对"弥赛亚意识""聚和性"等代表东正教本质特征的范畴，作为相对确定的意义进行研究，同时也注意它们的时代特征，在历史的变化中，在作家创作的动态阐释过程中来考察。在创作与批评交叉的研究中，我们既注重分析作家的创作文本，也研究卡特科夫、波别多诺斯采夫等的文学批评思想。

就研究视角和研究路径而言，本丛书采取多维度的视角、正反双向的研究路径。在研究视角上，既有宏观考察的整体把握，也有微观的具体文本分析和个案研究；既有思想内涵和民族精神的深入挖掘，也有创作体裁、文学形式以及语言表述的艺术分析；既有就"聚和性"对创作的影响探究，也有文学创作对"聚和性"形象阐释的评析。在研究路径上，既追溯东正教对俄罗斯文学发展的正向渊源影响，也探讨俄罗斯文学对东正教文化的反向阐释拓展与形象构建，既揭示俄罗斯民族语言作为载体和表现手段，对以东正教精神与传统为核心的俄语语言意识形象体系的构建，也反向探索在俄语的语言世界图景中东正教文化、俄罗斯文学的积极作用，从而更深刻地认识"东正教与俄罗斯文学"的关系。

从学理角度，如果把巫术和民间口头创作分别看作是宗教活动和文学创作的起源，那么在俄罗斯，其宗教与文学几乎是一对孪生姐妹，它们之间存在着天然的内在联系。东正教与俄罗斯文学的关系也不例外，彼此往往交融在一起，有时甚至很难分辨。例如，梅列日科夫斯基、舍斯托夫、伊凡诺夫、洛斯基、布尔加科夫、别尔嘉耶夫等就既是宗教哲学家，又是文学批评及理论家；陀思妥耶夫斯基的创作是文学经典，也是对东正教精神的形象阐释与丰富；"聚和性"既是导致陀思妥耶夫斯基小说复调结构的文化根源，其内涵又在该作家创作中得到了新的丰富和拓展。因此，本丛书在学理上，针对这一特点，主要从关系着手，进行双向互动与多维的考察研究。

在研究方法上，本丛书采用文本细读、考证和跨学科相结合的研究方法，一方面深入研究"东正教与俄罗斯文学"的问题本身，细读各类文本，包括东正教基本文献资料和文学经典文本，立足文本分析，对东正教与民族语言、作家创作之间的关系等问题进行考证式研究，努力做到言之有据；另一方面做到文史哲结合，综合运用文艺学、宗教和思想史的研究方法，立足于一手材料，除了第一手的俄文（含古俄语材料）、中文资料以外，还尽可能运用第一手的英文等资料，来考察西方学者的观点，尽力发掘俄罗斯文学史、东正教文化史中被忽略的一面，争取能够走出问题看问题，从跨学科的视野来考察问题，深化问题的研究。

三、 使命与救赎：民族精神的铸造

文学是历史的文化记忆与艺术重构，俄罗斯文学显然是俄罗斯社会发展的艺术构建。也许正因为如此，我国俄罗斯文学研究界常常把文学创作与社会现实生活密切地联系在一起，特别是在探讨19世纪以来的俄罗斯文学发展时，总是习惯于把这一进程与民族解放斗争和历史变革相关联，甚至以十二月党人起义、农奴制废除和十月革命等重大历史事件为依据来划分文学发展阶段。其实，文学的历史重构也许更主要是超越历史事件的精神重构、国家形象的塑造和民族灵魂的铸造。就俄罗斯文学而言，这里自然离不开东正教思想的影响。东正教之所以能够被俄罗斯民族所接受，主要因为东正教的思想与俄罗斯民族自身的宗教虔诚性是相吻合的，因此，俄罗斯宗教文化批评理论家别尔嘉耶夫曾经明确指出："俄罗斯人的灵魂是由东正教会铸成的，它具有纯粹的宗教结构。"①

回眸19世纪欧洲文学史，以批判现实主义为代表的文学主潮，往往通过对典型环境中的典型人物悲剧性命运的描写，来达到对社会现实的揭露与批判，这也是批判现实主义的力量之所在。然而，19世纪的俄罗斯文学则又呈现出自己的独特性。别尔嘉耶夫在提及俄罗斯文学的特征时这样写道："从果戈理开始的俄国文学成为一种训诫的文学。它探索真理，并教示实现真理。俄罗斯文学不是产生于个人和人民的痛苦和多灾多难的命运，而是产生于对拯救全人类的探索。这就意味着，俄国文学的基本主题是宗教的。"②

在我国和前苏联的俄罗斯文学研究中，凡是提及19世纪俄罗斯文学中的奥涅金、毕巧林、罗亭、奥勃洛莫夫等"多余人"（лишний человек）和巴施马奇金、杰武什金等"小人物"（маленький человек）系列形象时，往往把这些优秀个性和"小人物"的毁灭归结于19世纪俄

---

① 尼·亚·别尔嘉耶夫：《俄罗斯共产主义的起源与意义》，莫斯科：科学出版社，1990年，第8页。
② ［俄］同上，第63页。

罗斯社会的恶劣环境。其实，俄罗斯作家笔下的"多余人"和"小人物"
与同时期欧洲文学中的同类人物相比较，有着迥然不同的性格特征。虽然
他们都处于恶劣的社会环境中，无法摆脱自己悲剧性的命运。然而，俄罗
斯文学中的"多余人"更具有使命感、救赎意识，也就是他们在不断探索
拯救自己和他人的出路。俄罗斯文学中的"小人物"也更多地在为自我的
尊严而抗争，甚至自我救赎。显然，在"多余人"和"小人物"身上，体
现着俄罗斯民族的"救赎"精神，而这一精神无疑来自于东正教的"弥赛
亚意识"。

　　19 世纪初的俄罗斯与西欧先进国家相比较，显得十分落后，仍然处
于农奴制之中。随着 1812 年抗击拿破仑的入侵，俄军一度远征西欧。不
少优秀的贵族军官亲身感受到了俄国的腐败落后，改革和救赎的使命感
与日俱增。俄罗斯学者马斯林（Маслин М.А.）就曾经指出："毋庸置
疑，从中世纪开始，宗教救世主学说正是俄罗斯自我意识的特征"，俄罗
斯的思想界体现着"对俄罗斯民族乃至整个正教世界的整体的宗教和历
史的救赎意志"。①十二月党人诗人雷列耶夫（Рылеев К.Ф.）、丘赫尔别
克尔（Кюхельбекер В.К.）、奥多耶夫斯基（Одоевский В.Ф.）、拉耶夫
斯基（Раевский В.Ф.）等，在自己的创作中就表现出鲜明的民族救赎意
识，表达了追求自由、积极向上的浪漫主义精神。俄罗斯诗人普希金更是
在《致西伯利亚的囚徒》等诗歌中激励为民族救赎而献身的十二月党人，
甚至预言俄罗斯民族将从睡梦中醒来。在现实主义的文学创作中，著名作
家果戈理在《钦差大臣》《死魂灵》等创作中，出色地塑造了形形色色的
小官吏、地主、骗子等形象，竭力探索宗教的自我救赎之路。寓言家克雷

---

① 　马斯林：《对俄罗斯的非常无知》，载《哲学译丛》1997 年第 2 期，第 23 页。

洛夫（Крылов И.А.）的创作在形象地反映社会现实的同时，不仅批判了统治阶级的种种丑恶本性，而且弘扬了强烈的爱国主义精神。无论是屠格涅夫（Тургенев И.С.）的长篇小说、涅克拉索夫（Некрасов Н.А.）的诗歌、奥斯特洛夫斯基（Островский А.Н.）和契诃夫（Чехов А.П.）的戏剧，还是陀思妥耶夫斯基和托尔斯泰的小说等，均是通过不同的艺术表现途径，探索着自我救赎。在俄罗斯文学史上的"多余人"系列形象塑造中，如果说在普希金笔下的奥涅金还主要体现的是自我救赎，那么到了莱蒙托夫那里，毕巧林已经开始试图拯救他人，而屠格涅夫同名小说中罗亭则死于巴黎革命的巷战中。当然，冈察洛夫（Гончаров И.А.）的奥勃洛莫夫又表现出"救赎"的无奈，只寻求自我心灵的纯洁。

在东正教中，"上帝"是存在于"自我"之中的，也就是说，"我"就是"上帝"。因此，俄罗斯民族的"救赎"并不依赖于外部世界，而是根植于自身的。在俄罗斯文学中，我们不难发现，各种不同类型人物的"救赎"探索。果戈理的短篇小说《外套》是继普希金的《驿站长》之后又一部描写小人物的杰作。然而，小公务员巴施马奇金不仅是黑暗社会的牺牲品，更是一个维护自我尊严、追求"自我救赎"、反对弱肉强食社会的抗争者。在《外套》里，作家创作了一个荒诞的结尾，巴施马奇金死后一反生前的怯懦，抓住那个曾骂过他的大人物，剥下他的外套，为自己报了仇。陀思妥耶夫斯基的小说《穷人》中的主人公、年老公务员杰武什金和几乎沦落为妓女的陀勃罗谢洛娃，虽然生活艰难，地位卑微，但是他们依然在执着于精神和道德上的平等。

在优秀贵族人物性格的塑造上，托尔斯泰的创作无疑是最具有代表性的。在长篇小说《战争与和平》中，安德烈·包尔康斯基、彼恰·罗斯托夫、彼埃尔·别祖霍夫等身上蕴藏着的爱国主义激情，维护民族自尊的决心，均令人赞叹。他们与民众的坚强意志显示出俄罗斯民族精神的强大与不可战胜。《安娜·卡列尼娜》中的主人公安娜是一位追求爱情幸福的新女性，不过托尔斯泰的描写是很具有俄罗斯特色的。尼·亚·别尔嘉耶夫就曾经指出，爱情本身在俄罗斯与西欧的存在方式与内涵是迥然不同的，在俄罗斯，"爱情不是一种自我价值，没有自己的形象，它仅仅是人的悲剧道路的展示，仅仅是对人的自由的考验"。① 因此，当安娜深感渥伦斯基不再爱自己以后，就只有以生命为代价完成了"自我救赎"的心理历程。《复活》中的主人公聂赫留朵夫则更是在"救赎"他人的过程中实现了"自我"和"他人"的精神"复活"。

当然，在别尔嘉耶夫看来，俄罗斯救世的宗教文学主要始于果戈理，但是果戈理创作的悲剧在于，他揭示的仅仅是人的"魔性"，而无法描绘出人的"神性"，无法表现神人合一的创作形象。在极度矛盾和痛苦中，果戈理烧毁了《死魂灵》的第二部手稿。只有到了陀思妥耶夫斯基，他的创作才深刻地揭示了俄罗斯民族的"神性"，同时也极大地丰富了对俄罗斯东正教救世精神的阐释和形象展现。他的创作主要围绕着人与人的命运展开，并由此产生善与恶、爱与恨、罪与罚等一系列问题。他较西方更早触及到人的双重性格、意识与无意识、磨难与自由。陀思妥耶夫斯基发现了俄罗斯人的独特精神建构并以自己的创作反映了俄罗斯民族的宗教精神。别尔嘉耶夫明确表明"我们是陀思妥耶夫斯基的精神之子"②。

东正教与俄罗斯文学在相互影响中，不仅重构了俄罗斯民族的精神世

---

① ［俄］尼·亚·别尔嘉耶夫：《陀思妥耶夫斯基的世界观》，载《创作·文化·艺术哲学》，莫斯科：艺术出版社，1994年，第2卷，第74页。

② ［俄］尼·亚·别尔嘉耶夫：《悲剧与寻常》，载《创作·文化·艺术哲学》，莫斯科：艺术出版社，1994年，第2卷，第144页。

界，也拓展了俄罗斯文学的艺术表现形式。同时，俄罗斯文学又以其独特的艺术形象和审美形式，展示和丰富着东正教精神，传承了东正教文明。

四、重构与聚和：审美形式的拓展

翻开 19 世纪俄罗斯文学史，批评界在关注东正教与俄罗斯文学的相互影响时，往往更加侧重东正教思想对俄罗斯文学创作的精神注入，从而揭示前者对后者的积极影响。其实，俄罗斯文学经典作品的独特艺术表现魅力也渊源于东正教，并且推动着东正教精神在更广范围内的形象化接受。

俄罗斯著名思想家、文学批评家巴赫金曾经在《陀思妥耶夫斯基诗学问题》一书中，明确揭示了陀思妥耶夫斯基小说创作形式的复调结构，强调了在陀氏创作中"作者与主人公平等对话"的艺术特征。然而，巴赫金却有意回避了"复调结构"和"对话"产生的思想根源，他写道："我们在分析中将撇开陀思妥耶夫斯基所表现的思想的内容方面，此处我们看重的是它们在作品中的艺术功能。"① 显然，巴赫金回避了一个不应该回避的问题。

陀思妥耶夫斯基是一位虔诚的东正教徒，其小说创作的"复调结构"和"对话"特征，是东正教文化又一本质特征"聚和性"意识的艺术表现。

在陀思妥耶夫斯基的小说创作中，这种"聚和性"意识的"复调结构"特征非常明显地展现在读者面前。这种不同观点和思想的"复调"或曰"多声部"，在长篇小说《罪与罚》中，表现为大学生拉斯柯尔尼科夫

---

① ［俄］巴赫金：《陀思妥耶夫斯基诗学问题》，莫斯科：苏维埃俄罗斯出版社，1979 年，第 89 页。

与妓女索尼娅之间的"对话"，前者坚持要以暴力抗恶，杀死了放高利贷的老太婆，后者则以善对恶，反对暴力，犯罪就要忏悔和接受惩罚，以达到自我救赎、净化心灵的目的。到了长篇小说《卡拉马佐夫兄弟》，这种"复调"已经不再是两种声音，而是真正的"多声部"。卡拉马佐夫一家父子之间、兄弟之间，他们不仅思想感情上迥然对立，甚至相互敌视，以至弑父。小说中，恶毒与善良、无神与有神、虚伪与真诚、软弱与暴力等各种话语和行为交织在一起，形成了一部独特的"交响曲"。

在陀思妥耶夫斯基的小说中，"和而不同"所产生的"复调"，又不仅仅是同一空间上不同声音的"聚和"，而且也是不同空间层面的"对话"和"多声部"。小说《白痴》是由作家有意识独特设计的双重层次结构所构成，把世俗的日常生活与崇高的情感悲剧相交织，主人公梅什金、罗戈任、纳斯塔西娅·菲利波芙娜、阿格拉娅、伊波利特均生活其中，作家并没有让小说中的任何一种声音成为主旋律，而是不同的声部并存。这种不同层面的空间交织对话，形成了"黑暗"与"光明"、"平凡"与"崇高"之间对峙的"复调"结构，呈现出"现实"与"浪漫"、"理智"与"情感"相结合的独特艺术形式。

可以说，陀思妥耶夫斯基很少直接客观地描述社会生活场景和刻画人物性格，而主要是描绘人物的意识，让人物直抒自己对社会的不满和对人生的看法。《穷人》中的男女主人公用书信来直抒自己对现实的抱怨，《死屋手记》和《地下室手记》中的主人公们明显地表现出自己心灵的扭曲、变态和卑劣。《卡拉马佐夫兄弟》中的父与子们针锋相对的思想交锋，《白痴》主人公梅什金的基督式的"普遍的爱"，《罪与罚》中主人公关于善恶的不同认识等，均是心灵的碰撞和思想的表露。

陀思妥耶夫斯基是一位善于洞察和揭示人物意识的艺术大师。东正

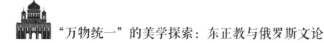

教的"聚和性"在他的创作中显现为是一种"意识"的"聚和"，而这种"聚和"又是三种意识主体的"聚和"。从表层上来看，各个人物的主体意识是具有个性意识的，而部分群体的主体意识是代表集体的，但是从深层着眼，只有代表反映人类普遍意识的主体才能够代表人类整体。可以说，正是普遍的人性、博爱精神才是"聚和"的根本。

特鲁别茨科伊在《论人类意识的本质》中，就把意识的主体分为局部与整体两类。局部的意识主体又分为：个性意识与集体意识，这类意识主体是不可能代表整体的，因此不具备普遍性。其实，意识主体的本质特征是它的普遍性，也就是能够反映整个人类特性的普遍意识。特鲁别茨科伊虽然强调个性意识、集体意识与普遍意识的"三位一体"，但是他把普遍意识称为"聚和性"意识。他指出："意识既不可能是无个性的，也不可能是单独的、个性化的，因为意识要比个性宽广得多，它是聚和性的。真善美可以客观地被认识，能够渐渐地被实现，就是因为人类的这种活生生的聚和性意识。"[①]

东正教的"聚和性"成为了陀思妥耶夫斯基创作的内在文化基因，同时陀氏的创作又不断丰富和形象地阐释了东正教的本质特征"聚和性"。在霍米亚科夫那里，不同思想和观点是"聚和"共存的，而在陀思妥耶夫斯基的创作中，这种"和而不同"又是相互"融合"的，即各种不同思想和观点是相互渗透的。这显然更加形象，艺术地拓展了东正教的思想，例如《卡拉马佐夫兄弟》中的阿辽沙是代表"善"和"博爱"思想的理想人物，但是在小说现实中的形象又是软弱无力的。"宗教大法官"的传说是长篇小说《卡拉马佐夫兄弟》中的伊万对其弟阿辽沙讲述的一个很长的故

---

① 俄罗斯科学院哲学研究所编：《谢·尼·特鲁别茨科伊选集》，莫斯科：思想出版社，1994年，第44页。

事。陀思妥耶夫斯基匠心独具地让这位反基督的宗教大法官恰恰以维护宗教的绝对权威的面貌出现，甚至还揭示出宗教大法官的某些思想与19世纪俄罗斯的虚无主义、激进主义思潮之间的联系，从而使得这一形象具有多重意义的内涵。陀思妥耶夫斯基有意识地将不同的思想融合在同一个人物身上，这不是简单的人物思想复杂性导致的，而是作家独特的艺术构建，是对"聚和性"有意识的"内在"呈现，为了达到读者心灵自我对话的独特效应。

俄罗斯著名宗教文化批评理论家罗赞诺夫（Розанов В.В.）指出："陀思妥耶夫斯基的本质在于其无限的隐蔽性。……陀思妥耶夫斯基是一位最隐秘、最内在的作家，因此阅读他，仿佛并不是在阅读别人，而像是在倾听自己的灵魂，不过比通常的倾听更深入……"因此，就读者而言，"陀思妥耶夫斯基并不是'他'，像列夫·托尔斯泰和其他所有作家那样；陀思妥耶夫斯基是'我'，是罪过的、愚笨的、懦弱的、堕落的和正在崛起的'我'"。①陀思妥耶夫斯基以"自我"为中心的创作，恰恰艺术地折射出东正教的"上帝在我心中"的思想。

陀思妥耶夫斯基的文学创作深刻地揭示了不少宗教哲学的辩证思想：堕落与复兴、生与死等互相依存、互为前提的关系。《卡拉马佐夫兄弟》一书的卷首引用了《约翰福音》中的一段话："我实实在在地告诉你们：若一粒麦子落在地里上，不死，仍旧是一粒；若是死了，就会结出许多子粒来。"陀思妥耶夫斯基以这部长篇小说表明了一个深刻的宗教思想：生与死是不可分离的，只有死的必然，才使得生变得可能。罗赞诺夫把陀思妥耶夫斯基称为"辩证法的天才，在他那里几乎所有正题都转化为反

---

① ［俄］瓦·瓦·罗赞诺夫：《为什么陀思妥耶夫斯基对于我们是珍贵的？》，载《论作家与写作》，莫斯科：共和国出版社，1995年，第533，535—536页。

题"。① 其实，陀思妥耶夫斯基创作中蕴含着的深刻矛盾性、辩证性是"聚和性"意识的使然。罗赞诺夫曾指出，陀思妥耶夫斯基的文学创作遗产是"表层略有些被毁损的思想、形象、猜想和期盼的矿场，但俄罗斯社会却还不得不依赖它，或者至少，一切真正的俄罗斯灵魂都将先后向那里回归"。② 这里说的俄罗斯灵魂的回归自然是东正教的，陀思妥耶夫斯基对东正教本质特征的艺术显现和形象拓展是显而易见的。

其实，在 19 世纪俄罗斯经典作家的文学创作中，这种与东正教之间互动影响的艺术创作的"形式因"可谓比比皆是。莱蒙托夫代表作《当代英雄》中的宿命论思想，体现在宗教意识与小说创作形式的相互影响之间。该小说五个短篇连接的艺术结构不按时间秩序，而是不断指向内心和宿命，便是这一影响的产物。果戈理创作《死魂灵》第二部的过程，反映出作家在艺术创作与宗教思想探索中的苦恼和艰辛。俄罗斯民族戏剧的奠基人奥斯特洛夫斯基在自己的代表作《大雷雨》中，也将创作形式中融入了浓厚的宗教意识，以艺术形象从正反两个方向展示着东正教的自我救赎思想。列夫·托尔斯泰的长篇小说《复活》的书名就直接来源于宗教，整部小说中均贯穿着救赎和自我完善的宗教思想，也极大地形象阐释和丰富了相关的教义。即便是被誉为现实主义经典作家的高尔基，在其创作中也充满着造神论的思想③，其小说《忏悔》是一部集中体现作家造神论思想的文学作品。高尔基在这部小说中，通过人物、情节以及丰富多彩的

---

① 转引自阿·尼科留金：《俄罗斯灵魂的画家》，载 [俄] 瓦·瓦·罗赞诺夫：《在艺术家中间》，莫斯科：共和国出版社，1994 年，第 12 页。
② 转引自阿·尼科留金：《俄罗斯灵魂的画家》，载 [俄] 瓦·瓦·罗赞诺夫：《在艺术家中间》，莫斯科：共和国出版社，1994 年，第 12 页。
③ 张羽：《高尔基的造神论观点研究》，载《张羽文集》，南京：河海大学出版社，2014 年，第 155—212 页。

生活现象，形象地展示了造神论思想的全貌。当然，高尔基强调的主要是宗教感情，他坚持："宗教感情……应该存在、发展，并且有助于人的完善。""宗教感情是由于意识到把人与宇宙结合在一起的各种纠结的和谐性而产生的那种欢乐与自豪感情。"①高尔基在这里的论述，显然有着明显的东正教"聚和性"意识的烙印，他的小说《忏悔》也在很大程度上艺术地反映出这一点。

五、现实与精神：意义再生的机制

长期以来，我国文学批评界已经习惯于把文学创作视为通过语言文字对现实生活的形象反映。然而，任何一个民族的文学创作在反映社会现实的同时，更是民族精神的弘扬，这一精神自然与该民族的宗教信仰是息息相关的。宗教与艺术是人类两种不同的文化现象和社会意识，它们几乎同时产生，既相互依存，又相互矛盾。艺术主要是以情感形式表现人的生活的丰富性，让人获得现实生活的实在感。不过，艺术时空表现的实在感与宗教的虚幻的处世态度无疑是相互对立的，更何况宗教的禁欲主义压抑着艺术对美的追求，尤其是在长达一千年的中世纪。因此，在 20 世纪初，几乎所有的文学史家都认为，中世纪的教会势力和教规严重地制约了人类文化艺术的发展，后来的文艺复兴运动才促使以表现人为中心的文化艺术摆脱宗教的羁绊，重新蓬勃发展起来。

其实，如果从"表现""创造"的美学理想出发，中世纪的人类艺术成就不仅可以被重新认识，而且宗教对人类文学艺术发展的贡献是显而易

---

① 张羽：《高尔基的造神论观点研究》，载《张羽文集》，南京：河海大学出版社，2014 年，第 170 页。

见的，至少在艺术表现的假定性手段等方面，为文学艺术的内在表现机制提供了更多的可能。文学创作对社会生活的反映是积极的，它就如同一个意义发生器，拥有一个能够不断再生意义的机制。因此，不同时代的读者或者同一时代的不同读者，均可以从任何文学文本中解读出不同的意义。爱沙尼亚塔尔图大学的已故著名符号学家洛特曼（Лотман Ю.М.）就曾指出，"文本具备三个功能：信息传递功能、信息生成功能、信息记忆功能"。①文学文本的核心构造其实就是意义的再生机制，它可以传递新的信息，创造新的意义。

洛特曼就曾经强调："文本作为意义的发生器是一种思维机制。要使这个机制发生作用，需要一个谈话者。在这里深刻地反映出意识的对话性质。要使机制积极运行，意识需要意识，文本需要文本，文化需要文化。"②在 19 世纪，与俄罗斯社会现实对话的谈话者，主要是东正教的思想，而俄罗斯文学所承载的正是这两种意识、文本、文化之间的对话。在陀思妥耶夫斯基的创作中，无论是《穷人》中的杰武什金与陀勃罗谢洛娃，还是《罪与罚》中的拉斯柯尔尼科夫与索尼娅，或者是《卡拉马佐夫兄弟》中的伊万与阿辽沙之间，都是以不同人物对话的方式，来展现残酷现实与东正教思想之间的互文。在托尔斯泰的创作中，《安娜·卡列尼娜》的两对主人公安娜、渥伦斯基与列文、吉蒂之间的互文对照，虽然存在于现实之间，但他们之间的迥异是思想和精神层面的。《复活》主人公聂赫留朵夫代表的"自我完善"等宗教思想，以个人与社会之间的对应方式，

---

① 康澄：《文化及其生存与发展的空间——洛特曼文化符号学理论研究》，南京：河海大学出版社，2006 年，第 25 页。
② 康澄：《文化及其生存与发展的空间——洛特曼文化符号学理论研究》，南京：河海大学出版社，2006 年，第 114 页。

均不同地艺术呈现了这一交锋。在果戈理的《死魂灵》(第一部)中,反映作者强烈主观精神和东正教思想的抒情插话与社会人性堕落和丑陋现实之间,实现了精神与现实的互动对话。在莱蒙托夫的《当代英雄》中,主人公毕巧林完成了现实的抗争与宿命的无奈之间的心理历程,最终走向了宗教信仰的归宿。在亚·尼·奥斯特洛夫斯基的《大雷雨》中,女主人公卡捷琳娜的理想王国与现实的黑暗王国之间的对峙,以及主人公的悲剧结局,无疑是对观众产生了极大的情感影响,留下了无限的思考空间。

列夫·舍斯托夫把契诃夫的创作视为是这种宿命论的集大成者。他以为,契诃夫一生都在把人类的悲剧性命运与上帝的存在相互文。他写道:"契诃夫是绝望的歌唱家,契诃夫在自己差不多二十五年的文学生涯当中百折不挠、乏味单调地仅仅做了一件事:那就是不惜用任何方式去扼杀人类的希望。"[①] 契诃夫是在用自己的创作给人们以启示。也就是,人类只有用自身的磨难、绝望、诅咒,甚至死亡来抗争理性、必然性和规律性,只有当人身陷悲剧的深渊,充满恐惧,陷入绝境,才能感觉到那个用理性无法证明的上帝,向他发出旷野的呼告,重新找回对上帝的信仰。这既是舍斯托夫对契诃夫创作的宗教—文化意义的阐释,更是他对陀思妥耶夫斯基、果戈理、托尔斯泰等俄罗斯伟大作家创作的内在价值的肯定。

显然,宗教的精神是永存不变的,而社会现实则是变化无常的,正是这种"不变"与"变"之间的对话,为读者提供了无限广泛的可阐释空间,文学文本作为艺术的载体才不断创造出新的意义。文学创作的主要作用,也许就在于表现或反映人类的无意识和意识生活以及与此相伴的社会现实。然而,文学又必然会表现出超越这一切现实层面的精神,即人类超

---

① [俄]列夫·舍斯托夫:《开端与终结》,方珊译,昆明:云南人民出版社,1998年,第8页。

越理性之上的无意识层面，也就是文学素养或曰文学教养，并以此影响读者，实现自身的价值。

文学的本体无疑是文学文本，文学文本创造的意义自然既源于生活，又高于生活，是现实与精神的融合。文学文本是社会现实与民族精神交融的传承，文学批评的任务既要发掘文学文本对现实生活的形象反映，更要揭示深层的宗教信仰和民族精神。俄罗斯文学显然是东正教与俄罗斯社会现实相互对话的产物。"弥赛亚"和"聚和性"等意识，作为俄罗斯民族东正教文化的本质特征，一方面提升了俄罗斯文学经典的思想内涵，另一方面又影响着俄罗斯文学的艺术形式，特别是诗歌、小说等的诗学结构。同时，俄罗斯文学经典的创作，也在很大程度上，以"弥赛亚""聚和性"等为基础，不断丰富着东正教的内涵和表现形式，拓展了东正教文化的阐释空间。文学批评应该努力从这两者的对话与交融之中，去揭示文学文本和艺术形象的意义再生机制，拓展文本的可阐释空间。

19世纪以来的俄罗斯文学，对本民族精神的铸造，为我国的文学创作和批评，为我们探索超越个体价值的民族精神，无疑具有十分重要的意义和启示。

国家社科基金重大项目

"东正教与俄罗斯文学研究"首席专家

南京师范大学外国语学院教授

张 杰

2021 年 2 月 14 日于南京随园

目 录

绪　论
东正教①与俄罗斯文论概述

任何一个民族的文艺理论及其思潮往往是本民族文学发展的引领者，在近两百年的俄罗斯文学进程中尤其如此。长期以来，我们已经习惯从文学与社会的关系出发，来论述俄罗斯文学及其批评理论的发展历程。然而，著名俄罗斯神学家、文学批评家、莫斯科神学院教授杜纳耶夫（M. M. Дунаев）则在《东正教与俄罗斯文学》（6卷本）的序言开头中，就揭示了以往俄罗斯文学研究中存在的问题："我们已经习惯把俄罗斯经典文学视为是至高无上的，以至于我们早就无须思考，无须就此加以专门的论证和反思。然而，这是不合适的。我们仅仅凭借以往教科书中的传统说法，是很难认识祖国文学特征的，我们更是妄自尊大地相信，俄罗斯天才们的创作较其他创作具有艺术优势，而且与其他欧洲文学相比较，更可以因为其丰富性，而感到骄傲。""鉴于许多原因，包括主观和客观方面的因素，众多研究者和批评家很少涉及俄罗斯经典文学的基本特征。尽管有点难堪，但也不得不同意叶乌沙洛夫（И. А. Есаулов）的结论：'非常遗憾，应该承认，就价值准则与其所描写客体的价值之间的比较而言，各种俄罗

---

① 东正教是一个历经一千多年、思想内容非常复杂的概念。本书所涉及的东正教概念主要是指在俄罗斯本土上，19世纪末至20世纪初兴起和20世纪末至21世纪初再度复兴的当代东正教神学思想。

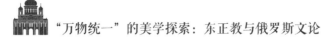

斯文学史撰写的科学原则尚未形成'。"杜纳耶夫进一步指出："我们祖国文学中最重要的就是——它的东正教世界观，反映现实的宗教性质。"①

目前，从宗教与文学关系的视角来揭示俄罗斯文学的主要特征，或许不会遭到文学批评界的反对，至少学界会认为，这是评价俄罗斯文学创作发展历程的重要维度。然而，从这一维度来分析和评价俄罗斯文学批评理论，可能情况就会有所不同。一般说来，文学理论被视为科学研究的产物，而科学与神学之间仿佛是没有共同之处的，或者说应该是迥然不同的，前者主要是规律性的探讨，后者则侧重的是难以企及的信仰。因此，文学理论似乎又是与宗教格格不入的。在我国俄罗斯文学研究界，备受关注的是以现实反映、审美表现和历史溯源等为核心的文学批评理论，例如现实主义、形式主义和历史诗学等。但是，俄罗斯民族的精神是由东正教铸成的。正如白银时代俄罗斯东正教文化思想家、文学批评理论家尼古拉·亚历山大诺维奇·别尔嘉耶夫（Николай Александрович Бердяев，1874-1948）所指出："俄罗斯人的灵魂是由东正教会铸成的，它具有纯粹的宗教结构"。②"这就意味着，俄国文学的基本主题是宗教的。"③如果我们不揭示东正教与俄罗斯文学及其理论的相互影响，就很难把握俄罗斯文学的精髓，更无法描绘其文学理论的特征。

杜纳耶夫在 2002 年出版的学术著作《迷茫磨砺中的信仰》序言中，十分明确地指出："我们祖国文学最重要的本质——它的东正教世界观，反映现实的宗教品质。文学的宗教性不仅与教会生活相关，也不只包含在对

① *Дунаев М. М.* Вступление//Православие и русская литература. В 6-ти частях. Ч. I– II. Издание второе, исправленное, дополненное. М.: Изд. «Христианская литература», 2001. С. 3.

② *Бердяев Н. А.* Истоки и смысл русского коммунизма. М.: Изд. «Наука», 1990. С. 8.

③ 同上，第 63 页。

神的书写的有关情节里，而是特别反映在其世界观之中。新时代文学属于世俗的文化，她不可能过多直接涉及宗教。然而，东正教在漫长的岁月中，哺育着俄罗斯人，引导他去思考存在，以至于即便他在丧失信仰的时候，也不可能完全脱离东正教世界观的影响。"[1] "正是东正教影响人关注自己的心灵深处，用文学来反映内心世界的沉思。东正教——俄罗斯民族的世界观基础和在世界生存的方式。"[2] "东正教确立了唯一正确的生活观，而它已经成为俄罗斯文学的基本思想（并非总是百分百的），因此俄罗斯文学的精神是东正教的。东正教文学用东正教意识来教导人，确立窥探人的内心世界的正确途径，明确评价人的内心存在的最重要标准：忍耐。"[3] 显然，世界观和生存方式是哲学探讨的主要问题，而哲学及其所属的美学又是与文学批评及其理论密切相关的。文学批评理论又对文学创作起着重要的引领作用，甚至在很大程度上决定着文学创作的思想及其艺术表达方式。

20 世纪末，虽然我国的俄罗斯文学研究已经开始探索东正教与俄罗斯文学之间的关系，不过主要还是集中在文学创作方面。其实，在俄国，尤其是在白银时代，东正教神学思想与俄罗斯文学理论及其思潮的关系更加紧密。许多文学理论甚至与东正教融合在一起，形成了独特的真理探索路径、文学思潮、批评方法等，甚至彼此很难区分。可以说，在很大程度上，白银时代东正教神学思想铸就了一百多年以来的俄罗斯文学理论及其思潮的灵魂，同时俄罗斯文学理论也极大地丰富和拓展着东正教神学思

---

[1] *Дунаев М. М.* Вступление//Вера в горниле сомнений. М.: Издательский совет русской православной церкви, 2002. С. 3.

[2] 同上注。

[3] 同上注。

想，推动着这一思想的审美接受。这两者之间相互融合，形成了"你中有我，我中有你"的状况，甚至很难加以区分。

在 19 世纪末 20 世纪初和 20 世纪末 21 世纪初，在俄罗斯出现过两次声势浩大的东正教文艺复兴运动，前者是白银时代的东正教哲学、文学和文化思潮的兴起，后者是在苏联解体前后这一思潮的复苏，这种兴起与复苏直接导致了俄罗斯社会的急剧动荡和变革。回眸一百多年以来俄罗斯社会历史的变迁，在俄罗斯社会的精神文化巨大变革中，"文学在这整个过程中曾占据了主导的作用"。[①] 在白银时代东正教神学思想影响下，俄罗斯文学理论及其思潮在探索真理、揭示艺术创作内涵、创新审美批评方法等方面，特别是提升国民的精神素养，发挥着十分重要的作用。可以说，以白银时代东正教神学思想为核心的俄罗斯文论更能集中体现俄罗斯民族的精神探索和价值追求，它独特的探索路径不仅为俄罗斯民族认知世界开启了一扇窗口，更是让西方知识界为之敬佩和叹服。本书主要深入探讨在当代东正教文化背景下的俄罗斯思想界探索真理的方法、文学理论及其思潮的深刻精神内涵，揭示其审美批评的方法论价值，尝试用它们去解读具体的文学文本，努力为我国文艺理论建设和批评方法的创新，提供值得借鉴的参考。

第一节　三位一体：真理与方法

真理往往是任何一个民族的思想家、科学家和文学理论家探索的主要对象，并准备为之奋斗的目标。自然科学和社会科学的研究通常是人类揭

---

① *Дунаев М. М.* Глава 18 Русская литература Советского периода//Православие и русская литература. Часть 6（Книга 1）. Издание второе，исправленное, дополненное. М.: Изд. «Христианская литература», 2004. С. 3.

示真理的两条主要途径。然而，翻开一百多年来俄罗斯东正教文化思想发展的历史画卷，我们不难发现，处在这一历史画廊中的思想家们几乎都经历过由科学研究向神学探索的思想转向。著名俄罗斯神学家、文学批评家杜纳耶夫在《东正教与俄罗斯文学》一书中，就明确指出："弗拉基米尔·索洛维约夫曾确认，一个人的宗教思想成长历程，就是由孩提时代的盲目信仰走向基督教信仰的过程。"[①] 他们多数是集东正教哲学思想家和文学理论家于一身，他们几乎都不约而同地发现，在现实的实在科学研究中，真理的认识是无法穷尽的，西方知识界的危机正是在于陷入了以理论思维和实证经验为核心的科学研究之中，把以信仰为根本的神学排除在真理探索之外。

　　杜纳耶夫在《迷茫磨砺中的信仰》一书中，列出专节对弗拉基米尔·谢尔盖耶维奇·索洛维约夫（Владимир Сергеевич Соловьев，1853–1900）的宗教哲学思想进行了阐释。他认为，索洛维约夫"虽然在 20 世纪初只生活了半年多的时光，但他的毕生都是属于这个世纪的。他在许多方面都预见了该世纪的未来，并对其产生了极大的影响"。[②] 索洛维约夫确实如杜纳耶夫所说，为 19 世纪末 20 世纪初的俄罗斯精神文化复兴，为现代俄罗斯东正教文化哲学，也为白银时代的东正教文学及其批评理论，尤其是俄罗斯象征主义，奠定了思想基础。杜纳耶夫明确指出："现在已经公认，正是索洛维约夫奠定了俄罗斯象征主义的基本思想。"[③] 他的诗作《只

---

① *Дунаев М. М.* Православие и русская литература. В 6-ти частях. Ч. V. Издание второе, исправленное, дополненное. М.: Изд. «Христианская литература», 2003. С. 363.

② *Дунаев М. М.* Владимир Сергеевич Соловьев//Вера в горниле сомнений. М.: Издательский совет русской православной церкви, 2002. С. 687.

③ *Дунаев М. М.* Православие и русская литература. В 6-ти частях. Ч. V. Издание второе, исправленное, дополненное. М.: Изд. «Христианская литература», 2003. С. 67.

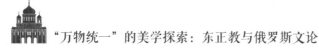

有爱的阳光永恒……》被视为俄罗斯象征主义的宣言。

索洛维约夫的主要思想就是体现在《完整知识的哲学本原》一书中的"三位一体"理论。他分析指出，人类通常把知识视为真理探索的结晶，而知识的构成又被西方学术界划分为自然科学与以哲学为代表的社会科学。然而，"完整知识"应该是三位一体的，是由神学（神秘主义的知识）、哲学（唯理论的知识）和科学（经验主义的知识）所构成的。他认为："只有这样的综合，才能囊括知识的完整真理。舍此，则科学、哲学和神学只能是知识的个别部分，即被割下来的知识器官，因此和真正的完整真理毫无共同之处。"[①] 索洛维约夫的"完整知识"并非只是三种知识的简单相加，而是一种三位一体的有机融合。他以为，西方思想界的危机在于"西方哲学以作为智力的个人思维与作为权威的全民信仰的分裂为起点"。[②] 在索洛维约夫看来，西方思想界坚持二元论的思维模式，即把知识分为理念世界与经验世界，无法达到"完整知识"的"万物统一"的境界。

索洛维约夫认为："人的真正本性呈现出三种基本存在形式：感觉、思维和能动的意志。"[③] 人类社会存在着与此相对应的三个领域，即以实证为主体的科学领域、以思维为基础的哲学领域、以意志为核心的信仰领域。这三个领域又分别对应于知识领域的实证科学、抽象哲学和神学理论，对应于社会实践领域的经济社会、以国家为主导的政治社会、以教会为主导的精神社会。索洛维约夫强调，只有把人类文明的成果与神圣的本

---

① ［俄］弗·谢·索洛维约夫：《完整知识的哲学本原》，载《西方哲学的危机》，李树柏译。杭州：浙江人民出版社，2000年，第195页。

② 同上，第5页。

③ 同上，第161页。

原相联系，这才可以获得"万物统一"的"完整知识"，实现精神社会与政治社会、经济社会相融合的"完整社会"。显然，在这里，神学是联系实证科学与哲学社会科学的纽带，是人类社会的精神支柱，是探索真理的根本。

在索洛维约夫看来，包括文学在内的艺术创作又是展示这一探索的理想途径和方法。他在《艺术的普遍意义》一文中写道："完美艺术的最终任务一定要体现绝对理想，这不仅是在想象空间中。实际上，应该体现一种崇高精神，并把它融化在我们的现实生活之中。"①艺术形象应该是人类现实生活与崇高信仰、真理求索的精神之间相互融合的载体。

杜纳耶夫在提及俄罗斯文学的特征时，曾经明确写道："我们的文学在词语和形象中记载了俄罗斯人的经验——光明的、阴沉的、心灵救赎和心理危机。信仰的经验和丧失信仰的经验。"②俄罗斯文学自诞生之日起，就是外在世界与内在世界交织的产物，是现实世界与虚幻世界的相互融合。其实，古老的俄罗斯英雄史诗《伊戈尔远征记》就是一部史实与情感交汇、信仰的崇高境界与世俗的生活实际相交融的文学经典。

19世纪末至20世纪初，与索洛维约夫同时代的东正教神学家和文学理论家们，大多把文学艺术形象视为精神与个性的同一。不过，这种同一并不只是认识层面上简单的反映与被反映的关系。白银时代东正教文学批评理论家谢尔盖·尼古拉耶维奇·布尔加科夫（Сергей Николаевич Булгаков，1871–1944）借鉴了基督教基本信条之一的"三位一体"，把"圣父、圣子和圣灵"改造成"物质、精神和存在"。在他看来，句子是最

---

① *Соловьев В. С.* Сочинения. В 2 т. М.: Мысль, 1988. Т. 1. С. 47.

② *Дунаев М. М.* Вступление//Вера в горниле сомнений. М.: Издательский совет русской православной церкви, 2002. С. 9.

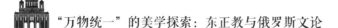

能够反映语言形象的，句子的一般形式是"我是什么"。这里的"我"是主语，表示主体，"什么"是谓语，表示客体，而"是"就是联系动词，表示存在。在布尔加科夫的"三位一体"的文学批评理论中，文学艺术形象就是一个完整的存在，联系着主体与客体，这三者是有机联系的、不可分割的。①人们可以通过文学艺术形象，深刻地感悟到现实生活（客体）中的精神（主体），同时也可以领会到精神世界中的现实。任何的科学归纳和分析都是不全面的，都会造成某种层面上的缺失，难以展示精神载体的完整性。只有艺术的表现和感受，才能够实现"三位一体"的整体把握。

费多尔·米哈伊洛维奇·陀思妥耶夫斯基（Федор Михайлович Достоевский，1821–1881）的文学创作，实际上是一条走向东正教信仰的艺术探索之路。杜纳耶夫曾经引用过作家自己的话，对此加以说明。他在《迷茫磨砺中的信仰》一书中的第 10 章"费多尔·米哈伊洛维奇·陀思妥耶夫斯基"中写道："在费·米·陀思妥耶夫斯基晚年的笔记中可以找到如此的坦诚，'我毕竟不会像一个孩子那样，去信仰基督并信奉其学说，而是在经历了巨大的迷茫磨砺之后，我的奥莎娜②才降临'。"③这种矛盾、复杂而又极其艰难的东正教信仰的探索过程，清晰地呈现在这位俄罗斯经典作家的创作，尤其是后期创作之中。

布尔加科夫在具体解读陀思妥耶夫斯基长篇小说《卡拉马佐夫兄弟》中的人物形象时，并不把文学形象和个性视为是某种思想的代言人，而是

---

① *Булгаков Сергей Николаевич.* Трагедия философии//Соч. в 2 т. М.: Наука, 1993. Т. 1. С. 416.

② "奥莎娜"是古犹太教徒和基督教徒颂扬上帝或祈福之词。

③ *Дунаев М. М.* Федор Михайлович Достоевский//Вера в горниле сомнений. М.: Издательский совет русской православной церкви, 2002. С. 317.

用"三位一体"的分析方法，努力揭示出一个联系主体与客体的、活生生
的艺术存在。在他看来，作家关注的是现实的人与精神的人、理智的人与
情感的人、善良的人与残酷的人之间的共存和交融。陀思妥耶夫斯基揭示
的是各个文学形象自身的复杂性和矛盾性，发掘在具体的话语语境中艺术
呈现出的超越个体的精神价值。伊凡·卡拉马佐夫既崇尚理智和科学，而
又感到道德原则的无力；他奉行的"为所欲为"的处事原则，对麦尔佳科
夫弑父听之任之，却又不断进行着良心的自我谴责；他同情人们的苦难生
活，本意上向往基督的理想，但又觉得现实的残酷，无法摆脱宗教大法官
的思想，即使用象征着暴力的"恺撒之剑"。伊凡的弟弟阿辽沙无疑是陀
思妥耶夫斯基笔下的理想化人物，是最能够体现信仰和精神的文学形象，
但是他在行动上又是如此的苍白无力，当他看到神父佐西马的尸体腐烂
时，他的理想被现实的无情彻底粉碎。阿辽沙是一个自愿为他人受苦受难
的精神典型，但是他最终还是离开了修道院，走向了尘世生活。阿辽沙始
终处于信仰与生活、精神与现实等的极度矛盾之中。卡拉马佐夫兄弟中的
老大德米特里，几乎是一个无恶不作的混蛋，却又让读者感到他是如此的
有力。他那颗堕落的灵魂时而也会迸发出良知的火花，他慷慨帮助了卡捷
琳娜·伊凡诺夫娜，他真诚地爱着格鲁申卡，同情她的遭遇。他虽然没有
弑父，却甘愿承受处罚，甚至声明自己也是上帝的儿子，等等。其实，从
意义再生的角度来看，在这些形象中，这些对话与矛盾不仅使得读者可以
从中看到不同的意义，而且可以超越具体的形象，感受到善与恶、理想与
现实、忍耐与暴力的共存和共融，从而深切体验到东正教"聚和性"①"弥

---

① "聚和性"（соборность）是由阿·斯·霍米亚科夫最早提出的东正教核心概念之一。此
概念又有学者翻译成"聚合性""聚议性""团契"等，但考虑到此概念内涵的包容性，
也就是不同的思想观念均可以和平相处、共同依存，因此翻译成"聚和性"。

赛亚"① 意识的精神内涵。当然，陀思妥耶夫斯基作为一个经典作家，并非要在自己的创作中宣扬某种东正教的思想，而是揭示了通往东正教信仰之路的复杂性、矛盾性。他艺术表现的主要是这一过程，而不是直视结果，体现的是一种"聚和性"的包容和"弥赛亚"的救赎等东正教精神。

其实，论及东正教的"聚和性"等概念时，就不能不提到阿列克谢·斯捷潘诺维奇·霍米亚科夫（Алексей Степанович Хомяков，1804-1860）。他不仅是 19 世纪俄罗斯斯拉夫派的领袖，而且是这一时期最伟大的俄罗斯宗教活动家和思想家。尼·亚·别尔嘉耶夫就曾经如此评价他："霍米亚科夫就是为上帝和宗教而生的，是坚定的东正教徒……他的一生从未发生过任何转折、任何变化、任何改变。"杜纳耶夫在引用了这段话之后，明确写道："无疑，很显然，霍米亚科夫没有经历迷茫和危机，他坚守着始终不渝的最初信仰。"②

在阐释"聚和性"概念时，霍米亚科夫认为："'собор'（教堂）这个词不仅仅表达了许多人在某个地方有形的看得见的'会议、集会'的概念，还有更一般的意义，即这种集合的永久性观念，换言之，它体现了'多样性中的统一'思想。"③ "聚和性"就是指依靠一个共同信仰的"聚"，

————————

① "弥赛亚"（Миссия）一词源于拉丁语"missio"，意为使命。该词起初有"膏油"之意，东正教教义中讲，为某人涂上膏油，该人则成为上帝选民，负担有一定的使命，成为神与人之间的中介者。俄国的"弥赛亚"意识是东正教精神的本源之一，是俄国宗教思想的精髓，通过俄罗斯学者们的不断推敲和完善，"弥赛亚"所体现出的"救赎"概念，已在历史长河中逐渐成为俄罗斯的普世价值。

② *Дунаев М. М.*: Вступление//Вера в горниле сомнений. Москва: Православная Художественная литература, 2019. С. 144.

③ *Хомяков А. С.* Письмо к редактору «L'Union Chretienne» о значении слов «кафолический» и «соборный» по поводу речи отца Гагарина, иезуита. Полное собрание сочинений в 8 т. Т. 2. М.: Университетская типография, 1886–1906. С. 325.

不同因素之间的"和"，可以"和而不同"地包容。①"弥赛亚"意识则是一种救赎意识，这里既包括自我心灵的救赎，也是拯救他人，更是要拯救整个集体，即俄罗斯民族，甚至包括要拯救其他民族。

应该承认，当代东正教神学思想是十分复杂的，"万物统一"的思想也并非得到白银时代所有东正教神学思想家的一致认同。例如，尼古拉·亚历山大诺维奇·别尔嘉耶夫和列夫·舍斯托夫（Лев Шестов，1866-1938，原名为列夫·伊萨科维奇·施瓦茨曼，Лев Исакович Шварцман）等人，就旗帜鲜明地批判过索洛维约夫的这一思想。但是，也许不会有人因此否定索洛维约夫在白银时代东正教神学思想中的奠基作用，也很难否定这一思想无论从肯定的正面，还是从否定的反面，都积极地推动了当代东正教神学思想的发展及其在文学艺术批评理论中的重要意义。可以想象，如果没有索洛维约夫，就不可能有白银时代俄罗斯东正教文化的繁荣，更谈不上会出现 20 世纪末与 21 世纪初这一思潮的复苏。

可以说，在对西方文明危机的认识上，在对神学探索真理的作用上，当代东正教神学思想家们的观点基本上是一致的，所不同的主要是在一些诸如共性与个性的关系等具体问题上的阐释不同、每位思想家的理论个性不一、看问题的视角迥异等。

在"万物统一"思想的启迪下，"三位一体"的东正教文学批评理论及其方法给我们提供了文学批评意义的新启示：文学批评的意义也许并不只在于揭示文本或形象的思想内涵和艺术形式，而更在于展示现实与精神、道德与欲望等之间碰撞与交融，从而探索和表征超越文本之上的一种精神、一种凝聚民族力量的精神、一种为民族铸魂的精神。这种精神也许

---

① 张百春：《当代东正教神学思想——俄罗斯东正教神学》，上海：上海三联书店，2000 年，第 55 页。

就是文学批评所要发掘和弘扬的，也正是这一精神可以为当今崇尚个性价值，注重个体发展的社会，注入思想之魂。

第二节　神人合一：信仰与人道

"三位一体"是白银时代东正教神学思想与俄罗斯文学批评理论相互融合的产物，它既是当代东正教文学批评理论的基石，又是如何展开文学批评的方法和路径。"神人合一"则既是该文学批评理论自身的主要内涵，即"万物统一"的具体体现，也是这一批评所要揭示的，既基于文学文本及其形象，又超越这一载体的精神实质，这一精神实质无疑是与真理紧密联系在一起的，是不可分割的。

在俄罗斯的精神世界中，真理与上帝是相互融合的，是整体合一的。真理是一种神性的体验，探寻真理就是探寻上帝。别尔嘉耶夫曾经指出："整体性的真理是上帝。"[1]显然，在这里，真理不是客观的，不再是不以人的意志为转移的客观存在，而恰恰相反，真理是主观的。因此，要感知上帝的存在，要探索和揭示真理，就不能够仅仅依靠理性思维和语言的科学表述，而只能够通过精神体验和心灵感受。正因为如此，在俄罗斯民族那里，信仰是生命的根本，是至高无上的，是精神世界的本质内核。人必须以自由者的身份，摆脱客体化世界的奴役。

然而，理论信仰与理论阐释之间往往又是很难统一的，文学批评理论又不可能完全离开理性分析和科学语言的表述，当代东正教文学批评理论也是如此。白银时代以来，俄罗斯东正教文学批评理论的独到之处就在

---

[1] ［俄］Н·А·别尔嘉耶夫：《精神王国与恺撒王国》，安启念、周靖波译，杭州：浙江人民出版社，2000年，第7页。

于自由的理性分析与心灵的东正教精神体验之间的相互交织，即精神的信仰与现实的人道融合。这就是以别尔嘉耶夫为代表的东正教文学批评理论的主要特征，即"神人合一"的东正教人本主义。这一批评理论不是要脱离俄罗斯人民的日常生活，而是要努力使得东正教贴近俄罗斯人的现实生活，把上帝的神性内化在人的身上，从东正教的人文关怀维度揭示超越于人的肉体的精神存在，从而实现对文学形象"神人合一"的艺术探索。以舍斯托夫为代表的存在主义文学批评，也把个人的存在状况与独立自由，作为文学艺术所要创作的主要内容，但他把信仰与道德、理性相分离，试图在个性的非理性状态下，在文学创作中揭示"神人合一"的艺术内涵。

在欧洲，长期以来，学界通常是把人文主义与宗教相对立的，尤其把文艺复兴运动视为是对中世纪强大宗教势力的反抗。别尔嘉耶夫、巴维尔·亚历山德罗维奇·弗洛连斯基（Павел Александрович Флоренский，1882—1937）等白银时代俄罗斯东正教文学批评理论家们则并不把基督教与人文精神相对立。他们既肯定无神论的人文主义精神对维护人的尊严和价值的意义，但又以为如果抛弃了超验层面的上帝，人又可能难以摆脱现实物质世界的羁绊，自我崇拜，把自己奉为超人，从而走向反人道主义。别尔嘉耶夫指出："人脱离开神和一切受造物等级，就被高尚的精神力量所诱惑。傲慢就是高尚精神的诱惑，这高尚精神要把自己放到神的位置上去。"①

一百多年以来，东正教文学批评理论强调"神人合一"，上帝与人同在，上帝内在于人，如果上帝外在于人，就会成为人的奴役者。现实生活中的人只有在上帝身上才能够发现自身真正的本质，人寻觅上帝的过程就

---

① [俄] Н·А·别尔嘉耶夫：《恶与赎》，载刘小枫主编《20 世纪西方宗教哲学文选》（上卷），杨德友、董友等译，上海：上海三联书店，1991 年，第 322 页。

是追求自由的过程。显然，以别尔嘉耶夫为代表的东正教文学批评理论的核心就是关注人的自由、人自身的价值。人只有依靠内在的上帝，才能够摆脱他人世界的奴役，获得真正的自由。在别尔嘉耶夫看来，陀思妥耶夫斯基的创作深刻显现出了俄罗斯民族身上的"神性"，即俄罗斯宗教的救世精神，也就是"弥赛亚"意识和民族主义倾向。他甚至认为："我们是陀思妥耶夫斯基的精神之子。"①

在《陀思妥耶夫斯基的世界观》等著作中，别尔嘉耶夫明确表示，陀思妥耶夫斯基的创作以俄罗斯的方式，揭示了人及其命运中的自由与束缚、善与恶、美与丑、罪与罚、爱与恨的交织，刻画了人的双重性格，发掘了人的意识与无意识、束缚与自由的关系，涉及了"恶的自由与善的束缚""个性欲望与世界和谐"等问题。爱情是陀思妥耶夫斯基等俄罗斯作家创作的重要主题之一。在陀思妥耶夫斯基的创作中，爱情是没有独立价值的，它仅仅用于展示主人公生活的悲剧道路，用于考验人追求自由的意志。男主人公往往是女主人公的上帝，女性的悲剧仅仅是男性内在悲剧的显现。

在长篇小说《罪与罚》中，从表面上看，虽然大学生拉斯柯尔尼科夫接受了索尼娅的劝说，认罪并接受了惩罚。但是，这种认罪是以索尼娅的自我牺牲为前提的，即承诺与他一起受罚。实际上，索尼娅最终也随他去流放服苦役了，为了拯救拉斯柯尔尼科夫，索尼娅心甘情愿地付出了一切，她没有自己独立的地位。其实，拉斯柯尔尼科夫与索尼娅之间的结合主要不是缘于爱情，而是一种彼此之间的心灵救赎，缘于人与人之间的相互关爱。陀思妥耶夫斯基创作的一贯主题就是宗教弘扬的"博爱"，爱上

① *Бердяев Н. А.* Смысл творчества//Философия творчества, культуры и искусства. М.: Искусство, 1994. Т. 1. С. 144.

帝，爱一切人，甚至爱自己的"敌人"，用爱来拯救人的灵魂，克服人的苦难。陀思妥耶夫斯基早在自己的处女作《穷人》中就表现了这一思想。老公务员杰弗什金就是几乎沦为妓女的姑娘陀勃罗谢娃的精神支柱，即上帝。在两人的书信交往中，杰弗什金的任凭命运摆布的人生哲学，促使了陀勃罗谢娃的顺从和忍耐。他们彼此之间的关爱远远超过了所谓的爱情。

　　显而易见，别尔嘉耶夫是从爱情的维度揭示了女主人公对男主人公的从属地位，男主人公是女主人公的上帝。然而，在陀思妥耶夫斯基的创作中，女主人公身上又蕴含着积极的东正教精神，即以"救赎"为核心的"弥赛亚"意识，也就是女主人公的牺牲通常是为了拯救男主人公。从白银时代东正教神学思想中的"弥赛亚"意识来看，女主人公也是男主人公的上帝。在长篇小说《罪与罚》中，索尼娅为了拉斯柯尔尼科夫而自我牺牲，其目的是拯救拉斯柯尔尼科夫，她是男主人公灵魂的拯救者。因此，在索尼娅身上交织着处于从属地位的活生生的现实人和拯救他人的上帝。同时，拉斯柯尔尼科夫也是如此，他既是索尼娅的上帝，可以让她为了自己无怨无悔地付出，又在不断接受着她的灵魂拯救，终于认罪受罚，走上了流放服苦役之路。在小说《穷人》中，虽然杰弗什金是陀勃罗谢娃的上帝，但同时女主人公也是杰弗什金的精神寄托，可以说在很大程度上他们是互相依靠、相互温暖、彼此拯救的。

　　在陀思妥耶夫斯基的笔下，"神人合一"往往又存在于整个小说文本的情节之中，隐含于"上帝"的"博爱"思想与现实的残酷性之间。在小说《白痴》中，梅什金公爵可以说是一个代表着"上帝"精神的理想人物，他主张基督式的"博爱"，强调对他人的宽容、自我克制、忍受苦难。然而，在残酷的现实社会中，凡是他帮助过的人均没有一个好的结局，他不可能解决任何社会矛盾。也许正因为这种文学创作中展示出的"神人合一"的矛盾和无奈，才使得陀思妥耶夫斯基的创作具有无限可阐释的空间。

从当代东正教文学批评出发，在俄罗斯的宗教文学创作中，特别是陀思妥耶夫斯基的小说世界中，神与人往往是合一的，神常常是内在于人的，男女主人公既可以互为上帝，又可以互为奴仆。故事情节也常常是上帝的精神与现实的残酷交织在一起。"博爱"是克服苦难、体现人道，实现相互转换、彼此交融，走向上帝的理想途径。只要心中有上帝，世界就会充满着爱。但是，神的理想世界又经常是与人的现实社会相互矛盾，甚至是对立的。或许这就是以陀思妥耶夫斯基为代表的俄罗斯文学创作的魅力之所在，也是俄罗斯经典文学文本意义再生机制的深层文化根源。在当代东正教文学批评理论看来，文学批评的主要任务之一是要揭示这种艺术创作的特征。

第三节　审美批评：象征与现实

在当代东正教文学批评理论那里，"三位一体"是"万物统一"美学思想的基石和探索真理的方法，"神人合一"是文学创作与批评的精神内涵和揭示对象，而"象征"与"现实"的交融则是艺术感知世界的理想途径，审美批评的主要任务之一就是要揭示这两者的融合。

在文学创作中，象征主义与现实主义通常被视为两种迥然不同的艺术创作方法。然而，在一百多年以来的俄罗斯东正教文学创作中，这两者却有机地融合在一起了，促动着当代东正教文学批评理论呈现出自己的独特性：象征的现实化与现实的象征化。这一批评理论考察一切文学现象的出发点和主要参照就是古希腊的文化与宗教，在该理论中，只有古希腊的宗教文化体现着文学活动的本真意义。象征与现实的融合就是要让现代文学艺术回归本真意义，即追溯到其宗教根基上去。对于俄罗斯文学创作而言，就是要复归东正教文化之中。

白银时代东正教文学批评理论家维亚切斯拉夫·伊凡诺维奇·伊凡诺夫（Вячеслав Иванович Иванов 1866-1949）在《当代象征主义的两大本原》（1908）、《象征主义的遗训》（1910）和《关于象征主义的沉思》（1912）等著作中，表现出与以象征派诗人勃留索夫为代表的唯美主义创作的迥异，旗帜鲜明地阐释了在当代东正教文化视域中的象征主义理论的现实化特征。他明确指出，经典的文学创作均不应该把"天堂"与"尘世"相分离，象征是以"现实"方式体现宗教思想的理想艺术途径。他写道："运用象征认识每一种现实，审视它们与最高的现实，也即现实之中更现实的现实之间的相互关系。"① 他把任何社会现象都看成一种宗教文化现象在当今的象征化反映。他运用移情原则，在"现实"与"象征"、"客观"与"主观"、"情感"与"宗教"的相互融合中，来深刻揭示艺术的真实世界。

在维·伊·伊凡诺夫那里，任何文学文本的现实都具有双重含义，一是一般的现实，即该文本创作所反映的当时社会生活的现实，二是最高的现实，也就是心理的现实，这一现实可以超越具体的现实，与读者的心灵碰撞，让读者体验到艺术的真实。19 世纪末 20 世纪初俄罗斯象征主义作家别雷（Андрей Белый, 1880-1934，原名为鲍里斯·尼古拉耶维奇·布加耶夫 Борис Николаевич Бугаев）的长篇小说《彼得堡》，就是一部典型的通过象征艺术来揭示真实的经典之作。从该文本所反映的社会生活现

---

① *Иванов В. И.* Родное и вселенское. М.: Изд. «Республика», 1994. C. 100.

实来看，就是在 1905 年 10 月的 9 天里，小说主角——俄罗斯帝国首都彼得堡的状况。然而，别雷采用了独特的象征艺术，把东西方文明的冲突浓缩到了这个东西方文明的交汇地——彼得堡。他在有限的现实时空中，展示了心理化了的现实，使得时空得以无限延伸。这里交织着西方的唯理主义、实证主义与东方的神秘主义、情感至上等的冲撞。小说中不仅每个人物、每个事件均延伸出无限的象征意味，而且整部小说也体现出总的象征意义。

小说明显通过几何图形和空间象征物来展示了这一冲突。小说中围绕着参议员阿波罗活动的中心是彼得堡的直线形涅瓦大街，它与众多条直线道路和警察站点相互交会。这张网状结构显示了国家官僚体制的网状结构和理性主义权力的冷酷。另一个曾经的革命者、平民知识分子杜德金也被各种空间象征物包围着，如混乱的瓦西列夫斯基岛、黑色的楼梯、爬满潮虫和蟑螂的拉斯柯尔尼科夫式的阁楼等，这又象征着对杜德金们扼杀的恶劣环境。这些空间环境的描述象征着以理性主义和实证主义为标志的西方文明，而这一文明在别雷心中是没有出路的。小说中，别雷还试图通过不同人物的不同方式，来探索走出西方文明桎梏的道路。参议员阿波罗的儿子尼古拉就曾经想用暴力手段来刺杀自己的父亲，而作家则以为这并非一条可行之路。别雷用一个准备制作炸弹的装沙丁鱼的罐头盒，来表明尼古拉优柔、复杂的多重性格。他既厌恶又怜悯父亲，既想改变社会而又无力行动。在小说中，别雷看重的是农民宗派主义者斯捷普卡的做法。这位农民的预言才是最为理想和具有启示意义的。斯捷普卡的空间象征物就是他想建造的一艘诺亚方舟。这艘方舟可以游离于教会和国家政权之外，它的航向既不是完全驶向东方，也不可能朝着西方，而是向着人类共同的祖先回归，驶向人类的文明精神源头。

　　当代东正教文学批评的美学观是与其伦理学思想密切相关的。在索洛维约夫看来，善是美与真的纽带。他在给诗人阿·费特的信中明确了美的定义，即美是"精神的物质"。[①]他以金刚石为例来说明美是思想的化身，因为在金刚石身上实现了物质和光的完美结合。这一完美结合体现出的就是"善"。索洛维约夫把自己的伦理学论著全集取名为《为善辩护》（1894–1897）就说明了一切。这位白银时代东正教文学批评理论家指出："如果就道德方面来说（对于意志而言），物质统一就是善，如果就认识论方面来说（对于智慧而言），它就是绝对的真，那么，实际上，实现物质统一就在外在现实范畴中，它的实现或表现在感觉，物质存在方面就是绝对的美"。[②]真善美三者在索洛维约夫那里是不可分割的、有机统一的，这种统一最佳的艺术表现途径就是"象征"与"现实"的融合。

　　俄罗斯著名作家别雷的长篇小说《彼得堡》是一部典型的象征主义代表作，充分体现了"万物统一"的东正教美学观。作家以象征的方式揭示了现实社会各种势力的冲突，深刻表明，彼得堡作为人类社会的一个缩影，其内在冲突导致了对人类美好传统、理想、生态和社会的一定破坏。真善美在物质和精神上的统一已经失衡，如要达到平衡与和谐，就只有回归人类的祖先，回归人类文明的源头。不难发现，小说《彼得堡》的意义已经远远超出了反映19世纪初俄罗斯社会现实的范围，而是揭示了人类文明发展的真实规律，即循环式回归。

　　在当代东正教文学批评理论那里，真理存在于"三位一体"的"万物统一"之中；"完整知识"体系是由自然科学、社会科学和神学构成的不可分割的有机整体，其中神学是关键；"神人合一"是文学文本，特别

---

① *Соловьев В. С.* Сочинения. В 2 m. М.: Мысль, 1988. Т. 1. С. 552.
② 同上，第745页。

是文学形象的深刻内涵，也是文学批评所要揭示的主要对象。“象征”与"现实"的交融则是艺术感知世界的理想途径。其实，任何理性分析都有可能导致艺术形象意义的缺失，也许只有用文学创作来评价创作，用文学形象来评价形象，以审美形式来评价审美对象，才是文学批评的最佳方式。在当今社会，如何进一步增强国民自身的艺术素养，提升文学批评的艺术鉴赏水平，也许当代东正教文学批评理论开启了一扇认知世界的窗口。

第一章
理论观念的更新

在法国和意大利出版，后由俄罗斯"进步"—"铅字"出版集团译成俄文的 7 卷本《俄罗斯文学史》中的《20 世纪俄罗斯文学史·白银时代》卷里，"白银时代的俄罗斯宗教哲学探索"就被列专章加以论述，巴·亚·弗洛连斯基、谢·尼·布尔加科夫、尼·亚·别尔嘉耶夫、列夫·舍斯托夫等批评家成为研究的重点。① 在 20 世纪 90 年代的俄罗斯，弗·谢·索洛维约夫、巴·亚·弗洛连斯基、谢·布尔加科夫、尼·亚·别尔嘉耶夫、列夫·舍斯托夫等人的文集纷纷出版或再版。俄罗斯科学院高尔基世界文学研究所文学理论研究室原主任盖依研究员早在 20 世纪 90 年代，就曾经对本书著者说过，如果不了解白银时代东正教文学批评理论，就无法真正了解 20 世纪以来的俄罗斯文学批评及其理论。

其实，展开对白银时代俄罗斯东正教文学批评理论的研究，既可以使得这段被尘封了大半个世纪的文学批评理论重见天日，还文学史以本来面目；更能够让文学批评界从中获得理论思维、批评方法和审美理想等方面的启示。探讨白银时代俄罗斯东正教文学批评理论家们给我们留下的丰富

---

① *Нива Ж. и др.* История русской литературы, XX века: Серебряный век. М.: Издательская группа «Прогресс»-«Литера», 1994. C. 180–241.

遗产，将对我们的文学创作及其研究产生积极的影响。他们在对真理的执着探索中、在对人与世界的关系的思考中、在研究文学艺术的时空构造中，运用了一些独特的认识方式和批评方法，取得了辉煌的成就。这些无疑是具有重要价值的人类文明成果，值得我们思考与借鉴。

第一节　批评的更新：现实主义批判与东正教渊源

白银时代俄罗斯东正教文学批评理论的发展渊源是十分复杂的，每个思想家在提出自己理论主张时，都与自己独特的生长环境和学术背景息息相关。然而，从文学理论的发展来看，白银时代俄罗斯东正教文学批评理论的产生，其实与20世纪初诞生的俄国形式主义一样，都是源于对19世纪俄罗斯现实主义文学批评传统的批判和理论观念的更新。这种批判和更新就是不再从反映论的视角把文学仅仅视为一种对现实生活的反映，而是恰恰相反，把文学主要看成一种超验的精神存在。当然，这种存在既与现实生活密切相关，又超越于社会现实之上。在白银时代俄罗斯东正教文学批评理论家们看来，文学批评的主要任务是揭示这一精神存在及其艺术表现方式。

在19世纪，以别林斯基（Белинский Виссарион Григорьевич，1811–1848）、车尔尼雪夫斯基（Чернышевский Николай Гаврилович，1828–1876）、杜勃罗留波夫（Добролюбов Николай Александрович，1836–1861）为主要代表的现实主义文学批评理论，以文学反映现实生活和批判现实社会为己任，在俄罗斯文坛几乎占据着统治地位，引领着社会和时代思想的进步。因此，以索洛维约夫、别尔嘉耶夫等为代表的东正教文学批评理论则更主要从精神和信仰的层面，构建自己的美学体系，表述自己的理论思想，阐释经典的文学文本。他们主要立足于东正教的文化传统，坚持从这一视角来重新审视俄罗斯文学的历史发展轨迹。在他们看来，信仰是一个民族的灵魂，文学创作又是一个民族灵魂的语言形象表现。具体说来，他们强调，东正教不仅铸就了俄罗斯人的灵魂，而且构建了俄罗斯文学的基本主题。[①]俄罗斯文学理论作为本民族文学实践的经验总结和理论提升，虽然其色彩是斑斓的，但主色调应该是以东正教文化为主要特征的。

其实，以别林斯基为代表的俄罗斯知识分子中的无神论者，只是把东正教教会视为沙皇统治的另一种形式，他们仅仅是用坚定的革命信仰代替了教会信奉的信仰，用人民替代了上帝。他们的反东正教传统里也渗透着明显的宗教性，他们只是反对以东正教的博爱精神来包容沙皇的专制统治，坚持用革命的途径来改造现实社会，推翻农奴制和沙皇的专制制度，他们的坚定信仰就是追求人类社会的美好而自由的生活。

从东正教传统来说，白银时代俄罗斯东正教文学批评理论显然源于19世纪及以前的俄罗斯东正教神学。就源头而言，俄罗斯东正教神学是由拜占庭神学和俄罗斯神学融合而成的，成为与天主教、新教并列的基督教的三大分支之一。沿着东正教发展的轨迹，9世纪，东正教走出了希腊本土，开始传播到巴尔干半岛地区，直至988年，弗拉基米尔大公把东正教从拜占庭引入俄罗斯大地，从此东正教成为俄罗斯的国教，俄罗斯成了信奉东正教的民族。随着15世纪中叶拜占庭的灭亡，俄罗斯民族在逐渐摆脱对其的依靠同时，独立的俄罗斯民族意识开始崛起。1589年，俄罗斯教会第一任牧首约夫被选出，当第十位牧首阿德里安于1700年去世后，彼得大帝取消了牧首制，改由主教公会管理教会，从此教会受制于皇权。

---

① 参见本书第1页中别尔嘉耶夫的相关论述。

1917年，俄罗斯教会牧首制被恢复，可是在1925年牧首吉洪去世后，苏维埃政府再次取消了牧首制。直至第二次世界大战开始后，迫于战争的需要，牧首制再次被恢复。可以说，俄罗斯民族是个天生具有信仰的民族，在东正教传入之前，俄罗斯还没有形成自己真正的民族文化，信奉东正教才使得俄罗斯民族逐渐形成了自己的民族精神和民族文化。在俄罗斯，是先有国家后才有自觉的民族意识，而知识分子作为一个群体，出现在民族的自我意识之后。这也是俄罗斯社会发展的重要特征之一。

以东正教思想为灵魂的白银时代俄罗斯东正教文学批评理论发端于19世纪末至20世纪初，在苏联时期消沉了大半个世纪，在苏联解体前后再度复兴。在大动荡的年代，几乎所有重要的俄罗斯思想家、文学批评理论家都存在着信仰思考的问题和紧张的精神探索。也许自古希腊罗马以来，文学艺术与宗教就一直存在着千丝万缕的联系，也许还有种种理由。白银时代俄罗斯东正教文学批评理论家们的探索成为学界关注的热点之一，其理论建树是俄罗斯民族的思想家们对传播一千多年的东正教文化的重要贡献，是人类文学和文学批评理论宝库中的瑰宝。

可以说，俄罗斯文学的典型特征之一就是它的宗教性，19世纪俄罗斯文学的一大批代表作家的创作都蕴含着深刻的宗教思想。果戈理揭示了美学原则与道德原则之间的矛盾，表明宗教可以用"善"来拯救美学原则。陀思妥耶夫斯基的一生创作都似乎在用非理性化的方式证明上帝存在的信念，最能够体现他思想的是长篇小说《卡拉马佐夫兄弟》中的第二部第二卷第五章《宗教大法官》。列夫·托尔斯泰则把上帝理解为爱和至善，上帝就是永恒的、具有普遍性的完善，完善是人类追求的最终目标，等等。

在别尔嘉耶夫看来，阿·斯·霍米亚科夫是在思想层面上"第一个真正用东正教方式进行神学思索的人"。①他奠定了俄罗斯东正教的"世俗神学"传统，提出并阐明了"聚和性"的概念。如果说"弥赛亚"意识体现了东正教中的"救赎"意识，那么"聚和性"则反映了东正教的包容性和博爱精神。这两者在很大程度上奠定了俄罗斯民族的精神基础。

显然，无论是哲学思想还是文学创作的探索，都为在白银时代俄罗斯东正教文学批评理论的诞生提供了赖以生长的土壤。一般来说，弗·谢·索洛维约夫的宗教哲学思想的形成就是俄罗斯哲学和神学成熟的标志，也是俄罗斯东正教文学批评理论的基石。

第二节　真理的探索：理性化与非理性化的融合

回眸进入 20 世纪以来西方文学创作和批评理论的发展轨迹，也许由于受到哲学"二律背反"和"二元对立"思维模式的影响，"理性化"与"非理性化"倾向通常被看成两种相互矛盾、相互对立的倾向。特别是在 20 世纪上半期，黑格尔的理性主义遭到了前所未有的挑战，"非理性化"倾向或多或少地表现在许多文学创作和批评的流派之中，甚至成为 20 世纪上半期西方文学批评理论和创作发展的主要趋向之一，对 20 世纪中后期以及 21 世纪的西方文学也产生了很大的影响。

然而，在文学创作及其批评理论中，"非理性化"倾向真的是与"理性化"倾向相互对峙的吗？以"非理性化"为主要特征的批评理论，如克罗齐的表现主义等，确实对以黑格尔为代表的理性主义进行过猛烈的批判。不过，批判并非没有联系，也并不一定是完全对立的，批判也许是进

---

① *Бердяев Н. А.* Русская идея: основные проблемы русской мысли XIX века и начала XX века. Судьба России. М.: ЗАО "Сварог и К", 1997. С. 137.

一步发展的基础。如果没有批判，新的理论又如何产生呢？表现主义的产生就是得益于对理性主义的批判。事实上，难道"理性化"与"非理性化"倾向之间，就不是一种既相互对峙又相互依存的关系吗？更何况，有些所谓的以非理性化著称的文学批评理论流派，如弗洛伊德的精神分析，也只是研究的对象是非理性的，是"无意识"领域，而自身的理论思维和批评方法却是十分理性的。精神分析自身存在的最大缺陷恰恰是在于把非理性的领域理性化了，也就是说弗洛伊德及其追随者们把本来无法意识到的"无意识"加以意识化、理性化了，致使自己陷入了理论自我矛盾的困境之中。不少当代西方文学批评理论流派也同样陷入这种自相矛盾的理论窘境里，如解构主义的自我解构问题等。

白银时代俄罗斯东正教文学批评理论家们在执着的真理探索过程中，就尝试着在文学理论观念上的更新，把"理性化"与"非理性化"倾向有机地结合起来，在不确定的、虚无缥缈的彼岸世界中寻找相对确定的、人世间的真理，在虚构的文学文本和人物形象中揭示人性与神性、魔性的融合。与许多其他西方哲学和文学批评理论流派一样，白银时代俄罗斯东正教文学批评理论的探索也开始于对世界本质的认识和对真理的探寻。弗·谢·索洛维约夫的"完整知识"体系的最显著特征，就是把"理性化"与"非理性化"结合了起来。在他的积极影响下，白银时代的俄罗斯东正教文学批评理论家们运用形而上学的哲学研究方法，在探讨真理和世界本源的基础上，把哲学、宗教、艺术、文学等问题综合起来考察，力图揭示出真理的本质，探索出一条独特的东正教文学批评途径，走过了一条把现实世界与彼岸世界、科学研究与宗教研究、"理性化"倾向与"非理性化"倾向结合起来的真理探索之路。

著名理论家、社会活动家瓦西里·瓦西里耶维奇·罗赞诺夫（Василий

Васильевич Розанов，1856-1919）的精神探索是理性与非理性相互融合的典范。他的思想和理论对传统的基督教意识进行了深刻的批判和改造。他一方面沉湎于东正教的神学思想，驰骋于上帝的宗教世界，在虚幻的神学世界中探索；另一方面却又不忘与现实生活的紧密联系，深入探讨社会现实问题。罗赞诺夫的文学批评理论是落地的，是有着坚实的社会现实基础的，他本人也积极从事各种社会活动。罗赞诺夫甚至突破一般宗教的禁区，公开把性与宗教结合起来，一边是最圣洁的、崇高的、最高的理性——上帝，另一边却是最粗俗的、本能的、低级的非理性——性欲。瓦·瓦·罗赞诺夫自由地往返于宗教与现实、理性与非理性、意识与本能之间。也许正是这样，瓦·瓦·罗赞诺夫才形成了自己独特的真理探索、文学批评、理论阐释的风格，在白银时代俄罗斯形形色色的东正教文学批评理论中独树一帜。

特鲁别茨科伊兄弟（谢尔盖·尼古拉耶维奇·特鲁别茨科伊，Сергей Николаевич Трубецкий，1862-1905；叶甫盖尼·尼古拉耶维奇·特鲁别茨科伊，Евгений Николаевич Трубецкий，1863-1920）是白银时代的两位著名的理论家和思想家。他们在真理探索和理论建构的道路上也深受弗·谢·索洛维约夫的影响，努力把哲学研究和文学理论的理性分析与宗教研究中的非理性化因素联系起来，把纯理论探索与现实生活结合起来，哥哥谢尔盖的理论探索主要有两个方面：希腊理性主义与旧约启示之间的关系以及由"聚和性"延伸出的"聚和性意识"问题。他强调的"聚和性意识"就是真理、博爱和理想人类的认识载体，它把人类意识的普遍性问题与具体的存在相融合，克服了哲学和理论研究的抽象性。在哥哥谢尔盖那里，真理存在于理性与非理性的结合之间，存在于教会之中。

弟弟叶甫盖尼的代表作《生命的意义》在揭示人类战争与社会革命的

破坏性同时，阐明了世界的荒诞性，甚至提出在荒诞的世界之中，怎么能够确定意义的存在，也根本无法确立真理的存在。他是从超越现实的宗教领域中来肯定生命价值及其意义的。他认为，生命的意义就在于探索真理，否则人的生存就没有价值可言，而真理的探索则应该在理性与非理性的融合之中。因为如果生命和世界没有意义，人就没有存在的必要，但是如果意义仅仅在有限的意识或曰理性范围内，又肯定是远远不够的，必须进入绝对意识的领域，也就是更高层次的非理性，是超越理性的，是意识推理所不能够企及的，是绝对精神的。这样，叶甫盖尼就把生命、存在、真理、意义、精神等联系在一起，走出了自己的真理探索之路。

著名象征主义理论家德米特里·谢尔盖耶维奇·梅列日科夫斯基（Дмитрий Сергеевич Мережковский，1865-1941）的新宗教意识批评，公然树起了"寻找上帝"的旗帜，努力摆脱实证主义困扰，走向神性的理想论。在文学创作中，他猛烈抨击了社会小说和市民小说，让诗歌和散文去叩响永恒的精神之门。在高度理性化和非理性化交融的基础上，他开创了俄国象征主义的先河，以揭示人类生活的真谛；他在上帝的世界中，寻找着文化的真实，推动着一场精神价值取向明确的宗教文化更新的思想运动。

存在主义思想家列夫·舍斯托夫是索洛维约夫"万物统一"和布尔加科夫"三位一体"思想的坚定批判者。他坚决反对传统哲学的理性、自明和绝对真理，他自己也从未设想过要建立一个完整的理论体系。然而，他对理性主义的批判则恰恰显示出理性意识的影响，在理性思维的指导下，在非理性化的境地中执着探寻着真理。他的哲学可以分为悲剧哲学和《圣经》哲学。前者揭示了哲学研究对象是人的生存的悲剧性困境，人与理性、科学和道德抗争的无力与渺小。后者，即《圣经》哲学，则努力指明一条拯救人类的精神之路，也就是绝对精神，即信仰之路。在列夫·舍斯托夫看来，文学批评的任务就是揭示人类现实生存状况的悲剧性，用信仰来照亮悲剧的人生之路。他的文学批评理论也是围绕着这一目标构建的，以此帮助人们走出现实生活的悲剧处境。

著名宗教哲学家尼古拉·奥努夫里耶维奇·洛斯基（Николай Онуфриевич Лосский，1870–1965）的真理探索可以说是理性与非理性结合的典范。他的形而上学的哲学理论是与神学思想紧密相连、水乳交融的。一般说来，尼·奥·洛斯基的思维方式明显是形而上学的，而学术归属则又是神学的，他既是一位莱布尼茨主义者，也是一位直觉主义者，总之是一位把纯哲学与神学研究有机联系起来的宗教哲学家。他的理论渊源显然受到了弗·谢·索洛维约夫的"万物统一"学说的深刻影响。津科夫斯基（Василий Васильевич Зеньковский，1881–1962）在自己的两卷本《俄罗斯哲学史》中这样写道："从准确的哲学一词的语意上来说，他几乎是唯一的能够构建体系的俄罗斯哲学家"。[1]洛斯基的文学批评理论可以用"具体的理想现实主义"来概括，由此不难看出这一理论的现实与信仰的交融特征。

在真理的探索和理论的建构过程中，谢·尼·布尔加科夫也是延续着索洛维约夫的基督教人文主义传统。他对现实的此岸世界感到非常失望，于是转向到宗教的彼岸世界中去寻找人的博爱精神，并把这种精神视为人类共同追求的永恒真理。不过，他对索洛维约夫的"精神"与"现实"的"二位一体"的世界进行了深刻的改造，强调研究的"三位一体"并且赋予其以新的内涵。在他这里，理性与非理性世界的融合不再是纯粹的"圣

---

[1] *Зеньковский В. В.* История русской философии, в 2 т. Л.: 1990. Т. 2. Ч. 1. С. 205.

父、圣子和圣灵"的"三位一体"，而是物质（客体）、精神（主体）和存在。他坚持，精神只有通过存在才能与个性同一。显然，在布尔加科夫的理论中，存在是对精神与个性的融合，是文学批评应该揭示的主要对象。

在白银时代的众多俄罗斯理论家中，尼·亚·别尔嘉耶夫的名字也许是与这一时代俄罗斯文学及其理论联系最为紧密的。正因为他与哲学、宗教和文学理论的紧密联系，俄罗斯《文学报》才把他誉为"20世纪俄罗斯的黑格尔""现当代最伟大的哲学家和预言家之一"[①]。然而，他又没有像黑格尔那样仅仅在纯理性思辨的领域中探索，在他的思想中，对人性的历史和伦理学的宗教考察是一直占据着主导位置的。在别尔嘉耶夫的理论核心中最根本的一点是，人是神性与魔性的结合，是这个意义上的神性存在。如果人要摆脱孤独，走出悲剧，就一定要借助于神性和信仰的力量。唯有如此，人才可以在追求无限的精神生活中，克服生命的有限和死亡，直视残酷的现实，才能够实现人的自由和理想的创造，从而获得真正的解放。也正是从这个意义上，在俄罗斯文学史上，别尔嘉耶夫才充分肯定了陀思妥耶夫斯基的创作，并把他视为俄罗斯民族的精神之子。[②]

在白银时代俄罗斯东正教文学批评理论家之间，恐怕要数谢苗·路德维果维奇·弗兰克（Семён Людвигович Франк, 1877–1950）与尼·亚·别尔嘉耶夫的关系最为密切了。他们曾经信奉过马克思主义，有着共同的事业，并且一起为了俄罗斯民族文化的伟大复兴，为了真理的探索、个性的自由和人的精神解放而并肩努力奋斗过。谢·路·弗兰克坚持要把物质文化与精神文化、经济解放与精神解放结合起来。他始终强调，神的事业是

---

① *Галицева Р.* Н. Бердяев. Литературная газета, 1989. 8. 2.

② [俄]尼·亚·别尔嘉耶夫：《恶与赎》，载刘小枫主编《20世纪西方宗教哲学文选》（上卷），杨德友、董友等译，上海：上海三联书店，1991年，第322页。

要用神圣的光明，即博爱，去照亮黑暗、去照亮自然、照亮人类。神的事业就是彻底拯救人，而人的事业却只是部分地拯救世界。一般说来，上帝无疑是神学研究的主要对象，而并非哲学等以理性思维为主导的知识探究的对象。然而，谢·路·弗兰克则认为，理性与非理性之间并非存在着不可逾越的鸿沟。他从认识论的角度，说明了人的认识能力不能够仅仅局限于理性，还要有非理性的直觉。因此，谢·路·弗兰克的宗教人道主义被称为直觉主义。

在众多的白银时代俄罗斯思想家中间，巴维尔·亚力山德罗维奇·弗洛连斯基是一位为了信仰而献出生命的真理探索者。在自己的第一部学术论著《真理的柱石与确立——东正教神正论的体验（十二封信）》（1914）中，就旗帜鲜明地把宗教（主要是东正教）的基本精神——博爱，看成连接现实世界与彼岸世界的关键，是真理的柱石和基础。他确信，真理是确实存在着的，只不过仅仅在纯理性的范围内是不可能探索到的。它是理性思维与非理性情感、现实世界与彼岸世界相互融合的产物。显而易见，巴·亚·弗洛连斯基在这里主要涉及的是人的非理性化的情感范围。在他看来，把理性思维与非理性情感联系在一起的便是人类的宗教活动，也是人类通往真理的唯一正确的途径。

显然，把理性精神与非理性情感结合起来，到宗教的世界中去寻找"真理的柱石"，是白银时代俄罗斯东正教文学批评理论对19世纪俄罗斯现实主义文学理论观念的更新，也是该理论自身最为明显的特征。该流派的理论家们正是在这样的基础上来构建自己的文学批评理论体系的。也正因为如此，这些理论家们虽然都各具思想个性，但是在走向真理的过程中，均旗帜鲜明地弘扬上帝的博爱精神。他们的研究思维模式不再是二元对立的，而是多元共生或多元融合的。这也许与俄罗斯跨越欧亚两大洲，位于东西方交界处的地理位置不无联系吧。理性与情感、经验与感悟、演绎与直觉等东西方感知世界的各种特征，相互交织在这些理论世界中，呈现出斑斓的色彩。

第三节　认识范式的转换：由"二位一体"走向"三位一体"

自西方哲学产生以来，特别是自康德的"二律背反"原则提出以后，西方哲学的思辨方式就深受二元对立思维模式的影响。西方哲学家们往往分析事物时，习惯于从二元对立的两个方面来考察，即正题与反题。在对世界的认知中，哲学家们也通常采用两分法的认识范式，即把事物一分为二，然后强调其中一个方面的重要性。西方哲学界把世界分为物质（客观）世界与精神（主观）世界，并且把这两者对立起来，强调其中之一，唯物主义与唯心主义的对峙便是最有代表性的例证。前者强调物质第一性，精神第二性，物质世界决定精神世界；后者则恰恰相反，强调精神世界的第一性及其对物质世界的决定作用。在西方哲学界，理性主义与经验主义之间的争辩也一直存在着，从未消失过，至今仍在持续着。

然而，白银时代俄罗斯东正教文学批评理论则是批判地继承了这一传统，明显地表现出自己的独特性，他们不再把物质世界与精神世界相互对立，而是强调彼此之间的相互融合，哲学的认识范式和思辨方式在这里发生了重大转换，这种理论观念的更新，对于 20 世纪以来的俄罗斯文学研究及其批评理论的发展产生了积极的影响。

白银时代俄罗斯东正教文学批评理论的宗教哲学基础来自对弗·谢·索洛维约夫哲学观点的继承或批判性发展。弗·谢·索洛维约夫并没有把物质世界与精神世界对立起来，而是从古希腊哲学家、思想家柏拉图的"两个世界"的学说出发，认为，现实世界或此岸世界与"理念"世界或彼岸世界是共存的，前一个世界只是后一个世界的一种反映，一种被歪曲的类似物；后一个世界则是真理的栖身之地。他呼吁人们摆脱尘世的羁绊，走向那永恒的彼岸世界。在弗·谢·索洛维约夫那里，文学创作实际上就是构建起此岸世界与彼岸世界之间的关联物，是联系这两个世界的象征。索洛维约夫的思想成为俄罗斯象征主义创作和批评的理论基石。

　　弗·谢·索洛维约夫的目的是探讨和构建"精神"与"现实"共存的二位一体的世界。应该承认，弗·谢·索洛维约夫在强调两个世界之间相互联系的同时，也已经在尝试着运用"三位一体"的思维范式去看待世界。他的理论核心是"完整知识"，而"完整知识"是由三个相互联系、缺一不可的部分构成：神学、哲学和科学。他强调，只有把理性与信仰、理性与自然、理念与经验、知识与生命融合起来，变二元对立为二元或多元融合，才能建立起"完整知识"体系的大厦。弗·谢·索洛维约夫及其追随者布尔加科夫等人正是在这一基础上来评论文学创作的，他们把文学形象视为"三位一体"的艺术载体。当然，在神学、哲学和科学三者中，神学因素是最主要的，也是产生艺术感染力的关键要素。

　　瓦·瓦·罗赞诺夫沿着弗·谢·索洛维约夫的道路继续前进，努力探索现实世界与精神世界、性欲与宗教之间的联系。然而，究竟怎样在现实与精神、性欲与宗教之间建立有机的联系呢？瓦·瓦·罗赞诺夫提出了文学化的途径，也就是通过文学创作、文学形象来实现。文学创作可以帮助作家和读者走出性欲的困惑，找到通往上帝的途径。因此，文学形象就成为连接崇高上帝与低俗性欲之间相互融合的载体。显然，在他这里，现实世界、精神世界、文学世界的"三位一体"思想是非常清晰的。在瓦·瓦·罗赞诺夫的文学批评理论中，文学创作是现实与精神之间的纽带。

谢·尼·特鲁别茨科伊在继承了阿列克西·斯捷潘诺维奇·霍米亚科夫的"聚和性"概念同时，提出了个性意识、集体意识与普遍意识的"三位一体"。在他看来，意识要比个性宽广得多，它是"聚和性"的。由此，他在"聚和性"的基础之上，进一步提出了"聚和性意识"的思想。他认为，真善美之所以能够客观地被认识，能够逐渐地被实现，就是因为人类的这种活生生的"聚和性意识"。"聚和性意识"成为真理、博爱和理想人类的认识载体，同时这一切又使得"聚和性意识"具体存在起来。在叶·尼·特鲁别茨科伊那里，"基督教意识"是真正连接永恒生命与短暂生命的载体。基督自己就是一个完美的文学艺术形象，它本身就是"神人合一"的。因此，从"聚和性意识"的视角来分析文学文本，便成了叶·尼·特鲁别茨科伊文学批评的主要特征。

德·谢·梅列日科夫斯基在走向"三位一体"的创作过程中，努力打破二元对立的束缚，例如精神与肉体、基督与敌基督、天上与地下、基督教与多神教、神人与人神，甚至圣父与圣子等。德·谢·梅列日科夫斯基的新宗教意识就是要用"三"来取代"二"，因此他特别喜爱创作"三部曲"。为了达到"三"，这位白银时代俄罗斯东正教文学批评理论家就需要一个"第三者"，这个第三者就是一个能够把二元融合为一体的综合体。这个第三者就是圣灵，圣灵把圣父与圣子综合在一起，与圣母一起构成了德·谢·梅列日科夫斯基的新宗教意识的核心内容。在德·谢·梅列日科夫斯基看来，文学创作中的象征形象便是最理想的"第三者"，这既是作家们应该塑造的主要对象，也是文学批评需要关注的重点。

从表面上看，列夫·舍斯托夫的真理探索是在二元世界，即悲剧哲学和圣经哲学两个世界中展开的。然而，只要深入分析，我们就不难看出，舍斯托夫存在主义学说中清晰的"三位一体"的思维路径。他的悲剧哲学的研究对象是人的悲剧，但他是把人作为一个生物体与一个精神体的交织来考察人的悲剧性存在的，而摆脱这种悲剧，就需要信仰，由圣经哲学来解决。显而易见，生物的人、精神的人与信仰的人就构成了一个"三位一体"，前两者的统一与出路就是第三者。因此，文学创作应该正视人类或个体的悲剧性命运，塑造文学形象（生物、精神与信仰的人），这也许就是文学创作的价值所在。列夫·舍斯托夫对陀思妥耶夫斯基与尼采的创作比较研究和思想理论阐释，也正是从这一视角展开的。[①]

尼·奥·洛斯基的哲学思想和美学理论核心是"实体活动者"，也就是具体的理想存在。他认为，在世界这个有机的整体中，不同的存在形式是有高低之分的，其中最低级的存在形式是受时空限制的现实存在，这种存在不具有统一的特征和基础。在现实存在之上，还存在着一种较高的、不受时空限制的理想存在，而理想存在又拥有着两种形式：抽象的与具体的。因此，现实存在、抽象的理想存在与具体的理想存在构成了一个"三位一体"，统一于具体的理想存在，即"实体活动者"。文学创作的中心就是塑造具体的形象，即"实体活动者"，文学批评及其理论的主要任务则一是要阐释这一形象的存在，二是要为阐释本身提供分析视角和理论基础。

谢·尼·布尔加科夫在《哲学的悲剧》一书中，反复强调，主体、客体和存在是"三位一体"的有机整体，是不可分割且相互融合的。在这里，精神世界和客观世界共存于一个统一体之中，相互渗透，"你中有我，我中有你"。人们不可能凭借理性去认识和把握这个"三位一体"的世界，而只能用感觉和宗教信仰来领悟。如果哲学依靠理性，用存在的二律背反来作为自己无力阐释的辩解，那么哲学就必然陷入无法自救的困境而无法

[①]　[俄] Л. И. 舍斯托夫：《陀思妥耶夫斯基与尼采——悲剧的哲学》，张杰译，北京：商务印书馆，2019 年。

自拔，也就是悲剧之中。① 在文学文本的认识方面，谢·尼·布尔加科夫的"三位一体"强调文化语境在文学文本构成中的重要作用。谢·尼·布尔加科夫作为一个东正教文学批评家，把文学文本中精神与个性的同一看成由社会文化语境这个存在来实现的。谢·尼·布尔加科夫所指出的社会文化语境，虽然也在一定程度上包括了语言现实和历史语境的含义，但它更主要的是指具体的宗教文化语境。因此，在布尔加科夫看来，文学文本是通过宗教文化语境对精神与个体的联系而构成的，这也是文学形象的价值所在。

尼·亚·别尔嘉耶夫的人本主义哲学探索的主要出发点是个体生存的基础，也就是要寻找人究竟如何摆脱悲剧性命运。他的思想从表层来看，确实是二元对立的，他把人的悲剧分成"外在的悲剧"（如贫穷、苦难等）和"内在的悲剧"。他又把"内在的悲剧"理解为，在人的意识中存在着宇宙的无限与生命的有限的二元对立。然而，尼·亚·别尔嘉耶夫并没有到此止步，他的主要任务是要走出悲剧，而不只是找到悲剧。他提出了一个第三者，即"在"，把笛卡尔的"我思故我在"改成"我在故我思"，强调"在"的第一性。由此，别尔嘉耶夫进一步阐释了"在"的社会性，指出，人要把自己从悲剧中解脱出来，就要交往，要动态地"在"，要在社会历史中"在"。这样，有限与无限、外在悲剧与内在悲剧就由"在"联系为一体，构成一个有机的"三位一体"，从而指明了人类自我拯救的新途径。在尼·亚·别尔嘉耶夫关于文学创作的论述中，这个"在"的具体艺术呈现则是极其重要的，文学批评的任务也就是揭示每一个独特的"在"及其价值。

---

① ［俄］В.Н.波鲁斯：《俄罗斯哲学与欧洲文化的危机》，张百春译，合肥：安徽大学出版社，2017年，第14页。

　　谢苗·路德维果维奇·弗兰克的探索与尼·亚·别尔嘉耶夫十分相似，他在自己的代表作《黑暗之光——基督教伦理学和社会学》中，把人一分为二，分为自然的生物体与精神的存在物，前者主要来自肉体本能的恶冲动，后者主要源于人的理性（神存在），后者是人类善的主要来源。然后，谢·路·弗兰克进一步指出，要使得人类能够分辨恶与善，惩恶扬善，就需要基督教的信仰，这是"黑暗之光"，是帮助人获得自由，灵魂升华的"神性之光"。基督教的信仰为人的恶与善的对峙寻到了出路，构成了有一种形式的"三位一体"。文学创作就是要展示这"黑暗之光"，从而达到净化人们心灵的作用，而文学批评则是要帮助创作实现这一目的。

　　在巴·亚·弗洛连斯基的论著中，我们也可以看到与谢·尼·布尔加科夫相似的观点。他在自己的代表作《真理的柱石与确立——东正教神正论的体验（十二封信）》中，就把真理看成"圣父、圣子、圣灵的三位一体"。可以说，谢·尼·布尔加科夫、巴·亚·弗洛连斯基等的哲学观来自他们的宗教观。这种哲学和宗教观又直接影响着他们的文艺观。在很大程度上，谢·尼·布尔加科夫、巴·亚·弗洛连斯基等是通过文艺理论和批评的活动，来实现自己的宗教哲学观的。在他们看来，文学创作实际上架起了现实世界与彼岸世界之间的一座桥梁，而文学批评理论的任务则是为人们提供认识这三者关系的基础，帮助人们通过欣赏文学创作，审美感知到彼岸世界，以便感触和领悟到"真理的柱石"。

　　其实，白银时代俄罗斯东正教文学批评家们对世界的认识范式由"二位一体"走向"三位一体"，就是特别关注探讨精神世界与现实世界之间的有机联系，突出了对联系过程的动态把握，这也就为文学批评从读者的角度解读文学文本提供了很有价值的理论启示。后来德国著名的哲学家、思想家胡塞尔在现象学中提出的哲学思维范式，可以说，基本上与谢·尼·布尔加科夫等俄国理论家的思想是一致的。只不过，胡塞尔等的现象学理论更为 20 世纪西方文学批评理论界所关注，而俄罗斯这些理论家的思想则被历史封存了大半个世纪，没有得到及时而广泛的传播。

从对白银时代俄罗斯东正教文学批评理论的研究中，我们不难看出，他们虽然在文学理论研究中运用了宗教中的"三位一体"的概念，采用了宗教批评的方法，却摆脱了一般宗教哲学理论的束缚，他们很少把文学个性或文学现象看成某种"精神"的传声筒，更不只是东正教思想的简单传达，而是一个复杂的矛盾体，一个精神与现实相互融合的矛盾体。其实，文学艺术的魅力也许恰恰在于形象的矛盾性、复杂性、丰富性和无限的可阐释性。白银时代俄罗斯东正教文学批评理论一方面为我们提供了揭示俄罗斯文学创作艺术深刻内涵，了解俄罗斯民族精神灵魂的独特路径；另一方面为解读和发掘俄罗斯文学创作的文本艺术机制，即意义的再生机制，展示了时代的文化背景和历史渊源关系。

白银时代俄罗斯东正教文学批评理论家们基于上述对真理的独特认识和"三位一体"的宗教哲学认识范式，在文学批评理论的探索中，不断更新理论观念和批评分析视角，突破了一些理论上的禁区，尤其是在文学审美理想的认知上发生了重大的变化，例如在对有关中世纪人类文学艺术成就的重新认识方面。由此，俄罗斯东正教文学批评理论就许多文学理论和文学史的问题重新进行了深入探讨和阐释。这一切显然对于文学理论的建设和批评方法的更新具有非常重要的价值，值得我们借鉴。

第四节　审美理想的变更：宗教与艺术关系的再阐释

如果把作为 19 世纪西方文学主潮的现实主义艺术与 20 世纪在西方影

响极大的现代主义艺术作一个比较，互为参照，我们就不难看出，人类的文学艺术进入 20 世纪之后确实发生了巨大的变化，这种变化恐怕首先表现在审美理想的变更上。现代主义作家和艺术家不再追求传统的以反映"真实"为旨归的美学理想，而是以"表现""创造"作为文学创作的最高美学理想。这种审美理想上的变化直接影响了 20 世纪初俄罗斯文学理论观念的更新。以什克洛夫斯基为代表的俄国形式主义的"陌生化"理论，就不再把反映现实的真实性作为文学创作的首要任务，而是把延长文学审美欣赏过程看成文学创作的主要目的。与俄国形式主义同时代的俄罗斯东正教文学批评理论家们，则更早地表现出这样的审美理想以及由此产生的理论观念的更新，并且赋予文学批评理论以宗教的神秘色彩，从而进一步重新审视人类的文学艺术成就，特别是宗教与艺术的关系，其中包括对中世纪人类文学艺术成就的重新评价。

从文艺复兴至 20 世纪初，在这一相当长的历史时期内，不少文学史学家和文学批评家认为，从人类社会的精神发展史来看，尤其是在中世纪，尽管为宗教服务的文化艺术得到了迅速发展，但是教会势力和教规严重地约束了整个人类文化艺术的发展。一般说来，宗教的禁欲主义与文学艺术对美的追求是互不相容，甚至是相互对立的，前者严重地制约了后者的发展，用神性压抑和泯灭了人性。例如，在各类文学史书里，中世纪往往被称为黑暗的一千年，后来的文艺复兴运动才促使以表现人为中心的文化艺术摆脱宗教的束缚，重新蓬勃发展起来。

然而，我们又不难发现，世界各地几乎所有教堂的建筑又都是审美价值极高的艺术珍品。在这些特色各异的教堂建筑上，每一个雕塑、每一幅壁画又往往源于《圣经》或其他宗教经典文本的文学故事。从古到今，世界各地的教堂和我国的寺庙一直属于文化古迹，是艺术考古者研究的重要对象，也吸引着广大旅游者的光顾。显然，宗教留给人们的这些艺术珍品，不可能是压抑人类审美追求的象征，而是寄托着人类对美好理想的向往，充分体现了人类的艺术表现想象力和创造力。其实，宗教的建筑和艺术品是人类社会中典型的物质与精神相融合的产物。俄罗斯东正教文学批评理论也往往把它们作为体现自身审美理想的载体，进行深入的研究，甚至这一研究也已经成为 20 世纪后半期塔尔图 – 莫斯科符号学派研究的重点对象之一，在很大程度上促进了该学派的社会文化研究转向。例如，塔尔图大学的托波罗夫教授（Владимир Николаевич Топоров，1928-2005）的两卷集学术专著《俄罗斯精神文化中的神性与圣徒》① 就是这一转向的标志性成果。该著作是研究基督教在俄罗斯最初传播状况的分量最重的研究著作。论著一开始就深入发掘了古希腊语中关于宇宙结构表述的词的内在含义，并指出了其对古罗斯的影响，从历史的源头，探讨了基督教，特别是东正教在俄罗斯精神文化中的神圣作用。这里既追溯了基督教在基辅罗斯和古罗斯时期的传播，揭示了基督教在连接古罗斯与欧洲之间文化交流所起的桥梁作用。

弗·谢·索洛维约夫的美学探索与他的"万物统一"的思想是紧密联系着的，目的就是要把精神与物质统一起来，而不是把它们相隔离。他甚至明确了美的内在含义，把美也界定为一种物质，是一种精神的物质，也就是将美视为思想的化身。在他看来，宗教的禁欲其实是一种善，一种对自我的约束而对他人的自由。这样，他就把美与善、美的追求与禁欲主义联系了起来。其实，弗·谢·索洛维约夫的伦理学思想是与他的美学思想

---

① *Топоров В. Н.* Святость и святые в русской духовной культуре. М.: «ГНОЗИС», 1995-1998. Т. 1: Первый век христианства на Руси, 1995. Т. 2: Три века христианства на Руси（Ⅻ-ⅩⅣ вв.），1998.

密切相关的。在他那里，人文主义与宗教是不相矛盾的，宗教就是要确立真正的人文主义，因为人文主义就是肯定人的价值，而人性丑陋的一面并非人的正面价值。弗·谢·索洛维约夫在《艺术的普遍意义》中就提出，艺术的任务在于创造和表现自然语言无法表达的美的灵性并保持美的个性。在这里，弗·谢·索洛维约夫又强调了"表现""创造"在艺术创作中的重要意义。

自基督教产生以后，禁欲主义一直是教徒们对待人类生活中性欲的一种态度。精神和肉体，也就是崇高的上帝与凡人的性欲是被截然分开的，宗教界，甚至世俗的文学界，也往往回避人类生活中的性欲问题。瓦·瓦·罗赞诺夫就基督教在性欲的问题上的虚伪态度给予了激烈的批判，他坚持要把宗教与性欲融合在一起。可以说，哲学思想的文学化和文学创作的生活化，是瓦·瓦·罗赞诺夫评判19世纪至20世纪初俄罗斯文学的两个重要视角。他就是通过文学化与生活化这两条途径，把宗教与性欲联系起来，为我们重新认识宗教与艺术的关系，提供了有价值的参考。

特鲁别茨科伊兄弟在弗·谢·索洛维约夫的宗教哲学思想的影响下，以"完整知识"体系为基点出发，把哲学、宗教、艺术和生活有机地联系在一起，其实，他们本身学术思想的形成就是宗教与艺术相结合的产物。陀思妥耶夫斯基、阿·斯·霍米亚科夫、弗·谢·索洛维约夫等人的著作使得哥哥谢尔盖·特鲁别茨科伊的思想发生了宗教世界观的转型，从基督教的视角来探讨艺术创作，已经成为他艺术批评的主旋律。弟弟叶甫盖尼·特鲁别茨科伊在思想上也曾经历了与其哥哥相类似的转型，除了上面三位大师的作品以外，艺术经典之作贝多芬的第九交响曲也让他获得了更多的神秘主义的体验，得到了关于上帝存在的启示，正是艺术使得他进一步转向了宗教信仰。在特鲁别茨科伊兄弟身上，宗教与艺术有机地结合起来。文学文本中的"表现"和"创造"成为这对兄弟文学研究的重点对象之一。

可以说，宗教意识与艺术创作最完美的结合是在德·谢·梅列日科夫斯基的真理探索过程中。他既是一位宗教思想家、批评家、理论家和哲学家，又是一位大诗人、剧作家、小说家和翻译家。无论在哪一种体裁形式的文艺作品中，无论在哪一部思想代表理论著作里，宗教文化精神一定是贯穿始终的。甚至可以说，宗教意识是德·谢·梅列日科夫斯基艺术创作之魂，他的理论著述是文学化的，而文学创作则是思想化的，而这两者均统一于宗教化。在白银时代的俄罗斯，象征主义运动与宗教文化的革新运动是交融在一起的，德·谢·梅列日科夫斯基的艺术创作恰恰体现了这种交融。他的新宗教意识，就是以象征主义的诗篇来发掘和表现生活的真谛，以"寻找上帝"来复兴俄罗斯的精神文化。他还从文学创作与宗教文化的相互关系之中，揭示了莱蒙托夫、果戈理、屠格涅夫、冈察洛夫、列夫·托尔斯泰和陀思妥耶夫斯基等创作中蕴含着的神秘的宗教内涵。

列夫·舍斯托夫的圣经哲学更是宗教思想与文学艺术互相融合渗透的又一典范。信仰是《圣经》哲学的核心，也是文学艺术表现的思想之魂，文学艺术只有依据这一核心，才能展示人类走出悲剧境地的途径。信仰在为人类建设了精神家园的同时，也塑造了文学艺术之灵魂。信仰可以使人充满希望，具有坚强的毅力，能够克服生活的苦难，不过，信仰为人类提供的是一种与理性思维不同的、感悟式、直观型的"旷野的呼告"，以回应上帝的启示。在文艺复兴之后，当理性和科学在一定程度上堵住了人类信仰的宗教之路时，列夫·舍斯托夫的圣经哲学是一种为信仰而斗争的新型哲学。圣经的神话故事、表述方式和审美取向均是与传统的理性和科学不相一致的。上帝是所有神话和奇迹的创造者，信仰上帝是无须任何理性和科学验证的。显然，这种反对西方崇尚理性和科学而发出的"旷野的呼告"的最佳形式就是艺术"表现"和"创造"，而文学又是最主要的表现形式之一。

尼·奥·洛斯基的哲学和宗教探索的主要内容有两个方面，一是"具体的理想现实主义"，该学说以为，世界的本原是"具体的理想存在"，是一种超越社会现实而又摆脱抽象性，具有个性和特殊性的存在；二是要证明上帝的存在，这种证明不可能是由理性和科学来验证的，而是通过直觉主义来实现的。无论是"具体的理想现实主义"，还是上帝存在的直觉主义证明，包括文学创作在内的艺术创造和艺术表现都是最为理想的表述途径。因为艺术的本质是直觉的、形象的、个性与共性相结合的，文学创作更是如此。尼·奥·洛斯基用自己的理论思想和文学批评探索，把宗教思想和艺术表现极佳地融合在了一起，形成了自己独特的文学批评理论。

白银时代的俄罗斯东正教神学家和哲学家们大多把文学艺术形象看成精神与个性的同一。谢·尼·布尔加科夫在这一基础上又进一步指出，精神只有通过存在才能实现与个性的有机同一。在谢·尼·布尔加科夫那里，文学艺术形象是一个由存在联系着的主客体共生整体。基于这样的美学立场，谢·尼·布尔加科夫就很自然地把宗教思想与文学艺术创作联系起来，他先后从宗教哲学的角度，研究过赫尔岑、普希金、陀思妥耶夫斯基、托尔斯泰、契诃夫、安德烈·别雷等俄罗斯作家的创作，特别是陀思妥耶夫斯基的创作。在这些研究中，文学艺术创作不仅没有与宗教思想相对立，而恰恰成为展现宗教思想的理想平台。

尼·亚·别尔嘉耶夫曾经反复强调，"人、自由和创造"是他的真理探索的基本主题，也是他联系宗教思想与文学艺术关系的关键环节。他把人确定为存在的中心，他把人的个性及其实现作为自己宗教与艺术追求的目标。在他看来，自由和创造是人的精神存在的本质，是一种不断超越自我的力量，这也是基督教哲学的灵魂，因此他的哲学又被称为"自由哲学"。人肩负着提升自然，使自然人化、自由化、精神化的神圣使命，这也只能够由精神创造才可以实现。他不但不把宗教与人性相对立，而且认为，宗教人本主义的根本宗旨就是努力贴近人的生活，把上帝内在化为人身上的神性，使得宗教具有人文关怀的特征，从而为人的存在确立精神的维度。他反对欧洲文艺复兴时期，用人文主义来批判宗教的反人道主义的做法。他明确指出，无神论的人文主义由于抛弃了超验的层面，反而会致使人本身受制于现实的物质世界，从而把自己奉为神，自我崇拜，走向反人道主义。在尼·亚·别尔嘉耶夫看来，人类不仅不是要用文学艺术来反抗宗教，恢复自身的地位，而且恰恰是要走宗教救世之路。俄罗斯文学并非源于苦难的社会现实，而是产生于对人的拯救。这就是说，俄罗斯文学的基本主题是宗教的，白银时代俄罗斯精神文化的伟大复兴依靠的确实是宗教的力量。

谢·路·弗兰克作为尼·亚·别尔嘉耶夫的学术伙伴，也竭力主张，正是基督教才肯定了人的精神存在，使得人的内在精神存在变得至善，闪烁着"神性之光"。神的事业就是要拯救人的灵魂，升华人的精神，而且这种升华会变成人的自觉行为。他坚持，只有上帝对人的拯救才是最彻底的，而人对世界的拯救则仅仅是局部性的、不彻底的。谢·路·弗兰克与其他白银时代的俄罗斯东正教文学批评理论家们一样，把人道主义区分为世俗人道主义与宗教人道主义，只有世俗人道主义才是与宗教相对立的，而宗教人道主义则体现出人性与宗教、自由与精神最完美的结合，这一结合最理想的表现形式就是艺术创作。谢·路·弗兰克的直觉主义的宗教人道主义就是宗教与艺术相互结合的产物，他的文学批评理论也呈现出这一特征。

巴·亚·弗洛连斯基在《文化哲学概述》(1918)、《圣像壁》(1922)等一系列宗教哲学论著中，重新重点探讨了宗教与艺术的关系等问题。他从"表现""创造"的美学理想出发，深入研究了人类的艺术发展史。他指出，中世纪的艺术创作是迄今为止人类艺术文化的最高成就。因为这一艺术最大限度地减弱了艺术表现，如绘画、雕塑等的一些形体—实物的现实成分，而其他时代的艺术，在巴·亚·弗洛连斯基看来则是非常肤浅的。基督教中世纪的艺术特别关注民间艺术传统。就民间艺术思维而言，人类社会和实物世界的实际时空存在并不具有本质意义，因为艺术透视不同于现实的直观视觉。中世纪的基督教艺术采取了与一般的直观透视艺术不同的方法，如反向透视等，它利用造型图形的假定性、造型图形的非立体原则的万能性来强化或减弱空间结构的某些成分。弗洛连斯基也正是在这一思想基础之上，形成了独特的文学文本分析方法，建立了自己的文学批评理论。

在巴·亚·弗洛连斯基看来，宗教与艺术是人类社会两种不同的文化现象，以原始神话（文学形式）这一把握世界的混合形式紧密地联系在一起。艺术表现在空间和时间上主要是通过立体和平面的描绘，用情感的形式揭示出人的生活的丰富性，让人回到现实世界。因此，实体感和物质性是艺术，特别是雕塑和绘画艺术的重要特点，文学创作则主要是通过语言文字的表述来体现实体感和物质性的。然而，宗教主要是着力于对神性因素进行虚幻的，纯精神的理解和表现。艺术时空表现的现实性和物质感与宗教虚幻的处世态度必然是相对立的。巴·亚·弗洛连斯基从艺术表现和艺术创造的原理出发，重新探讨了艺术的时空构成。他指出，现实世界的时空感在艺术表现中是被主观化了的，是以假定性的形式、以艺术象征的形式再现出来的。巴·亚·弗洛连斯基努力从艺术时空感的主观化这一视角，来重新阐释艺术表现的时空构造，从而解决宗教与艺术在空间和时间方面的内在矛盾性，为肯定中世纪人类艺术寻找理论依据。显然，巴·亚·弗洛连斯基对中世纪人类艺术成就的重新认识，是一种新的美学思想和观念的产物。

弗·谢·索洛维约夫、瓦·瓦·罗赞诺夫、谢·尼·特鲁别茨科伊、叶·尼·特鲁别茨科伊、德·谢·梅列日科夫斯基、列夫·舍斯托夫、尼·奥·洛斯基、谢·尼·布尔加科夫、尼·亚·别尔嘉耶夫、谢·路·弗兰克、巴·亚·弗洛连斯基等白银时代俄罗斯东正教文学批评理论家们对真理和艺术的探索是执着的。他们之所以走上东正教文学批评的道路，与此是密切相关的。他们在东正教中，寻找到以"爱"为本的精神力量，并把它视为永恒不变的真理。他们宣扬的是以"博爱"为核心的宗教思想，强调的是艺术表现的假定性。他们重视主观感受和直觉，努力摆脱以客观描写为主的写实主义艺术倾向。所有这一切，在当时苏联的极左时期都是不被允许的。因此，他们中的不少人受到来自各个方面的严厉批判，有的流亡国外，有的被捕流放。巴·亚·弗洛连斯基甚至在被关进索洛韦茨基集中营后，于1937年12月8日被枪决。然而，在经历了数十年的风风雨雨之后，他们的学术思想和艺术成就以其独特的深刻性得到了世界范围内的普遍承认。他们在19世纪末至20世纪初的执着探索，至今对我们的文艺理论建设和文学批评理论研究仍然具有十分重要的意义。

第五节　文学史的重新认识：文学史实的宗教解读

回眸20世纪及其前后的发展历程，我们不难看到，19世纪末至20世纪初，俄罗斯东正教文化运动的思潮迎来了俄罗斯精神文化复兴的白银时代。然而，时隔一个世纪，当历史的车轮行进到 20 世纪与 21 世纪之交，曾经沉没了半个多世纪的宗教意识和民族主义又开始在俄罗斯社会的意识形态领域里重新崛起，并且很快全面渗透俄国社会生活的各个层面。许多理论家、思想家、作家、文学评论者纷纷转向东正教探索，力图从东正教研究的视角来重释文学现象，甚至重新撰写俄罗斯文学史。东正教文学批评及其理论在俄罗斯文学论坛上的声势日益壮大，大量以宗教为题材的文学作品、思想论著蜂拥而出，形成了一股强大的"回归宗教热"。真理出版社和《哲学问题》杂志先后大量出版了俄罗斯东正教文学批评理论家的文集。大型文学期刊《世界文学》也以极大的篇幅刊登了他们的作品以及有关评论。

苏联最重要的文学评论杂志之一《文学问题》编辑部在 1991 年专门就"宗教与文学"问题展开了热烈的讨论。该刊主编德·乌尔诺夫回顾了宗教文化批评在当今重新崛起的具体过程。他把文学批评界在当代对宗教问题的关注，追溯到 20 世纪 60—70 年代米·布尔加科夫的《大师与玛格丽特》等一批禁书的陆续开禁。随后，由谢·阿韦林采夫撰写的有关神学研究论文以及就艾特马托夫小说《断头台》展开的讨论，最终使得宗教问题引起了文艺批评界的广泛关注。此后，俄罗斯科学院高尔基世界文学研究所专门举行了关于共产主义信仰与基督教教义之间关系的学术研讨会。天主教作家格雷厄姆·格林也出席了此次会议。会议的结论是非常清楚的："共产主义信仰与基督教教义并非相互对立。"德·乌尔诺夫指出，当今共产主义思想与宗教在俄国仿佛互换了位置，就像在十月革命前夕东正教教会及其信仰处于崩溃一样。①

---

① *Урнов Д.* Проблема, выдвинутая жизнью. Вопросы литературы, № . 8, 1991. С. 3-5.

从宗教文学批评的视角来重新审视俄罗斯经典作家的文学创作，揭示他们与宗教文化的关系，已成为当代俄罗斯文学批评的主要任务之一。1990年，莫斯科书籍出版社为纪念普希金诞辰200周年，出版了专集《俄国哲学批评论普希金》。该书收集了白银时代大多数俄罗斯宗教文学批评家关于普希金创作的评述。1992年，俄罗斯科学院高尔基世界文学研究所主办了题为"普希金与基督教文化"的专门研讨会。瓦·涅波姆尼亚希在开幕词中，把俄罗斯文化之所以形成讲新约戒律语言的文化，归功于普希金的创作，并指出，普希金创作的基础是基督教文化。①

普希金当之无愧是19世纪俄罗斯文学的开创者，20世纪俄苏文学的奠基人无疑就是高尔基。1991年第2期的《文学问题》刊登了巴欣斯基的题为《人道主义的逻辑》的文章。文章援引了俄罗斯东正教文学批评理论家德·谢·梅列日科夫斯基对高尔基人道主义思想内在矛盾性的分析。他指出，高尔基同时继承了外祖父身上那种"积极的"西方因素和外祖母身上的"顺从的"东方因素。前者主要是从理智上的继承，后者则是在心灵上的感应。高尔基的创作正是这两种因素相互作用的产物。德·谢·梅列日科夫斯基主张复兴俄罗斯的传统东正教文化和道德，以抵御西欧主义的侵蚀。还有的批评者，把高尔基的《母亲》中的母亲与儿子巴维尔之间的关系看成圣母与圣子的关系。

著名俄罗斯神学家、思想家格奥尔吉·瓦西里耶维奇·弗洛罗夫斯基（Георгий Васильевич Флоровский, 1893–1979）的专著《俄罗斯神学之路》②和论文集《俄罗斯思想的过去》③则较为完整地探讨了俄罗斯神学思

---

① Литературная газета, 1992, 11 марта.

② *Флоровский Г. В.* Пути русского богословия. 4-е издание.Киев: Путь к истине, 1991.

③ *Флоровский Г. В.* Из прошлого русской мысли: Сборник статей. М.: Аграф, 1998.

想的发展历程。尽管格·瓦·弗洛罗夫斯基揭示的是俄罗斯神学发展的混乱历程，即受西方基督教的影响而脱离拜占庭东正教神学传统的过程，但是他却被西方学界视为真正意义上的东正教神学的维护者。因为弗洛罗夫斯基探索的是回归拜占庭传统，即东方教父，而不是俄罗斯宗教的复兴。这一点使得他在当代东正教神学理论家们中独树一帜。同时，他的神学探索与文学创作存在着千丝万缕的内在联系。格·瓦·弗洛罗夫斯基在自己的论著中，重点探讨了陀思妥耶夫斯基创作中的宗教主题。他的文学批评理论及其成果为理解当代东正教神学及其相关的文学批评理论，提供了非常有价值的参考。

在声势浩大的"宗教文艺复兴"的"回归"大潮中，从根本上重写俄罗斯文学史及其批评史的任务被提了出来。1995 年，俄罗斯联邦高等教育委员会和国立彼得罗扎沃茨克大学联合出版了由青年学者叶萨乌洛夫（Иван Андреевич Есаулов）的《俄罗斯文学中的聚和性范畴》①一书。这本书后来成为不少高校的俄罗斯文学史的教学参考书。该书著者完全从东正教的角度研究了俄罗斯文学史的发展轨迹。全书主要是以东正教的核心范畴"聚和性"为中心，揭示其在部分俄罗斯文学经典创作中的作用。叶萨乌洛夫不仅把古罗斯文学经典《法与神赐说》和《伊戈尔远征记》置于东正教语境来解析，而且论述了普希金的小说《上尉的女儿》中的"聚和性"因素、果戈理的长篇小说《死魂灵》和中篇小说集《密尔格拉得》中的两种典型塑造、托尔斯泰长篇小说《战争与和平》中的"聚和性"思想、陀思妥耶夫斯基的《卡拉马佐夫兄弟》中"神赐和权力"思想、谢德林的《戈洛夫廖夫老爷们》中的基督中心主义和"聚和性"以及契诃夫创

---

① *Есаулов И. А.* Категория соборности в русской литературе. Петрозаводск: Издательство Петрозаводского университета, 1995.

作中的东正教传统与艺术空间构造等。叶萨乌洛夫还探讨了苏联文学中的宗教因素、重点研究了巴别尔诗学中的民族和审美观、阿斯塔菲耶夫的小说《被诅咒和被杀害的》等，也把侨民作家什缅廖夫和纳博科夫的诗学特征纳入自己的研究视野。

2017 年，已经成为知名学者的伊·阿·叶萨乌洛夫出版了《俄罗斯经典：新理解》一书。他在该书的序言中指出："在当代人文学科中，对待研究客体的基本态度可以分为两种：针对研究对象的这种或那种的外部阐释，以及对于现象所需要的内部理解。'研究'绝对不是'理解'。如果说'研究'既存在于人文学科，也存在于非人文学科，那么理解就是'精神学科'所特有的"，"一般对待客体对象持两种态度：'物体''个性'。与此相对应的前者是'自然的科学属性'，主要是知识的独白形式，后者则是认识的对话积极性，前者是规律，后者是精神"[1]。在叶萨乌洛夫看来，俄国形式主义、结构主义和符号学等的研究均属于前者。他还在书中指出，19 世纪俄罗斯著名文学批评家别林斯基对作家果戈理后期创作的评价，显然是从"研究"出发的，而缺乏以"理解"为基础的"精神"把握。如果能够从精神层面多理解果戈理本人思想的转变，也许更加能够深入体会到作家后期变化的缘由。显然，叶萨乌洛夫强调，要从精神层面理解作家的创作，从东正教文化批评的视角解读俄罗斯文学经典。

同年，伊·阿·叶萨乌洛夫在与他人主编的《世界文化历史语境中的俄罗斯经典文学》一书中，首先充分肯定："俄罗斯经典文学是俄罗斯的

---

① *Есаулов И. А.* Русская классика: новое понимание. 3-е изд., испр. и доп. СПб.: Изд. РХГА, 2017. С. 7.

主要民族成就之一，是公认的它对世界文明的贡献之一。"①随后，他又一针见血地指出了俄罗斯文学批评及其理论存在的困境和危机。"问题在于对俄罗斯经典一元论现象阐释的危机正在日益加深。"②叶萨乌洛夫是从当代东正教文学批评的立场上，提出这一观点的，他所说的阐释危机显然是指脱离宗教信仰的、唯理性分析和实证研究的文学批评倾向。

莫斯科大学教授库列绍夫（Василий Иванович Кулешов, 1919–2006）主编的《19世纪俄罗斯文学与基督教》③，是一部学术影响非常广泛的论文集。该文集所收录的论文主要源于1994年在莫斯科大学召开的"19世纪俄罗斯文学与基督教"国际学术研讨会。论文集的作者队伍非常宏大，不但包括俄罗斯各高校及科研院所的研究人员，也有世界其他国家的斯拉夫学研究者。他们研究了基督教对19世纪俄罗斯文学发展的影响，具体分析了作家创作中所表现出的基督教意识，揭示了俄罗斯文学创作对基督教艺术方法的借鉴。不过库列绍夫为代表的一批学者，与杜纳耶夫、叶萨乌洛夫等不同，并没有将俄罗斯文学完全基督教化。该书主要包括三个方面：第一，对19世纪俄罗斯文学与基督教之间关系的总体研究，如C.马尔其扬诺娃的《俄罗斯古典作品的人物和基督教人类学》、H.利班的《俄罗斯文学和俄国生活中的基督教危机》、H.阿尔辛其耶娃的《俄罗斯文学里的基督教道德理想和空想意识的问题》等；第二，对作家创作与基督教关系的专题研究，如C.米涅耶娃的《论H.卡拉姆津对使徒传文献资料

---

① *Есаулов Иван Андреевич. Сытина Юлия Николаевна. Борис Николаевич Тарасов.* Русская классическая литература в мировом культурно-историческом контексте. М.: Издательство Индрик, 2017. C. 7.

② 同上注。

③ *Кулешов. В. И.* Русская литература XIX века и христианство, под редакцией В. И. Кулешова. М.: МГУ, 1997.

的使用》、A.帕乌特金的《B.茹科夫斯基与A.基里列夫斯基通信里表现的基督教思想和情绪》、B.库列绍夫的《普希金与基督教》、H.塔马尔琴柯的《俄国小说里的神正论和传统的情节结构》、И.谢米勃拉托娃的《作家的遗嘱是其尘世生活的一种总结：H.果戈理与B.奥多耶夫斯基公爵》、B.卡达耶夫的《契诃夫世界里的演变和奇迹》等；第三，外国学者对“19世纪俄罗斯文学与基督教”问题的研究，如意大利学者维多利奥.斯特拉达的《19世纪俄罗斯文学和文化里的世俗化问题》、日本学者横田和村上的《列·托尔斯泰对性问题的宗教看法》、德国学者C.米罗拉多维奇的《Ф.丘特切夫诗歌里的多神教和基督教的要素》、美国学者H.叶费莫娃的《在陀思妥耶夫斯基的小说〈卡拉马佐夫兄弟〉的主人公们的神界意境里的旧约全书》等。

当前，俄罗斯学界研究“东正教与俄罗斯文学”的核心重镇之一是位于圣彼得堡的俄罗斯科学院俄罗斯文学研究所（普希金之家，Пушкинский Дом）。该所自1994年起开始出版《基督教与俄罗斯文学》系列论文集[①]，由科杰尼科夫（Котельников В. А.）等人主编，从1994年2017年，总共已出版了8本。论文集的作者主要是普希金之家及圣彼得堡俄罗斯国立师范大学的学者们，还有来自俄国及国外其他科研中心、高校的研究者们。普希金之家是苏联意识形态解禁之后的首批着力于基督教与文化研究的科研机构之一。在1994年至2003年这十年之间，这里每年都要举行名为“东正教与俄罗斯文化”（Православие и русская культура）的学术研讨会，此后又于2007年和2009年先后举办过第11届和第12届。学者们深入开展了基督教与俄罗斯文学相互关系的探索，

---

① *Котельников В. А.* Христианство и русская литература: сборник статей в 8 т. СПб.: Наука, 1994–2016.

其研究核心为基督教的本体论、认识论、道德论及其与不同时期俄罗斯文学之间的关系。研究所涉及的问题范围非常广泛，比如俄罗斯文学的东正教特性、东正教的历史特征和俄国宗教性的一般特质、这些特点如何在不同作家创作中的表现等。例如，茹科夫斯基、霍米亚科夫、陀思妥耶夫斯基、果戈理、普希金、契诃夫、布宁、高尔基等人在不同时期的创作中所表现出的基督教思想以及与之相关的艺术表现形式等的研究。该系列文集收录了很多从宗教视角阐释文学创作的学术论文，较有代表性的如科杰尼科夫的《布宁的旧约》（Ветхозаветность у Бунина）、布哈尔金（Бухаркин П. Е.）的《新时期的东正教教会和世俗文学》（Православная Церковь и светская литература в Новое время）、柳芭穆德罗夫（Любомудров А. М.）的《作为文化准则的教会性》（Церковность как критерий культуры）、摩多林（Моторин А. В.）的《俄国浪漫主义的耶路撒冷形象》（Образ Иерусалима в русском романтизме）、弗拉斯金（Власкин А. П.）的《陀思妥耶夫斯基创作中的民族宗教文化》（Народная религиозная культура в творчестве Достоевского Ф. М.）等。

在 2016 年出版的最近一本《基督教与俄罗斯文学》的前半部分，共收集了丘尔金（Чуркин А. А.）等人的 15 篇论文，主要从基督教文学批评的视角，论及了果戈理、陀思妥耶夫斯基、莱蒙托夫等经典作家的创作，还专门涉及了圣徒伊格纳季·布良恰尼诺夫（Игнатий Брянчанинов）、霍米亚科夫等人的基督教文学创作活动。该书的后半部分设专栏发表了 7 篇文章，专门纪念斯拉夫派的著名社会活动家、政论家和诗人阿克萨科夫（Иван Сергеевич Аксаков，1823–1886）逝世 130 周年。这些文章通过对这位诗人的创作、书信以及生平活动等研究，探索了他的文学创作与基督教之间的密切关系，揭示了诗人的宗教观。该书对于

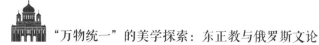

研究东正教与俄罗斯文学的关系，具有重要的学术价值。

在当代俄罗斯东正教文学批评理论方面影响力较大的专题研究著作还主要有戈里切娃（Горичева Т. М.）的《东正教与后现代主义》①、莫丘利斯基（Мочульский К. В.）的《果戈理，索洛维约夫，陀思妥耶夫斯基》②、盖坚科（Гайденко П. П.）的《弗拉基米尔·索洛维约夫与白银时代哲学》③等。第一部主要揭示了东正教文化对当今后现代主义文艺思潮的影响；第二部则把东正教神学思想家索洛维约夫与19世纪俄罗斯经典作家果戈理、陀思妥耶夫斯基的创作放在一起研究，从而深入展示东正教与俄罗斯文学经典创作之间的密切关系；第三部似乎是研究哲学问题的，却对研究"东正教与俄罗斯文学"问题具有十分重要的意义，该书深入探析了索洛维约夫与陀思妥耶夫斯基创作中关于"千禧年"的主题，揭示了索洛维约夫与白银时代俄罗斯文学批评家之间的关系。

莫斯科神学院教师杜纳耶夫（Дунаев М. М.）所著的六卷本《东正教与俄罗斯文学》（1996-1999）是20世纪末关于东正教与俄罗斯文学研究的最为突出的代表性成果。④该书不再仅仅从社会学、历史学的批评视角，而且主要从东正教视角来考察整个俄罗斯文学，并且深入分析了具体的作家创作，把俄罗斯文学的根本属性归结为"宗教性"，即东正教性。杜纳耶夫认为，很多研究者在过去研究俄罗斯文学时，没有抓住俄罗斯文学的宗教本质特征，因此对俄罗斯文学的研究是片面的、浅层次的。俄罗斯文

① *Горичева Т. М.* Православие и постмодернизм. Л.: ЛГУ, 1991.

② *Мочульский К. В.* Гоголь. Соловьев. Достоевский. М.: Республика, 1995.

③ *Гайденко П. П.* Владимир Соловьёв и философия Серебряного века. М.Изд. «Прогресс-Градиция», 2001.

④ *Дунаев М. М.* Православие и Русская литература в 6-ти частях. М.Изд. «Христианская литература», 1999.

学反映现实的一个极其重要的特征，是她对现实世界的宗教的、东正教的
理解。伟大的俄罗斯文学的重要特征，首先这是东正教文学。俄罗斯文学
在其最高表现形式中成为不仅仅是语言的艺术，而且是形象中的神学。尽
管杜纳耶夫的观点不乏偏激，但是其研究成果的价值是无疑的。

　　杜纳耶夫在完成了六卷本的《东正教与俄罗斯文学》之后，又在深入
思考近几个世纪以来东正教与俄罗斯文学之间关系形成的缘由。他认为，
俄罗斯民族在东正教信仰方面所经受的历史磨难，即从信仰→迷茫→缺
失→诋毁→信仰，这一过程在近几个世纪俄罗斯文学创作中均得到了充分
的反映。杜纳耶夫的这一思索，集中体现在他的学术专著《迷茫磨砺中的
信仰：17–20 世纪的东正教与俄罗斯文学》[1]中。杜纳耶夫明确写道："东
正教文学是以东正教的观念来教育人，正确地透视人的内心世界，确立评
价人的内心活动的最重要标准：忍耐。"[2]

　　进入 21 世纪之后，俄罗斯高尔基文学院教授叶萨乌洛夫在东正教与
俄罗斯文学研究领域，出版了不少重要的成果并产生了很大的影响。他撰
写的专著《俄罗斯经典作品：新理解》[3]先后于 2012 年、2015 年和 2017
年三次出版，后两次再版均在原有的基础上进行了较大篇幅的修改和补
充。由叶萨乌洛夫等主编的《世界历史文化语境中的俄罗斯经典文学》[4]也
于 2017 年出版。前者较 1995 年出版的《俄罗斯文学中的聚和性范畴》一

---

[1] *Дунаев М. М.* Вера в горниле сомнений: Православие и русская литература в XVII–XX веках. М.: Издательский Совет Русской Православной Церкви, 2003.

[2] *Дунаев М. М.*: Вступление//Вера в горниле сомнений. М.: Православная Художественная литература, 2019. С. 4.

[3] *Есаулов И. А.* Русская классика: новое пониманиме. Издание третье. СПб.: Издательство РХГА, 2017.

[4] *Есаулов И. А. Сытиная Ю. Н. Тарасов Б. Н.* Русская классическая литература в мировом культурно–историческом контексте. М.: ИНДРИК, 2017.

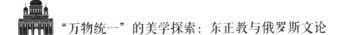

书，无论从研究的广度还是深度上来看，都有了很大的进展。叶萨乌洛夫教授在中国大连外国语大学，参加由国家社会科学基金重大招标项目"东正教与俄罗斯文学研究"课题组主办的"东正教与俄罗斯文学国际学术研讨会"上，多次强调，《俄罗斯经典作品：新理解》一书已经不再仅限于从东正教的"聚和性"范畴，而且是从东正教神学思想的多个视角，对俄罗斯文学的经典创作进行了重新认识和解读，其中许多观点非常具有启发性，值得令人思考。《世界历史文化语境中的俄罗斯经典文学》一书则更是把对俄罗斯经典文学创作置于世界历史文化的语境中，用比较研究的方法，从东正教神学的视角加以深入细致的分析。此书不仅对于俄罗斯文学研究工作者，而且对于从事比较文学和世界文学研究的学者而言，也有极大的参考价值。

当今，俄罗斯东正教文化批评的复兴，确实始于20世纪80年代末90年代初的俄罗斯文坛，并逐渐成为当代俄罗斯文学批评的重要理论支柱和方法之一。然而"宗教文化的回归"，在俄罗斯，并非只是要解决一些文艺创作和文艺批评范围内的具体问题，而更重要的是要坚持俄罗斯民族精神和民族文化传统，重新审视俄罗斯文化遗产，力图"重回"到斯拉夫主义、象征主义、宗教哲学中去，并寻找到理论依据，从而建立起能与当今西方文化影响相抗衡的理论思想体系。

第二章
批评方法的思考

任何一种文学批评理论都具有自己看待世界和评价文学创作的基本立场和独特方法，这也是其区别于其他批评理论的根本特征之所在。其实要了解白银时代以来俄罗斯东正教文学批评理论在方法论上的意义，也许首先要弄清该流派理论家们对文学艺术及其研究的一些问题的基本看法和立场，而这些问题中最重要的就是文学研究和批评的任务究竟是什么，我们应该怎样去展开文学批评及其研究的活动。

一般说来，文学艺术研究的主要任务就是对现实社会中的文学创作现象、文学批评及其理论进行深入的探讨，在纷繁复杂的文艺现象中，通过分析和梳理，总结出一些带有结论性的评价，客观地描述文学史的进程，从而帮助广大读者了解文学创作，为批评和理论界提供有价值的借鉴。比如，某某作家的创作风格是什么？某部作品表现出的主题思想和艺术特色是什么？某段时期的文学主潮是什么？各种文艺思潮和创作方法的特征是什么？文艺的本质是什么？文学创作及其批评对社会的影响和作用是什么？等等。

然而，值得引起深思的是，每当我们通过对文学研究对象（包括创作过程、文学作品、人物形象等）的分析得出相应的结论时，这一结论又常常会被后人或同时代人重新认识或批判，甚至有时还会被自己否定。难道法国著名符号学家、文学批评理论家罗兰·巴尔特不是在与同伴创建了结构主义大厦之后，又从根本上摧毁了这一大厦，构建起解构主义的理论吗？也几乎就在同一时间，解构主义又陷入了语言表征危机的自我解构境地。每当我们自以为是在客观地描述文学创作及其批评理论发展运行的轨迹时，我们又不可避免地会发现自己所处意识形态环境和认识水平的局限性，这样的例子不胜枚举。科学的进步和社会的发展尽管是在继承前人研究成果的基础上进行的，但是这种继承在很大程度上也是一种不断的否定和批判。其实，完全的继承是不可能的，继承是相对的，批判则是绝对的，任何时代的文学阐释都必然带有一定的片面性和局限性，跨越国界的文学创作批评及其理论阐释就更是如此。这不仅是因为人文社会科学研究的独特性，也不只是文学本身阐释的多样性，还在于域外文学的创作复杂性、文化差异性、批评的不确定性和认识的未完成性。可以说，任何一部文学史都只是一部当代文学批评家笔下的文学史。任何一部文学理论著作，也仅仅是文艺理论家们建构的学术世界。因此，绝对客观的文学史实记载是不存在的，它必然是史实的客观记载与文学批评家主观阐释相互融合的产物，即是主客观共同的结果。

这里就自然会产生出一个令人深感困惑的问题，也是文学批评和理论界值得深思的问题：文学批评及其研究的任务究竟是什么？针对千姿百态的文学现象，我们是应该在现实世界中去努力对文学发展进程进行客观的梳理，得出一系列相对公允的评价性结论，还是应该并不把在现实中寻求固定的结论作为文学批评的主要任务呢？我们是否有能力来解决我们所遇到的问题？我们是否应该另辟研究蹊径呢？在现实世界中，我们是否应该用不断的提问，用新问题来替换老问题，通过问题的思考来推进我们的文学研究呢？

其实，文学批评的任务不只是帮助读者读懂文学作品，还在于提升读者阅读和思维的能力，让读者可以从有限的文学文本世界中不断地发掘文学文本的可阐释空间。在现实世界与宗教世界的交融中，在道德与欲望、人性与兽性、理性与情感、美与丑等的碰撞中，文学文本或文学形象的意义才会在读者的接受中不断生成。在白银时代的俄罗斯东正教文学批评理论家们那里，文本确定的意义，即真理，也许只能够到非现实世界中去探索，也就是到宗教世界中去寻觅。他们的执着探索为我们的文学批评及其理论建设，提供了非常有价值的启发。

第一节　真理的存在：一根无限的问题链

加拿大著名学者 N. 弗莱在《批评的剖析》一书中指出："文学位于人文学科之中，其一侧是史学，另一侧是哲学。由于文学本身不是一个系统的知识结构，因此批评家必须在历史学家的观念框架中找事件，在哲学家的观念框架中找思想。"[①] 尽管弗莱的思想已经不能够适应当代西方文论的发展，遭到了当代西方叙事学文论家的猛烈批评，但是弗莱肯定哲学是文学的思想，是文学的灵魂，却一直是无可争辩的事实。也许没有一位伟大的作家不是一位伟大的思想家，几乎所有的西方文学批评理论史又都是西方的思想史，西方美学一直是西方哲学的一个分支，而文论史与美学史、哲学史是密切相连的。白银时代的俄罗斯东正教文学批评家们的探索也是以哲学思考为前提的，无论弗·谢·索洛维约夫、瓦·瓦·罗赞诺夫、特鲁别茨科伊兄弟、德·谢·梅列日科夫斯基、列夫·舍斯托夫，还是尼·奥·洛斯基、谢·尼·布尔加科夫、尼·亚·别尔嘉耶夫、谢·路·弗

---

① ［加拿大］N. 弗莱：批评的剖析 [M]，新泽西州：普林斯顿大学出版社，1957 年，第 12 页。

兰克、巴·亚·弗洛连斯基等，都首先是哲学家和思想家，然后才是文学批评理论家。他们的东正教文学批评理论活动始终都没有离开过对基本哲学问题的回答，即世界的本质是什么，什么是真理，真理是怎样存在起来的，等等。

因此，探讨白银时代俄罗斯东正教文学批评理论就应该从源头着手，从西方哲学、美学的发展历程来考察。无论是西方哲学史、美学史，还是宗教文化研究史，其实都是一个对世界本质和真理不断探索的过程，都要对真理是否存在和怎样存在的问题做出自己的回答。

国内外学术界往往把 20 世纪下半期以前的西方哲学和美学的发展大致分为本体论、认识论和语言论三个阶段[①]。古希腊罗马哲学探索的核心问题就是“世界的本质是什么”，其发展的全过程基本上贯穿着关于“是”或“存在”学说的本体论探讨，各种理论流派力图对这一问题做出回答。中世纪哲学和美学实际上也从未离开过神学本体论这一主题。到了 17 世纪，欧洲哲学经历了一个重大事件，即“认识论的转向”，主要关注的问题是“人们认识世界何以可能”，以法国哲学家笛卡尔为代表的唯理论者追问：“我们知道的究竟是什么？”而培根代表经验论者探寻：“我们是怎样知道的？”由笛卡尔开创的“认识论”哲学，在欧洲 17 世纪至 19 世纪的两百年间成为哲学的主潮。而到了 19 世纪末 20 世纪初，部分由于受到索绪尔语言学的影响，更多地与 19 世纪实证主义有关，西方哲学逐渐由认识论轴心转到了语言论轴心，理论界开始探讨的问题是“我们如何表述我们所知晓的世界本质”。到了 20 世纪后半期学者们则又发现语言是文化的语言，因此又出现了“文化哲学转向”，重点回答的问题是“在怎样的

---

① 蒋孔阳、朱立元主编：《西方美学通史》（共 7 卷，第 1 卷），上海：上海文艺出版社，1999 年，第 9 页。

文化语境下我们表述所知晓的世界本质"。①

　　人类在每一次推进对问题的探讨中，是越来越感到自己渺小的，会越来越发现自己无法驾驭自己的研究对象的。然而，也正是这一次次的"退缩"、一次次的更换问题，推动了人类社会的发展和进步。因为人类对世界本质和真理的认识是在不断发展变化着的，真理不可能是绝对的，真理的存在应该是一根无限的问题链，是一个永远的运动过程，是一个不断阐释与被阐释的过程。也就是说，真理不是以结论的方式，而是以问题的方式存在着的，每一次人类探索的成功都会导致新问题的出现。

　　其实，西方文学批评理论和创作思潮的研究也是如此。尽管我们总是希望对批评对象和批评理论做出一个大家能够相对接受的结论，但是结论提出之时也就是被否定之际，整个西方文学批评理论的进程都是处在不断批判和否定的动态发展过程之中。从整个西方文学批评理论的发展来看，以人本主义为基础的文学批评流派，在 19 世纪及其以前时期，主要是在理性主义的旗帜下展开的。到了 20 世纪上半期，以意大利哲学家、文论家克罗齐为代表的表现主义等流派高举起批判理性主义的旗帜，西方文坛涌起了非理性主义的浪潮。然而到了 20 世纪下半期，新历史主义等批评流派又推动着西方文论重新回到理性主义的轨道上来。与此同时，以科学主义为基础的文学批评流派，也相应地完成了从认识论到语言论，然后再回到新的认识论批评的运行轨迹。20 世纪西方文学批评理论所走过的这条否定之否定的循环之路是清晰可见的。当然，这种不断否定和批判的发展历程，也是与文学理论研究思维范式在逻辑学与现象学之间来回摆动密切相关的。

---

① *Институт философии АН СССР*. История эстетической мысли. Москва: Изд. «Искусство», 1990. Т. 5. С. 11–14.

文学批评理论的研究如此，文学创作的思潮就更是这样。从文学创作思潮的总体变化来看，19世纪批判现实主义艺术强调的是"环境"对"人"的作用，也就是写典型环境中的典型人物。该流派作家往往通过描写恶劣的社会环境对"小人物""多余人"等形象的扼杀，反过来批判社会环境，这也是批判现实主义的力量之所在。到了20世纪初，无论是现实主义艺术还是现代主义艺术都更强调"人"自身的作用，"人"对"环境"的改造作用，甚至表现人的意识流活动。这时创作重心由"环境"转向了"人"。然而，到20世纪下半期，文学创作思潮又开始渐渐回到了"环境"，注重表现生态环境对"人"的影响，并由此来解构人本中心。从"环境"到"人"再到"环境"，这是一个批判的循环，是西方文学创作思潮发展留下的足迹。

确实，人类的发展总是在不断批判地继承前人研究成果的基础上前进的。难怪有人说，马克思主义的灵魂就是批判性。新的理论和观念是在对旧理论和观念的不断否定中产生的。否定之否定规律既适合于人类社会的发展，也是与白银时代俄罗斯东正教文学批评理论的发展相一致的。

白银时代俄罗斯东正教文学批评理论家们在现实世界中难以寻找到确定的真理，能够看到的只是不断提出的问题。因此，他们为了摆脱现实世界的困境，就深入非现实的宗教世界中去，企盼在宗教世界中可以寻觅到"真理的柱石"，寻找到一条现实世界无法解决的真理探索途径。

第二节　逆向的发展：一个动态的阐释过程

翻阅以往人类文学批评理论的研究成果，我们不禁会产生这样的疑问，为什么我们的研究者总是在不断地试图解决自己根本无法解决的问题呢？既然真理的探索是由一连串问题构成的问题链，而且是一条无限延伸的问题链，那么，为什么我们还依然在努力通过归纳，总结出一系列评价性的结论呢？这显然是与我们所习惯采用的研究视角和方法密切相关的。

在人类文学批评理论的发展过程中，文学批评理论界已经习惯用自己的理论去概括纷繁复杂的文学现象，甚至从文学现象产生的源头探索起，然后对某一时期、某一民族的文学现象进行梳理，试图从自己的角度概括出人类文学发展的某种主旋律，总结出人类文学创作及其批评理论发展的某种规律性，并期待用此来指导文学实践。

每一种文学批评理论都认为自己捕捉到了文学的本质特征，几乎都从文学的产生、渊源和继承的正向发展上来分析和总结。这种以文学正向发展为视角来研究的方法，已经为几乎所有国内外文学史撰写者们所采用，成为主要的研究方法。尽管接受美学、文艺阐释学、读者批评等理论在不同程度上影响了我们的文学研究方法，但是这种作用仅仅还是停留于理论探讨的认识层面，尚未对文学批评方法本身产生实质性的影响，也根本没有改变文学批评实践的习惯。

其实，任何一个国家的文学史并不只是一个正向继承和发展的历史过程，而且更重要的是一个后人不断阐释和评说的过程。当一个作家不再创作时，甚至在他去世后的很多年，我们对他创作的阐释和评说却在不断地变化着，莎士比亚是这样，托尔斯泰也是这样，几乎文学史上的每一位作家的经典创作都是如此。而且，越是经典的作家，其创作就越丰富、越复杂，给后人阐释和评说的空间就越大。随着时代和社会的发展和变化，由于意识形态环境、科学技术以及人类社会的发展，研究者和读者往往自觉或不自觉地会把新获得的认识添加到本来并不存在的文学创作文本意义中去。这不仅与作者本身的创作有关，而且与文学文本阐释的意识形态环境

相关，甚至与不同读者和研究者的认知思维模式关系密切。

可以毫不夸张地说，任何一个国家的文学史应该更是一部逆向发展的接受史。从时间上来说，正向发展无论如何是非常有限的，到作家本人去世或终止文学创作为止，而逆向发展则是无限的，只要人类的文学批评活动还存在，只要这位作家的创作还拥有读者，还具有一定的研究价值，就会一直存在下去。比如对俄罗斯大作家果戈理创作的评价，一开始别林斯基肯定他的早期创作，否定他的晚期创作，但是评论界早就开始重新探讨他的晚期创作，试图对它进行重新评价。对俄罗斯作家陀思妥耶夫斯基创作的评价，在苏联和俄罗斯时期也经历过一个从肯定到否定，再到肯定，这样一个不断变化的过程。从空间上来说，正向发展只是存在于作家本人可能接触的社会生活和文本范围之内，而逆向发展却几乎可以扩大到整个人类社会中去。我们常常这样说，一个作家越是民族的就越是世界的，这个世界不仅是作家生活的时代，而且应该包括作家去世以后的未来世界。一个伟大作家的创作是不同时期的人类所共同拥有的宝贵财富。

实际上，任何文学研究者的评论都只是一个受局限的历史阐释，这种阐释不可避免地带有很大的局限性和片面性。更何况，这种阐释还是一种语言文本的阐释。正是这些阐释构成了一部部似乎是客观描述的文学史。也因为如此，我们才说，没有一部文学史不是一部文学批评家的阐释史。

白银时代俄罗斯东正教文学批评理论家们并不回避自己的批评主张，坚持从东正教文学批评的角度，对文学创作现象进行自己独特的阐释和评价。也正因为如此，他们的批评活动才在文学批评理论界独树一帜。我们对白银时代俄罗斯东正教文学批评理论的认识，应该基于是一种逆向发展的动态阐释。其实，文学的发展从来就不只是正向的，而且更是逆向的或曰反向的。

第三节 东西方融合："上帝在我心中"的艺术批评

在一般的文学批评理论中，往往同时采取着两种批评方式。一种是把不同创作风格的文学艺术创作，分类加以评述，并且区分出他们之间的不同特征，从历史的渊源关系探索，在创作实践和理论发展中，归纳出他们各自的特征。例如，文学创作和理论中的现实主义、浪漫主义和现代主义等，现实主义主要源于亚里士多德的"模仿说"，而浪漫主义和现代主义则起源于柏拉图的相关理论和思想。另一种则是科学研究普遍采用的研究方式，即用理性化、科学化的实证主义的批评方式和论述话语，来考证和分析纷繁复杂的文学艺术现象，从而得出经得住历史验证或科学证明的结论。

这两种文学批评方式的初衷都是要揭示文学艺术创作自身的独特性，然而他们在归纳、评述文学现象以及演绎、推理艺术规律的同时，却又恰恰丢失了文学艺术的本质特征，即审美感。也就是说，文学批评及其理论陷入了自我矛盾、自我否定的困境之中。可以说，在西方的文学批评理论中，这种矛盾和困境尤为突出。不过，在位于东方的我国，古典文学批评则更注重文学作品表现出的"风骨""神韵""意境"，因此以"感悟"和"体验"的方式，在一定程度上，以整体的把握，摆脱了理性分析的困惑，但是在理论的说服力和科学表述上又不够准确和清晰。

也许是因为俄罗斯地处东西方、欧亚大陆之间的独特地理位置，处于东西方文明的交汇之处，白银时代俄罗斯东正教文学批评理论家们探索出了一条独特的、东西方相融合的文学艺术批评和理论构建途径。这一方面使得俄罗斯的哲学、美学和文艺理论把西方的理性分析与东方的内在感悟结合起来，形成了内外相融合的批评理论特征，另一方面也使得俄罗斯人心中的"上帝"与西方人理解的"上帝"明显不同。由此，白银时代俄罗斯东正教文学批评理论形成了自己的独特性。

爱沙尼亚塔尔图大学教授、著名社会派美学家列昂尼特·瑙莫维奇·斯托洛维奇（Леонид Наумович Столович 1929–2013）在《俄罗斯哲学史》的"哲学作为一门追寻智慧的学问——论俄罗斯哲学的特征"一章中，就说明了俄罗斯的"上帝"与西方的"上帝"的不同，前者是"内在"的，后者则是"外在"的。在此基础上，他进一步区分了俄罗斯哲学与西方哲学的不同特征。列·纳·斯托罗维奇认为，由于西方人的"上帝"是外在的，西方哲学主要探讨的是知识理论、认识论。然而，俄罗斯哲学则不同，更主要关注的是内在的，是艺术审美问题以及宗教、伦理和社会政治等问题。①很显然，当代俄罗斯东正教文学批评理论的宗教哲学基础更贴近艺术审美，该文学批评理论是"上帝在我心中"的艺术批评。

可以说，当代俄罗斯东正教文学批评理论是一种"你"中有"我"，"我"中有"你"的艺术批评方式。这种批评方式主要表现为，不再把"上帝"与"人"相互对立，而是把它们有机地结合起来，"上帝"内在于"人"。这种批评的立足点是把各种宗教与人文现象都看成意义并非自足的独立体，它们的意义不仅产生于它们之间的矛盾差异之中，而且更主要地来自彼此相互的交融之中。它根本不企求理顺各种矛盾间的因果关系，寻求出一条对立发展的线索，得出某些似乎科学的结论，而是恰恰相反，即试图充分展现宗教和人文现象的纷繁复杂性。它不再只从各种现象自身的意义上去考察，而是更加关注这些现象本身意义的确定还要取决于其他相关现象的相互渗透。没有相互的空间横向融合，缺乏历史的时间纵

---

① *Столович Леонид Наумович.* Философия как любомудрие. О своеобразии философии в России//История русской философии. М.: Изд. « Республика», 2005. С. 5-10.

向交融，就不可能有自身的意义，意义产生于融合之中，产生于主观与客观的交融之中，产生于"上帝"与"人"的融合之中。实际上，任何一种宗教和人文现象都不可能是一种"不含杂质的"自我。比如，也许不会有任何一个"上帝"，会没有一点"人"的成分，反之亦然。任何一种被称为"上帝"或"人"的东西都无法做到自我界说，而是依靠与彼此的差异和交融来确定的，任何一种艺术的发展几乎都是在不断借鉴和融合其他艺术特色的过程中发展起来的。

白银时代俄罗斯宗教文化批评理论家们的独特之处就在于，他们把自由的理性思考与内心宗教体验融合起来，在文学研究中，表现出一种宗教人本主义的批评倾向。他们并不认为，基督教与人文精神是相互对立的，而是坚持两者的共生和融合。他们坚决反对欧洲文艺复兴时期那种把人道主义与基督教对立起来的做法，反对把宗教视为一概是反人道的。

在白银时代俄罗斯宗教文化批评理论家们看来，无神论的人道主义尽管凸显了人的地位、尊严和价值，但是无论如何忽视了超验的层面，使人陷入现实物质世界的奴役之中，忽视了精神世界。这样一来，人就很容易在自我封闭中把自己奉为新的"上帝"，将本来的人道主义又变成了反人道主义。白银时代的俄罗斯宗教文化批评理论家们提倡的宗教人道主义，其实就是一种神人融合的关系问题。

著名俄罗斯东正教文学批评理论家、萨拉托夫大学教授谢·柳·弗兰克在《上帝和我们在一起》一书的第2编第4章"上帝与人——神人性思想"中，明确归纳和总结了两种关于神与人的观念，一是神的万能和人的渺小；二是人的绝对自由。他接着写道："这两种观念中间有人与神类似

的观点。"①他分析了《旧约》中人与神之间类似的思想，还论证了古希腊罗马宗教意识中的此类思想，批判了尼采的思想，指出："人与神类似和人与神相似的宗教思想，只有在基督教意识中才有现实的决定性意义，因为给它补充了神和人之间的有机联系的思想。"②"上帝和人之间的联系就是爱的联系——上帝本身就是爱，这个上帝的本原便是人存在的基础。"③

　　白银时代俄罗斯东正教文学批评理论家们奉行的东正教人道主义实际上宣扬的是，"上帝"与"人"同在，"上帝"中存在着"人"的本质，"人"中也存在着"上帝"的本质。只有上帝与人一体，人奔向上帝的路才是一条解放之路，实现自我之路，如果上帝外在于人，那么"上帝"就会变成"人"的统治者、管理者、奴役者，人反而会丧失自我。

　　显然，"上帝"的内在还是外在于"人"，是当代俄罗斯东正教文学批评理论不同于当代西方文学批评理论的一个显著标志。这一特征最为集中和明显地体现在以弗拉基米尔·谢尔盖耶维奇·索洛维约夫为代表的白银时代东正教哲学思想及其文学批评理论之中，这是一种东西方宗教哲学和文学批评理论相互杂交的产物。

---

① ［俄］谢·柳·弗兰克：《上帝与人——神人性思想》，载刘小枫主编：《20世纪西方宗教哲学文选》（上卷），杨德友、董友等译，上海：上海三联书店，1991年，第191页。
② 同上，第193页。
③ 同上注。

第三章
"万物统一"的整体性批评

　　"万物统一"的整体性是以弗·谢·索洛维约夫为代表的俄罗斯东正教文学批评理论家们共同具有的主要哲学思想基础和文学批评理论特征。在19世纪下半期的俄罗斯，"万物统一"的哲学思想，在一定程度上，也许最能够集中体现当时俄罗斯民族的精神、俄罗斯知识分子的理想以及俄罗斯作家的创作追求。它在思想理论体系上追求一种从内到外的完整性、包容一切具体的总体性，追求终极关怀、终极价值，追求生命存在的意义及其精神的完美。

　　在18世纪和19世纪中，俄罗斯的思想家和作家们主要是通过他们自己的文学艺术创作和一些专题文章，来反映自己的哲学思想和立场观点。拉季谢夫、赫尔岑、车尔尼雪夫斯基、皮萨列夫、列夫·托尔斯泰和陀思妥耶夫斯基等人的思想，都具有一定的自我内在联系性及其与外在的相关性。尽管如此，但是他们本人均尚未有意识地把自己的思想完整化、系统化，更未建立起自己完整的哲学思想体系。因此，可以说，那个时期的俄罗斯并非哲学理论本身发展了，而只是哲学思想得到了发展。现实主义的文学批评及其理论发展了，而东正教文学批评及其理论则没有得到应有的发展，甚至在理论界和文坛上没有发出多少声音。

然而，到了 19 世纪后半期，弗·谢·索洛维约夫的思想引起了俄罗斯思想界和理论界的普遍关注。这位俄罗斯伟大的思想家不仅发表了一系列政论性文章和诗集，同时还撰写了许多哲学论文和神学文章。他一针见血地指出了西方文明发展存在的危机，创立了包括整个人类存在和认识的基本范畴的独特体系。这就是能够体现当代俄罗斯民族特征的"万物统一"的"完整知识"体系，俄罗斯东正教文学批评理论正是建立在此基础之上的。因此，可以毫不夸张地说，弗·谢·索洛维约夫是一位 19 世纪末至 20 世纪初俄罗斯伟大的哲学家，20 世纪俄罗斯东正教文学批评理论的奠基人。没有他的理论和思想贡献，很难想象会有白银时代东正教哲学和文化的兴起，更不可能有东正教文学批评理论的存在。

杜纳耶夫在《东正教与俄罗斯文学》第 5 卷第 14 章 "19 世纪末 20 世纪初的俄罗斯文学"中，专门列出专节来论述索洛维约夫的哲学和美学思想。他在该节的开头就表明："弗拉基米尔·谢尔盖耶维奇·索洛维约夫在 20 世纪初仅仅活过了半年多的时间，但是他的整个思想正是属于这个世纪的。他高瞻远瞩，对本世纪产生了巨大的影响。"① 杜纳耶夫还引用索洛维约夫研究专家莫丘林斯基的话，"索洛维约夫为 19 世纪末 20 世纪初辉煌的俄罗斯文艺复兴，奠定了基础"。② 这种思想的独特性和前瞻性主要源自其思想的批判性，尤其是对西方实证科学、二元对立思维模式的批判，努力构建自己"三位一体"的"完整知识"体系和独特的文学批评理论。杜纳耶夫借用 B. B. 津科夫斯基在巴黎出版的《俄罗斯哲学史》（1989）中的评价，进一步肯定了索洛维约夫思想的价值："……他让俄罗

① *Дунаев М. М.* Православие и русская литература. Т. 5. М.: Изд. « Христианская литература», 2003. С. 65.

② 同上注。

斯思想走向了整个人类的世界。索洛维约夫的创作基础不仅是俄罗斯的，也不只是西欧的，而是——全世界的。"①

第一节 走出危机：西方哲学的批判

弗·谢·索洛维约夫的哲学和美学探索起源于对西方哲学危机的揭示，以及由此产生的对西方哲学的批判，而这一批判首先又是来自一段自我否定和自我批判的艰难心理历程，也就是自我的思想和信仰危机。索洛维约夫于 1853 年 1 月 16 日出生在莫斯科的一个宗教和学术氛围浓厚、社会地位极其显赫的贵族知识分子家庭。他的祖父米哈伊尔·瓦西里耶维奇·索洛维约夫（Михаил Васильевич Соловьев, 1791–1861）是莫斯科经贸学校的神甫和法律教师。孩提时代的索洛维约夫就经常与祖父一起做礼拜，在他幼小的心灵里，相信祖父是在与上帝交谈。②他的父亲谢尔盖·米哈伊洛维奇·索洛维约夫（Сергей Михайлович Соловьев 1820–1879）曾任莫斯科大学校长，是莫斯科大学著名的历史学教授，是多卷本《俄国历史》的编撰者。祖父和父亲对弗·谢·索洛维约夫的成长影响非常大，祖父的宗教信仰、父亲的宏观历史观及其研究方法，都在小索洛维约夫的心中打下了深刻的烙印。他在《关于反基督的故事》中描绘的约翰长老形象，其实就是他神甫祖父的影子。他的父亲是一位非常勤奋的学者，一般冬天早晨 7 点，夏天早晨 6 点，他就会开始自己的研究和写作。索洛维约夫从父亲身上既传承了对知识的酷爱，对真理探索的执着，还学会了父亲

---

① *Дунаев М. М.* Православие и русская литература. Т. 5. М.: Изд. «Христианская литература», 2003. С. 67.

② *Лосев А. Ф.* Владимир Соловьев и его время. М.: Изд. «Молодая гвардия», 2000. С. 11.

"自己的历史世界观，自己对人类发展进程的关注"①。"弗·索洛维约夫早年的生长环境对于他后来的精神发展是非常有利的。这一环境不仅使得他很早就掌握了多门外国语，而且因此使得他一直对一些重大而又涉及面很广的生活和世界观问题，具有浓厚的兴趣。"②显然，索洛维约夫是深受俄罗斯东正教思想和历史文化影响的，是信奉上帝的，同时他对俄罗斯文明的发展特征，也有相当多的了解。他是准备沿着其祖父指引的宗教信仰之路和父亲引领的学术之道走下去的。

然而，当索洛维约夫 11 岁那年，在他进入莫斯科第五中学学习之后，那时学校图书馆里许多关于自然科学等非宗教的书籍引发了这位少年对实证科学的好奇心和浓厚兴趣。此后他的思想发生了变化，尤其是他在 13 岁至 14 岁间，从祖父那里继承来的信仰产生了动摇，少年索洛维约夫陷入了深刻的信仰危机，他甚至把圣像扔到窗外。从 14 岁那年起，他就不愿再去教堂，整天沉湎于无神论，感兴趣唯物主义，并喜欢上社会主义思想。他 17 岁时，以优异的成绩中学毕业并获得金质奖章。

同年，即 1869 年，当弗·谢·索洛维约夫被莫斯科大学录取并进入历史—语文系学习时，由于深受唯物主义思想的影响，他很快就转入了物理—数学系学习。当索洛维约夫沉浸在自然科学的海洋中探索时，许多难以解决的问题越来越困扰着这位青年人。他渐渐地发现，在现实的物质世界中，真理是根本无法寻觅的。他也深刻感受到，自己的兴趣并非在自然科学，因此就在大学三年级时通过考试，又转回莫斯科大学历史—语文系，直至 1873 年毕业。

---

① *Мочульский К. В*. Владимир Соловьев. Жизнь и учение. Т. 1. Детство и отрочество（1853–1869）. Париж: YMCA–Press, 1936.

② 同上注。

　　莫斯科大学的学习时光是弗·谢·索洛维约夫精神发展的非常重要时期。他性格非常孤僻，很少去听课，几乎没有什么朋友，以至于他的同学回忆到："索洛维约夫作为大学生是不存在的，在大学时期他也没有知心的朋友"[①]，然而，博览群书，主要是斯宾诺莎、康德、叔本华等的哲学书籍，使得这位未来的哲学家思想逐渐摆脱了现实世界的羁绊，越来越自由，逐渐走出了自己的信仰危机。"斯宾诺莎使得神再次返回索洛维约夫的世界观之中。""研究康德，尤其是研究叔本华，使得索洛维约夫发生了根本性的转变。"[②]后来，他还专门到莫斯科神学院旁听了一年课程。这一切均对弗·谢·索洛维约夫日后的完整哲学思想的构建和"万物统一"的整体性东正教文学批评观，几乎起到了决定性的作用。

　　走出信仰危机后，弗·谢·索洛维约夫的思想已经成熟，宗教哲学观也已经形成。他深刻认识到，知识与信仰决非对立，而是彼此共存的，科学与宗教是可以统一在一起的。康德的思想拓展了他的思维空间，叔本华的理论让他感受到了栩栩如生的上帝。此后，费希特、谢林、黑格尔等人的著作，都成了弗·谢·索洛维约夫阅读和探讨的主要对象，其中，谢林的同一哲学给予他影响极大。他终于从孔德的实证主义哲学论述中，看到了西方哲学乃至西方文明的危机及终结。

　　弗·谢·索洛维约夫的硕士学位论文《西方哲学的危机：反对实证主义者》（1874 年 11 月 24 日通过答辩）就明确指出了西方哲学的危机。这一危机就是西方哲学把知识仅仅局限在现象世界，而难以揭示本质，扼杀了哲学研究本身，从而导致整个西方文明陷入了危机。弗·谢·索洛维约

---

① *Мочульский К. В.* Владимир Соловьев. Жизнь и учение. Т. 2. Студенческие годы. Религиозное обращение（1869–1874）. Париж: YMCA–Press. 1936.

② 同上注。

夫曾经明确指出："一切大思想家无不是真正的虔诚的教徒。实证科学之父培根的话是众所周知的，他说：小智而哲学修养不高者远离上帝，大智而哲学修养更高的人又会走向上帝。"[①]索洛维约夫最终提出了自己的关于世界精神的万物统一的思想，努力摆脱西方哲学的危机。

显而易见，弗·谢·索洛维约夫的东正教哲学思想和"万物统一"的整体性文学批评理论，是建立在对西方哲学危机的认识及其批判的基础之上的。

第二节　完整知识：批评理论的基础

完整知识（Цельное знание），也称为"自由神智学"，是弗·谢·索洛维约夫的宗教哲学思想的核心，也是其文学批评理论的基础。完整知识的基本理论思想主要反映在《完整知识的哲学原理》（*Философские начала цельного знания*, 1877）（又译《完整知识的哲学本原》）一书中[②]。弗·谢·索洛维约夫的完整知识思想及其理论体系的建立，是源于对西方哲学存在危机的思考，即西方哲学研究的二元对立问题。

在索洛维约夫看来，早在古希腊时期，柏拉图就把理念世界与经验世界对立起来。西方哲学的基本立足点是二元论或曰两分法，即理念世界与经验世界的两分法，前者其实又可分为理性与信仰，后者则更多是现实。这种理性与信仰或者理念与经验的二元论，均表明的是对立和分裂，而不是完整和统一，更不可能是融合。西方哲学界无论是承认这种对立，还是调和这对矛盾，其理论基础都离不开二元对立的思维方式。弗·谢·索洛

---

① 徐凤林，《索洛维约夫》，台北：台湾东大图书公司，1995年，第18页。
② 参见本书绪论第一节。

维约夫明确指出，"当思维着的人把自己的思维和一般信仰区分开来，并使之与作为外在事物的这种信仰对立起来时，也就开始有哲学了"。因此，"西方哲学以作为智力的个人思维与作为权威的全民信仰的分裂为起点"。①

到了 17 世纪，随着以法国哲学家笛卡尔为代表的认识论推进，西方哲学界发生了"认识论转向"，这种二元对立也随之转化为理性与自然的对立。无论是培根或者笛卡尔，都是把真理视为一种认识结果，即认识与对象的相一致，这里其实仍然是主体占主导的经验主义。此后，康德、费希特、黑格尔都曾努力以不同的方式解决这一问题，但还是依然无法摆脱这二元对立的思维模式。实证主义者们也还是只承认人所认识到的"现象"，而彻底否定外在物质的独立存在。叔本华等确实提出了独特的"意志"等非理性概念，但是他的"普遍意志"与"个人意志"之间依然存在着无法逾越的矛盾。

弗·谢·索洛维约夫认为，西方哲学囿于二元对立的思维模式，无法企及"完整知识"的"万物统一"的理想境界。为了走出西方哲学的危机，哲学研究就必须把理性与信仰、理性与自然、理念与经验、知识与生命等融合起来，把二元对立转化为二元或多元融合，在东正教人道主义的基础上，建立起"完整知识"体系的大厦。弗·谢·索洛维约夫还进一步指出，西方哲学的危机只是西方文明的整体危机在理论上的反映。他表明："人的真正本性呈现出三种基本存在形式：感觉、思维和能动的意志。"② 因此，人类社会就存在着与此相关的三个领域：以情感为主体的创

① [俄] B. C. 索洛维约夫：《西方哲学的危机》，李树柏译，杭州：浙江人民出版社，2000 年，第 5 页。

② [俄] B. C. 索洛维约夫：《完整知识的哲学本原》，载《西方哲学的危机》，李树柏译，杭州：浙江人民出版社，2000 年，第 161 页。

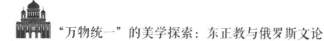
造领域、以思维为基础的知识领域、以意志为主导的社会实践领域。每一领域又均存在着从低到高的三个发展形态：在创造领域中先后是一般技艺、高雅艺术、体现绝对美的神秘；在知识领域中依次是实证科学、抽象哲学、神学理论，在社会实践领域分别是经济社会、政治社会（以国家为主导）、精神社会（以教会为主导）。

弗·谢·索洛维约夫还进一步明确写道："社会领域的经济社会主义，知识领域的实证主义，创造领域的功利主义的唯实主义，这些就是西方文明的最新成就。"[1] 在他看来，这些成就实际上是低劣的，没有前途的。他强调："西方文明造就了生命的个别形式和外在材料，却没有赋予人类以生命本身的内在内容；它把单个的因素孤立起来，使它们达到只有个体才能达到的发展极限，却使它们失去了与活生生的精神的有机联系。"[2] 弗·谢·索洛维约夫认为，西方文明已经发展到了尽头，必然以新的文明来替换它，而新的文明必须与神圣本原相联系。这才是人类生命的最高生存形式，也就是第三阶段，即创造领域的体现绝对美的神秘、知识领域的神学理论、社会实践领域的精神社会。体现绝对美的神秘与创造领域的其它两个阶段，即高雅艺术、一般技艺相融合，就构成了一个创造的有机统一体"完整创造"；神学理论与知识领域的其他两个阶段，即哲学和科学相结合，就形成了知识的融合体"完整知识"；代表精神社会的教会与社会实践领域的两个阶段，即政治社会和经济社会相整合，就组成了"完整社会"。贯穿这三个领域的灵魂显然就是宗教神学。这是一个以自由神智学（完整知识）为基础，以自由神权国家（精神社会）为社会形式，以神秘

① ［俄］B.C.索洛维约夫：《完整知识的哲学本原》，载《西方哲学的危机》，李树柏译，杭州：浙江人民出版社，2000年，第184页。
② 同上，第187页。

为最高艺术创造目标的人类完整机体的构成。

弗·谢·索洛维约夫指出，要探索真理，就必须以"完整知识"为基础，"认识真理吧，真理会使你们自由"。[①]"完整知识"体系是由弗·谢·索洛维约夫开创的新型知识综合体系。这一综合体系融合了神学、哲学和实证科学三个不同的知识领域。从人类的认识途径来说，其实也就把经验主义、理性主义和神秘主义三种获取知识的途径融合了起来。这三者中，神学和神秘主义无疑是最重要的。弗·谢·索洛维约夫反复强调："神秘主义就其绝对性质讲，具有头等重要意义，因为它决定着哲学知识的最高本原和最终目的；经验主义就其物质性质讲，可充当外在基础；最后，理性主义因素即哲学因素本身，就其以形式为主的性质讲，表现为整个体系的中介或普遍联系。"[②]在希腊语中"哲学"一词的意义就是"对智慧的爱"，而在弗·谢·索洛维约夫看来，智慧"不仅仅是指整个知识，而且还指道德完善、内在精神的完整性"[③]。弗·谢·索洛维约夫进一步表明，"真理本身、真正的完全真理必须和幸福、美、力量联系在一起，因为真正的哲学是与真正的创造力和道德活动紧密联系的，它们使人能够战胜原始自然并控制自然"[④]。

在弗·谢·索洛维约夫看来，形而上学是关于认识事物的本质，即真正的存在物的学说。但是，从他的观点来看，什么是事物的本质，什么是真正的存在物呢？存在与存在物之间又有怎样的关系呢？真正的存在就是我们可以直接掌握的现象。但是，就如同现象是不能没有表现物一样，存

---

① ［俄］B. C. 索洛维约夫：《完整知识的哲学本原》，载《西方哲学的危机》，李树柏译，杭州：浙江人民出版社，2000 年，第 194 页。

② 同上，第 211 页。

③ *Соловьев В. С.* Сочинения. В 2 т. М.: Мысль, 1990. Т. 2. С. 179.

④ 同上，第 199 页。

在也不能没有存在物。存在物本身"既不是存在又是存在"，但是"它是存在着的物或拥有存在属性的物"。因此，存在物就其本身而言或绝对原则就是存在的肯定力量，因为拥有物先于或高于被拥有物，那么，绝对原则就应该比所谓的超存在甚或是超力量、绝对存在物要更确切些。

绝对存在物、"绝对原则"或只是"绝对"不仅仅表达了"单一物存在于万物之中"，而且也表达了"万物存在于单一物之中"，也即万物统一体。上帝就是绝对存在物，就是"万物统一的主体"。然而，万物统一本身"要求非单一的、多元的，在个别中的万物存在；万物本身也就是在个别中的万物，有各自的特点，或说没有任何东西是在统一之外的"①。因此，弗·谢·索洛维约夫指出了万物统一体即上帝与万物统一即世界之间的区别。

弗·谢·索洛维约夫在构建自己的"完整知识"体系之后，确定了万物统一的"绝对本原"就是上帝。他指出："充当一切真理之基础的伟大思想在于承认所有的一切本质都是唯一者，这个唯一的东西不是任何实有或存在，但它比一切存在更深奥、更崇高。所以，一般来讲所有存在都只是外表，它下面隐藏着作为绝对唯一者的真正存在物，这个唯一者构成我们自己内在的本质，所以超越一切存在和实有的我们，能直接感受到这个绝对实体。"②

在弗·谢·索洛维约夫的理论思想中，以"上帝"这一绝对本原为基础的万物统一，把神学、科学和哲学有机地联系在了一起，形成"万物统一"整体性文学批评理论的基础。

---

① *Соловьев В. С.* Сочинения. В 2 m. М.: Мысль, 1988. Т. 1. С. 710.

② [俄] В.С.索洛维约夫，《完整知识的哲学本原》，载《西方哲学的危机》，李树柏译，杭州：浙江人民出版社，2000 年，第 242 页。

第三节 索菲娅形象：智与美的融合

在弗·谢·索洛维约夫的整个东正教哲学和文学批评理论探索的创作生涯中，关于索菲娅的学说贯穿始终。在希腊语中，"索菲娅"（софия）一词就是智慧的意思，实际上，"爱智慧，也就是爱索菲娅"。不过，古希腊人称雅典娜为智慧女神，在古希腊后期，在《圣经》中，"索菲娅"的意思就是上帝的卓越智慧。索洛维约夫就曾明确写道："在《圣经》所罗门智训中，我们会看到这种索菲娅思想的发展。"[①]

在罗斯时期，东正教便继承了拜占庭敬重索菲娅的传统，在 11 世纪，建造了三个主要的大教堂——基辅、诺夫戈罗德和波罗茨克的索菲娅大教堂。在 15—16 世纪时期的索菲娅圣像身着沙皇的庆典礼服代表着天使的形象。索菲娅的形象与圣母的形象非常相似，被视为是智与美的融合体现、是最为完美的艺术形象。

在弗·谢·索洛维约夫看来，基督是基督教意识中最为重要的内容，也是基督教迥异于其他宗教的关键所在。基督既是神的思想的体现，又具有非常实在的人形，由此而形成"神人合一"，索菲娅形象就是这种"神人合一"的具体体现。弗·谢·索洛维约夫关于索菲娅的形象既具有女神的灵魂，又有一位活生生女性的具体化形象。这一形象的原型可以说是弗·谢·索洛维约夫曾经热恋的已婚女子索菲娅·马尔蒂诺娃。这一点可以从他于 1892 年至 1894 年创作的《马尔蒂诺娃组诗》中清楚地见出。因此，索菲娅作为一位美丽的女性是来自弗·谢·索洛维约夫的现实生活的，是有限的、具体的。然而，作者又把天国与尘世、梦幻与现实融合在一起，把有限的尘世、现实与无限的天国和梦幻交融的如此美妙。这就使得

---

① *Соловьев В. С.* Сочинения. В 2 m. М.: Мысль, 1990. Т. 2. С. 109.

索菲娅形象成为集"美丽女性""圣洁天使"于一身的"神人合一"的具体化。万物统一的美学思想在索菲娅形象上表现得生动而又具体。

弗·谢·索洛维约夫在获得硕士学位以后，1874年底被莫斯科大学聘为哲学教研室副教授。他从1875年6月起到伦敦大不列颠博物馆工作时，就一直着迷于神秘主义和有关"索菲娅"的文献，对神秘主义哲学进行了深入的研究。1875年10月16日，弗·谢·索洛维约夫仿佛感到索菲娅本人在召唤他，因此突然去了埃及。在他的梦里，女神索菲娅是一位永恒的女性形象。索菲娅的神秘而迷人的外貌不止一次地出现在他创作的诗歌之中。直至1876年夏，弗·谢·索洛维约夫才返回了莫斯科大学。1877年初，他又来到圣彼得堡，在人民教育部学术委员会工作，同时在大学和高级女子讲习班讲课。这段时间，也许是受智慧女神索菲娅的感召，他发表了一系列奠定其整个学说的重要著作：《完整知识的哲学原理》（1877）、《神人论讲义》（《神人类讲座》的讲稿）（1878）、《抽象原理批判》（1877–1880）。1880年4月6日，他在圣彼得堡大学通过了自己的博士学位论文答辩。

弗·谢·索洛维约夫非常着迷索菲娅，潜心钻研关于索菲娅的学说，并对后来的俄罗斯东正教哲学思想和象征主义诗歌创作产生了非常大的影响。他的索菲娅是具体化的理想，是神人的有机融合，更是他本人用心血塑造的。在《阅读神的人化》中，弗·谢·索洛维约夫在人的身上看到了两个要素："把人和自然世界联系在一起的物质存在要素"，还有"把人和上帝联系在一起的理想的统一意识"。[①]索菲娅正是这种人与神在肌体和灵魂上的最完美的形象体现，她既是理念的又是具体的，既是理想的又是现

---

① *Соловьев В. С.* Сочинения. В 2 т. М.: Мысль, 1990. Т. 2. С. 140.

实的，既是陌生的又是熟悉的，她是一个完美的艺术形象。

弗·谢·索洛维约夫全部哲学的关键思想在于把整个人类当作索菲娅，也就是作为宇宙的最高智慧，他的这一思想即使在当代也具有着一定的现实意义。因为当人类面对战争、自然灾害的时候，就可以认识到自身的统一性和价值。这也许就是俄罗斯民族独特的民族性格吧。在19世纪初的反对拿破仑入侵的卫国战争和20世纪的第二次世界大战中，俄罗斯民族均表现出非凡的民族精神，并最终战胜了入侵者。在弗·谢·索洛维约夫那里，人作为"伟大的生命不是空洞的形式，而是在基督教中为我们开创的，人体精神的和造神的生活中包罗万象的神人的丰富多彩"①。

弗·谢·索洛维约夫以索菲娅这一神人一体的、智与美融合的艺术形象，进一步完善了自己的"万物统一"思想，并以此表现出对精神和肉体相统一的肯定。著名俄罗斯哲学家、文化学家、文学批评理论家 A. Ф. 洛谢夫认为，在弗·谢·索洛维约夫那里，"作为基本物质实体的物质统一共同学说"最大可能地缩小了精神和物质的差别。在这个意义上，唯心主义也就是唯物主义。以 A. Ф. 洛谢夫为代表的理论家们，对这种唯物主义表现出了明显的好感，他们把这种唯物主义称作"宗教唯物主义"或"神圣唯物主义"，因为"物质与它的精神因素和神的因素"是分不开的。②A. Ф. 洛谢夫进一步指出："深入研究弗·索洛维约夫关于索菲娅的学说，我们应该承认，他的唯心主义已经如此近地走向现实主义和唯物主义，而且对于唯心主义是完全可能的。"③

弗·谢·索洛维约夫的索菲娅形象直接影响了19世纪末至20世

---

① *Соловьев В. С.* Сочинения. В 2 m. М.: Мысль, 1990. Т. 2. C. 578.

② *Лосев А. Ф.* Владимир Соловьев и его время. М.: Изд. «Молодая Гвардия», 2000. C. 208–212.

③ 同上，第224页。

纪初的俄罗斯象征主义诗歌创作。象征主义诗人勃洛克（Александр Александрович Блок, 1880–1921）的一系列创作中就始终贯穿着"永恒的、圣洁的女性形象"，例如《美妇人集》《滑稽草台戏》《陌生女郎》《命运之歌》《法依娜》《嘉尔曼》《十二个》等。在勃洛克那里，有时候"永恒的圣女"形象与"俄罗斯祖国"密切地联系在一起，这显然在一定程度上又超越了索菲娅形象。

象征主义诗人、小说家别雷的创作也呈现出明显的索菲娅形象烙印。他的《戏剧交响曲》中的"童话"女性、诗集《碧空之金》中的代表"圣女"的色彩、《世界的灵魂》中犹如纯洁、金色般曙光的"微笑"、《致婴儿》中的"天国女性"等等。别雷曾经在自己的创作和文章中多次直接提及弗·谢·索洛维约夫和索菲娅形象。他甚至在长诗《第一次相遇》中，怀念起"索洛维约夫家的沙龙"，把自己初恋的对象也赋予了"圣女"的特征。在《生活的危机》一文中，别雷明确相信，女神索菲娅将重返苦难的大地。无论是在弗·谢·索洛维约夫那里，还是在别雷、勃洛克等象征主义作家那里，索菲娅形象实际上都是一种内在体验的外在表现，是内在上帝形象的外现。这也许是俄罗斯象征主义自身的特征吧。

20 世纪 40 年代的苏联卫国战争时期，苏联红军的战士们用一个姑娘的爱称"喀秋莎"（Катюша）来命名国产的多管火箭炮，这里实际上也潜移默化地表征着俄罗斯民族心中的索菲娅形象，一个除恶扬善的女神形象。后来，歌曲《喀秋莎》广为流传，成为一股战胜法西斯的巨大精神力量，激励着红军战士奋勇向前。

第四节　伦理学观点：善与万物统一

弗·谢·索洛维约夫关于索菲娅的理论和万物统一哲学既说明了真善美的客观存在，同样，也说明了它们之间的统一性。"如果就道德方面来说（对于意志而言），物质统一就是善，如果就认识论方面来说（对于智慧而言），它就是绝对的真，那么，实际上，实现物质统一就在外在现实范畴中，它的实现或表现在感觉、物质存在方面就是绝对的美。"[①]弗·谢·索洛维约夫在肯定真善美的统一时，与作家陀思妥耶夫斯基的思想是一致的。陀思妥耶夫斯基坚持自己的观点，"任何时候他都不能把真与善、美相分离"，而在"自己的艺术创作中，他任何时候都不会把美脱离善、真，而孤立地提出来"[②]。

弗·谢·索洛维约夫的伦理学或者道德哲学都是建立在善的理念或思想上。他的伦理学论著全集取名为《为善辩护》（1894–1897）绝不是偶然的。按哲学的观念，"人的生死存亡问题明确了善的内在特性；它的涵义就是在于它为善的纯真性，全面性，和全能性服务"[③]。然而，究竟什么是善？在回答伦理学的这个根本问题时，弗·谢·索洛维约夫坚持，"善本身并不取决任何东西，一切都是以它本身为条件的，并且能够透过一切东西实现"[④]。"善仅存在于每个独立的人的主观精神状态中。"[⑤]

因此，他反对用哲学中的形而上学和神学来解决道德哲学问题。弗·谢·索洛维约夫指出："道德哲学不是完全依赖于正教"。因为"在存在

---

① *Соловьев В. С.* Сочинения. В 2 m. М.: Мысль, 1988. Т. 1. С. 745.

② *Соловьев В. С.* Сочинения. В 2 m. М.: Мысль, 1990. Т. 2. С. 305.

③ *Соловьев В. С.* Сочинения. В 2 m. М.: Мысль, 1988. Т. 1. С. 97.

④ 同上，第96页。

⑤ 同上，第48–49页。

多种宗教和信仰的情况下，它们之间的争论就必须以普遍的道德基础为前提。那么，显而易见，争论的各方面同样要以一般道德准则为基础，并不依赖于他们宗教的或是信仰的不同"①。

根据"万物统一"的思想，弗·谢·索洛维约夫认为，善的根源就在人自身的本性中，这是人与其他动物不同的根本标志之一。人能够感到羞耻，而其他动物则没有这种羞耻感。根据法国哲学家笛卡尔的"我思故我在"的观点，"我感到羞耻，因为我存在着，这不仅是肉体上的存在，还有精神上的，我为自己的动物性感到羞耻，因为我是作为人存在着"②。良知并不是别的，而是"在清晰而又概括的形式中的羞耻的变形"③。

在弗·谢·索洛维约夫那里，人的道德观除了有把人从动物世界分离出来的羞耻感，还有就是必须以怜悯为前提，它把人"与一切生物界联系起来"，"与有生命的物质团结起来"，同样，也要以人对上帝的景仰为前提。④这种"景仰之感或对宗教的虔诚正表明了人类与高级本原的应有的联系"，它构成了"个体—心灵的宗教根源"⑤。这样，宗教本原就包含在道德中，它的本原就是对父母的爱，这种爱从对母亲、父亲，先辈的尊敬逐渐上升到"对世界唯一的圣父之爱"⑥。

显然，弗·谢·索洛维约夫没有把道德建立在宗教基础上，而是恰恰相反，让宗教本原产生于道德之中。在这一点上，弗·谢·索洛维约夫与德国哲学家康德的观点是一致的。康德同样也是把道德作为自主的，不依

---

① *Соловьев В. С.* Сочинения. В 2 m. М.: Мысль, 1988. Т. 1. С. 49.

② 同上，第 124 页。

③ 同上，第 52 页。

④ 同上，第 52–53 页。

⑤ 同上，第 52 页。

⑥ 同上，第 55 页。

赖于宗教的范畴。他们都认为"道德确实有自身规律"①。不过,他们的不同之处在于,康德认为道德准则存在的事实就成为上帝存在和灵魂不灭的依据。但是,弗·谢·索洛维约夫在道德关系中,发现了宗教意识的本源,却找不到上帝本身存在的依据。

按照弗·谢·索洛维约夫的观点,"上帝和人都不是道德准则的制订者,而是道德现实的直接构造力量"②。善本来自上帝,它本身就是"现存的超人类的善"③。这种"现存的超人类的善"在人类的道德关系还远远不够完善的世界中是以什么作为基础呢?按照索洛维约夫的说法,"现存的超人类的善"这个事实正在被人类的道德进步所证明,即"人类的道德升华","在人类身上道德的衡量标准总是在提高"④。

在弗·谢·索洛维约夫的思想体系中,道德哲学占有特殊的地位,贯穿于他的"万物统一"的思想之中,贯穿于他以探求真理为前提的认识论中,也贯穿于他的索菲娅理论之中。弗·谢·索洛维约夫认为,没有善的"万物统一"是不可思议的,人类历史实际上就是从"兽人类"向"神人类"转变的历史。在弗·谢·索洛维约夫的理论中,道德观点构成了认知和评价的重要因素。他确定"法律就是道德的最低界限或一定的道德底线"⑤。

弗·谢·索洛维约夫更加强调人类个体的道德意义,这种人类个体的道德不仅仅是一种工具,一种为了别人幸福,为了某个群体的幸福,或者是一种所谓的普遍幸福的工具。弗·谢·索洛维约夫还给"真正的物质统

---

① *Соловьев В. С.* Сочинения. В 2 m. М.: Мысль, 1988. Т. 1. С. 244.
② 同上,第244–245页。
③ 同上,第245页。
④ 同上,第61,245页。
⑤ 同上,第448页。

一"下过定义："我把不依赖于整体存在，或者不损害个体自身而有利于整体的个体称为真正的或积极的物质统一。虚假的、否定性的统一，会压抑或耗费掉其各个成分的个性，从而使自己显得空洞；而真正的统一则会保护和强化其成分的个性，使他们实现存在的完整。"①

在《为善辩护》以及大量探讨民族问题的著作中，弗·谢·索洛维约夫在指责任何一种个人主义和利己主义时，也批判了"人民的利己主义"②，即"虚伪的爱国主义"②。弗·谢·索洛维约夫是尊重"民族差别"的，但是他确信"所有民族在伦理道德上是平等的"，人们应该"爱所有其他民族就像爱自己的民族一样"③。

弗·谢·索洛维约夫的伦理学观点并非与现实相脱离的，而是与现实生活相联系的。19世纪80年代，弗·谢·索洛维约夫主要致力于政论作品的写作。他撰写了一系列有关宗教和民族问题的作品，提出了"神权政治乌托邦"的社会理想，就是为了现实社会探寻出路。1880年3月28日，弗·谢·索洛维约夫发表公开讲演，宣扬自己的伦理学观点。他既谴责了组织谋杀亚历山大二世的民意派，又呼吁根据基督教教义而去宽恕他们。因此，他被视为是替谋杀者辩护，而被驱逐出圣彼得堡，随后他也辞去公职。弗·谢·索洛维约夫在19世纪80年代撰写了一系列重要论著：《生命的精神基础》（1882–1884）、《大争论与基督教政治》（1883）、《神权政治的历史与未来》（1886）、《俄罗斯与宇宙教会》（1889）。

到了19世纪90年代，弗·谢·索洛维约夫在继续伦理学和哲学创作，主要研究著述有《爱的意义》（1892–1894）、伦理学论文《善的证明》

---

① *Соловьев В. С.* Сочинения. В 2 т. М.: Мысль, 1988. Т. 1. С. 552.
② 同上，第360页。
③ 同上，第378–379页。

（1894–1897）、宗教哲学论文《上帝概念（维护斯宾诺莎哲学）》（1897），
关于认知理论问题的三篇文章，后被收入他的第一部文集《理论哲学》
（1897–1899）。1889 年和 1890 年，他出版了关于伦理学的文章《自然的
美》和《艺术的共性思维》。从 1891 年起，弗·谢·索洛维约夫就开始主
持编撰《布罗克塔乌斯和叶弗龙大百科词典》的哲学部分，他撰写了许多
关于哲学和历史的辞条（《印度哲学》《康德》《黑格尔》《孔德》等等），
以及根据不同的哲学概念而写成的辞条（《现实》《大自然》《意志的解放》
等等）。

1898 年至 1899 年，弗·谢·索洛维约夫完成了自己最后的著述《关
于战争、进步和世界历史终结的三次对话》。此时，他已经彻底抛弃了神
权政治的乌托邦思想，并预言了世界未来的悲惨前景。弗·谢·索洛维约
夫对世界未来悲惨的揭示，与他预感自己将面临的死亡有关。1900 年 7
月 31 日，弗·谢·索洛维约夫死于莫斯科郊外乌斯科耶的 П. Н. 特鲁别茨
科伊公爵的家里，这位公爵是他的朋友 С. Н. 特鲁别茨科伊和 Е. Н. 特鲁
别茨科伊的兄弟。他被埋葬于莫斯科新处女公墓。

第五节　艺术审美观：整体性批评

弗·谢·索洛维约夫的伦理学思想是与他的艺术审美观密切相关的，
因为，在他看来，真正的美与善是密不可分的，同样与真也是紧密相连
的。当然，这并不意味着美、真与善三者之间是可以画等号的，美也不仅
仅是万物统一思想的物质形象。索洛维约夫的文学批评及其理论就是建立
在此基础之上的，这其实也是许多东正教文学批评理论家们共同坚守的美
学思想。

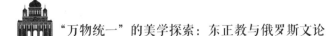

在《自然中的美》一文中，弗·谢·索洛维约夫指出："在美中，就像三位一体思想时期的某一个阶段一样，必须把一般理念的本质和专门的审美形式区别开来。只有这最后一点能把美同善、真区分开来，那么，作为一般理念的本质，他们有一个共同点：名副其实的存在或地道的万物统一、在普遍统一中个体的无拘无束。"[①]

在给诗人阿·费特的信中，弗·谢·索洛维约夫明确了美的定义，即美是"精神的物质"[②]。美是"思想的化身"，他以金刚石为例来说明美。就化学成分来说，金刚石与普通的煤并无差别，但为什么她却很美呢？因为在她身上实现了物质和光的完美结合。[③]

弗·谢·索洛维约夫所理解的美是作为"思想的化身"，这种观点显然是唯心主义的，是沿袭从柏拉图到黑格尔的唯心主义哲学传统的。然而，弗·谢·索洛维约夫的哲学的特殊性在于他坚持物质和精神的统一，这极其明显地表现在他的美学思想中。

洛谢夫在《弗拉基米尔·索洛维约夫及其时代》一书中，用专章"哲学–文学环境"，论述了弗·谢·索洛维约夫与列夫·托尔斯泰、陀思妥耶夫斯基、罗赞诺夫、尼采、布尔加科夫、洛巴廷（Лев Михайлович Лопатин，1855–1920）[④] 等人之间的哲学和文学联系。也许比较弗·谢·索洛维约夫与陀思妥耶夫斯基之间的美学观，更能够体会索洛维约夫的文学批评观。

陀思妥耶夫斯基于 1881 年去世的，因此可以说他在 19 世纪去世之后是不可能与弗·谢·索洛维约夫有任何联系的。然而，如今要探讨这两位

---

①　*Соловьев В. С.* Сочинения. В 2 т. М.: Мысль, 1990. Т. 2. С. 362.

②　同上，第 774 页。

③　同上，第 358 页。

④　Л. М. 洛巴廷是俄国唯心主义哲学家，曾任莫斯科心理学会主席和《哲学与心理问题》杂志编辑。

伟大思想家的关系，洛谢夫在关于弗·谢·索洛维约夫的传记中，则恰恰从陀思妥耶夫斯基去世后的文献研究起。在陀思妥耶夫斯基去世后，索洛维约夫于 1881 年至 1883 年，每年发表一篇，共发表了三篇纪念这位伟大作家的讲话，表达了自己对陀思妥耶夫斯基的崇敬。

其实，索洛维约夫与陀思妥耶夫斯基的美学观是不相同的，是很难存在内在联系的。陀思妥耶夫斯基是一个擅长心理剖析的作家，他习惯于把人的灵魂撕开来。如果用二律背反的原则来分析，他是在揭示人物内在或人与人之间的矛盾之处：圣洁与淫荡、信仰与科学、理性与情感等。陀思妥耶夫斯基表现的人生主要是悲剧的，在他那里东方与西方永远是对峙的。相反，弗·谢·索洛维约夫则是强调整体的、包容的、融合的，万物之间是统一的。在他看来，黑暗是光明来临之前的征兆，科学是建立在信仰之上的，东方和西方是共处在一个统一体内的。

在索洛维约夫的三篇纪念讲话中，我们不难发现这两位伟大思想家的一些异同。1878 年的夏天，他俩曾经一起去过住着知名长老阿姆夫若西（Амвросий）的修道院（Оптин）。他们一起表现出对超验的理想生活的向往，对东正教文化精神的追求。在第一篇纪念讲话中，索洛维约夫批评了 19 世纪俄罗斯文坛中的世俗现实主义的文学创作，指出这里缺乏生活的理想和精神追求。除此之外，索洛维约夫还否定了利己主义和人性的自卑。在第二篇纪念讲话中，索洛维约夫反对只是针对个人生活的教堂基督教，提倡发展人类的整体基督。他指出，陀思妥耶夫斯基表现的基督教思想是全人类的，是超越民族主义，是反对民族利己主义的，是追求自由的。第三篇纪念讲话，实际上更像是一篇学术文章，索洛维约夫已经较少涉及自己与陀思妥耶夫斯基的关系。更何况，此时与陀思妥耶夫斯基的思想相比，索洛维约夫关于自由的思考产生了新的变化。洛谢夫在《弗拉基米尔·索洛维约夫及其时代》一书中明确指出：“在第三篇纪念陀思妥耶夫斯基的讲话中，弗·索洛维约夫坚定地反对在陀思妥耶夫斯基创作中可以看到的狭隘的民族主义特征。但是他决不反对俄罗斯民族主义，这是面向广阔的历史之路的，是整体宇宙和谐的基础。”①

　　同时，弗·谢·索洛维约夫也支持车尔尼雪夫斯基的唯物主义美学观，认为“美在自然中具有客观现实性”。②不过，他反复强调，物质世界的美一定要与精神世界相伴，与善结合，因为“在物质世界中美是需要善来完善的，因为只有美才能让这个世界邪恶的黑暗变得明亮，才能够美化它”。③美与善、真的统一是确立“美拯救世界”④的基础。

　　正因为如此，针对19世纪末一些艺术家和思想家大力推崇的无精神之美的美学观，弗·谢·索洛维约夫采取了极力否定的态度。他猛烈批判了“天才的，不幸的尼采”⑤及其追随者。尼采“承认生活的意义，但仅仅是审美的意义，只表达了强烈、庄严和美，却没有论及道德之善”⑥。在文章《普希金诗歌创作中的诗学意义》（1899）中，索洛维约夫认为脱离善和真的美是美的伪造物，所谓“新的美”实际上是恶与谎言的隶属物。

　　如果世界上存在客观的美，其内部与善和真相结合，那么为什么还需要艺术，需要艺术创作呢？弗·谢·索洛维约夫力求在自己的博士论文《抽象原理批判》（1880）中回答这个问题。他认为，确实存在着绝对的幸福，绝对的真和绝对的美，这也正是物质统一的三方面有机融合与表现。

---

① *Лосев А. Ф.* Владимир Соловьев и его время. М.: Молодая Гвардия, 2000. С. 412.

② *Соловьев В. С.* Сочинения. В 2 т. М.: Мысль, 1988. Т. 1. С. 555.

③ 同上，第392页。

④ 同上，第306页。

⑤ 同上，第87页。

⑥ 同上，第48页。

"这种物质统一在我们的现实生活中，在世界中还尚未被人和自然实现"，但是我们人类正在实现着这种物质统一，"对于人类来说，它是一个任务，而实现它是一种艺术"，要把"一切存在的东西引入到美的形式中"①。

弗·谢·索洛维约夫在《艺术的普遍意义》（1890）一文中确立了艺术的三个任务："（1）对于那些无法用自然语言表达的生动思想的内在深层品质的直接客体化；（2）创造和表现自然美的灵性；（3）使美永远保持个性现象。"②"完美艺术的最终任务一定要体现绝对理想，这不仅是在想象空间中，实际上，应该体现一种崇高精神，并把它融化在我们的现实生活之中。"③

显然，弗·谢·索洛维约夫的艺术审美观呈现出的是一种整体性的美学观，对白银时代俄罗斯东正教文学批评理论具有十分重要的奠基作用。

第六节 《卡拉马佐夫兄弟》中的伊凡形象分析

杜纳耶夫在《东正教与俄罗斯文学》第3卷第10章中，专门论述了陀思妥耶夫斯基创作与东正教之间的关系。他明确指出："离开了东正教，就无法理解陀思妥耶夫斯基。任何企图站在不太清晰的全人类共同价值的立场上，对其进行阐释，都是缺乏思想深度的。当然，从作家的创作遗产以及与真正的宗教生活无关的联系之中，也可以提炼出某些真知灼见。然而，失去了可以支撑一切的坚实基础，对任何问题的一切思考，都只会是

---

① *Соловьев В. С.* Сочинения. В 2 m. М.: Мысль, 1988. Т. 1. С. 745.
② 同上，第398页。
③ 同上，第404页。

不全面的，且靠不住的、不可信的。"①

　　长篇小说《卡拉马佐夫兄弟》（1879-1880）是陀思妥耶夫斯基创作中最重要的代表作之一，也是文学批评界非常关注的一部经典作品。在论及该小说时，批评家们往往更加侧重分析小说中形形色色的人物形象，而在卡拉马佐夫兄弟之间排行老三的阿辽沙，通常被视为是东正教思想的维护者，是"善"的代言人。阿辽沙的确纯洁、善良、博爱而又温顺，他非常仰慕修道院长老佐西马，因此自己为了博爱的理想和实现信仰的追求，成为见习修士。在评论界看来，阿辽沙是能够最集中体现东正教思想的理想化身，也是陀思妥耶夫斯基笔下的理想人物，是一个愿意为全人类受苦受难的人。同时，阿辽沙的两位兄长德米特里、伊凡以及同父异母的兄弟斯麦尔佳科夫的言行，则更主要是作为阿辽沙思想的对立面来呈现的。

　　然而，洛谢夫在论及弗·谢·索洛维约夫关于《卡拉马佐夫兄弟》中人物形象的评价时，明确指出，在索洛维约夫的心中，其实卡拉马佐夫兄弟中的老二伊凡才是最能够体现东正教思想的典型人物②。因为在伊凡身上最能够集中表现东正教的整体性和包容性的审美理想。

　　从表面上看，伊凡是与弟弟阿辽沙相对立的"恶的化身"，是一个无视任何道德原则的极端个人主义者。他叛逆，甚至否定上帝的存在。他在看到这个世界的不合理性时，主张用"为所欲为"的原则去解决生活中的问题，用暴力去抗恶。他的这一原则，为斯麦尔佳科夫杀死亲生父亲提供了思想和行动的依据。伊凡为了表明自己的观点，还给阿辽沙讲述了一个

①　*Дунаев М. М.* Федор Михайлович Достоевский//Православие и русская литература. В 6-ти частях. Ч. Ⅲ. Издание второе, исправленное, дополненное. М.: Изд. «Христианская Литература», 2002. С. 404.

②　*Лосев А. Ф.* Владимир Соловьев и его время. М.: Молодая Гвардия, 2000. С. 414.

自己杜撰出来的宗教大法官的故事。"伊凡的宗教大法官是暴力、奴役的象征，是为所欲为原则的体现。"[①] "伊凡是个无神论者，必然投入'魔鬼'的怀抱。"[②]

其实，以弗·谢·索洛维约夫为代表的白银时代的东正教文学批评理论们，在分析文学作品或文学形象时，多数已经不再从"善与恶""美与丑""真与假"的二元对立原则来加以分析，而是更主张从二元或多元融合的艺术审美观出发，揭示艺术形象或作品的整体价值，因此我们权且把这一批评称之为整体性批评。如果从索洛维约夫的整体性批评出发，伊凡这一形象恰恰是融合了各种因素的典型，符合东正教文学批评的理念。在伊凡身上，至少包含了四种因素：一是崇尚理智、尊重自然科学，善于思考和分析，努力探索生活的意义；二是深切感受到现实世界的不合理性，看到了现实生活的苦难，揭露异族人虐杀儿童、地主用猎狗撕咬农奴孩子等暴行；三是虽然缺乏对上帝的信仰，把基督的爱视为是永远都无法实现的空想，但依然还是苦苦追求美好的理想，向往着基督的理想；四是极端的个人主义思想，甚至无视任何道德原则，把普通的人看作"软弱和低贱的"，只有用"凯撒的剑"才能统治他们，保障他们的幸福，等等。

显然，弗·谢·索洛维约夫把伊凡当作东正教文学创作的形象化身，正是因为伊凡性格的多面性、综合性，伊凡不像自己弟弟阿辽沙那样只是东正教教义和思想的形象载体，而是活生生的复杂的艺术形象。因此，读者在阅读《卡拉马佐夫兄弟》时，往往会不禁产生这样的疑问，为什么代表东正教思想的阿辽沙会显得如此软弱无力，而伊凡则是那样的行动有力并个性极强？在索洛维约夫看来，伊凡身上各种因素的联系主要是通过

---

① 曹靖华主编：《俄苏文学史》（第一卷），郑州：河南教育出版社，1992年，第503页。
② 同上，第504页。

"自由"来实现的。"自由"使得伊凡这一形象"在"起来，而阿辽沙因为过于受东正教教义和思想的约束，则反而不"自由"，形象显得苍白无力。

弗·谢·索洛维约夫把尊重人的"自由"，看成陀思妥耶夫斯基创作主要表现出的人道主义特征。他特别称赞陀思妥耶夫斯基创作中的"自由"，并指出这种"自由"的两面性。索洛维约夫认为，一方面，这种创作呈现出的"自由"是与现实生活息息相关的，这也就使得他不同于任何片面的唯心主义和唯灵论，这种"自由"是与人的"物质本性"紧密相连的。另一方面，按弗·谢·索洛维约夫的话来说，"陀思妥耶夫斯基的人道主义是建立在真实的基督教的神秘、超人力的基础之上"①。"陀思妥耶夫斯基总是带着最深的爱怜注视着自然，理解和爱着大地以及大地上的一切，他相信物质的纯洁、神圣和美。在这个唯物主义里没有任何虚伪和罪恶。"② 因此，弗·谢·索洛维约夫把基督教的人道主义原则确立为真正的人道主义，而在他看来，陀思妥耶夫斯基是一位真正的人道主义者。

弗·谢·索洛维约夫写道："人道主义就是对人的信念"。人的凶恶、虚弱、歪曲不是信念的对象，而是生活中晦暗的事实。"相信人，就是承认在他身上有一种可以把他和上帝联系在一起的力量和自由。"③弗·谢·索洛维约夫曾经强调："陀思妥耶夫斯基之所以相信人，相信人类，只是由于他相信神人，相信神的人化……"④弗·谢·索洛维约夫的人道主义还在于，对于他来说，神人和神的人化同时也是人神和人的神化，也就是人和人类的典范。

---

① *Соловьев В. С.* Сочинения. В 2 т. М.: Мысль, 1990. Т. 2. С. 552.

② 同上，第314页。

③ *Соловьев В. С.* Сочинения. В 2 т. М.: Мысль, 1990. Т. 1. С. 314.

④ 同上，第314页。

第四章
东正教人本主义批评

在白银时代俄罗斯东正教文学批评理论中，也许人本主义批评是与人道主义思想联系得最为紧密的，尤其是尼古拉·亚历山大诺维奇·别尔嘉耶夫的东正教人本主义批评、谢苗·路德维果维奇·弗兰克的直觉主义的宗教人道主义、特鲁别茨科伊兄弟关于"聚和性意识"与"生命意义"的批评等。

在别尔嘉耶夫去世的当年（1948 年），对他进行过长期深入研究的费多托夫（Георгий Петрович Федотов，1886–1951）就指出："尼·亚·别尔嘉耶夫是作为一个活生生的、满腔热情的宗教探索者和战士而永载俄罗斯史册的。他作为一个人，第一次向西方展示了一位俄罗斯宗教天才的一切丰富性、复杂性、矛盾性和深刻性。"[1] 谢·路·弗兰克也认为，别尔嘉耶夫是世界上最著名的宗教哲学家之一，是一位彻底的基督教人文主义者。别尔嘉耶夫反对传统基督教运动中贬低人的作用，强调人的价值和意义。在他看来，这种价值和意义就在于，人是上帝的自由合作者，上帝本身也

---

[1] *Бердяев Н. А.* Духовный кризис интеллигенции. От издательства. М.: Изд.《Канон+》，1998. С. 5.

需要这种合作①。

尼·亚·别尔嘉耶夫可以说是一个百科全书式的人物，他的著述涉及哲学、宗教、文学、史学、政治、艺术、人类学和伦理学等各个领域。俄罗斯《文学报》甚至把他赞誉为"20世纪俄罗斯的黑格尔""现当代最伟大的哲学家和预言家之一"②。他的思想是非常纷繁复杂的，他本人从不回避这一点，就曾反复申明自己的思想中存在着众多的矛盾和悖论。从他的思想发展历程来看，马克思主义，从雅各·波墨（基督教神秘主义者）到康德和尼采的德国唯心主义哲学，俄罗斯本土根深蒂固的东正教文化传统，是决定他的精神文化结构的三大思想源泉。然而，关于人的问题是尼·亚·别尔嘉耶夫宗教哲学研究和文化批评的起点，也是其学术思想的核心。他的毕生探索均是围绕着人的本质、人的自由解放、人的信仰等问题展开的。

在众多的白银时代俄罗斯东正教文学批评理论家中，谢·路·弗兰克是与尼·亚·别尔嘉耶夫关系较为密切的，虽然晚年在一些学术问题上存在着不同的看法，但无论如何，他们是志同道合的战友。他本人就曾经称尼·亚·别尔嘉耶夫是自己在探索真理和追求自由道路上的最主要的学术伙伴。当这位学术伴侣去世以后，谢·路·弗兰克就称自己是精神上的孤独者。在十月革命之前，谢·路·弗兰克与尼·亚·别尔嘉耶夫一起，为了俄罗斯民族文化的复兴，为了真理的探索、个性的自由和人的精神解放，而努力奋斗。在苏维埃政权建立之后，由于意识形态的缘故，他们又一起被驱逐出境，经历了苦难的历程。然而，即便在异国他乡，他们仍然一起

---

① *Бердяев Н. А.* Духовный кризис интеллигенции. От издательства. М.: Изд. «Канон+», 1998. С. 6.

② *Р. Галицева*. Н. Бердяев. Литературная газета, 1989. 8. 2.

继续从事宗教哲学和文学批评活动。

谢·路·弗兰克与尼·亚·别尔嘉耶夫在学术探索上具有不少共同的特征，例如东正教人道主义的批评倾向等，不过，这也并不妨碍他们自己独特的学术个性。把宗教人道主义与直觉主义相结合，就是谢·路·弗兰克的东正教文学批评理论的主要个性和特征。也正因为如此，著名《俄国哲学史》的作者、俄罗斯宗教哲学史家瓦·瓦·津科夫斯基（Василий Васильевич Зеньковский，1881-1962）甚至把他称为"所有的俄国哲学家中最伟大的"①。

在提及东正教的人本主义批评理论时，特鲁别茨科伊兄弟的学术思想是必须关注的。在学术探索中，这兄弟俩都没有把哲学、东正教文学批评理论研究与现实生活相割裂，而是把两者结合起来。他们一方面在象牙塔中进行着自己的纯理论研究，另一方面又积极从事社会政治、教育等活动，无论他们的研究有多么复杂，都主要是围绕人及其自由展开的。

谢尔盖·尼古拉耶维奇·特鲁别茨科伊是叶甫盖尼·尼古拉耶维奇·特鲁别茨科伊的哥哥，年长一岁，曾担任过莫斯科大学校长。他的学术思想基本渊源有两个：斯拉夫派哲学和德国古典哲学及神秘主义。他理论探索主要围绕着两个中心问题：一是理性与信仰的关系问题，具体地说，就是希腊理性主义与旧约启示之间的关系；二是"聚和性意识"问题，也就是研究人类意识的普遍性问题。他坚决反对哲学研究抽象的存在，反复强调只能够研究具体的存在，主要是关于人的存在。因此他也把自己的研究称为"具体的唯心主义"。

在哲学上，叶甫盖尼·尼古拉耶维奇·特鲁别茨科伊曾深受弗·谢·索洛

---

① *Буббайер Ф.* С. Л. Франк: жизнь и творчество русского философа. 1877–1950. М.: «Российская политическая энциклопедия»（РОССПЭН），2001. С. 7.

维约夫的东正教哲学思想影响，后来与其发生了严重的分歧。叶·尼·特鲁别茨科伊从人的自由出发，一方面努力把弗·谢·索洛维约夫的理论世俗化，使之从极端的神秘主义中解脱出来；另一方面又反对在弗·谢·索洛维约夫哲学中的泛神论倾向，因为这与东正教正统是不相一致的。叶·尼·特鲁别茨科伊在批判康德哲学的基础上提出，哲学研究要从认识主体转向认识“客体的、也就是超越个人的、全宇宙的绝对意识”。这样一来，生命的意义，即人的自由，就成为他哲学研究关注的重点。由此他形成了永恒真理、统一学说、绝对意识等观点。

第一节　走出危机：追求信仰与自由

在相当长的历史时期内，特别是在苏联解体之前，西方学术界对尼·亚·别尔嘉耶夫的了解，要远远胜于俄罗斯学界。当然，这并不意味着这位俄罗斯宗教哲学家的思想与西方学者产生了共鸣，而是他的思想在西方，尤其是在美国，已经成为具有重要意义的历史文化遗产和科学研究的对象。他的著作在 20 世纪末，就已经被翻译成了十四种语言，不少科研机构和大学的学者们专门以他作为研究对象，发表了一系列相关的学术论文和专著。[①]

在当代俄罗斯，尼·亚·别尔嘉耶夫是一位具有非常重要现实意义的思想家，他之所以能够引起西方学术界的关注，最主要的原因是，在苏联解体前后，西方学界对俄罗斯意识形态、俄罗斯哲学思想和文学理论的研究，还不可能摆脱别尔嘉耶夫的影响，没有超越别尔嘉耶夫的认识。

---

① *Бердяев Н. А.* Духовный кризис интеллигенции. От издательства. М.: Изд. 《Канон+》, 1998. С. 5.

　　可以说，尼·亚·别尔嘉耶夫的学术之路就是一个不断探索，不断走出危机的复杂而又曲折的过程。他本人的思想探索是与俄罗斯知识界的精神探索紧密相连的。他在论文集《知识界的精神危机》（1910年）中指出："任何深层的危机，首先是信仰危机。""我深切感受到这一变化，我把它称之为知识界的精神危机。"①显然，在别尔嘉耶夫看来，进入20世纪的俄罗斯知识界正经受着信仰的危机。其实，他本人就经历了从马克思主义到唯心主义哲学，再到基督教人本主义的转变。别尔嘉耶夫的思想魅力在于他是一个自由思想的探索者，每次思想的转变并不彻底，而是保留了他自己认为合理的部分。可以说，他只是游弋于这些思想理论之间，只不过在每一个时期自己思想都存在着一个主旋律。

　　尼·亚·别尔嘉耶夫虽曾被苏联当局驱逐而流亡国外，但他始终没有在政治上站到社会主义祖国的对立面。20世纪30年代末，他身处国外，在没有任何意识形态环境限制的情况下，还非常明确地表示："我一直凝视着社会主义这项真理，也可以说我早在青年时代便相信社会主义。由于沉思和信仰，社会主义伴随我生命的全部里程。"②他甚至批评一些俄国侨民作家和知识分子，认为他们与自由和精神创造相悖，并指出，他们在一定程度上比共产主义革命更远离真理。他也曾承认，在自己身上有着马克思主义的"酵母"，直到晚年依然表示，他自己的全部生活都保留着对于马克思主义的特殊情感。只不过，他从来就不认为自己是一个正统的马克思主义者，无论是西方还是俄罗斯的学界均不把他当作马克思主义者。

----

① *Бердяев Н. А.* Духовный кризис интеллигенции. От издательства. М.: Изд. 《Канон+》, 1998. C. 9、10.

② [俄] Н. А. 别尔嘉耶夫：《人的奴役与自由》，徐黎明译，贵阳：贵州人民出版社，1994年，第11页。

别尔嘉耶夫的一生都是为了信仰和自由探索的一生。他生长在一个古老的贵族家庭，母亲为法国血统。祖父战功赫赫，父亲虽不追求功名，但却饱读诗书。家庭的氛围深深影响了这位未来的宗教哲学家，再加上他在孩提时代就经常出国，受到西方文化的熏陶，这就不仅使得他的贵族气质中表现出明显的西方文化素养，而且极大地帮助他走出了俄罗斯狭隘的思想藩篱，主动积极地吸收西方文化的自由养分。因此，少年别尔嘉耶夫便形成了两种相互交融的性格特征：孤傲清高的贵族气质和追求自由、关爱普通人的叛逆个性。

1894 年，尼·亚·别尔嘉耶夫进入了基辅大学自然科学系，后又转入法律系，但他一直偏爱哲学和文学。此时，大学生的别尔嘉耶夫开始走出贵族圈子，接触更广阔的社会。他大量地阅读各种书籍，尤其是历史书，希望能够从历史的角度来理解现实社会、政治等问题。他反对专制，渴望自由，他思想中的革命性渐渐形成了。他自己曾经回忆："当我走出孤独状态并进入社会的、革命的世界时，我的生活有了内容。我的本性中是何种根据战胜了我，使我走上了这条道路呢？是我的革命性。这种革命性在那惨无人道的时代在不断增强。我的革命性是复杂的现象，它大概带有俄国大多数知识分子所没有的那种性质。它首先是精神革命性，是精神的起义，我所说的革命就是自由，就是反对奴役，反对世界之荒谬的意思。"① 争取自由成为他思想的主旋律之一。

大学生别尔嘉耶夫是一个从不畏惧权威、追求信仰和自由的人。他特别感兴趣那些崇尚信仰和充满自由的思想，切尔帕诺夫教授的哲学课程和列夫·舍斯托夫关于陀思妥耶夫斯基与尼采的论著等，均引起了这位年轻

① [俄] H. A. 别尔嘉耶夫：《人的奴役与自由》，徐黎明译，贵阳：贵州人民出版社，1994 年，第 101 页。

人的浓厚兴趣和极大的关注。同时，尼·亚·别尔嘉耶夫还不仅是理论和思想上的执着探索者，而且为了信仰和自由，积极投身于革命的具体实践活动中去。他甚至因参加学生和社会革命运动而两度被捕。第一次是由于参加了1897年的基辅大学生的示威游行，他被捕并被罚做过几天苦役。第二次是参与了1898年的俄国第一次大规模社会民主运动，他不仅被捕并被学校开除，还被审判并于1900年3月至次年底被流放至沃洛格达。

尼·亚·别尔嘉耶夫的学术探索轨迹清晰地反映出了他不会受任何一种思想的约束，同时又不轻易放弃自己曾经追逐的思想或理论，往往是兼容并蓄。

他的第一篇论文《朗格和批判哲学及其对社会主义的态度》（1899年）在考茨基主编的杂志《新时代》上刊登。这篇论文既反映了当时俄国学者对马克思主义观点的接受，但又在一定程度上表现出了与马克思主义的格格不入。后来，他的第一本专著《社会哲学中的主观主义和个人主义》出版，在马克思主义文艺学家普列汉诺夫看来，这本书的作者已不再是一个马克思主义者；而波格丹诺夫则认为，尼·亚·别尔嘉耶夫已经走向了唯心主义。列宁更是把他的论文《为唯心主义而斗争》（1901），看成马克思主义批评者的标志。论文《从哲学唯心主义观点看伦理学问题》则表现出尼·亚·别尔嘉耶夫在思想上与康德和尼采哲学之间的联系。

1903年，别尔嘉耶夫在结束流放后返回基辅，第二年又迁至圣彼得堡。在这里，他与谢·尼·布尔加科夫一起先后参与了由德·谢·梅列日科夫斯基主办的《新路》和《生活问题》杂志，并成为杂志的主持者，与思想文化界人士建立了广泛而又密切的联系。1908年，他又定居莫斯科，加入了为纪念弗·谢·索洛维约夫而成立的宗教—哲学协会。

在莫斯科时期，尼·亚·别尔嘉耶夫的理论创作成果频出，其成果尽

管主要的指导思想是基督教人本主义的，但是依然可以看见其他思想合理部分的留存。《自由哲学》（1911）、《创造的意义》（1916）和《俄罗斯命运》（1918）等论著的问世，作为著名文集《路标》（1909）之首篇《哲学的真理与知识分子的真理》等文章的发表，尼·亚·别尔嘉耶夫渐渐成为思想文化界引人注目的中心人物之一。1918年冬，尼·亚·别尔嘉耶夫组建"自由精神文化学院"，举办哲学史和宗教哲学讲座，主持陀思妥耶夫斯基研究讲习班，后来这些讲稿编辑成《陀思妥耶夫斯基的世界观》一书于1923年出版。1920年，尼·亚·别尔嘉耶夫担任莫斯科大学教授。因为其宗教哲学立场，1922年9月，他与其他160名作家或教授被驱逐出境。1922年9月至1924年，尼·亚·别尔嘉耶夫在德国柏林居住了近两年，在那里建立宗教—哲学科学院。《新的中世纪》是他在德国期间完成的重要论著。1924年，尼·亚·别尔嘉耶夫迁往巴黎市郊的克拉玛尔，同时宗教—哲学科学院也转移到了巴黎。

法国巴黎是当时欧洲哲学研究和文化交流的中心，他在巴黎创办了宗教哲学杂志《路》（1925–1940），与现象学哲学家埃·胡塞尔、马·舍勒，存在主义哲学家马·海德格尔、卡·雅斯贝尔斯、格·马塞尔，作家罗曼·罗兰、纪德和马尔罗等都有较多的交往。在欧洲期间，他的学术研究创作进入了黄金时期，先后发表了《文艺复兴的终结与人道主义的危机》（1923）、《不平等哲学》（1923）、《新的中世纪——关于俄罗斯与欧洲命运的沉思》（1924）、《20世纪初俄罗斯的精神复兴与杂志〈路〉》（1935）、《俄国共产主义的起源与意义》（1937）、《俄罗斯思想——19世纪与20世纪初俄罗斯思想的基本问题》（1946）等论著。尼·亚·别尔嘉耶夫的思想被视为基督教存在主义的主要代表，成为西方学术界关注的重点之一。

尼·亚·别尔嘉耶夫虽然是被驱逐出境的，但在第二次世界大战期间，却表现出极高的爱国主义热情，导致与某些侨民作家的关系尖锐化。"二战"结束后，尼·亚·别尔嘉耶夫曾打算回国，但终因感到，自己作为一个真正自由的哲学家很难，而且没有必要回去。1947 年春，英国剑桥大学授予尼·亚·别尔嘉耶夫名誉神学博士学位。1948 年 3 月 23 日，尼·亚·别尔嘉耶夫在克拉玛尔寓所的书桌旁去世，他一直工作到他生命的最后一息。作为他一生思想总结的著作《自我认识——哲学自传试作》，是在他逝世后于 1949 年出版的。

显而易见，尼·亚·别尔嘉耶夫的一生是不断探索、追求信仰和自由的一生。他努力摆脱社会现实环境的困扰，克服各种危机，始终保持一个自由的宗教哲学家的本色。

可以说，谢·路·弗兰克也经历了与别尔嘉耶夫极为相似的精神危机和思想探索。他于 1877 年 1 月 16 日出生在莫斯科的非世袭贵族家庭。他从小接受的是良好的俄罗斯贵族教育，秉承了其母亲的天赋。少年时期的弗兰克勤于思考，善于钻研。他所面临的第一次思想探索，就是俄罗斯民族应该如何摆脱社会落后和生活窘迫的现状，他在努力寻找一条摆脱黑暗、饥饿和愚昧的有效途径。当他最初读到马克思的《资本论》，就深受影响，他认为，自己可以从马克思主义那里找到出路。他后来回忆："马克思主义以其科学形式的面貌，即所谓'科学的'社会主义，令我信服。马克思主义以为，人类的社会生活是可以在其规律性中被认识的，就如同自然科学探究自然那样。这一思想深深地吸引了我。"[1]

谢·路·弗兰克在学术研究上与别尔嘉耶夫又有所不同，后者往往在接受新思想理论的同时保留原来的合理部分，而弗兰克则是一开始就与新

---

① *Буббайер Ф.* С. Л. Франк: жизнь и творчество русского философа. 1877–1950. М.: «Российская политическая энциклопедия» (РОССПЭН), 2001. С. 24.

的思想保持距离，以便更好地接受。他的探索起步于马克思主义，但作为一个善于独立思考的青年，他仍然与之保持着一定的距离。"尽管我把马克思主义本身的革命和伦理观点，视为是正确的和必然的并加以接受，然而我的思想对它仍放心不下。"① 也许是因为他的内心深处除了物质和外在世界以外，还有一个精神和内在世界。

1894 年 6 月，谢·路·弗兰克进入莫斯科大学法律系学习，并热衷于社会民主主义小组活动，直到 1896 年。他曾被称为理论意义上的"合法的马克思主义"者。1898 年初，谢·路·弗兰克作为学生的思想领袖，因参加大学生的激进活动而被捕，并被驱逐出莫斯科两年。被驱逐期间，弗兰克一直住在德国，继续钻研马克思主义，撰写着《马克思的价值论及其意义》一书。谢·路·弗兰克的思想转变是在 1901 年冬至 1902 年，在参与了编辑文集《唯心主义问题》之后。在尼采以个性的道德权利为目的道德哲学影响下，他开始由"合法马克思主义"者向唯心主义的转向。他曾回忆："我变成了一个'唯心主义者'（并非康德主义的，而是唯心主义—形而上学的）。"②

1908 年春，谢·路·弗兰克与塔·谢·芭拉切娃结婚，这不仅标志着他生活上的独立，更是思想上的独立。同年 10 月，他参与了文集《路标——论俄国知识分子》的编辑工作，并撰写了题为《虚无主义伦理学——评俄国知识分子的道德世界观》（1909 年）。该书是谢·路·弗兰克思想转变的一个标志，从重视物质利益的唯物主义转向了对精神文化的关注，完成了自己思想的第一次转型，为进一步转向"信仰"和"自由"探

---

① *Буббайер Ф.* С. Л. Франк: жизнь и творчество русского философа. 1877–1950. М.: «Российская политическая энциклопедия»（РОССПЭН），2001. С. 24.

② 同上，第 44 页。

索，做好了思想理论的准备。

1909 年，谢·路·弗兰克的思想又开始发生第二次转向，即宗教转向。在他的论著中出现了一个新的名词"宗教人道主义"，该词替代了原来的"人道主义的个人主义"。这表明他所倡导的人道主义的内涵有了新的变化，把"信仰"与"自由"结合在一起了。1910 年，列夫·托尔斯泰的逝世又从灵魂深处推动了谢·路·弗兰克思想的宗教化。1912 年，他正式接受洗礼加入了基督教。同年 5 月起，他开始在圣彼得堡大学任编外副教授，并在《俄罗斯思想》杂志工作。

1913—1914 年，他在德国撰写了《知识的对象》（1915 年）一书。该书第一次明确提出"直觉知识即生命知识"的观点，表现出对弗·谢·索洛维约夫"完整知识"哲学思想的继承与发展。随后，他的专著《人的灵魂——哲学心理学导论》（1917 年），进一步深化了自己的宗教人道主义思想。1920 年，应尼·亚·别尔嘉耶夫的邀请，谢·路·弗兰克来到莫斯科，参与了"自由的精神文化研究院"的工作，1922 年春，他任该院哲学与人文社会科学系主任，但仅半年，该系就被迫关闭，后被驱逐。

最初，他们来到德国柏林，成立了宗教哲学科学院，该院在 1924 年尼·亚·别尔嘉耶夫去巴黎以前，一直是俄国侨民知识分子的中心。谢·路·弗兰克并没跟随尼·亚·别尔嘉耶夫离开，一直在该院讲课，后又在柏林大学授课。1923 年，他在柏林出版了文集《俄国革命思想问题》，同年谢·路·弗兰克还参与了了创建柏林俄罗斯大学的工作，后来该校全部前往布拉格，1932 年他任该校校长。他一边讲课，一边继续宣传自己的宗教人道主义思想。纳粹上台后，他于 1937 年来到法国，尽管生活艰难，他还是出版了不少学术专著，体现着他宗教转型之后的思想。第二次世界大战结束后，谢·路·弗兰克于 1945 年迁往英国伦敦，并完成了他一生中最重要的代表作《实在与人》（1947），这是对他宗教哲学思想的总结之作，是一本宗教人本主义专著。1950 年 12 月 10 日，谢·路·弗兰克走完了他真理探索的最后历程，离开了他酷爱的宗教哲学事业。

谢·路·弗兰克的"信仰"和"自由"的探索轨迹，在其主要的学术著作中清晰可见，例如，《马克思的价值及其意义》（1900）、《尼采和"爱远人的伦理学"》（载文集《唯心主义问题》，1902）、《虚无主义的伦理学》（载文集《路标——论俄国知识分子》，1909）、《知识的对象》（1915）、《人的灵魂——哲学心理学导论》（1917）、《俄国革命思想问题》（1923）、《活知识》（1923）、《偶像的毁灭》（1924）、《生命的意义》（1926）、《马克思原理》（1926）、《社会的精神基础——社会哲学导论》（1930）、《不可知物——宗教哲学的本体论导论》（1939）、《实在与人》（1947）、《黑暗之光——基督教伦理学和社会学》（1949）、《上帝和我们在一起》（1964）等。

特鲁别茨科伊兄弟与别尔嘉耶夫、弗兰克一样，也经历过思想的危机和探索。

他们出生在莫斯科郊区阿赫泰卡的一个公爵家庭，他们的父亲曾是卢加卡省的副省长。他们均在中学学习期间发生了宗教信仰的危机，着迷于英国实证主义、别林斯基、杜勃罗留波夫、皮萨列夫等人的哲学，并形成了无神论思想。不过，也就是在中学学习的后期，在哲学史的学习过程中，他们又从实证主义转向宗教，不断探索宗教"信仰"和人的"自由"问题。

在谢尔盖·特鲁别茨科伊的思想转变中，陀思妥耶夫斯基、阿·斯·霍米亚科夫和弗·谢·索洛维约夫等的创作对其产生的影响最大，促使着他的世界观发生深刻的基督教转向。叶甫盖尼·特鲁别茨科伊在精神发展史上也曾经历了与其兄长相类似的阶段，除了三位大师创作之外，贝多芬的第九交响曲也让他获得了更多的神秘主义的经验，获得了关于上帝存在的启示，重新转向了宗教信仰。叶甫盖尼是一个极具审美天赋的人，他的思想与艺术审美更加紧密地联系在一起。用他儿子的话说："在叶甫盖尼身上蕴藏着天才的艺术秉性。"① 他善于敏锐地把握自然界和艺术中的美及其所有形式和表现。因此他的哲学性质是"在宗教哲学中渗透着美学"。这不仅体现在他运用最优雅的文体写作的政论和哲学作品，同样在他的那些专门研究俄罗斯圣像绘画的著作中也得到了充分体现，例如《颜色中的理性：古代俄罗斯圣像绘画中关于生命的意义问题》（1916）、《古代俄罗斯圣像绘画中的两个世界》（1916）、《圣像中的罗斯》1918）等。

特鲁别茨科伊兄弟于1881年同时考取莫斯科大学法律系。谢尔盖后转入了历史—哲学系，他花了大量的时间阅读德国唯心主义哲学家们的著作，钻研斯拉夫哲学和古希腊哲学等。叶甫盖尼则一直在法律系学习。1885年，兄弟俩同时毕业，谢尔盖留在哲学教研室任教，叶甫盖尼成为雅罗斯拉夫法律贵族学校的教师。不久，谢尔盖赴德国深造，他的长篇论著《古希腊的形而上学》（1890年）和《逻各斯学说及其历史》（1900年），先后通过了论文答辩，获得了硕士和博士学位。此后，他被聘为莫斯科大学客座教授，1905年9月2日被推选为莫斯科大学校长。然而，就在当选校长的当月底，谢尔盖就不幸中风去世。

叶甫盖尼一直对哲学有着浓厚的兴趣，尤其是1887年在与弗·谢·索洛维约夫结识了之后。1892年，他以一篇专门研究圣奥古斯丁哲学的论文获得了硕士学位。1897年，他以关于5-7世纪西方基督教的宗教社会理想研究的论文，获得了哲学博士学位。此后，他在基辅的圣弗拉基米尔大学担任教授，而自从1905年哥哥去世后，他担当起了莫斯科大学哲学教

---

① *Трубецкой С. Е.* Минувшее. М.: Изд. «ДЭМ», 1991. С. 45.

研室的领导工作。他曾是莫斯科大学心理学协会和以弗·谢·索洛维约夫命名的宗教哲学团体的领导者之一，是宗教哲学和文学刊物《道路》的创始人之一，也是《莫斯科周刊》的创办人之一。他在1917-1918年积极投身于教会活动，1920年1月他因斑疹伤寒在新罗西斯克去世。

特鲁别茨科伊兄弟的学术探索为学界留下了极其丰富的遗产。除了他们的硕士、博士学位论文以外，谢·尼·特鲁别茨科伊主要的著述还有《论人类意识的本质》（1889-1891）、《唯心主义的基础》（1896）等。叶·尼·特鲁别茨科伊的主要论著有《尼采哲学批评纲要》（1904年）、《法哲学的历史》（1907年）、《柏拉图的社会乌托邦》（1908年）、《法学百科全书》（1909-1919年出版过5次）以及上述的专门研究俄罗斯圣像绘画的著作等，其中最重要的有三部：两卷本的专著《弗·谢·索洛维约夫的世界观》（1913年）、《认识的形而上学前提——论对康德和康德主义的克服》（1917年）和《生命的意义》（1918）。

显然，无论是别尔嘉耶夫、弗兰克还是特鲁别茨科伊兄弟均经历过多次的思想危机，一般轨迹均是从孩提时代的上帝崇拜，到接触自然科学以后的唯物主义转向，其中前两位还程度不同地接受了马克思主义，最终又大多在西方唯心主义哲学的影响下，转向了宗教信仰和对自由的追求。

第二节　别尔嘉耶夫：东正教人本主义

当代西方哲学界一般认为，尼·亚·别尔嘉耶夫是东正教人本主义批评的理论家，其思想基础又是与列夫·舍斯托夫、谢·布尔加科夫一样，与西方的存在主义有着异曲同工之处，这一理论思想就是以争取人的自由为己任的。他们与两次世界大战前后的德国和法国存在哲学都有着或多或少的联系。尼·亚·别尔嘉耶夫自己就承认其哲学思想的存在主义性质，并且强调，在所有真正的哲学家那里，都会有一些存在主义思想的成分。在他的学术思想中，与存在主义的相关之处主要反映在他对人的个体存在、人的命运与自由的关切以及为此做出的一切努力。

　　尽管尼·亚·别尔嘉耶夫在很大程度上受到西方哲学思想的深刻影响，比如德国神秘主义者雅各布·波墨（Jakob Boehme 1575–1624）的基督教的"三位一体"思想，尼采的价值重估等思想和对理性主义、道德主义的否定，挪威作家易卜生的个性对群体的"精神反叛"思想等，但他本人仍然立足于俄罗斯本身的思想文化遗产。他曾经承认，他同时接受了斯拉夫主义者和西欧主义者的双重影响，既有恰达耶夫、霍米亚科夫的影响，也有赫尔岑和别林斯基，甚至巴枯宁和车尔尼雪夫斯基的影响，最终还有弗·谢·索洛维约夫和费奥多罗夫、列夫·托尔斯泰和陀思妥耶夫斯基的影响。

　　在19世纪的俄罗斯，引领知识界思想进步的主要是文学艺术创作及其批评，而并非哲学或宗教理论，因此对尼·亚·别尔嘉耶夫影响最大的是作家陀思妥耶夫斯基和列夫·托尔斯泰。这两位艺术大师的创作在相当大的程度上决定着尼·亚·别尔嘉耶夫的精神生活和思想理论取向。陀思妥耶夫斯基创作中对个体人格和人的命运的深切关注，尤其是他的长篇小说《卡拉马佐夫兄弟》中的由伊凡讲述的宗教大法官传说，令尼·亚·别尔嘉耶夫深有感触。他在接受该传说中的基督时，又反对把基督教的一切都归属于那位宗教大法官的精神。显然，尼·亚·别尔嘉耶夫思想的矛盾性与复杂性多少受到了陀思妥耶夫斯基的基督和宗教大法官相互迥异，甚至彼此对立的思想的影响。尼·亚·别尔嘉耶夫尽管不是一个托尔斯泰主义者，但是这位伟大作家对俄罗斯社会现实和历史生活中虚伪的揭露，对现实社会不公正的抨击，都在他的内心深处留下了无法磨灭的印迹。

在尼·亚·别尔嘉耶夫的一生中，对人性的历史和伦理学的宗教考察始终是思想探索的主旋律。他曾经对自身的思想做过明确的界定："我所写的一切都属于历史哲学和伦理学范畴，我尤其是一个历史哲学家和道德学家，或许，在弗·巴德尔[①]、阿·切什科夫斯基[②]或弗·索洛维约夫的基督教神智学意义上，我还是个神智学者。"[③]

其实，尼·亚·别尔嘉耶夫所关注的对象是"人"自身的复杂性和矛盾性，尤其注重人及世界本身发展变化的问题。他既接受着各种传统思想的影响，又从不顺应任何社会文化传统，他既与不少理论家和学派保持着密切联系，又不属于任何一个学派，他往往游离于现存的宗教哲学营垒和社会政治营垒之外。面对着 20 世纪的各种思想大潮，他既感到共鸣，又保持着一份内心深处的疏离感。这也许就是尼·亚·别尔嘉耶夫孤独命运的缘由吧。

虽然尼·亚·别尔嘉耶夫的思想游离于各种思想之间，令人很难把握，但他的思想探索都离不开关于"人的问题"，因此"人本学"哲学就被他称为自己的哲学。他的人本学哲学主要探究的是个体生存的基础，这一基础是悲剧性的，尼·亚·别尔嘉耶夫努力探索人究竟应该如何走出这一悲剧的路径。

尼·亚·别尔嘉耶夫与列夫·舍斯托夫等理论家一样，坚持认为，人的存在无疑是悲剧性的，这是无法改变的事实。然而，他对这一悲剧性又有自己独到的见解。在他眼中，这种悲剧并不在于人的生命的短暂，人的死

---

① 弗朗茨·克萨维尔·封·巴德尔（1765–1841），德国宗教哲学家。

② 阿·切什科夫斯基（1814–1894），波兰哲学家。

③ *Бердяев Н. А.* Русская идея. Основные проблемы русской мысли XIX века и начала XX века//Русская идея. М.: Изд. «Искусство», 1994. Т. 2. С. 275.

亡命运，也不在于"外在的悲剧"，即贫穷、苦难、艰辛与不公正等，而是在于"内在的悲剧"。这种"内在的悲剧"其实就是，人是一个能够意识到宇宙无限的有限的生命体。他明确指出："全部生活悲剧来自有限的东西与无限的东西、暂时的东西与永恒的东西的冲突，来自作为精神性生物的人和作为在自然界中生活的自然生物的人之间的抵触。"[①] 人虽然与自然界中其他生命体一样均面临死亡，但是，其他生命体仅仅是自然界中没有思想的有限存在物，并且它们根本不具备渴望永生的自觉意识，至少人类的科学还没有证实其他生命体具备这种自觉意识。然而，人就迥然不同了，人的悲剧性就来自人的自我意识，自我意识是人的伟大和独特之处，却也是人的痛苦与悲剧的根源。

17 世纪著名法国思想家、数理科学家布莱兹·帕斯卡尔在提及人时，曾清楚地指出，人"是一根能思想的苇草，是自然界最脆弱的东西；一口气、一滴水就足以致他的死命了，然而纵使宇宙毁灭了他，人却仍然比要致他死命的东西高贵得多；因为他知道自己要死，以及宇宙对他具有的优势，而宇宙对此却是一无所知"[②]。人不仅是一个自然界的生命体，而且是一个具有个性的有机体，一个具有上帝形象的精神生命体。人的自我意识不仅使人能够意识到自我的存在，而且使人清醒地意识到死亡的不可避免。人究竟应该如何克服生命的有限，克服死亡悲剧所导致的恐怖呢？这是长期以来一直困扰科学的一个似乎永远无法解决的难题，也成为哲学和神学探索的永恒话题。如果人类不依靠宗教信仰的力量，或许很难走出这

---

① ［俄］H. A. 别尔嘉耶夫：《精神王国与恺撒王国》，安启念、周清波译，杭州：浙江人民出版社，2000 年，第 112 页。

② ［法］布莱兹·帕斯卡尔（Blaise Pascal）：《思想录》，何兆武译，北京：商务印书馆，1987 年，第 157–158 页。

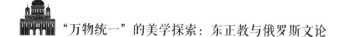

一悲剧性的困境。

尼·亚·别尔嘉耶夫以为，人要想走出死亡自我意识的悲剧性境地，就必须克服孤独，克服个体的自我孤独感，因为绝对的孤独其实就是死亡。人的一切活动都是在努力克服孤独，任何一个人都渴望在与他人、与上帝的交往中，得到认可，得到肯定，从而生存起来。尼·亚·别尔嘉耶夫明确写道："孤独问题是一个基本的哲学问题，'我'的问题、个性问题、社会问题、交往问题、认识问题等等，都与之相关。说得极端一些，孤独问题也就是死亡问题。经历死亡就是经历绝对孤独，经历与众人分裂。死亡就是与整个存在领域决裂，就是终止一切联系和交往，就是绝对地与世隔绝。"①

在尼·亚·别尔嘉耶夫看来，人自从一出生，就始终一直在克服孤独。他反对笛卡尔关于"我思故我在"的说法，而且指出，应该是"我在故我思"，即我存在，故我思考。显然，"我在"先于我思考，"在"无疑是第一性的。没有"在"，哪来的"思"？然而，只要人存在着，就是必然会思考的。如果当人意识到自我存在时，就一定是以他人的存在为先决条件的。因此，人的意识是具有社会性的。尼·亚·别尔嘉耶夫写道："我之所以能存在，就因为它能超越自我。如果'我'自我封闭而没有出路，那么它将不再存在。这就是'我'的主要秘密。……'我'之所以有其存在，是因为它能超越自我，能在其内部存在中走向他人他物，走向'你'，走向另一个人，走向上帝。"②

尼·亚·别尔嘉耶夫还从"性"关系来深入发掘孤独的根源。人往往

---

① [俄] H. A. 别尔嘉耶夫：《精神王国与恺撒王国》，安启念、周清波译，杭州：浙江人民出版社，2000年，第188页。
② 同上，第179页。

首先要克服自我的性孤独，打破性隔绝，得到性完整。不过，两性的交融也未必就一定能够克服内在的孤独，因为肉体的融合只能够减轻身体的孤独需求，如果没有对身体孤独的精神超越，也许双性交融后的孤独反而会更加强烈。走出孤独境地的途径很多，例如爱情、友谊、亲情、信仰和艺术等等。然而，这一切途径都是基于社会交往认识的，社会交往认识是从自我走向他人，是战胜孤独、超越自我的唯一路径。

尼·亚·别尔嘉耶夫并非把所有的社会交往都看作摆脱孤独的有效路径，他指出："交往认识有两个层面：其一是社会、社会化、客体化。其二是交往、内部存在、与任何的'你'之间的友谊。只有在认识的第二层面才能真正通过认识克服孤独。"① 尼·亚·别尔嘉耶夫所说的第二层面其实就是精神交往。走出孤独的根本途径就是进入精神交往，只有在精神交往的世界中，才能实现个性的完美充盈。

以尼·亚·别尔嘉耶夫为代表的白银时代俄罗斯宗教文化批评家们几乎都认为，人的存在的本质是精神性的。尼·亚·别尔嘉耶夫指出："人怎么能够超越于卑劣的世界之上，怎么能够从常人的王国中走出来。为此，在人之内应当有一种使人超越于现实世界之上的最高本质。"② 他进一步说明："自由、意义、创造的积极性、完整性、爱、价值、对最高神圣世界的转向以及它的结合——都是精神的标志。"③ 内在的精神肯定高于外在的实在，精神是人的存在本质。"人身上的一切优秀品质已经表明，在人的道路上有着比人更高的东西。那个高于人的东西，也即体现神性的东西，

---

① [俄] H. A.别尔嘉耶夫：《精神王国与恺撒王国》，安启念、周清波译，杭州：浙江人民出版社，2000 年，第 196 页。
② 同上，第 8 页。
③ 同上，第 21 页。

不是站在人之上统治人的外在力量，而是在人之内使之完全成为人的东西，是人的最高的自由。"① 这既是人迥异于其他动物的本质特征，也是区分不同层次人的重要依据，即精神品质越高的人，其素质也就越高。

显然，在尼·亚·别尔嘉耶夫那里，精神的特征就是自由。自由是人的精神存在的本质，是一种不断超越自我的力量。"自由，首先是自由，——这是基督教哲学的灵魂，这为其他任何抽象和唯理论哲学所不能领悟。"② 他常常把自己的哲学称为"自由哲学"。这里，他所说的自由主要是指创造性力量。人肩负着提升自然，使自然人化、自由化、精神化的使命，这一切都只有通过精神创造才能够完成。"创造"是尼·亚·别尔嘉耶夫宗教文化批评理论中的一个重要概念。这里的"创造"不再只是指上帝创造人，而是指人的创造，人具有与上帝同等重要的地位。"人具有神的形象或者类似物，也即把神的成分包含在自身之中。这种神的成分是神的他在。"③

尼·亚·别尔嘉耶夫曾经多次强调，"人、自由和创造"是他的哲学的基本主题。他把人确定为存在的中心，他把人的个性及其实现作为自己哲学的探索目标。他指出："猜破人的奥秘也就意味着猜破存在的奥秘。"④"人本学，或者确切地说，人本学意识不仅先于本体论和宇宙论，而且先于认识论，先于任何哲学、任何认识。"⑤ 他的人本学是精神层面上的，是努力通过精神追求来走出人的悲剧性境地。

① ［俄］Н. А. 别尔嘉耶夫：《精神王国与恺撒王国》，安启念、周清波译，杭州：浙江人民出版社，2000年，第14页。

② *Бердяев Н. А.* Смысл творчества. Москва, 1989. С. 22.

③ 同上，第14页。

④ *Бердяев Н. А.* Смысл творчества//Творчество, культура и художественная философия. Москва: Издательство «Искусство», 1994. Т. 1. С. 77.

⑤ ［俄］Н. А. 别尔嘉耶夫：《自我认识》，雷永生译，桂林：广西师范大学出版社，2001年，第318页。

尼·亚·别尔嘉耶夫反对仅仅从生物学的角度来阐释人的存在，因为如果把人只看作生物的存在，至少在生物学的视阈中人不是在进步，而是在退步。他也不同意仅仅把人视为理性的存在，因为"有充分的根据说，人是非理性的存在物，是悖论的，原则上是悲剧性的存在物"①。人可以是由意识与无意识共同构成的病态存在物或曰病态生物体。他认为，弗洛伊德"赋予性欲以核心的无所不包的意义，从而建立了一个荒谬的泛性论的形而上学。然而，他的基本思想是天才的，他的研究方法也是富有成效的"。②

在尼·亚·别尔嘉耶夫看来，最根本的应该是，人是神性与魔性的结合，是这个意义上的神性存在。他一针见血地指出，人"既神又兽，既高贵又卑劣，既自由又奴役，既向上超升又堕落沉沦，既弘扬至爱和牺牲又彰显万般的残忍和无尽的自我中心主义"③。总而言之，人性来自两个源头：高贵的神性和罪恶的魔性。

据此，人不仅可以在追求无限的精神生活中，克服自我的孤独和生命的有限，勇敢地面对残酷的现实，而且可以实现个性的自由和理想的创造，从而真正解放人自身。

显而易见，尼·亚·别尔嘉耶夫的哲学思想探索，无疑是从宗教的视阈中展开的，特别是在基督教精神的影响下进行的，因此是一种基督教人本主义探索，由于俄罗斯民族信奉的主要是东正教，所以学术界也有不少人把他的学术探索称之为东正教人本学，或者东正教人本主义。

俄罗斯民族的地理位置、民族传统和文化内涵等都是极其特殊的，这

---

① [俄] H. A. 别尔嘉耶夫：《论人的使命》，张百春译，上海：学林出版社，2000年，第67页。
② 同上，第95页。
③ [俄] H. A. 别尔嘉耶夫：《人的奴役与自由》，徐黎明译，贵阳：贵州人民出版社，1994年，第3页。

也就决定了俄罗斯人的精神世界的构造。俄罗斯民族固有的本性是极端主义和救世主义。东正教的否定主义和神秘主义正好与之相适合。

东正教于 10 世纪末开始在俄罗斯传播的，东正教信仰是俄罗斯民族精神和文化传统的源泉。东正教之所以能够在俄罗斯的土壤上生根，主要是因为东正教与俄罗斯民族内在的宗教虔诚性是一致的。因此，从一定意义上说，俄罗斯民族的灵魂是东正教塑造的。

真理在俄罗斯的理念中与西欧传统的思想是迥然不同的，有着自己的独特性。在俄罗斯思想界，真理的探索不是在寻求规律、普遍性、客观原则、终极价值等，而且真理也不可能凭借人的理性思维来获取。在俄罗斯精神中，真理是与上帝一致的，"整体性的真理是上帝"①，即真理是一种神性体验，因此寻找真理就是寻找上帝。

在俄罗斯宗教思想界，真理不再是与人的主观意识毫无关系的客观规律，而是恰恰相反，真理是主观的。基于这种认识，探寻真理或者感知上帝的存在是不可能通过理性思维和语言描述等方法达到的，而只能通过神秘及其内心的体验接近与感受。因此在俄罗斯理念中，信仰是至高无上的，信仰是最根本的，也是生命存在中最深层的不变内核。

俄罗斯宗教哲学和文化批评理论的独到之处就在于它们是自由的理性思考与内心的东正教体验的有机融合，是理性与信仰的统一，是体现了人道主义精神的东正教人本主义哲学和文化批评理论。东正教人本主义的根本宗旨就是努力使得东正教贴近俄罗斯人的生活，把上帝内在化为人身上的神性，使得东正教具有人文关怀的特征，从而为人的存在确立精神的维度。

---

① ［俄］Н. А. 别尔嘉耶夫：《精神王国与恺撒王国》，安启念、周清波译，杭州：浙江人民出版社，2000 年，第 7 页。

在尼·亚·别尔嘉耶夫看来，基督教并非与人文精神相悖的，因此他并不把这两者对立起来，他反对欧洲文艺复兴时期用人文主义来批判反人道主义的宗教的做法。他肯定无神论的人文主义对于维护人的尊严、提高人的地位、提升人的价值的合理性。然而，他同时指出，无神论的人文主义因为同时也抛弃了超验的层面，反而会使得人本身受到现实物质世界的束缚，从而在自我封闭中把自己奉为偶像和超人，自我崇拜，走向反人道主义。他认为，尼采现象是欧洲人道主义发展的必然结果。他明确写道："人脱离开神和一切受造物等级，就被高尚的精神力量所诱惑。傲慢就是高尚精神的诱惑，这高尚精神要把自己放到神的位置上去。"①

以尼·亚·别尔嘉耶夫等为代表的东正教人本主义宣扬"上帝与我们同在"，人只有在上帝身上才能寻觅到真正属于自己的本质，人通往上帝之路是一条全面实现自我之路，是追求自由解放之路。只不过，上帝应该内在于人，而不是外在于人，如果上帝外在于人就会成为人的统治者、奴役者。尼·亚·别尔嘉耶夫的东正教人本主义的出发点和核心就是关注人、关注个体的自由与命运。在尼·亚·别尔嘉耶夫看来，人的问题就是个性问题。人既具有人类的共同特征，又以独特的性格显示出迥异、不可重制、不可替换等特性。然而，由于自然和社会以及文明的需求，人的个性又难以张扬，承受着种种的重负，陷入"他人地狱"的绝境。因此，个性的唯一出路就是进行抗争，争取自由，实现自身的解放。

尼·亚·别尔嘉耶夫认为：自由是独立个性生存的首要条件，个性的奥秘就是实现自由的奥秘。不过，他所说的自由并非叔本华和尼采的权力和生存的自由意志，也迥然不同于西方以自我为中心的个人主义。这种自

---

① ［俄］H.A.别尔嘉耶夫：《恶与赎》，见刘小枫主编《20世纪西方宗教哲学文选》（上卷），杨德友、董友等译，上海：上海三联书店，1991年，第322页。

由是一种人的整体生存的精神自由，是创造精神的驱动力。这种自由是一种神圣的使命感，是实现上帝关于人的想象，以创造性发掘自己的内在潜能，因此也就是人的真正价值之所在。尼·亚·别尔嘉耶夫把自由的问题视同为创造的问题，认为"自由是一种正面的创造能力""创造的奥秘即自由的奥秘"①。

在尼·亚·别尔嘉耶夫那里，人的创造并不是人要实现权利和生存的需求，而是要实现上帝对人的期盼，也就是人以创造性行为回报上帝的创造。人的创造性能力是上帝赋予的，只不过在人的创造行为中包含了自由的因素，这并不是由上帝决定的。创造是人对上帝的回应，是上帝创造世界的继续。因为创造世界是上帝与人的共同事业，人的创造性行为既是对客观世界的突破，又是对自我的超越，是实现自由和展示个性的方式。根据尼·亚·别尔嘉耶夫的学说，只有在东正教意识中，才能揭开人这个"斯芬克斯"之谜。

在尼·亚·别尔嘉耶夫的思想中，人的精神解放或曰自由就是要摆脱客体化世界的羁绊。"客体化世界"是尼·亚·别尔嘉耶夫文化批评理论中的一个重要概念。这是一个由自然、现实社会构成的世界，在该世界中，普遍性大于特殊性、自然性高于精神性、道德性胜于自由性、进化性优于创造性的世界。他借用德国哲学家海德格尔的术语，有时也称它为"常人的世界""社会日常性世界""有限事物的世界"等。

尼·亚·别尔嘉耶夫从东正教的立场出发，把客体化世界视为是人类活动的产物。这一世界是人创造的，但是，反过来，它又奴役人类。他与现代西方人本主义学者们一样，都从人的存在状况出发，直视人在客体化

---

① *Бердяев Н. А.* Смысл творчества//Творчество, культура и художественная философия. Москва: Издательство «Искусство», 1994. Т. 1. С. 150, 152.

世界中的艰难处境，极其深刻地发掘出人的孤独、恐惧、苦闷、彷徨的生存状况。然而，尼·亚·别尔嘉耶夫却努力探索出了人从客体化世界中解放出来的途径，即在对神性的探求中实现人的精神解放，因为在客体化世界中，人已经根本无力证明自己的自由本质，只有在与上帝联系的精神家园中，人的心灵才可能有依靠。

尼·亚·别尔嘉耶夫坚持上帝在人自身的观点，由此阐释了客体化世界中主人与仆人的奴役意识。他指出："如果主人的意识是以自己的意识来对待他者，那么仆人的意识就是服从他者的存在。自由人的意识则是以自己的存在意识来对待每一个人，但是可以自由地从自己走向他者走向所有的人。"[1] 在客体化世界中，无论主人还是仆人都受到奴役意识的制约，前者要制约别人，后者受别人制约。尼·亚·别尔嘉耶夫认为，人应该摆脱奴役意识，以自由者身份摆脱客体化世界的奴役。

由于上帝存在于每个自由个性之中，在尼·亚·别尔嘉耶夫看来，个性在精神世界中应该比社会和国家占有更加重要的位置，但是在客体化世界中精神价值的次序是被颠倒的。客观化世界是一个个性受到压抑、扭曲和变形的全面异化的世界，是一个把个性价值边缘化的世界。

尼·亚·别尔嘉耶夫还指出，客体化世界是一个符号和象征的世界。他所说的"象征"是就人的原始实在和本源性存在的象征，这种象征只是一个符号、一个标记，遮蔽了人的真实世界，远离了人的精神世界。它将根植在人的精神世界中的原始实在，即人的个性、自由和创造力量，完全束缚住了，例如，道德象征表现出来的是一种虚伪，仅仅表现出对人的同情和怜悯，而不是切实地去实现人的个性和自由。其实，家庭成员之间

---

① *Бердяев Н. А.* О рабстве и свободе человека. Москва: АСТ [и др.], 2010. C. 66.

许多真正的情感被遮蔽，表现出来的大多数是虚假的情感，在某种意义上说，性生活也蜕变成了纯粹的生理事实和社会事实，已很少存在着爱情的因素。他说道："基督的遗训不是被实现，而是被象征化。基督教的爱和仁慈表达在程式化的符号之中，而不是表达在实在之中。"①

尼·亚·别尔嘉耶夫认为，客体化世界的一切都是象征的，国家是象征的，不同等级的官员是象征的，领袖是象征的，甚至大到法律、制度是象征的，小到制服、勋章、处罚也是象征的，总之，客体化世界只是精神世界的象征化、符号化，而不可能真正显现个性的精神。他从社会性、资产阶级性和平面性三个方面，揭示了客体化世界的总体特征——"社会日常性"。在社会性中，个性的精神需求必须服从于国家、民族、家庭等社会组织。"良心自由外在地被社会日常性所破坏和强迫，社会日常性总是贪婪的和专制的。"②在这种情况下，个人的思维被社会化了，往往很少去问"为什么"，更多的是"服从"。因此根本谈不上思维的自由和创造性。他强调："不应该让大众统治人的个性，不允许数量统治质量，不允许物质价值相对于精神价值占优势。"③

尼·亚·别尔嘉耶夫极其尖锐地指出，资产阶级的本质性象征就是遮蔽了个性的秘密。"资本主义是一个绝对冰冷的世界，其中看不到奴役者和主宰者的面孔，其中的奴役是资本主义世界抽象的幻觉所造成的奴役。人与人之间的任何精神上的联系在这里都中断了，社会被彻底地机械化了，仿佛是被解放了的个性在这个可怕的和异己的世界里成了被遗弃的，再也得不到关心，无援无助。在资产阶级—资本主义世界里人是可怕地孤

① [俄] H. A. 别尔嘉耶夫：《精神与实在》，张百春译，北京：中国城市出版社，2002年，第66页。
② [俄] H. A. 别尔嘉耶夫：《论人的使命》，张百春译，上海：学林出版社，2000年，第299页。
③ 同上，第294-295页。

独。"①他认为，资本主义社会比以往任何社会都更加会奴役个性的发展。在尼·亚·别尔嘉耶夫那里，资产阶级性并非就社会意义而言，而更主要是从精神意义来说的。它作为一个精神范畴，主要表现为人的灵魂与精神的被奴役状况。它以一种外在的物质性对人的内在性进行麻痹和侵蚀。

可以说，平面性是客体化世界的又一个明显特征。它是指人们在客体化世界中，不去追求超越现实社会，对现实表现出更多的认同，而缺乏批判精神。因此，这种平面性导致个性丧失创造、争取自由和个性解放的内驱力。资本主义社会异化的社会关系和现实状况恰恰是以日常生活的异化为基础的，日常生活直接使得人性异化、扭曲。他还说明，平面性就是丧失生活的高度，也就是丢失了人的存在的神性思维。只有在神性的维度，人才能摆脱客体化世界造成的人的孤独。

尼·亚·别尔嘉耶夫是从"我"（个性）、社会和孤独三者的联系来考察的。他所强调的"我"（个性）不是自我中心主义，它不可能自我存在，而需要以他人为前提。他指出："倘若在'我'的存在内部没有另一个的存在，没有'你'的存在，那么'我'也就不再存在了。"②在客体化世界中，"我"（个性）的孤独感并不是来自"我"（个性）自身的独处或与世隔绝，而是"我"（个性）在面对他人、面对客体化世界时感到的孤独。最痛苦的孤独就是"我"（个性）在社会中，在他人中的孤独。

尼·亚·别尔嘉耶夫指出，人的精神性死亡就是源于客体化世界对个性的奴役，在于恺撒王国对于精神王国的替代。恺撒王国的胜利主要原因是科学技术的力量彻底改变了整个人类的生活。应该承认，精神世界与客

①　[俄] H. A. 别尔嘉耶夫：《论人的使命》，张百春译，上海：学林出版社，2000年，第294-295页。

②　[俄] H. A. 别尔嘉耶夫：《精神王国与恺撒王国》，杭州：浙江人民出版社，2000年，第178页。

体化世界的对峙与抗争是白银时代俄罗斯宗教文化批评理论探讨的主要问题之一。尼·亚·别尔嘉耶夫等人坚持，精神是人的生命之光，神性是人与上帝之间的桥梁，它们是生命冲动、创造激情和个性自由的源泉。可以说，是精神赋予了客体化世界意义，必然性、规律性则扼杀了人的自由和精神性。

任何物质的客体化自由，均被尼·亚·别尔嘉耶夫称为"外在自由"，而"内在自由"就是人身上的神性因素，是人对自我的超越，对爱、美、善以及人性的创造。

在19世纪末至20世纪初，尼·亚·别尔嘉耶夫面临历史剧变即精神发生重大转向的时期，深感自己不可能与世隔绝，他努力使得哲学和宗教接近生活，他一直密切关注俄罗斯民族的命运和俄国知识分子的命运。他的宗教哲学思想和文化批评理论始终与俄罗斯民族精神、民族性格特征及其与民族历史、民族命运紧紧地联系在一起。

"地理位置与俄罗斯民族精神之间的关系"是尼·亚·别尔嘉耶夫的宗教文化批评理论关注的重要问题之一。在提及俄罗斯民族精神性格的独特性时，他认为，俄罗斯是"一个特殊的国家，和世界上任何一个国家都不相同"，它在地球上处于东西方之间，在精神文化上也兼具东西方的特点；这种特殊性使俄罗斯不可能把自己定格为东方国家并与西方对立，反之亦然；俄罗斯应当成为"东西方两个世界的连接器，而不是分离器"①。他还非常独特地从"内到外"地把民族精神与地理环境有机地联系在一起。

尼·亚·别尔嘉耶夫非常精彩地论述："俄罗斯国土的地理学是与俄罗斯精神的地理学相一致的。一个民族的土地结构、地理永远只是该民族精

---

① *Бердяев Н. А.* Душа России. Москва: Изд. «Товарищество И. Д. Сытина», 1915. С. 3, 32.

神结构的象征性表现，只是精神的地理。外在的一切永远只是内在的东西的表现，只是灵魂的象征。俄罗斯土地的平展、一望无际、无限辽远，它的未经开发的天然性，只是它的未最后定型的民族天然本性易于被支配的表现。所有这一切不过是俄罗斯人的天性的象征。"①

在他看来，也许正是介于东西方之间的独特的地理位置，俄罗斯精神文化的内在矛盾性更加明显。"在俄罗斯人的性格中，女性因素和男性因素"之间的相互关系是难以解开的谜。比如，在处理国家事务中，一方面，俄罗斯人的女性特征、消极和驯服的特征显现得十分清晰，"总是在等待着新郎、丈夫、主宰者"；俄罗斯人"不是为自己争得自由，而是让别人把自由交还给自己，那是一种与积极性相隔离的自由"。另一方面，俄罗斯又是"世界上最帝国化和最官僚化的国家：在俄罗斯一切都能转化为政治工具"②。此外，无政府主义和消极无为的特征、虚无主义和宿命论思想也在俄罗斯灵魂中共存。

无疑，宗教意识是俄罗斯人精神文化结构的一个重要组成部分。在尼·亚·别尔嘉耶夫的批评理论中，俄罗斯的独特的地理位置也决定着该民族的宗教意识，构成了俄罗斯人宗教观念的双重性及其对民族灵魂的双重影响。他指出："俄罗斯人的灵魂是由东正教会铸成的，它具有纯粹的宗教结构。直到当代，直到俄国虚无主义者和共产主义者，还保留着这种宗教结构。但是在俄罗斯人的灵魂中，又保持着一个强有力的自然因素，那是与俄罗斯地域的广阔性和一望无垠的俄罗斯平原相联系的。在俄罗斯人的'天性'中，自发的力量要比西方人、特别是比造成拉丁文化的人们

---

① *Бердяев Н. А.* Миросозерцание Достоевского//Творчество, культура и художественная философия. Т. 2, М.: Изд. «Искусство», 1994. С. 106.

② *Бердяев Н. А.* Судьба России. М.: Изд. «Философское общество СССР», 1990. С. 12–14.

更为强大。自然的多神教因素也进入俄罗斯基督教。在俄罗斯人的典型中，总是有两种因素彼此对立——原始的、自然的多神教，同广阔的俄罗斯土地相联系的自发性，和来自拜占庭的东正教禁欲主义，对彼岸世界的向往。自然的狄奥尼索斯精神和基督教禁欲主义，同样都是俄罗斯人所特有的。"①

也许是因为地大物博，俄罗斯民族自认为肩负着拯救人类的特殊使命，是上帝的信徒，是具有神性的民族。俄罗斯人把莫斯科称为继罗马帝国、拜占庭王国灭亡之后出现的"第三罗马"，是当代世界精神生活的中心。这种意识使救世思想和忧患意识渗透到整个俄罗斯民族的精神结构中，贯穿于整个俄罗斯思想发展的历程。

第三节　救世的东正教文学批评

可以说，俄罗斯文学是俄罗斯精神的最伟大的纪念碑，不过，在尼·亚·别尔嘉耶夫看来，它并不是一种用文艺来恢复人的地位的文学。在普希金之后，俄罗斯文学走上了另一条宗教之路，也就是救世之路。"从果戈理开始的俄国文学成为一种训诫的文学。它探索真理，并教示实现真理。俄罗斯文学不是产生于个人和人民的痛苦和多灾多难的命运，而是产生于对拯救全人类的探索。这就意味着，俄国文学的基本主题是宗教的。"②尼·亚·别尔嘉耶夫就是从救世的东正教文学批评的视角，对俄罗斯文学创作进行了独特的精神把握。

怎样生活才有意义，如何从罪恶与苦难中拯救人，人民和人类的生存

---

① *Бердяев Н. А.* Истоки и смысл русского коммунизма. М.: Издательство «Наука», 1990. С. 8.

② 同上，第63页。

问题等在俄罗斯文学创作中始终占据着主导地位。尼·亚·别尔嘉耶夫非常敏锐地把握到了俄罗斯文学与俄罗斯民族精神的脉动。

尼·亚·别尔嘉耶夫认为，在俄罗斯文学史中，这种救世的东正教文学创作主要始于果戈理。他曾反复强调：果戈理的伟大贡献不仅在于文学创作，而且更在于俄罗斯东正教文化和社会的探索。正是果戈理这位伟大的作家和思想家，才把俄罗斯文学与东正教精神紧密联系到了一起。其实，果戈理的创作生涯展示了一个心灵折磨、艰难的宗教苦难历程。他临终前，在神秘主义的氛围中烧毁了《死魂灵》的第二部。尼·亚·别尔嘉耶夫指出，果戈理的创作悲剧主要是因为无法表现神人合一的创作形象，也就是描绘不出人的"神性"，而描绘的仅仅是人的"魔性"。果戈理既相信宗教，又恐惧宗教；既相信拯救，又害怕报应。因此，他在自己的创作中极力鼓吹道德的自我完善，提出神权政治乌托邦。

在尼·亚·别尔嘉耶夫看来，陀思妥耶夫斯基的创作则深刻地揭示了俄罗斯民族身上的"神性"，这一民族肩负着对于世界的神圣使命。在《陀思妥耶夫斯基的世界观》（1923）、《斯塔夫罗金》（1914）、《陀思妥耶夫斯基创作中对人的发现》（1918）等专著和论文中，他都提及了这一点。他以为，陀思妥耶夫斯基和列夫·托尔斯泰是俄罗斯民族中很少有的思想家、人类学家，是可以与西方的哲学家尼采与克尔凯郭尔媲美的。

显然，陀思妥耶夫斯基在他的小说创作中揭示了人的两重性格，深入发掘了人的意识与无意识、磨难与自由的关系，还触及"恶的自由和强制性的善"的两重性（《宗教大法官》等），触及个人与世界和谐的冲突问题。这些在现代西方哲学和文学中均是后来才触及的问题。不过，尼·亚·别尔嘉耶夫认为，陀思妥耶夫斯基的天才还是最明显地表现为对俄罗斯灵魂的揭示，对俄罗斯东正教的救世精神的展现。当然，这种救世精神也表现出明显的民族排他性。陀思妥耶夫斯基反映了这种两重性，同时表现了强烈的弥赛亚意识和民族主义倾向（《卡拉马佐夫兄弟》《作家日记》等）。尼·亚·别尔嘉耶夫甚至指出，俄罗斯人的哲学就直接反映在陀思妥耶夫斯基的创作中。他的"人神论"思想、神权政治乌托邦、无政府主义、东正教社会主义、精神崇拜意识、末日论、悲剧性观念等，都生动地体现了俄罗斯民族深厚的宗教文化传统以及俄罗斯人的精神和价值取向。

在《陀思妥耶夫斯基的世界观》一书中，尼·亚·别尔嘉耶夫明确表示，陀思妥耶夫斯基创作的基本主题是人和人的命运，由此又派生出自由与束缚、善与恶、罪与罚、爱与恨等问题。尽管这些创作题材是世界各国作家经常涉及的，但是陀思妥耶夫斯基在涉及这些问题时，却采取了俄罗斯的方式，使得创作内容渗透着俄罗斯的精神。

例如，在关于爱情主题的创作中，尼·亚·别尔嘉耶夫指出，爱情本身在俄罗斯与西欧的存在方式与内涵就很不一致，陀思妥耶夫斯基对爱情的处理也很具有俄罗斯的特色。"爱情在陀思妥耶夫斯基的创作中占有很大的位置，但不是独立的位置。爱情不是一种自我价值，没有自己的形象，它仅仅是人的悲剧道路的展示，仅仅是对人的自由的考验。"[1]在提及原因时，尼·亚·别尔嘉耶夫认为，在陀思妥耶夫斯基那里，男性是女性的上帝，女性是没有独立地位的，女性因素只是男性精神悲剧的内在话题，女人的悲剧只是男人的内在悲剧的显现，女性的幸福在于男性的拯救。陀思妥耶夫斯基是把基督教作为一种爱的宗教来看待的，这种爱首先是爱上帝，由上帝来拯救人的灵魂，克服人的苦难，给人以幸福。

---

[1] *Бердяев Н. А.* Миросозерцание Достоевского//Творчество, культура и художественная философия. Т. 2. Москва: Изд. «Искусство», 1994. С. 74.

尼·亚·别尔嘉耶夫指出，陀思妥耶夫斯基发现了俄罗斯人的独特精神建构，并以自己的创作反映了俄罗斯民族的东正教精神。他甚至说："我们是陀思妥耶夫斯基的精神之子"，"陀思妥耶夫斯基的思想是须臾不可离的精神食粮"。[①]

尼·亚·别尔嘉耶夫还进一步探讨了陀思妥耶夫斯基东正教哲学思想对白银时代俄罗斯东正教文学批评家们的影响。在他看来，弗·索洛维约夫无疑是属于陀思妥耶夫斯基时代的，在思想上与陀氏一脉相承，并对20世纪初的宗教文化复兴产生了巨大影响。弗·索洛维约夫在肯定基督教的精神崇拜方面的著述具有重大意义，20世纪初俄罗斯东正教思想的各种理论、各种探索都是对他这方面工作的继续；而且，在20世纪已经由索洛维约夫的丰富而充满矛盾的思想派生出各种流派，包括谢·布尔加科夫的东正教哲学思想，勃洛克、别雷和维·伊凡诺夫的象征主义。可以说20世纪初思想文化领域内出现的各种问题都是与弗·索洛维约夫紧密联系在一起。

在评价列夫·舍斯托夫的思想时，尼·亚·别尔嘉耶夫认为，他创作的主旋律是东正教的，是上帝对人的拯救，是通过神性摆脱现实的羁绊。这一主题与个别的、独特的、唯一的个人的命运有关；为了每个个性的自由，他与共同的、普遍的、人人都应遵守的法则和道德作斗争。"舍斯托夫首先痛恨、最为痛恨的是一切体系，一切一元论，一切由理性施加于活生生的、具体的、个人的现实的暴力。"[②]贯穿舍斯托夫大量著述中的基本思想线索，经由尼·亚·别尔嘉耶夫的描述，便变得清晰起来。

[①] *Бердяев Н. А.* Миросозерцание Достоевского//Творчество, культура и художественная философия. Т. 2. Москва: Изд. «Искусство», 1994. С. 144.

[②] *Бердяев Н. А.* Трагедия и обыденность//Творчество, культура и художественная философия. Т. 2. М.: Изд. «Искусство», 1994. С. 221.

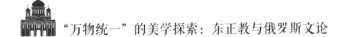

不过，尼·亚·别尔嘉耶夫并不囿于揭示个别东正教理论家的思想倾向，而是力图在总体上描绘出那个时代精神文化运动的宏观图景。在白银时代诸多流派的作家和诗人中，尼·亚·别尔嘉耶夫情有独钟的似乎只是象征派，但也并非所有的象征主义者都进入了他的评价视野。他几乎从未对巴尔蒙特、勃留索夫、索洛古勃等象征主义名流作过评论，他关注的只是梅列日科夫斯基夫妇、维·伊凡诺夫、别雷与勃洛克。显而易见，正是与20世纪初东正教哲学思想有深刻联系的作家和诗人们，引起了他的关注。他对"年轻一代"象征主义者评价甚高。在他看来，勃洛克、别雷和维·伊凡诺夫不仅是20世纪初俄罗斯诗歌繁荣的体现者，而且以其富含东正教哲理意蕴的诗歌创作提供了对于俄罗斯意识、俄罗斯思想潮流史具有重要价值的东西。象征主义的创作中始终充溢着"神性"及其对世人的救赎。

尼·亚·别尔嘉耶夫说："俄罗斯在世纪初曾出现过真正的文化复兴。只有生活在这个时代的人们才能了解：我们曾体验过怎样的一种创作高涨，怎样一种精神潮流曾充满俄罗斯的心灵"；"许多才干赋予了世纪初的俄罗斯人。那是个罕见的、才华横溢的、闪光的时代。有许多未曾实现的希望"。还有："我们曾置身于一个非凡的、具有创造天赋的时代"；"那是一个极为有趣而又紧张的时代，它为最有文化的一部分知识分子打开了新世界，为精神文化创造解放了灵魂"。①

实际上，尼·亚·别尔嘉耶夫的东正教文学批评就是要用一种神学的精神来拯救灾难深重的俄罗斯民族，用东正教文化的复兴来开拓俄罗斯新的时代，也正是从这个意义上说，他的批评可以称为一种救世的东正教文学批评。

---

① *Бердяев Н. А.* Русская идея. Основные проблемы русской мысли XIX века и начала XX века//Русская идея. М.: Изд. «Искусство», 1994. Т. 2. С. 254, 256, 258, 278.

第四节　弗兰克：虚无主义伦理学与照亮黑暗的神圣之光 ①

白银时代的俄罗斯东正教文学批评理论是色彩斑斓、纷繁复杂的。在这些千姿百态的理论及其批评方法中，谢·路·弗兰克的文学批评理论及方法与尼·亚·别尔嘉耶夫的救世的东正教文学批评，也许是最为接近的。这一批评理论主要是由两个部分所构成，即虚无主义伦理学和以直觉主义为主要特征的东正教人道主义。

谢·路·弗兰克的学术探索之路起源于虚无主义伦理学。这是谢·路·弗兰克早在青年时期就提出的一个概念，主要是针对当时俄罗斯知识界相当一部分人的价值取向和精神追求而言的。这些知识分子过分追求社会的物质需求和人民的经济解放，导致了民族精神文化的虚无，使得宗教价值、理论价值和审美价值总是让位于道德价值，即为他人的经济解放服务的伦理观。虚无主义伦理学就是对这一俄罗斯知识分子群的道德观进行批判。这种批判也许对于当今社会过分注重经济硬指标，而较少关注人的精神和素养提升的所谓软指标，不无启发和参考价值。

整个俄罗斯知识界在 1905 年俄国革命失败以后，都一直在寻找原因，除了归根于反动当局的势力强大、对革命的残酷镇压以外，还对自身进行了深刻的自我反省。在谢·路·弗兰克看来，在俄罗斯的任何革命和社会运动中，知识分子的力量都是极其重要的，是俄罗斯社会的灵魂。1905 年俄国革命的失败仿佛仅仅是一个政治问题，而事实上背后却隐藏着深层的民族文化精神问题，这关系到知识界的哲学、道德、信仰等一系列问题。

---

① 本节和第五章第二、三节，第六章第三节，第七章第三节中涉及到的相关理论家的生平史料，参考了由张杰、汪介之教授合著的《20 世纪俄罗斯文学批评史》（译林出版社，2000 年）一书中由汪介之撰写的部分，特此说明。

谢·路·弗兰克在《虚无主义伦理学》一文中明确指出，在当时的俄罗斯知识分子那里，占统治地位的精神是一种虚无主义和功利主义的道德价值观。虚无主义表现为宗教、理论和审美等价值的丧失。功利主义表现为物质利益的单纯追求，这一切就必然导致精神价值的虚无。因此，1905年俄国革命对于许多知识分子来说，目的只有一个，就是满足人们的物质需求，而更高的精神文化的要求则被抛弃。在谢·路·弗兰克看来，这显然是1905年俄国革命失败的重要原因。[①]

谢·路·弗兰克进一步深入指出："虚无主义的道德主义是俄国知识分子精神面貌的最基本最深刻的特点：从对客观价值的否定生发出对他人（人民）主观利益的神圣化，由此就应当承认人的最高的和唯一的任务就是为人民服务，而同样由此产生对阻碍或仅仅是不促进这一任务之实现的一切事物的禁欲主义的憎恨。生命没有任何客观的内在的意义；生命中的唯一幸福是物质充裕和主观需要的满足；因此人应当做的只是把自己的全部力量献给大多数人的命运之改善，拒绝这一点的一切人与事都是恶，都应当无情地消灭——这就是俄国知识分子的一切行为和评价所遵循的古怪的推理链条，它在逻辑上缺乏根据，在心理上却是紧紧衔接的。"[②] 因此，在他看来，此类的俄国知识分子把虚无主义的功利主义视为最崇高的道德准则，就必然成为文化精神的虚无主义者。

谢·路·弗兰克认为，民族文化精神价值并不是为了其他社会价值而存在的，而是为了自身存在的。文化精神的创造意味着人的精神世界的完善和理想价值的现实化。任何极端的功利主义都必然破坏这种文化精神的本

---

① 参见 [俄] C. Л. 弗兰克：《虚无主义的伦理学》，徐凤林译，载《俄国知识人与精神偶像》，上海：学林出版社，1999年。

② 同上，第54页。

质。在 1905 年俄国革命中，从民粹派到马克思主义等，几乎无一例外地留下了虚无主义和功利主义的足迹。他们甚至用破坏、暴力、恐怖等手段来达到自己的功利主义目的。因此，他们在革命中完全可能背离自己的初衷。

谢·路·弗兰克非常尖锐地指出："知识分子爱的只是财富的公平，而不是财富本身；与其如此，毋宁说他们甚至憎恨和害怕财富。在他们的灵魂中对穷人的爱变成对贫穷的爱。他们希望供养一切穷人，但其最深的潜意识的形而上学本能却反对在世上普及真正的富裕"[1]。谢·路·弗兰克的这段话是发人深省的，本来经济上的解放与精神上的解放，物质的需求与文化的需求是不相矛盾的。然而，在暴力革命中，我们往往自觉或不自觉地把两者对立起来，有时甚至走向极端。1905 年和 1917 年的俄国革命如此，在我们中国革命的进程中，难道这种现象出现得还少吗？"越穷越革命"的思想难道不是经常出现在一些党员干部的思想中吗？这难道不是虚无主义道德观的最鲜明体现吗？

因此，谢·路·弗兰克的虚无主义伦理学不仅具有深刻的社会现实意义，而且会产生深远的历史影响。

谢·路·弗兰克批判虚无主义的道德观，目的是树立正确的人道主义观，而在他看来，人道主义的核心问题就在于如何理解伦理学中的一对概念：善与恶。他的观点最直接地反映在其学术专著《黑暗之光——基督教伦理学和社会学》之中。在该书里，人与神是合一的，一方面，人是自然界的一种生物体，具有自然的本能属性，主要来自肉体本性的恶冲动；另一方面，人又具有神的存在基础，是"神"的子民，是一个精神存在物，具有自己的尊严和理性属性。人的自由、平等和博爱的思想正是源于人的

_____

[1]　参见 [俄] C.Л. 弗兰克：《虚无主义的伦理学》，徐凤林译，载《俄国知识人与精神偶像》，上海：学林出版社，1999 年，第 68 页。

神存在基础。正因为人具有这两种属性，即自然性和人神性，人身上才交织着两种本能或曰两个世界：恶与善。人既不可能表现出纯粹的自然的恶，也不可能表现出纯粹的理性的善，而是恶与善、自然性与人神性之间的交融。

人类社会因此才需要去分辨恶与善，才需要惩恶扬善。然而，究竟如何才能够达到这一目的呢？照亮黑暗之光亮究竟是什么呢？谢·路·弗兰克显然要到基督教中去寻找答案，他的宗教人道主义无疑是基督教的，谢·路·弗兰克非常鲜明地指出，与人的这种双重性相对应的就是基督教的两面性。"这也就是，取决于基督教信念本质的人的精神存在的内在构成和取决于俗世的道德积极性的人的行为。"①

在谢·路·弗兰克看来，就基督教的人的精神存在而言，人的内在精神存在的尽善尽美，即至善，应该是闪烁着"神性之光"的灵魂净化或曰精神升华。这是"黑暗之光"，是自由的升华过程，没有任何强迫，没有任何勉强和恐惧，在这里，人的灵魂得到真正的自由拯救，其中信仰，即对神的信仰，起着最为关键的作用。基督降临人间，并不是要用道德或戒律来审判或惩罚人，而是为了拯救人的灵魂。谢·路·弗兰克的伦理学思想基础与我国《三字经》中的"人之初性本善"的观念有点类似。在他看来，人的灵魂本来是善的，然而这种善的灵魂在俗世的污染下沦落为恶，而且成为一切恶之根源，因为万恶皆出自人的灵魂。不过，谢·路·弗兰克认为，人的灵魂之根又必然是在天国的，因此仅凭借俗世的力量是根本无法拯救人自身的，这就必须依靠神的力量，即超人的力量。神的事业就是要拯救人的灵魂，完善人的精神构造，这种完善是一种自觉自愿的

---

① *Франк С. Л.* Свет во тьме. Опыт христианской этики и социальной философии. Париж, 1949. С. 208.

行为。

在谢·路·弗兰克看来，俗世的人的道德行为应该充分体现基督教的博爱精神。基督徒不仅需要完善自我，而且更要关爱他人，解救他人于世界之罪恶。这也就是一个基督徒在俗世应该具备的道德积极性。应该指出，这种关爱不仅仅是精神上的，也是物质上的。如果要是人都无法生存，不具有一定的生活必需品，没有必备的物质基础，那么无论如何也谈不上精神解放，更不可能走向神的世界。

谢·路·弗兰克进一步阐释，我之所以爱他人，那是因为他与我一样都是上帝的子民，他人的生物体中也蕴含着神性。我爱他人，这不仅体现了上帝爱人（从我的人神性出发），也反映出人爱上帝（从他的人神性出发）。这是双向的爱，是互动的爱，是无私的爱。这种爱是可以征服人的灵魂，征服整个宇宙的。谢·路·弗兰克充分肯定了俄罗斯经典作家列夫·托尔斯泰的思想："勿以暴力抗恶"和"自我完善"。"任何暴力（甚至从肉体上消灭罪恶者）都根本不可能实际上根除任何一个恶原子。恶及其本质只能够用善来根除，由神赐予的爱的力量来根除，就仿佛只能凭借光明才能驱赶走黑暗。"[①] 谢·路·弗兰克的博爱观是值得反思的。

然而，谢·路·弗兰克的思想又迥异于列夫·托尔斯泰。他并非坚持在一切情况下都不采用"恶"的方式来惩罚"恶"。尽管他清楚用"恶"是不可能从根本上铲除"恶"的，更不可能滋生出"善"，但是在"善"不能制止"恶"的时候，当"善"的感化无能为力的时候，有时采用"恶"的手段，至少可以制止"恶"，阻止"恶"的蔓延。这也是一种道德手段，虽然也会有一定程度上的犯罪感，不过出发点是"爱"，是为了他人和自

---

① *Франк С. Л.* Свет во тьме. Опыт христианской этики и социальной философии. Париж, 1949. С. 221.

我避免"恶"。他指出："要是没有其他办法的时候，就必须采取一切必要的手段来制止恶，直至犯下可怕的杀人罪"[①]。

在《虚无主义的伦理学》和《偶像的毁灭》中，谢·路·弗兰克早就阐明了自己的观点，把"拯救"人和世界分为两类，一是"神"的事业，这是从根本性上的彻底"拯救"，是由上帝来完成的；二是人的事业，这是不彻底的部分性"拯救"，是由人来实现的。照亮黑暗之神圣的光亮无疑是"神"的事业。

任何一个基督徒都应该具有道德积极性，爱上帝，爱他人，爱自我，爱整个世界。虽然世界上遍地都是罪孽，到处都是丑恶。但是世界也是上帝的创造物，在它的深处也隐藏着神性。谢·路·弗兰克借助于《圣经》，尤其是福音书中的话，来表明"世界是上帝创造的"。上帝即便看到他的子民身上的某些丑恶和罪孽，但是依然爱着自己的创造物，依然能够看到他们身上珍贵的生命之魂。因此，上帝要拯救人类，而不是惩罚人类。世界的本原是神圣的，需要神圣之光去照亮。在谢·路·弗兰克那里，照亮黑暗的神圣之光就是"博爱"，就是"拯救"人和世界。这种思想与白银时代的俄罗斯东正教人道主义思想是一脉相承的。

一般说来，宗教是禁欲主义的，似乎与人道主义是相悖的。人性的自由和欲望的追求，是肯定要受到宗教禁欲主义束缚的。然而，白银时代的俄罗斯东正教文学批评理论家们却采取了"一分为二，强调一点"的论述方法。他们首先把人道主义区分为世俗人道主义与宗教人道主义，然后强调后者与前者的不同，强调后者，批判前者，以此来阐明自己的理论主张。他们认为，只有世俗人道主义才是与宗教水火不相容的，而宗教人道

---

① *Франк С. Л.* Свет во тьме. Опыт христианской этики и социальной философии. Париж, 1949. С. 221.

主义则体现出人性与宗教、自由与精神最完美的结合。这种结合的纽带就是宗教与人性中共同具有的"爱",这种"爱"也是生命意义之根本所在,才是照亮黑暗的神圣之光。

谢·路·弗兰克的《生命的意义》(1926)一书就如同书名表述的那样,是探索"生命的意义",充分反映了他的人道主义思想。他指出,许多知识分子自以为只要改善人民的物质生活条件和政治生活环境,就能够给人民以理想的幸福生活,同时也可以实现自己的生命价值或意义。这种思潮其实是建立在这样的信仰基础之上,就是"确信:有一种伟大的共同事业,它能够拯救世界,参加这一事业能赋予个人以生命的意义"[①]。许多俄国知识分子充满激情,憧憬理想,投身于现实社会斗争,甚至暴力革命中去,激励他们行动的就是这种道德力量。这一道德力量被谢·路·弗兰克称为建立在无神论基础上的世俗人道主义。世俗人道主义相信人的万能,把人神化,绝对化,相信人可以拯救自己和世界。但是,这并非真正照亮黑暗的神圣之光。

在谢·路·弗兰克那里,人类的历史实际上就是理想不断毁灭的历史。知识分子率领广大民众往往推翻了一个旧社会,自以为能够造福于人民,实现自己的价值,而常常取而代之的并不是他们理想的社会,而是一个更加专制、独裁的社会。任何世俗的事业都不可避免局限性,是动态发展的,是不可能使得生命本身产生意义的。谢·路·弗兰克强调:生命的意义应该是某种永恒的本质,"生命的意义无论如何都应当是人所赖以支撑的东西,应当是人的存在唯一不变的、绝对可靠的基础"[②]。

---

① [俄] С. Л. 弗兰克:《生命的意义》,徐凤林译,载《俄国知识人与精神偶像》,上海:学林出版社,1999年,第164页。

② 同上,第169页。

因此，这就不可避免地出现了一个难解的问题。在学界看来，上帝通常是神学研究的对象，而并不是哲学等以理性思维为主导的知识探究的对象。谢·路·弗兰克却认为，在哲学与神学之间，理性与非理性之间并不存在不可逾越的鸿沟。他从认识论的角度，说明了人的认识能力不能够仅仅局限于理性，还有非理性的直觉。这也是谢·路·弗兰克的思想被称为直觉主义的缘故，也是他的东正教人道主义思想个性化的表现。

直觉实际上是人的生命对存在的直接感悟，是一种不同于理性的非理性认识或曰感觉。他从索洛维约夫的"万物统一"思想出发，强调指出，直觉才能够让人感知自身只不过是"万物统一"整体的一部分，才能让人具备一种超越自我的独特认识，或曰超越感。

在此基础上，谢·路·弗兰克又进一步采取"一分为二，强调一点"的论述方法。他把人的存在领域区分为实际领域与理想领域，前者是世俗的、现实的低级领域，后者则是神秘的、感悟的高级领域。谢·路·弗兰克当然强调后者的主导作用，这才是神圣之光的发源地。他认为，人之所以区分于其他动物，就是因为人具有理想的存在领域，人需要从这一领域中获取精神超越性，它具体表现为对自身缺陷的感知和对理想境界的不懈追求，而这种精神超越性的基础只可能有一个，那就是"神"。"人的存在的这种根本的基础、超验的中心和最高的等级，就是神。"[1]

然而，"神"究竟在哪里呢？谢·路·弗兰克作为东正教神学家、思想家，自然从东正教出发，不再从外部世界去寻找，而是把"神"限定在人自身，也就是从人的内在世界，即个性中去感知神的实在性。他明确指出："唯一的，但完全适用的'神的存在的证明'是人的个性本身的存在，

---

① ［俄］С.Л.弗兰克：《实在与人》，李昭时译，杭州：浙江人民出版社，2000年，第143页。

这种存在，必须从人的个性的深度和重要性上来认识，即从人的个性作为超越自身的本质的意义上来认识。"①

谢·路·弗兰克认为，人主要是从两个方面来感知自身缺陷的：一是外在世界给人的孤独感、冷漠感、痛苦感；二是内在世界为摆脱外在的一切而导致的盲目性和无根据性。要克服这两方面的悲剧性因素，就需要绝对高级的力量，即拯救我们的力量，这就是"神"。② 这种对"神"的向往就表现为对最崇高的真正幸福的追求。当然，这种幸福并不是与个人的幸福追求相对峙的。谢·路·弗兰克表明："只有那种既是自足的，超越一切我个人利益的，同时又是为了我自己的幸福，才可以认为是绝对无可争议的幸福。这种幸福同时既是客观意义上的，又是主观意义上的，也是我们所追求的最高价值，是能够充实和丰富我自身的价值"③。显然，神圣之光既是超越自我个体的，又是不排斥自我，既是客观的，也是主观的。

在谢·路·弗兰克那里，人所追求的幸福不仅仅是他人的、集体的，也是自我的、个人的。他反对把自我幸福与他人幸福、个人幸福与集体幸福对立起来，不赞同为了革命事业，为了集体，牺牲自我或个人的做法。因为人追求最高的真正的幸福也就是为了使自己的生命有价值，集体是由每个个人所构成的，因此这种追求也同样是自己个人最大的幸福。"永恒的幸福的安宁，是自己意识到，体验到的完全的自我满足。"④

谢·路·弗兰克并不满足于对幸福抽象的解释，而是把它具体化为"爱"。"爱不是冷漠的、空虚的、利己主义的享乐渴望，但爱也不是奴隶

---

① [俄] C. Л. 弗兰克：《实在与人》，李昭时译，杭州：浙江人民出版社，2000 年，第 134 页。

② 同上，第 128–129 页。

③ [俄] C. Л. 弗兰克：《生命的意义》，徐凤林译，载《俄国知识人与精神偶像》，上海：学林出版社，1999 年，第 176–177 页。

④ 同上，第 178 页。

式的献身，为他人而毁灭自己。爱是对我们自私的个人生命的克服，正是这种克服赋予我们真正生命的幸福完满，因而使我们生命有意义。"[1]他还进一步说明，最大的幸福不只是客观的真实，也不仅是主观感受的真实，而且更重要的是它自己本身就是真理，是知识之光。[2]

因此，人就可以使得自身生命的意义在真善美的联系之间有机地体现出来。最高理想和最大幸福的实现必须是，"上帝"与"个性"之间达到"你"中有"我"，"我"中有"你"。谢·路·弗兰克强调："使人成为人的东西——人的人性因素，就是他的神人性。"[3]

虚无主义伦理学和照亮黑暗的神圣之光的东正教人道主义，是谢·路·弗兰克思想及其理论的主要特征，在白银时代的俄罗斯东正教文学批评理论中独树一帜。

第五节　特鲁别茨科伊兄弟："聚和性意识"与生命的意义

谢·尼·特鲁别茨科伊在《论人类意识的本质》中，把阿·斯·霍米亚科夫的"聚和性"概念应用到认识论领域中来，进一步提出了"聚和性意识"。他首先把意识的主体分为两种：个性意识与集体意识，然而无论前者还是后者，都不可能代表意识的真正本质。因为个性和集体都只是部分，只不过集体是较大的部分，不可能代表整体，所以不具有普遍性，而意识的根本特征却是它的普遍性。显然，他强调了个性意识、集体意识与普遍意识的"三位一体"，重点则是普遍性。

---

① [俄] C. Л. 弗兰克：《生命的意义》，徐凤林译，载《俄国知识人与精神偶像》，上海：学林出版社，1999年，第179页。
② 同上，第182页。
③ [俄] C. Л. 弗兰克：《实在与人》，李昭时译，杭州：浙江人民出版社，2000年，第143页。

谢·尼·特鲁别茨科伊把具有普遍性的意识称为"聚和性意识"。他指出："意识既不可能是无个性的，也不可能是单独的、个性化的，因为意识要比个性宽广得多，它是聚和性的。真善美可以客观地被认识，能够渐渐地被实现，就是因为人类的这种活生生的聚和性意识。"[①]谢·尼·特鲁别茨科伊特别强调意识的整体性、普世性。因此，他把自己关于"聚和性意识"的理论称为"形而上学的社会主义"。[②]他尖锐批判了西方哲学在认识论上的个人主义，进一步阐明认识的非个人行为，个人的认识永远都是受到限制的，个人只有超越自身才能认识到真理。个人之所以能够认识，其根源就在于认识的"聚和性"，也就是"聚和性意识"。意识的社会性、共通性是"聚和性意识"的基础。这也是该理论被称为"形而上学的社会主义"的主要原因吧。

谢·尼·特鲁别茨科伊的"聚和性意识"也并非抽象和空洞的理论，他本人反复强调："如果我们不想拒绝现实的假说，不想拒绝各种现象的现实基础，那么我们就要走向形而上学的社会主义理论。"[③]显然，这里的现实假说就是指理想，而现实的基础就是社会。因此，"聚和性意识"是社会主义的，不是个人的，只有在整个人类社会中，才谈得上"聚和性意识"。理想的人类是"聚和性意识"的主体。在这个理想的人类社会中，每个个体都内在地拥有"聚和性意识"，这一意识的主要特征就是爱，爱是连接理想社会个人之间的纽带。在谢·尼·特鲁别茨科伊那里，这个"聚和性意识"的主体就是教会，是理想人类社会意义上的教会。正是这样，谢·尼·特鲁别茨科伊又从认识论回到了宗教。

---

① *Трубецкой С. Н.* Избранное. М.: 1994. С. 44.

② 同上，第 577 页。

③ 同上，第 700 页。

真理存在于教会之中，存在于人与人的爱的联系之中。"聚和性意识"成为真理、博爱和理想人类的认识载体，同时这一切又让"聚和性意识"存在起来。

谢·尼·特鲁别茨科伊的"聚和性意识"强调的是人与人之间的关爱，并因此走向了形而上学的社会主义。如果说哥哥谢·尼·特鲁别茨科伊揭示了人类社会中人与人之间关系的理想存在，那么弟弟则进一步深入发掘了人本身的生命意义和存在价值，并由此走向了真理的探索。

叶·尼·特鲁别茨科伊的代表作《生命的意义》就是"作者总的世界观的表达"①。该书写于第一次世界大战和俄国革命期间，当时的俄罗斯被战火变成一片废墟，不仅是物质上的破坏，而且是精神文化的摧残，包括大量知识分子的外流等。因此，战争和革命，对于叶·尼·特鲁别茨科伊来说，展示的是"世界的荒诞性"②。叶·尼·特鲁别茨科伊在该书中，给自己提出了一个问题："当周围的世界充分展示了自身的荒诞性和无神化时，还仍然在确定意义的存在和上帝的存在，难道不是疯了吗？"③

然而，正是只有看到了世界的荒诞性，把握了意义存在的非理性化一面，"才能够对统治周围世界的荒诞性感受更深，才会更加清楚和更好地认识无因果关系的意义，而正是这一意义提供了解决世界悲剧的方案"④。叶·尼·特鲁别茨科伊的这部哲学著作的基础正在于，在超越现实的宗教领域中来肯定生命的价值及其意义。

叶·尼·特鲁别茨科伊在《生命的意义》一书中，是完全站在东正教

---

①　*Столович Л. Н.* История русской философии. М.: Изд. «Республика», 2005. С. 204.

②　同上。

③　*Трубецкой Е. Н.* Избранное. М., 1994. С. 258.

④　同上，第 7 页。

的立场上来系统阐发自己的学术观点的。他明确表示，自己是在用毕生的
精力来探索人的生命价值及其意义的。叶·尼·特鲁别茨科伊的探索过程
本身就已经充分展示了他自己的观点：人的生命是有意义和价值的，否则
就不需要去无谓地做什么探索，世界本身就会是无意义的，而无意义的世
界根本就不值得人生活在其中。这是非常简单的道理。在叶·尼·特鲁别
茨科伊看来，人的生命意义及其价值又不是直露的，是被遮掩的，只有
经过努力的不懈探索，才能够被发掘出来。当然，这种发掘必须是可能
的。如果用一句话来概括人的生命意义，那么，叶·尼·特鲁别茨科伊以
为，"生命的意义就在于寻找真理。真理是一切统一的思想和一切统一的
意识"①。

　　在这里，叶·尼·特鲁别茨科伊把意义（生命的）与意识（真理的）
有机地融合在一起。实际上，意义的探索本身就是一个不断意识和更新意
识的过程，而且要探寻真理，在人的有限的意识范围内，无疑又是非常不
够的，肯定要进入绝对意识的领域。这也就是说，仅仅依靠人是根本不可
能认识自身的生命意义及其价值的，宗教也正是因为如此才产生出来的，
其目的就是为了引导人去探询认识的途径。如此，人的生命意义的寻找就
进入了宗教的范围。"一切宗教都是以这种或那种方式提出这一任务：探
寻永恒的生命——这是它们共同的主题。"②

　　基督教意识是真正沟通永恒生命与短暂生命的桥梁。叶·尼·特鲁别
茨科伊指出，基督教是神人的宗教，神人的基督战胜过威胁生命意义的死
亡，为生命意义的解决提供了希望。上帝是超越时间的，是永恒的，而时

---

① 张百春：《当代东正教神学思想——俄罗斯东正教神学》，上海：上海三联书店，2000 年，
　　第 103 页。

② 《Трубецкой Е. Н. Смысл жизни. Избранное. М., 1994. С. 259.》

间应该是世界的，是有限的。这样一来，上帝与世界的矛盾呈现为永恒与时间的矛盾。在基督教意识中，时间之所以有意义是因为永恒，没有永恒，时间也就是虚无了。永恒决定着时间，时间对于人来说又是生命，也就是说，只有在永恒中才能认识时间，只有在永恒中才能感知生命的意义。

上帝既然是一切的统一，那么上帝之中是否也包含着恶？如果包含着恶，那么上帝就不是完美的。这里的问题其实还是上帝与世界的关系问题。《生命的意义》的第二章主要阐释的是关于恶的问题，也就是神正论主要论及的问题。在基督教中，上帝与被造物之间的关系是爱，上帝爱一切的被造物，但是被造物有选择对上帝是否爱的自由。如果被造物不去爱上帝，也就是要反抗上帝，那就是恶了。恶最主要是源自被造物的自由，即反抗上帝的自由，而不是所有的自由。"上帝不承担世界上恶的责任，因为他所创造的世界被赐予了选择善与恶的自由。"被造物的自由就是为"自己可以决定信仰或反抗上帝，换句话说，可以选择生与死的可能性"。[①]上帝希望作为被造物的人能够成为自己的朋友，因此也非常希望给人以自由。如果人没有自由，不反抗上帝，也就不能够给上帝提供新的东西，就无法与上帝真正结合，人生也就变得毫无价值。基督教确立了上帝与被造物人之间的双向互动关系，上帝爱世间的每一个人，而世间的被造物人有选择的自由，即选择是否爱上帝。人生的意义和价值，在叶·尼·特鲁别茨科伊的视野中，就在于选择上帝，选择爱上帝，与上帝相结合。

这里自然又产生了一个难以解决的问题，个别的被造物以及整体的被

---

① *Трубецкой Е. Н.* Избранное. М., 1994. С. 124.

造物是否完全符合上帝造物的构想？如果符合，被造物就失去自由；要是不符合，上帝就不是全能的，上帝的计划就会被打乱。为了解决这个问题，叶·尼·特鲁别茨科伊从弗·谢·索洛维约夫那里，借鉴了索菲娅的形象。他既不同意把索菲娅看成世界的灵魂，也不赞同把她当作某一客观事物，更不愿意像谢·尼·布尔加科夫那样，把索菲娅视为上帝与被造物的中介。叶·尼·特鲁别茨科伊指出，索菲娅"是上帝关于被造物的思想（或理念）的世界，是被造物的永恒原型的世界"。"索菲娅是上帝关于世界的计划，是上帝关于被造物的构思、理念世界。作为上帝的理念世界的索菲娅是完善的，不变的。在索菲娅的世界里没有任何变化和不完善，这里一切都是完满的。索菲娅是永恒的现实。被造的世界与索菲娅是完全不同的……""上帝关于个别存在物的理念，以及上帝关于整个世界的理念（索菲娅）对于经验世界而言只是潜在的可能性，这个可能性不可能在经验世界里被彻底地实现，而只能部分地在世界进化过程中被实现。"[1]

在这里，叶·尼·特鲁别茨科伊的观点是显而易见的，索菲娅是上帝创造的世界的构想，是理念的世界、完美的世界。从时间上看，索菲娅在现实世界是不存在的，但从超时间来看，索菲娅是永恒存在着的。

在叶·尼·特鲁别茨科伊的理解中，生命本身不仅是世界上的暂时存在，而且是与上帝共存的，是与上帝结合的永恒生命，人生的目的和意义就在于此。虽然生命在宗教中具有"肯定价值、普遍价值和绝对价值，每个人必须的价值"[2]等意义，这些均构成了生命的意义和价值。然而，叶·尼·特鲁别茨科伊并没有忽视相对价值、世界秩序的价值和世界社会、

---

[1] 张百春：《当代东正教神学思想——俄罗斯东正教神学》，上海：上海三联书店，2000年，第108–109页。

[2] *Трубецкой Е. Н. Избранное.* М., 1994. С. 11.

国家、经济及所有一切世俗文化的价值。世界秩序的价值标准是他对人类存在的最终的、最高目标的态度。"因为相对价值作为实现爱的手段，他们具有最高尚的东西，或者他们成为世界上无条件的和永恒的现象的手段。"世界不应该受魔鬼统治，必须依靠国家来与恶做斗争，防止将世界置于一个"从深渊中出来的野兽"所统治。①

叶·尼·特鲁别茨科伊对生命意义的探寻是很有价值的，为我们从基督教的视角去理解文学作品描绘的世界，重新认识文学创作的个性与共性的关系等，都具有十分重要的意义。

第六节　陀思妥耶夫斯基创作的"聚和性意识"解读

首先需要说明的是，本节是用谢·尼·特鲁别茨科伊的"聚和性意识"来解读陀思妥耶夫斯基的创作，而不是用霍米亚科夫的"聚和性"概念，这两者是不相同的。虽然谢·尼·特鲁别茨科伊的"聚和性意识"来源于"聚和性"概念，是对它的继承和发展，但是"聚和性意识"不等于"聚和性"。"聚和性"是强调"和而不同"、不同观点和思想的包容共存，甚至在一定程度上对恶的宽容。"聚和性意识"则是强调个人意识、集体意识与普遍意识的三位一体，特别是普遍意识，即人与人之间的博爱，而索菲娅形象则是上帝的理念世界，是完美的世界，在经验世界中是不可能的，只存在于超越现实的永恒世界中。

翻开陀思妥耶夫斯基的小说，读者往往会深深感到小说中充满的矛盾和对话以及四处弥漫的宗教意识。通常的批评方法是从作家的创作心理和世界观的矛盾中去探索根源，在社会现实生活和人自身的复杂心态中去寻

---

① *Трубецкой Е. Н.* Избранное. М., 1994. С. 296, 124.

找阐释。当代俄罗斯研究陀思妥耶夫斯基创作的著名学者格奥尔吉·米哈伊洛维奇·费里德连杰尔就是从这一视角去探讨陀思妥耶夫斯基创作艺术的。他在《陀思妥耶夫斯基的现实主义》一书的第八章中专门研究了"陀思妥耶夫斯基的现实主义的历史特点及其矛盾"。①2005 年出版的由俄罗斯科学院俄罗斯文学研究所主编的《陀思妥耶夫斯基：资料与研究》（第 17 卷），也是从世界文化的大背景中去揭示陀思妥耶夫斯基的世界观矛盾和创作之间关系的一些迫切问题。②陀思妥耶夫斯基本人则声称自己是对现实社会中人的心灵的开掘："人们称我为心理学家：不对，我只是最高意义上的现实主义，即刻画人的心灵深处的全部奥秘。"③甚至有学者指出："陀氏心理分析的主要贡献之一是写出了资本主义造成的心理畸形变态——二重人格。这是一种病态，反映了资本主义社会中人性的扭曲。"④复调结构的提出者巴赫金则干脆回避了这个问题，他明确指出："我们在分析中将撇开陀思妥耶夫斯基所表现的思想的内容方面，此处我们看重的是它们在作品中的艺术功能。"⑤

　　显然，仅仅从作家的世界观矛盾，甚至作家的精神分裂以及社会现实的心灵探索，去研讨陀思妥耶夫斯基小说创作的成因是相当不够的，这一问题又是根本回避不了的。谢·尼·特鲁别茨科伊关于"聚和性意识"的理论为我们探讨陀思妥耶夫斯基的小说创作艺术提供了新的视角，本节将

①　[苏] Г. М. 费里德连杰尔:《陀思妥耶夫斯基的现实主义》,陆人豪译,合肥: 安徽文艺出版社, 1994 年，第 365–398 页。

②　*Институт русской литературы (Пушкинский Дом) РАН.* Достоевский: материалы и исследования.Т. 17. СПб., 2005.

③　[俄] Ф. М. 陀思妥耶夫斯基:《陀思妥耶夫斯基论艺术》,冯增义、徐振亚译,桂林:漓江出版社，1988 年，第 390 页。

④　同上，第 13 页。

⑤　*Бахтин М. М.* Проблемы поэтики Достоевского. 4-е изд. М.: Сов. Россия, 1979. С. 89.

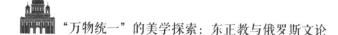

从俄罗斯民族信奉的东正教以及陀思妥耶夫斯基本人的宗教意识和文艺创作方法入手，发掘其小说结构艺术形成的深层缘由，即东正教的"聚和性意识"。

从谢·尼·特鲁别茨科伊的"聚和性意识"出发，在陀思妥耶夫斯基的小说创作中存在着个人意识、集体意识和普遍意识，正是这三种意识的冲撞和交融形成了小说的复调结构和人物之间的对话关系，造成了读者阅读的复杂化印象。在长篇小说《罪与罚》中，穷大学生拉斯柯尔尼科夫代表着为了集体意识的实现而努力拼搏的个人意识。他甚至不顾犯罪也要以暴力手段来抗恶，通过杀死放高利贷的老太婆，用得到的钱来拯救自己和受苦受难的穷人。小说另一位主人公、妓女索菲娅则是普遍意识的代表，她坚持要用以一颗善良的心去对待一切，要怀着"博爱"的精神去包容一切，无论如何都不能够采取暴力的手段，犯了罪就要接受惩罚，用受苦受难来净化自己的灵魂，忏悔自己的罪过，从而达到自我完善。妓女索菲娅实际上就可以被看成理念世界的完美化身，也就是叶·尼·特鲁别茨科伊从索洛维约夫那里引入的索菲娅形象。虽然从表面上看，陀思妥耶夫斯基的小说创作中复调和对话呈现出结构的主要特征，但是决定这一结构的深层渊源是"聚和性意识"，最终统一于"普遍意识"和"索菲娅形象"。

当然，在陀思妥耶夫斯基的小说创作中，个人意识、集体意识与普遍意识又是一个有机的整体。普遍意识的"博爱"不会以牺牲个人意识和集体意识为代价的。拉斯柯尔尼科夫在认罪伏法、被流放的同时，也得到了索菲娅的爱情，甚至这位姑娘陪同拉斯柯尔尼科夫踏上了流放之路。

在陀思妥耶夫斯基创作的最后一部长篇小说《卡拉马佐夫兄弟》中，卡拉马佐夫一家父子之间、兄弟之间四分五裂，他们思想感情上互相对立，甚至达到相互仇视的境地，以致弑父。这里既有病态而又恶毒的灵魂，极端的个人主义者老卡拉马佐夫、德米特里、斯麦尔佳科夫，也有集体主义者伊凡，更有理想而又善良的阿辽沙，他是普遍意识的"善"的化身等。

陀思妥耶夫斯基小说创作不管塑造什么样的人物个性或意识，正面的、反面的或者多重的，都是以"爱"为纽带"聚和"的，要么是被"爱"同情的小人物，要么是丧失"爱"的可憎的变态性格，要么是维护基督博爱的信徒，要么是用暴力去抗争的社会底层人物，等等。各种迥然不同的性格和风格在陀思妥耶夫斯基的"爱"的教会中，由"聚和性意识""三位一体"地联系在一起。

爱沙尼亚塔尔图大学教授、著名社会派美学家列·纳·斯托罗维奇在《美善真》一书中，把艺术创作表现对象"真善美"之间的关系，改为"美善真"，以表明这种审美的价值关系。艺术美的基础是伦理和东正教的"善"，即普遍意识，而最根本的就是东正教世界中存在的"真"，即真理。[①]因为现实社会中的"真理"都是相对的，只有基督教世界中的"博爱"才是绝对的真理。这样，艺术创作的美是表征层，普遍意识的"善"是意义层，而深层的内核则是真理，即人与人之间的"博爱"。在陀思妥耶夫斯基那里，艺术创作是描绘和展示真理的唯一途径。作家在临终前的一封信中曾经明确写道："疗救之途、逃避之途只有一条，那就是艺术，就是创造性的工作。"[②]存在于宗教之中的真理表达了人与人的博爱，成为人类唯一的绝对真理。"聚和性意识"便是这一真理的，即博爱的，认识载体。

---

① *Столович Л. Н.* Красота. Добро. Истина. М.: Изд. «Республика», 1994.

② 中国社会科学院外国文学研究所《世界文论》编辑委员会：《陀思妥耶夫斯基的上帝》，北京：社会科学文献出版社，1994年，第159页。

谢·尼·特鲁别茨科伊强调了"聚和性意识"的整体性、普世性。陀思妥耶夫斯基小说创作刻画的典型并不仅仅是"个性"（个人意识）与"共性"（俄罗斯民族集体意识）的统一，还具有全人类的普遍意识。"聚和性意识"对陀思妥耶夫斯基小说创作艺术的作用是极其深远的，东正教的影响也几乎伴随着这位伟大作家的一生。作为一个社会的人，作家一直有意识地在现实生活中努力遵循着基督伟大的博爱精神。

第七节　虚无主义伦理学视域下的陀思妥耶夫斯基创作

谢·路·弗兰克的虚无主义伦理学思想主要反映在《虚无主义伦理学》（1909）一书中。该书主要是反对当时俄罗斯知识分子的虚无主义和功利主义的道德价值观。这种虚无主义表现为宗教、文化和审美价值的丧失，功利主义则是对物质利益的追求。他们革命的目的只有一个，就是为了满足人们的物质需求，而对更高意义上的精神文化的需求则被抛弃。

以别林斯基为代表的 19 世纪俄国批判现实主义文学批评家们，对陀思妥耶夫斯基等作家对社会现实的深刻揭露，尤其是小人物和底层人们生活的艰难，给予了充分的肯定。陀思妥耶夫斯基的处女作《穷人》（1845）一发表，就得到了别林斯基的高度赞扬，甚至被誉为"我们社会小说的初步尝试"[①]。小说叙述的是一个年老公务员杰弗什金与底层姑娘陀勃罗谢洛娃相互爱怜、相依为命，最终迫于生计，而不得不分离的悲惨故事。

从表面上看，小说《穷人》确实揭露了底层小人物的艰难物质生活。这种不公平的社会生活环境确实需要加以批判，欺压小人物的专制制度和黑暗统治也应该被推翻。然而，陀思妥耶夫斯基并没有让杰弗什金和陀勃

① 曹靖华主编：《俄苏文学史》第 1 卷，郑州：河南教育出版社，1992 年，第 480 页。

罗谢洛娃反抗社会的不公，而是忍气吞声，屈从命运。在他的创作中，这种隐忍、无奈和屈从是普遍现象。陀思妥耶夫斯基并不赞赏拉斯柯尔尼科夫的"斧子"、《群魔》中庄稼汉扛着的"斧子"以及《卡拉马佐夫兄弟》中偶尔出现的"斧子"形象。因为19世纪俄国革命民主主义者车尔尼雪夫斯基曾经对赫尔岑说过，要号召罗斯拿起"斧子"。这里"斧子"象征革命的武器，不赞赏"斧子"自然就是不认同用暴力革命的手段来战胜罪恶。

　　陀思妥耶夫斯基笔下的人物思想在"忍耐"与"反抗"、"善"与"恶"之间来回摇摆，一般最终是"屈从"和"认命"了。为什么作家会做这样的处理？为什么陀思妥耶夫斯基笔下的人物很少为了物质利益去奋斗？也许，这是作家世界观的矛盾性所致？或者是因为作家宗教信仰的缘故？

　　确实，陀思妥耶夫斯基是信奉东正教的。但是，在自己的小说创作中，陀思妥耶夫斯基又几乎是丧失信仰的，他的世界观与创作方法之间是存在着差异的。他作为一个伟大的艺术家，必须按照生活的规律来写。生活的复杂性和残酷性必然导致他在小说创作中对上帝的"不信仰"。著名俄罗斯形式主义批评家什克洛夫斯基在《陀思妥耶夫斯基》一文中，明确写道："陀思妥耶夫斯基的不信仰曾比他的信仰更为强烈"。"这位《宗教大法官》的作者便是宗教大法官王国的破坏者。"①什克洛夫斯基在论述陀思妥耶夫斯基创作中的宗教信仰时，又进一步指出："在信仰者看来，基督与真理不是互相对立的，而他却把基督与真理对立起来。这意味着他不

---

① 　[俄]什克洛夫斯基：《陀思妥耶夫斯基》，见中国社会科学院外国文学研究所《世界文论》编辑委员会编《陀思妥耶夫斯基的上帝》，北京：社会科学文献出版社，1994年，第26、27页。

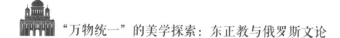

是基督徒。”① 可以说，在真理与基督之间，陀思妥耶夫斯基选择了真理。他曾经在长篇小说《少年》序言草稿的左侧页边上留下了这样的一句附笔："将更加公正的未来一代人会相信这一点：真理在我一边。我相信这一点。"② 在现实世界中，真理肯定是相对的，任何选择都会是片面的，都会导致对真理的遮蔽。

既然如此，为什么别尔嘉耶夫还称自己这一代人都是陀思妥耶夫斯基的精神之子呢？其实，从虚无主义伦理学的视域来看，陀思妥耶夫斯基的小说创作并不试图寻求物质利益的满足，也不急于改善小人物的物质生活状况，而是追求主人公们的精神需求。杰弗什金、陀勃罗谢洛娃、索菲娅和阿辽沙等之所以要“忍耐”“勿以暴力抗恶”，都是因为依据了基督教的“博爱”思想，甚至“爱自己的敌人”。虽然他们在物质生活上没有得到足够满足，但在精神上是充盈的。他们甚至还在影响着拉斯柯尔尼科夫、卡拉马佐夫家的兄弟们。

在陀思妥耶夫斯基艺术世界中，“博爱”是绝对的真理，也是人们需要追求的精神价值。作家笔下的小说复调结构、人物的平等对话等等均是一种“包容”“博爱”的艺术体现。也正是这一基础，我们的每一种评价都只是对陀思妥耶夫斯基创作的一种阐释，而不可能是终结性的定论。陀思妥耶夫斯基的小说创作已经成为我们永远也发掘不完的艺术宝库。

---

① 同上，第 27 页。

② [俄] 什克洛夫斯基：《陀思妥耶夫斯基》，见中国社会科学院外国文学研究所《世界文论》编辑委员会编《陀思妥耶夫斯基的上帝》，北京：社会科学文献出版社，1994 年，第 26 页。

第五章
新宗教意识的象征主义批评

　　俄国象征主义产生于 19 世纪末 20 世纪初，是欧洲浪漫主义运动的变体。该流派涉及范围非常宽泛，几乎影响艺术创作的各个领域。鉴于本书主要阐述文学批评理论，因此本节仅仅论述俄国象征主义文学，重点在象征主义文学批评理论，尤其是与东正教关系密切的思想理论。该流派的主要思想家和理论家无疑是索洛维约夫、梅列日科夫斯基和维·伊凡诺夫等，代表作家则主要有布洛克、别雷、索洛古勃、巴尔蒙特、安年斯基、勃留索夫、吉皮乌斯、沃洛申等。当然，他们之间的界限也并非泾渭分明的，即便是这三位理论家也经常发表文学作品，以创作为主的别雷等作家也时常发表阐明象征主义艺术主张的文章。可以说，象征主义者们往往是把思想理论主张与文学创作紧密地结合起来。

　　在 19 世纪的俄国文坛，以别林斯基、车尔尼雪夫斯基、杜勃罗留波夫为代表的现实主义批评十分强大。一贯以标新立异为己任的俄国象征主义，就试图探寻出一条与传统迥然不同的创作和理论之路。他们不再以反映论为基础，而是以弘扬艺术美和强调东正教信仰为宗旨，号召精神和道德方面的革新。象征主义理论和创作均在实践着自己新的美学理想。

　　可以说，俄国象征主义者们的文学创作和批评理论是个性纷呈、纷繁

复杂的，很难加以归类阐释。以往，学界通常从时间的维度，把他们划分为两类：主要活动在19世纪90年代的"老一代象征主义者"，如梅列日科夫斯基、勃留索夫、索洛古勃、安年斯基、巴尔蒙特等；20世纪初登上文坛的"新一代象征主义者"，如维·伊万诺夫、别雷、布洛克等。这样的划分显然是不合适的，既很难把跨越这两个年代的如索洛维约夫等人归类，而且这两派之间不少人在艺术主张上又是相同的。

因此，如果从空间的维度来考察，也许大致能够分类，分辨出不同类型俄国象征主义者们创作的一些共同特征。从空间上来看，以关注对象的重点来区分，俄国象征主义者们大致可以分为两类，即宗教美学和心理美学。第一类的代表性宣言就是梅列日科夫斯基的《论当代俄罗斯文学衰落的原因与若干新流派》（完成于1892年，发表于1893年）。它主要宣扬摆脱官方桎梏的新宗教真理，沿着宗教美学之路探寻俄国象征主义艺术。第二类的代表性之作则是勃留索夫为三本题为《俄国象征主义者》（1894–1895）的俄国象征主义诗歌创作所写的札记。此类象征主义者们追求揭示当代人的复杂内心世界。由此，如若进一步考察，这两类象征主义者们对象征意义的认识是不相同的。后者如勃留索夫、巴尔蒙特等崇尚创作自由，象征是内在情感的词语表征手段。而前者如维·伊万诺夫、别雷等则认为象征的意义远不止于此，它是通往彼岸世界的桥梁，是一种神秘主义的世界观和信仰。

然而，无论这些俄国象征主义者们的观点多么不同，但是共同点又是很明显的，都反对实证主义、自然主义，膜拜浪漫主义，弘扬人的精神价值。他们均步叔本华的后尘，坚持在艺术创作中对世界的直觉把握远远胜于科学认知。在白银时代，梅列日科夫斯基夫妇主办的宣扬革新东正教的宗教哲学月刊《新路》、勃留索夫创办的"自由"之艺术堡垒杂志《天平》

以及《生活问题》等均是俄国象征主义者们重要的思想和创作阵地。

　　俄国象征主义者们学识渊博，人文素养极高，不少人既熟谙人文知识，又通晓自然科学。但是，无论如何，宗教哲学和信仰的探求是他们一切追求的根本，也是俄国象征主义文学批评理论的基础。本章主要论述俄国象征主义与索洛维约夫、梅列日科夫斯基和维·伊凡诺夫三位东正教文学批评理论家的关系，努力揭示他们个性迥异的象征主义思想和理论，并探索他们与文学批评之间的联系，尝试用他们的批评理论方法来解读文学文本。

第一节　索洛维约夫："万物统一"的俄国象征主义

　　按照发表或出版的作品来统计，弗·谢·索洛维约夫的文学遗产并不多，只有一本诗集小册子、几部滑稽剧、一篇短篇小说、几篇文学批评和美学研究的论文。然而，索洛维约夫无疑是白银时代俄罗斯东正教文学批评理论的领袖，他的哲学思想对白银时代乃至 20 世纪与 21 世纪之交的俄罗斯思想界产生了难以估量的影响。弗·谢·索洛维约夫关于"万物统一"的哲学思想以及由此而生的"真善美物质统一性"的美学思想，直接影响了 19 世纪末 20 世纪初的俄罗斯文艺创作和批评，尤其是对俄国象征主义美学和诗歌，他甚至被称为俄国象征主义的先驱。有的学者就明确写道："在生命创造领域，象征主义者最近的俄国前辈当然是弗·索洛维约夫。"[①]

　　俄罗斯科学院高尔基世界文学研究所主编的《俄罗斯白银时代文学史》中指出："在整整一代诗人作家的意识中，都存在着关于索洛维约夫

---

① ［美］奥尔加·马蒂奇：《爱的象征主义意义：理论与实践》，见林精华主编《西方视野中的白银时代》（上），北京：东方出版社，2001 年，第 17 页。

的神话，这来自对他的个性、哲学美学观结构、来自对他诗歌的情节和主题的回忆。只有就这个神话和在'年轻一代'象征主义者师承他创作的大量作品的背景下对弗·索洛维约夫加以研究，才能够理解他文学创作真正的价值。"①

弗·谢·索洛维约夫坚持把艺术视为是照亮整个人类之光芒和革新世界之力量。他的这一美学思想为俄国象征主义伦理美学奠定了基础。索洛维约夫在《可怜的朋友，旅途使你疲惫……》一诗中关于超越时间、追寻永恒和博爱思想等的诗句，已经成为年轻一代俄国象征主义者们在自己诗作中经常提及的。索洛维约夫关于索菲娅形象的神人合一思想，也推动俄国象征主义者们使自己的创作更加与社会历史现实联系起来。

俄国象征主义文学与索洛维约夫结缘是必然的，他们在思想和创作渊源上是基本一致的。这主要是源于"整体性"思想，索洛维约夫强调"万物统一"和"三位一体"的"完整知识"。象征主义创作的最主要特征之一，也就是整体的象征，这是象征主义文学创作不同于一般文学创作中象征的根本之所在。前者主要是整部作品的象征，后者只是文本创作中的局部象征，即个别符号或意象的象征；前者的创作体现出从有限到无限的创作意念，善于把超越人类社会的神秘世界与人类社会的现实世界紧密结合起来。白银时代兴起的俄国象征主义除了表现出西方象征主义创作的一般特征以外，也显露出自己民族的独特性。这就是"上帝在我心中"引发的"神人合一"，物质与精神的统一而产生出的索菲娅形象，等等。

在弗·谢·索洛维约夫看来，基督是基督教意识中最为重要的内容，也是基督教迥异于其他宗教的关键所在。基督既是神的思想的体现，又具

---

① 俄罗斯科学院高尔基世界文学研究所主编：《俄罗斯白银时代文学史》第2卷（1890年代－1920年代），谷雨、王亚民译，兰州：敦煌文艺出版社，2006年，第233–234页。

有非常实在的人形，由此而形成"神人合一"，索菲娅形象就是这种"神人合一"的具体体现。弗·谢·索洛维约夫关于索菲娅的形象既具有女神的灵魂，又有一位活生生女性的具体化形象。这一形象的原型可以说是弗·谢·索洛维约夫曾经热恋的已婚女子索菲娅·马尔蒂诺娃。这一点可以从他于1892年至1894年创作的《马尔蒂诺娃组诗》中清楚地看到。因此，索菲娅作为一位美丽的女性是来自弗·谢·索洛维约夫的现实生活的，是有限的、具体的。然而，作者又把天国与尘世、梦幻与现实融合在一起，把有限的尘世、现实与无限的天国和梦幻交融得如此美妙。这就使得索菲娅形象成为集"美丽女性"、"圣洁天使"于一身的"神人合一"的具体化。"万物统一"的美学思想在索菲娅形象上表现得生动而又具体，索菲娅也就成了可以感知的神的化身。

弗·谢·索洛维约夫塑造的索菲娅形象，深刻影响了白银时代俄罗斯象征主义诗歌创作。在俄国象征主义诗人 A. 勃洛克的一系列创作中，"永恒的、圣洁的女性形象"就始终贯穿始终，例如《美妇人集》《滑稽草台戏》《陌生女郎》《命运之歌》《法依娜》《嘉尔曼》《十二个》等。在勃洛克那里，有时"永恒的圣女"形象与"俄罗斯祖国"密切地联系在一起，这显然在一定程度上又进一步丰富了索菲娅形象的内涵。

俄国象征主义诗人、小说家 A. 别雷的创作也呈现出明显的索菲娅形象烙印。他的《戏剧交响曲》中的"童话"女性、诗集《碧空之金》中的代表"圣女"的色彩、《世界的灵魂》中犹如纯洁、金色般曙光的"微笑"、《致婴儿》中的"天国女性"等等。别雷曾经在自己的创作和文章中多次直接提及弗·谢·索洛维约夫和索菲娅形象。他甚至在长诗《第一次相遇》中，怀念起"索洛维约夫家的沙龙"，把自己初恋的对象也赋予了"圣女"的特征。在《生活的危机》一文中，别雷明确相信，女神索菲娅

将重返苦难的大地。无论是在弗·谢·索洛维约夫那里，还是在别雷、勃洛克等俄国象征主义作家那里，索菲娅形象实际上都是一种内在体验的外在形象表现，是内在上帝形象的外现具体化。这也许是俄罗斯象征主义自身的创作特征之一吧。

弗·谢·索洛维约夫对俄罗斯象征主义的影响是多方面的，这里既有神权政治乌托邦思想，也有悲观的末世论和启示录情绪，还有东西方文明相融合的伟大使命感，等等。不过，所有这些思想及其影响都是建立在"万物统一"的思想基础之上的。

别雷的代表作《彼得堡》就是一部典型的象征主义小说，其象征意义就在于，从反面证明了索洛维约夫的"万物统一""物质与精神统一"思想的重要意义。别雷在长篇小说《彼得堡》中，用彼得堡这座俄罗斯帝国首都的构建，来浓缩和象征东西方文明的冲突。这座为了向西方开放、引进西方文明与技术而建成的都市，却过于机械照搬西方的方法，导致了西方的唯理主义、实证主义与东方的神秘主义、情感至上等的冲撞，引发了俄罗斯社会的灾难。别雷在这里深刻表明，"万物统一"或曰"物质与精神统一"的破坏，就必然导致人类社会的悲剧。

在生命的最后时光，尤其是在《关于战争、进步和世界历史终结的三次对话》（1900）中，弗·谢·索洛维约夫尽管表现出对神权政治乌托邦的失望，对人道主义理想的放弃，甚至怀疑"神人合一"的思想，但就总体而言，这些只是这位伟大思想家在感到自己生命垂危，即将告别世界时，表现出的一种悲观情绪，并不能够代表弗·谢·索洛维约夫本人的主要思想，更不是他为人类做出的主要贡献。其实，即便在弗·谢·索洛维约夫的晚期创作中，例如在他的宗教哲学论文《上帝概念（维护斯宾诺莎哲学）》（1897），以及第一部弗·谢·索洛维约夫文集《理论哲学》（1897-

1899）中，他也根本没有放弃过自己奋斗一生的基本学术思想。

弗·谢·索洛维约夫的伦理道德思想就是以"善"为核心的"万物统一"，因此他的美学和文艺批评观还是把"真善美"作为统一的轴心，他的文艺批评理论的精神是宗教人道主义。他的哲学和美学精神直接影响了俄国象征主义。弗·谢·索洛维约夫在"完整知识"体系的哲学理论基础上，以"万物统一"的基本思想为核心，用索菲娅形象的"神人合一"的具体化表现，形成了值得借鉴的"万物统一"的象征主义批评理论及其方法。正是因为弗·谢·索洛维约夫的学术贡献，使得白银时代的俄罗斯哲学、美学以及宗教文艺批评理论的民族特征更加显著。可以毫不夸张地说，没有弗·谢·索洛维约夫的学术影响，白银时代的俄罗斯东正教文学批评理论就不可能如此繁荣。

第二节　梅列日科夫斯基：新宗教意识的象征主义

19世纪末至20世纪初，在俄罗斯，象征主义运动已经不仅仅是一场文学运动，而且更是一场精神价值取向明确的宗教文化更新的思想运动。俄国象征主义并不只是文学思想禁区的突破，还是社会思想领域的开拓。因此，在白银时代的俄罗斯，象征主义运动与宗教文化的革新运动是交织在一起的。

德·谢·梅列日科夫斯基的创作正好体现了这种交织，他是白银时代俄罗斯文艺复兴运动中开一代精神风貌的伟大思想家、作家，通常被视为包括俄国象征主义在内的、俄国现代主义文学的先驱。他的论著《论现代俄罗斯文学衰落的原因与若干新流派》（1893）被评论界认定是俄国现代主义文学的宣言，这里非常明确地提出了俄国象征主义的创作主张。

德·谢·梅列日科夫斯基是一位多才多艺的大艺术家，他不仅是一位思想家、评论家、理论家、哲学家，而且是诗人、剧作家、小说家、翻译家。然而，无论在哪一种文学体裁表现的思想内容中，无论在哪一部思想代表理论著作中，贯穿其中的最主要精神就是宗教文化精神。他是白银时代新宗教文化运动的主要思想家之一，是圣彼得堡宗教哲学协会的核心人物。

同时，德·谢·梅列日科夫斯基又是一位自由、具有独立意识的基督教思想家，并不受教会的束缚。也许由于他是一位文采飞扬的大作家，在他的神学著作和政论文章中，文气十足。因此，德·谢·梅列日科夫斯基的理论著述是文学化的，而文学创作则是思想化的，这两者又都统一于宗教化。德·谢·梅列日科夫斯基的宗教思想，即新宗教意识，是相对于传统的东正教正统教会和民粹派的社会革命宗教而提出来的。他公开打出"寻找上帝"的旗帜，努力从丧失灵魂的实证主义困境走出，迈向神性的理想论。在文学创作中，德·谢·梅列日科夫斯基抨击了社会小说和市民小说，让诗歌和散文去叩响永恒的精神之门。

在德·谢·梅列日科夫斯基的认知视阈中，在世界上，只有一种文化是真实的，那就是"寻找上帝"的文化；在文学中，只有一种诗歌是真实的，就是象征主义的诗。这样一来，德·谢·梅列日科夫斯基的象征主义宗教思想，即新宗教意识，就是以象征主义的诗篇来揭示生活的真谛，以"寻找上帝"来复兴俄罗斯的精神文化。德·谢·梅列日科夫斯基的新宗教意识批评就是建立在此基础之上的。

德·谢·梅列日科夫斯基与大多数东正教文学批评理论家一样，自身的精神探索也经历过思想转变的过程。他于1865年8月2日出生在圣彼得堡市，1884年中学毕业后，考入圣彼得堡大学历史—语文系学习。或许是受到圣彼得堡这座城市本身的科学实证主义氛围的影响，因为这座城市的建立就是为了引进西方的科学技术，打通出海口，年轻的德·谢·梅列日科夫斯基开始迷恋实证主义哲学，他深入钻研了孔德的实证主义、达尔文的进化论思想以及斯宾塞等人的著作，后来这些思想一直深深地影响着他的文学创作。他还曾经结识了民粹主义者米哈依洛夫斯基，受到了民粹派思想的影响，并把米哈依洛夫斯当作自己的老师。

19 世纪 80 年代中期，德·谢·梅列日科夫斯基首先是以诗歌创作登上文坛的，在诗歌创作的探索中，他受到了俄罗斯浓郁宗教氛围的影响，渐渐产生了浓厚的宗教哲学探索的兴趣和热情，走出了科学实证主义的藩篱，转向了宗教，形成了象征主义诗歌创作独特风格。他于 1892 年出版了诗集《象征》，是俄罗斯文学中最早使用"象征"这一字眼的诗人。同时期，他还写有一系列历史小说、历史剧和宗教—哲学随笔。在理论批评方面，1893 年他发表了著名的《论现代俄罗斯文学衰落的原因与若干新流派》一书，该书是德·谢·梅列日科夫斯基在他本人 1892 年所作的文学讲演的基础上整理而成的。该书第一次把以象征主义为先导的俄国现代主义，作为一种艺术思潮在理论上予以确认，它也与明斯基（1855–1937）的《在良知的照耀下：关于生命的思想和幻想》（1890）和沃龙斯基（1861–1926）的《俄罗斯的批评家们》（1896）一起，成为俄国象征主义的宣言书。在这篇宣言书中，德·谢·梅列日科夫斯基认为，俄罗斯文学由于过分接近现实社会生活，到 19 世纪 90 年代已处于严重危机的边缘。在他那里，为社会和现实服务是文学发展的一条死路，从 19 世纪 60年代起车尔尼雪夫斯基等人所提倡的"艺术唯物主义"导致了艺术审美欣赏能力的普遍衰退，而这恰恰是文学"衰落的原因"。

德·谢·梅列日科夫斯基坚决否定 19 世纪现实主义文学对社会现实问题的普遍关注，声称这只是"一些老朽的人们关于人民经济利益的老朽的

谈话"①。他把唯物主义视为实证主义，把现实主义看成自然主义予以批判。他明确指出，永恒的宗教神秘情感才是真正艺术的基础，而这一基础却由于实证主义的过分发达而被遗忘，只有在进入19世纪90年代后才产生出一些传统基础复兴方面的征兆。德·谢·梅列日科夫斯基号召创立"未来将在俄罗斯取代功利主义的、庸俗的现实主义的理想主义的新艺术"②。他指出未来俄罗斯新兴艺术的三个基本要素就是："神秘的内容、象征的手法和艺术感染力的扩张。"③

德·谢·梅列日科夫斯基努力探索象征主义艺术与欧洲及俄罗斯经典文学之间的渊源关系，力图表明在传统的艺术遗产中早已孕育着象征主义的萌芽，象征主义转向是必然的。他揭示，"象征主义贯穿着古希腊艺术的全部创作"，在歌德、福楼拜和易卜生等几乎所有杰出作家的作品中都存在着象征，"在现实主义的细节下面隐藏着艺术的象征"④。在屠格涅夫的创作中，明显地存在着艺术上的印象主义，在冈察洛夫的作品中，到处可见哲理性的象征语言，在列夫·托尔斯泰和陀思妥耶夫斯基的艺术中，蕴含着深刻思想和神秘的内容，这一切均是"新的理想主义艺术的因素"。他还在莱蒙托夫和果戈理的创作中同样发现了神秘的宗教内涵和象征手法。

德·谢·梅列日科夫斯基的主要著述还有：第一个三部曲《基督与反基督者》（1895–1904）、《列夫·托尔斯泰与陀思妥耶夫斯基——生活与创作》（1901–1902）、《俄国革命的先知——纪念陀思妥耶夫斯基》（1906）、

---

① *Мережковский Д. С.* О причинах упадка и новых течениях современной русской литературы. слб., 1893. С. 62.

② 同上，第46页。

③ *Соколов А. Г.* История русской литературы 19 века и начала 20 века. М.: Издательство «Высшая школа», 1988. С. 131.

④ *Кузнецов Ф. Ф.* Русская литература ХХ века（в двух томах）. М.: Издательство «Просвещение», 1993. Т. 1. С. 71–72.

《未来的卑鄙小人》（1906）、《果戈理与魔鬼》（1906）、《不是和平，而是纷争——基督教的未来批判》（1908）、《在寂静的深渊里》（1908）、《米·尤·莱蒙托夫——超人诗人》（1909）、《病态的俄罗斯》（1910）、《别林斯基遗训——俄罗斯知识分子的宗教性和社会性》（1915）、《俄罗斯诗歌的两种奥秘——涅克拉索夫与丘特切夫》（1915）、《反基督者的王国》（1921）、《诸神的诞生——克里特岛上的图坦卡蒙》（1925）等。1911年–1913年，在莫斯科，《德·谢·梅列日科夫斯基文集》（17卷本）出版，1914年他的24卷本文集出版，1908–1918年他的第二个三部曲《野兽的王国》出版，1925–1932年他的第三个三部曲（《三的秘密——埃及与巴比伦》《西方的秘密——大西洲岛和欧洲》《未知者耶稣》）出版。

　　1901年，根据德·谢·梅列日科夫斯基夫妇倡议，在朋友们的帮助下，在圣彼得堡举办了宗教—哲学聚会。该会初心是试图把知识分子与教会联合起来，共同创建俄罗斯的宗教意识。聚会尽管取得了一些研究上的成果，但是目的并未达到，因为俄罗斯知识分子与教会之间的裂痕实在是太深了。1903年聚会被取消。1905–1912年，德·谢·梅列日科夫斯基主要居住在巴黎，后来曾在波兰等地居住。1933年他曾被提名诺贝尔文学奖的候选人，后未得到。1936–1937年，他住在意大利，"二战"中，他曾多次与墨索里尼会见，并与他合作。1941年12月9日，德·谢·梅列日科夫斯基在巴黎去世。

　　杜纳耶夫在《东正教与俄罗斯文学》的第6卷第2册中，曾把德·谢·梅列日科夫斯基称为"俄罗斯侨民文学的主要文学活动家之一"[①]。他认为，

---

① *Дунаев М. М.* Глава 19 Русская литература в эмиграции//Православие и русская литература. Часть 6（Книга 2）. Издание второе, исправленное, дополненное. Москва: «Христианская литература», 2004. С. 3.

这批侨民思想家“实际上沉浸在无法实现的希望之中，冷漠地环视周围的世界，而这一世界已经让日常琐事和空虚遮蔽了视野”①。在这些侨民作家看来，他们无法成为公正的法官，但是可以清醒地评价周围世界发生的一切。②通过文学创作和美学探索来实现对现实环境的批判和超越，这是以德·谢·梅列日科夫斯基为代表的俄罗斯侨民作家实现自身理想和希望的必然途径。新宗教意识也正是在这样的背景下产生的。

德·谢·梅列日科夫斯基的新宗教意识是他在宗教哲学文化理论的探索过程中，逐步形成的一种宗教文化意识。他认为，上帝的启示并非仅仅存在于传统的基督教中，还存在于多神教之中。他的新宗教意识的基本观点是：在宗教世界中存在着两种真理，一种是基督教（关于天的真理），另一种是多神教（关于地的真理），完美的宗教真理应该是这两种真理的融合，也就是多神教与基督教的融合，而且这种融合已经非常和谐地体现在基督耶稣身上了。

在德·谢·梅列日科夫斯基看来，灵与肉的冲突其实就是这两种真理矛盾冲突的直接反映。第一种真理的反映就是为追求精神而自我牺牲，渴望与神的融合；第二种真理的反映则是追求个性的自我确立、自我崇拜。社会和历史演进的理想结果，也就是这两种追求的和谐和统一。德·谢·梅列日科夫斯基的“新宗教意识”，也可以被称为独立于《旧约》和《新约》的“第三约言”理论。新宗教意识对德·谢·梅列日科夫斯基的象征主义文学批评理论及方法有着重要的影响。

---

① *Дунаев М. М.* Глава 19 Русская литература в эмиграции//Православие и русская литература. Часть 6（Книга 2）. Издание второе, исправленное, дополненное. Москва: «Христианская литература», 2004. С. 3.

② 同上注。

　　新宗教意识直接决定了德·谢·梅列日科夫斯基对《列夫·托尔斯泰与陀思妥耶夫斯基——生活与创作》一书在内容和结构上的安排。该书是德·谢·梅列日科夫斯基在文学批评方面的一部代表作，其基本构架和内容是建立在两位伟大的俄罗斯作家彼此对峙的基础之上的：在灵与肉的方面，列夫·托尔斯泰侧重两者的对立，陀思妥耶夫斯基则更加关注两者之间的统一。显然，列夫·托尔斯泰表现的是两种真理的对抗，即基督教真理与多神教真理的对峙，而陀思妥耶夫斯基则揭示的是这两种真理的融合，即基督教真理与多神教真理的融合。德·谢·梅列日科夫斯基显然更加偏爱陀思妥耶夫斯基的创作。

　　《列夫·托尔斯泰与陀思妥耶夫斯基——生活与创作》一书努力表明，在列夫·托尔斯泰创作中，生与死是永恒对立的，是不可能统一的；然而在陀思妥耶夫斯基的创作中，生与死则是永恒统一的，是不可能迥然对峙的。在列夫·托尔斯泰笔下，肉体重于灵魂，物质重于精神；在陀思妥耶夫斯基的笔下，灵魂则肯定重于肉体，精神一定重于物质。在人物的心理描写方面，列夫·托尔斯泰一般是从外部到内在，从肉体到灵魂，从行为到心灵，从客观描述到主观思索；陀思妥耶夫斯基描写人物则常常是恰恰相反，从内在到外部，从灵魂到肉体，从心灵到行为，从主观思索到客观描述。

　　德·谢·梅列日科夫斯基指出：列夫·托尔斯泰和陀思妥耶夫斯基都具有敏锐的洞察力，当基督再次降世，他身后的神明世界也随之降临时，两位作家都感觉到了。只是列夫·托尔斯泰感识的是"肉体的秘密"，而陀思妥耶夫斯基才触及"灵魂的秘密"。当然，在未来的神明世界中，肉体与灵魂也是统一的，肉体也会成为圣洁的"精神的存在"。不过，在德·谢·梅列日科夫斯基看来，与列夫·托尔斯泰相比，陀思妥耶夫斯基显然高明一些，因为灵魂肯定比肉体重要。德·谢·梅列日科夫斯基甚至强调，人类认知世界的最后阶段是感知生活的宗教的奥秘，这无疑与陀思妥耶夫斯基的思想是一致的。

在文集《未来的卑鄙小人》（1906）中，德·谢·梅列日科夫斯基在提及自己创建新宗教意识的动机时，曾经强调，除了创建的理论意义以外，还有很重要的社会实践意义，当时自己主要是为了俄罗斯的社会现实。他明确指出，俄罗斯社会如果再不进行精神上的改革的话，其未来就完全可能被"卑鄙小人"掌控。其实，历史上的基督教，无论是西方的天主教、新教，还是俄罗斯的东正教，都已经不能够满足俄罗斯知识分子的需求，不能够解除他们心中的疑虑。"当代欧洲的宗教不是基督教，而是小市民意识。"[1] 在欧洲的现实生活中，账簿取代了《圣经》，形形色色的商埠替代了祭坛，而俄罗斯正在步欧洲的后尘，正在欧洲化。德·谢·梅列日科夫斯基断言，要避免欧洲化，要摆脱"卑鄙小人"，就必须创建新宗教意识。这一意识能够把俄罗斯的知识分子、教会和普通人联系起来，一起抵御"卑鄙化"和"庸俗化"，寻求社会的精神出路。

德·谢·梅列日科夫斯基从"以拯救世界为宗旨"出发，强调了"新宗教意识"实质的社会性，并认为，新基督教意识与旧基督教意识的本质不同就在于此。"无论是缺乏社会性的宗教，还是缺少宗教的社会，均无法拯救俄罗斯，只有宗教的社会性才能拯救俄罗斯。"[2] 传统的基督教是一种宗教个人主义，只强调拯救个人，信仰仅仅是个人自己的事情，因为上帝的国是在每个人的内心深处的，不在人与人的此在世界中。德·谢·梅列日科夫斯基提出的宗教的社会性直接批判了传统的宗教个人主义，他把

① *Мережковский Д. С.* Грядущий хам//Больная Россия. Ленинград, 1991. С. 29–30.

② 同上，第44页。

个性与个体进行了区分，在传统的基督教中，个性的存在被忽视了，存在着的只是个体与社会的对峙。他竭力从个性与社会性相融合的角度，来创建新宗教意识。

德·谢·梅列日科夫斯基以为，在传统的基督教中，个性的教义是非常完善的，但是社会性的学说则很不完善。宗教的社会性与教会有关，教会的社会性与国家的社会性是相互抵触的。国家的社会性是压抑个性的，国家往往把教会当作个体，而不是个性。在天主教的社会里，国家服从教会，国家成了基督教的国家；在东正教的社会里，则是教会服从国家，成为国家的东正教。在新教的世界里，个人主义占主导，有多少个信徒，就有多少个教会。

德·谢·梅列日科夫斯基指出，新宗教意识理论的主要任务有三点：一是争取个性与社会性既对立又统一，而且统一是根本；二是树立末世论的自我意识，即此世是有终点的，不该在时间中无限制地延长，世界是有末日的，应该追求彼世的无限；三是实现教会的普世性，无论是教会还是其他社会组织，都应该解放个性，真正做到个性与共性的统一。[①] 在德·谢·梅列日科夫斯基看来，传统的基督教并没有实现个性的真正解放，个性依然受到压抑，其主要原因就在于，个性的概念常常被个体所替代，因此个性与社会性之间的矛盾也就成了个体与社会的矛盾。我们通常把"天国在我们的心中"理解为"天国在每一个体的人的心中"，其实，应该是"天国在每个彻底被解放了的个性之中"。在这里，德·谢·梅列日科夫斯基实际上已经把"个体"主要视为一个生物体，而"个性"则主要是一个精神与生物体的融合。

[①]　转引自张百春:《当代东正教神学思想——俄罗斯东正教神学》,上海:上海三联书店,2000年,第135页。

德·谢·梅列日科夫斯基的新宗教意识反对把“肉体”与“精神”绝对分离，主张把多神教注重的“肉体”与传统基督教强调的“精神”结合起来。在传统的基督教中，基督的复活是精神的复活，而并非肉体的复活。要成为基督徒，就必须放弃人世间的生活享乐，放弃大地，仅仅去爱天。德·谢·梅列日科夫斯基批判和修正了这一观点，认为天上（精神）的幸福应该与地上（肉体）的幸福融合在一起，反对为了前者而放弃后者。新宗教意识的原则就是“天”（精神）和“地”（肉体）都要爱，缺一不可。当然，在德·谢·梅列日科夫斯基的理论中，肉体的概念是宽泛的，包括人世间的一切，即性、婚姻、家庭、尘世、享乐等所有物质生活。

从研究方法上来说，德·谢·梅列日科夫斯基处于一种极度的矛盾状态之中。一方面，在他的理论中充满着二元对立的概念，例如精神与肉体、基督与反基督者、天上与地下、基督教与多神教、神人与人神，甚至还有圣父与圣子等；另一方面，他又要打破二元对立的束缚，他的新宗教意识就是要用“三”来取代“二”，因此他特别喜爱创作“三部曲”。为了走出这一矛盾的困境，德·谢·梅列日科夫斯基就需要一个“第三者”，这个第三者就是一个能够把二元融合为一体的综合，并由此形成新的“三位一体”。

基督教的“三位一体”一般是强调圣父、圣母、圣子的“三位一体”。德·谢·梅列日科夫斯基的新宗教意识的核心内容就是把圣母与圣灵结合起来，并赋予它以综合的作用。这样圣灵（圣母）就可以把圣父与圣子综合在一起。他在《未来的卑鄙小人》中指出，在圣父的王国里，《旧约》表明的是真理作为上帝的权力；在圣子的王国里，《新约》以爱作为存在的真理；在第三王国里，即圣灵（圣母）的王国，在未来“约”之中，

"自由的爱"才是真理的启示。[1] 显然，这第三者（圣灵—圣母）是前两者的综合。

德·谢·梅列日科夫斯基还把新宗教意识的"三位一体"与人类的历史结合起来，揭示了"三"的秘密。在他看来，人类发展的三个阶段，即昨天、今天与明天，分别对应为大西洲岛 [2] 上的人类、现在的人类和未来的人类。第一个阶段的人类是经历过大洪水洗礼的，第二个阶段的人类是受过基督宝血洗礼的，第三个阶段的人类将用圣灵、用火来洗礼。这三个世界也分别是圣父、圣子和圣灵（圣母）的世界。"信来自圣父，爱来自圣子，望来自圣灵。在永恒之中它们三个是一，但在时间之中，圣父的第一约是信，圣子的第二约是爱，圣灵的第三约是望。"[3] 德·谢·梅列日科夫斯基的"第三约"（圣灵王国）是没有任何国家权力的，是充满自由和希望的。

德·谢·梅列日科夫斯基的新宗教意识引起了学界的密切关注和批评，尼·亚·别尔嘉耶夫就曾经批评他的宗教既不是历史的基督教，也不是基督的宗教。也许正是因为如此，他的新宗教意识理论才独树一帜。

德·谢·梅列日科夫斯基的宗教思想是始终与他的象征主义文学创作与批评紧密地联系在一起的。他既是俄罗斯象征主义创作的开拓者，又是一位伟大的象征主义思想家和批评家。他与其他象征主义者一样，既坚定着对上帝的信仰，又非常重视理智，即抽象思维的作用。杜纳耶夫就曾经明确指出："梅列日科夫斯基不是简单地把理智置于信仰之上，而是努力

---

① *Мережковский Д. С.* Грядущий хам.//Больная Россия. Л., 1991. С. 27.

② 大西洲岛是位于欧洲到直布罗陀海峡附近的大西洋之岛，又称亚特兰蒂斯，它是传说中拥有相当文明程度的古老大陆、国家或城邦之名。最早的描述出现于古希腊哲学家柏拉图的著作《对话录》里，据说其在公元 1 万年前被大洪水毁灭。

③ *Мережковский Д. С.* Реформаторы: Люрер, Кальвин, Паскаль. Томск, 1999. С. 21.

用自己的理智去阐明上帝的智慧，并且与上帝的智慧世界相一致。"① 其实，新宗教意识就是理智与信仰相融合的产物。无论是在他的创作艺术中，还是在他的批评理论探索中，新宗教意识一直是他的象征主义创作的灵魂。

尼·亚·别尔嘉耶夫曾经明确指出："象征是两个世界之间的联系，是另一个世界在这个世界上的标记。象征主义作家相信有另一个世界。"② 虽然这位弗·谢·索洛维约夫思想的继承人曾反对德·谢·梅列日科夫斯基的象征主义思想，但是在他及弗·谢·索洛维约夫的思想中，也存在着象征主义的思想，因为基督教本身就是一种主张两个世界并关注它们之间联系的宗教。

在被公认为俄国象征主义文学宣言的《论现代俄罗斯文学衰落的原因与若干新流派》一书中，德·谢·梅列日科夫斯基指出："从丧失灵魂的实证主义走向神性的理想主义，在宗教和哲学领域中，与不可知者和解的时代降临了……社会小说和市民小说已经令人厌烦，应该到诗歌和散文中去探索创作的途径，诗歌和散文打开了通往永恒的门扉。只存在着一种真实的文化，这就是寻求上帝的文化，只存在着一种真实的诗，这就是象征主义的诗。"③ 显而易见，在德·谢·梅列日科夫斯基那里，象征主义的宗教思想之基础是"寻求上帝的文化"，而创作形式则是"象征主义的诗"。

在俄罗斯，文学批评运动一直是与社会思想的解放运动紧密地联系在一起的，俄国象征主义也不例外。它与法国象征主义不同，已经越过了文

① *Дунаев М. М.* Глава 19 Русская литература в эмиграции//Православие и русская литература. Часть 6（Книга 2）. Издание второе, исправленное, дополненное. Москва: «Христианская литература», 2004. С. 9.

② [俄] Н. А. 别尔嘉耶夫：《俄罗斯思想》，雷永生等译，北京：生活·读书·新知三联书店，1995 年，第 224 页。

③ *Мережковский Д. С.* О причинах упадка и новых течениях современной русской литературы. СПб., 1893. С. 8.

学的藩篱，成为一种具有明确新宗教意识的思想文化运动。以德·谢·梅列日科夫斯基为代表的俄国象征主义，坚决反对别林斯基、车尔尼雪夫斯基、杜勃罗留波夫等为首的 19 世纪现实主义批评传统，为不再在现实世界去寻找社会和个性解放的出路，而是面向未来的世界、"第三约"的世界。在德·谢·梅列日科夫斯基看来，此在世界与彼岸世界之间存在着某种必然的联系，这种联系是通过象征来反映的，象征就是一种符号，一种表征意指关系的动态符号，它把天地、生死、内外、虚实、理想与现实等联系起来。

　　德·谢·梅列日科夫斯基摒弃现实主义艺术和民粹派创作，批判以环境、社会为重点的写实主义文学，竭力提倡创作理想的诗，哪怕是写小说，也要用抒情诗的方式去写。他虽然赞赏俄国短篇小说家、剧作家契诃夫的创作，尤其是他的简洁，但是也批评在契诃夫的社会小说创作中缺乏艺术的抒情之真。然而，究竟什么才能够称之为是理想的诗呢？

　　德·谢·梅列日科夫斯基多次强调，理想的诗应该具有人无法把握的灵性，具有一种永恒的自然力量。这似乎是在强调一种纯艺术的诗歌创作，其实，他强调的灵性就是新宗教意识，永恒的自然力量就是一种宗教力量。因此，俄国象征主义作家别雷就曾一针见血地指出，德·谢·梅列日科夫斯基主张的是"具有（灵性宗教）思想意识的诗"，这只不过是用一种思想观念替代了民粹主义的思想观念，来支配文学。当然，别雷也肯定了这种替代实际上改变了俄国文学精神取向和文化趋向。①

　　因此，德·谢·梅列日科夫斯基的象征主义创作与批评的核心就是新宗教意识。可以说，德·谢·梅列日科夫斯基是以陀思妥耶夫斯基的宗教

---

① 参见 Christa Ebert, Symbolismus in Russland. Berlin, 1988，第 46–47 页．转引自基督教文化学刊，1999 年，第 1 辑，第 90 页。

思想为依据，来发展自己的象征主义宗教思想的。他看到了陀思妥耶夫斯基思想中的反基督的一面，不过，他以为这是走向"未来的基督"的唯一途径。在德·谢·梅列日科夫斯基看来，陀思妥耶夫斯基的宗教既不是东正教，也不是传统的基督教，而是"圣灵的宗教"（"第三约"）。

德·谢·梅列日科夫斯基的宗教思想就是第三圣国（圣灵之国）即将降临的思想。他指出："圣父开始拯救世界，圣子继续拯救世界，圣灵将完成拯救世界。"[①]圣灵要降临此世，必然遇到此世的反基督者的反抗，因此，圣灵进入人的灵魂的过程就是圣灵与魔鬼的斗争过程。在圣灵的帮助下，人可以回到基督；而在魔鬼那里，人就会走向反基督。也许就是因为探索人回归基督的历程，德·谢·梅列日科夫斯基的主要著作多数是小说体的人物传记，例如耶稣、陀思妥耶夫斯基、果戈理、列夫·托尔斯泰、路德、奥古斯丁、加尔文、达·芬奇、圣方济各、朱利安、阿利克西等。这些著作均是象征主义艺术表现的圣灵降临与人的个体之间关系的小说体神学论著。圣灵降临并深入人心的问题，其实就是"基督与此世"的关系问题，这是德·谢·梅列日科夫斯基关注的中心问题之一。他曾经在专门组织过该问题的宗教哲学研讨会，具体探讨了精神与肉体、基督教与社会、福音与异教、教会与艺术等问题。他本人还专门探讨了果戈理的创作，由此引发基督教与艺术、文学艺术与东正教等关系问题，从而进一步表明，福音是一个象征的世界，表征在此世，意义却在彼世。

这里，实际上，又体现出德·谢·梅列日科夫斯基象征主义批评的宗教神秘性和不可知性等特征。德·谢·梅列日科夫斯基在自己的最大一部三部曲传记体小说《耶稣》中，就把第一卷的书名定为《未知者耶稣》。

---

① ［俄］Д. С. 梅列日科夫斯基：《路德与加尔文》，杨德友译，上海：学林出版社，1998年，第57页。

这部三部曲是象征主义的耶稣传记研究，回答了"耶稣在吗？曾在？现在？还是将在？""耶稣是神话？历史？还是幻觉和躯壳呢？"德·谢·梅列日科夫斯基以为，世人之所以把耶稣当作神话，最主要就在于耶稣是一个神化的个体，象征着另一个彼岸世界中的圣灵。耶稣是一个永恒的超越现实世界的象征。

在德·谢·梅列日科夫斯基看来，象征还有一个重要的特征就是无论如何都不能够完全被认知的。基督教自从产生以来，人们就一直在探讨，人类是否可以认知耶稣？无数双眼睛认知了两千多年，仍然无法真正认知他。如果把耶稣形象视为一个身上贴满马赛克的塑像，那么历史上各个民族对基督的认识，对基督教文化的阐释，都不过是这位耶稣形象身上的一块马赛克碎片。当复活的耶稣与自己的门徒重新在一起的时候，有两位门徒并不认识他，这就是说，耶稣与世人同在，但是世人却无法认识他，因为认识耶稣不能够仅仅凭借自己的眼睛，而要用心灵去感受。德·谢·梅列日科夫斯基指出，认识象征也不能够用眼睛，而要用心灵去感知。

可以说，德·谢·梅列日科夫斯基的象征主义是以其新宗教意识为基础的，努力在此在世界与彼岸世界之间建立联系，揭示这种联系的象征符号，尽管这种象征意义是神秘的、不可阐释穷尽的，但是，人们还是应该用心灵去感知，通过耶稣的躯体去感觉基督的存在。

学界一般认为，陀思妥耶夫斯基是俄罗斯白银时代宗教文化复兴运动的真正鼻祖。首先指出这一点的是弗·谢·索洛维约夫和德·谢·梅列日科夫斯基，虽然他们总的哲学倾向都是属于自由哲学的范畴，但是他们各自对陀思妥耶夫斯基宗教意识的感知和阐释方式是迥然不同的。弗·谢·索洛维约夫的阐释主要是以思辨理想主义的方式来展开的，而德·谢·梅列日科夫斯基却更接近瓦·瓦·罗赞诺夫，重视个性的躯体和爱欲，他的象征主义是爱欲神秘主义的。如果说弗·谢·索洛维约夫更主要是哲学家式的宗教文化批评理论家，那么德·谢·梅列日科夫斯基则更主要的是文学家式的象征主义大家。

第三节　维·伊凡诺夫：现实主义的象征主义

长期以来，无论从文学创作，还是从批评理论及其方法来看，现实主义与象征主义通常被视为是两种迥然不同的方法，前者注重文学创作对社会现实生活的反映，后者则更加侧重主观的心灵感应及其表征。然而，白银时代俄罗斯宗教文化批评理论家、诗人维亚切斯拉夫·伊凡诺维奇·伊凡诺夫则把它们有机地结合在了一起，创立了一种独特的批评理论和方法——"现实主义的象征主义"。它源自对文学创作的深入探讨，尤其是对陀思妥耶夫斯基创作的宗教底蕴发掘。他在《陀思妥耶夫斯基与悲剧式小说》（1914 年）、《俄罗斯的面貌与面具：陀思妥耶夫斯基思想体系研究》（1917 年）等论文和专著《陀思妥耶夫斯基：悲剧—神话—神秘论》（1932 年）中，深入分析了《卡拉马佐夫兄弟》《群魔》和《罪与罚》等作品，充分论述了陀思妥耶夫斯基长篇小说的创作形式的构造原则和"世界观原则"，归纳了它们作为悲剧小说的基本特征，力求梳理这些作品中人物与人物之间以及人物与作者之间的思想联系，具体阐释了这些作品所蕴含的神话因素和宗教神秘论因素，揭示陀思妥耶夫斯基对人类文明的重要贡献。

维·伊·伊凡诺夫由于长期侨居国外，曾经到欧洲、亚洲和非洲的许多国家，通晓多种语言，知识渊博、视野广阔。他对西方文明，特别是古代西方文明的研究非常深入，甚至他的同时代人都很少能够企及。他在宗教文化、批评理论与文学创作方面均做出了卓越的贡献，因此他不仅在象征主义理论和创作领域，而且在整个白银时代俄罗斯东正教文学批评理论中，均占据着非常显著的地位。

维·伊·伊凡诺夫无论在诗歌创作领域，还是在宗教文化批评理论方面，都取得了辉煌的成就。他的主要诗集有《引航的星斗》(1903)、《通体清澈》(1904)、《愤怒的彩虹》(又称《燃烧的心》)(1911)、《温馨的秘密》(1913)、《黄昏的光》(1962)等；主要的学术论著除了上面提及的有关陀思妥耶夫斯基创作研究的论著以外，还有《古希腊的拜受难神教》(1904)、《尼采与狄奥尼索斯》(1904)、《雅典娜之矛》(1904)、《狄奥尼索斯宗教》(1905)、《个人主义的危机》(1905)、《面向群星：文章与箴言》(1909)、《弗·索洛维约夫的宗教事业》(1911)、《列夫·托尔斯泰与文化》(1911)、《垄沟与阡陌》(1916)、《祖国的与世界的》(1917)、《两地书简》(1921)、《狄奥尼索斯与原初的狄奥尼索斯崇拜》(1923)等。

维亚切斯拉夫·伊凡诺维奇·伊凡诺夫于 1866 年 2 月 16 日出生在莫斯科，他的父亲是一个土地测量员，早在儿子才五岁时就去世了。他的母亲是一位天资聪慧的女人，极具音乐和语言天赋，她经常教导儿子从审美和伦理的层面去感悟基督教文化，甚至把文学创作和朗诵诗歌也视为一种审美的宗教活动。

虽然维·伊·伊凡诺夫自孩提时代起就接受了宗教精神的熏陶，但是他在青年时代则曾经受到无神论和社会革命思想的影响。他试图从历史问题的研究中探索改造现实社会的途径，也正是带着这种思想，他于 1884年考入莫斯科大学历史—语文系学习。两年后转往德国柏林大学学习，师

从著名历史学家蒙森①等学习古罗马历史。在柏林期间，他的世界观逐渐发生变化，研究兴趣也从社会政治转移到宗教文化上来，他甚至认为，"一切伟大的艺术成就都是以宗教为基础的，并且肩负着驱恶扬善的使命"。②

1891年课程结束后，维·伊·伊凡诺夫着手准备研究古代罗马国家包税制问题的学位论文，至1895年完成。他的论文得到导师蒙森的好评，他却因不愿参加答辩前的预考而放弃了博士学位。这也许是他的内在矛盾所导致的，他一方面酷爱诗歌创作，另一方面又要置身学术研究活动，这两者之间的相互冲突使得他的论文一直推迟到1911年才得以发表。不过，他的生命留给后人的也正是这两条轨迹，他所崇拜的德国作家尼采就是集诗人与学者于一身的。

在德国，在巴黎，在欧洲的其他国家的图书馆，维·伊·伊凡诺夫如饥似渴地阅读了歌德、诺瓦利斯、叔本华、尼采、瓦格纳等人的论著，也认真研究过霍米亚科夫、弗·索洛维约夫的思想。最终，他的兴趣集中到古希腊文化研究上来了。1893年夏，维·伊·伊凡诺夫在罗马遇到了他生活中的"上帝"——他日后的妻子莉吉娅·德米特里耶夫娜·季维耶娃－阿尼巴尔。后来，维·伊·伊凡诺夫在1917年撰写自传时描述了这种独特的心灵感受。1903年，维·伊·伊凡诺夫在巴黎的俄国社会科学高等学校讲授希腊宗教史等课程，沉湎于狄奥尼索斯的理论，讲述"酒神崇拜"的历史，探索民间狂欢活动、宗教与悲剧艺术之间的关系，讲座得到了热烈的反响。他的讲稿《狄奥尼索斯宗教——起源与影响》于1905年在《生

① 蒙森（Theodor Mommsen, 1817–1903），德国历史学家。
② 转引自俄罗斯科学院高尔基世界文学研究所编：《俄罗斯白银时代文学史》第3卷，谷羽等译，兰州：敦煌文艺出版社，2006年，第195页。

活问题》上发表。

1904 年春，维·伊·伊凡诺夫开始与俄国象征派诗人交往，而且越来越受到他们的影响，决定回国投身象征主义的运动。1905 年 7 月，维·伊·伊凡诺夫与夫人迁居彼得堡塔夫里大街 25 号楼的顶层，后来被称为"塔楼"。从 1905 年秋起，"塔楼"成为 20 世纪初期俄罗斯文化界最引人注目的沙龙。白银时代俄罗斯文化界的几乎所有重要代表人物都曾出现在这一"塔楼"里。1907 年随着"塔楼"女主人季维耶娃－阿尼巴尔的去世，聚会渐少，维·伊·伊凡诺夫也不太热心各种交际活动了，而进入了自我封闭的时期。1912 年，维·伊·伊凡诺夫再度出国，次年第二次结婚，婚后全家迁居于莫斯科。十月革命后，他曾担任教育人民委员会戏剧与文学部的组织领导工作，在各类文学讲习班授课。1920 年，在第二任妻子去世后，维·伊·伊凡诺夫迁往北高加索，后又应巴库大学之邀前去担任古典语文教师，1921 年在那里完成了已拖延 26 年的论文答辩。这一题为《狄奥尼索斯与原初的狄奥尼索斯崇拜》的论著于 1923 年在巴库正式出版。

1924 年 8 月 28 日，维·伊·伊凡诺夫一家离开祖国经柏林，来到意大利。1926 年 3 月 4 日，他在圣维亚切斯拉夫日皈依了天主教，追随索洛维约夫的学说，信奉教会统一、世界大同的思想。1926 至 1934 年，他在巴维亚大学任教授，讲授俄罗斯文化和俄国教会史。1936 年以后定居于罗马，在天主教会的东方学院讲授俄国文化和俄语。他对朋友称，罗马是他最后的归宿。在罗马期间，他把不同时期零散发表而尚未收入诗集的作品进行了整理，定名为《黄昏的光》，此书一直到他去世后的 1962 年才正式出版。1949 年 6 月 16 日维·伊·伊凡诺夫在罗马去世。在他逝世之后，其思想和艺术遗产开始受到国际学术界的广泛重视。

维·伊·伊凡诺夫的人生清晰地留下了文学创作和理论探索这两条轨迹，时而交融，又时而平行。他的理论探索通常是与文学创作密切相关的。他的现实主义的象征主义批评，也只有结合具体的文学作品来分析，才能够较为准确地加以把握和阐释。

因此，我们以陀思妥耶夫斯基的长篇小说《卡拉马佐夫兄弟》为具体实例，通过细致的文本分析，努力阐明维·伊·伊凡诺夫的现实主义的象征主义批评的独特性，从而发掘该批评方法在文学文本分析中的特殊功用，同时也进一步开掘文学经典名著《卡拉马佐夫兄弟》的可阐释空间，揭示其深刻内涵的复杂性，为我们的文学批评提供有价值的借鉴。

翻开长篇小说《卡拉马佐夫兄弟》，一幕幕19世纪俄罗斯社会的生动图景展现在读者的眼前。以往的文学批评界在论及这部文学经典名著时，常常依据的批评理念是把文学看作一种现实生活的反映。因此，评论界通常认为："作家在小说中描写了卡拉马佐夫家族成员之间的复杂关系以及他们给周围的人带来的痛苦。这是农奴制改革后俄国社会的一个缩影，反映出了社会生活的不合理和人们之间的畸形关系。"①

然而，陀思妥耶夫斯基曾强调："我对现实和现实主义的理解与我们的现实主义作家和批评家完全不同。我的理想主义比他们的现实主义更为现实。"②在维·伊·伊凡诺夫看来，现实生活是由人们在现实社会中不同层次的活动所构成的，陀思妥耶夫斯基创作中反映的现实从表层上来看，无疑是19世纪后半期俄罗斯社会人与人之间的畸形关系，但从深层次上来发掘，应该是人们长期以来的宗教文化活动在现今社会生活中的积淀。这

---

① 曹靖华主编：《俄苏文学史》第1卷，郑州：河南教育出版社，1992年，第505页。
② ［俄］Ф. М. 陀思妥耶夫斯基：《陀思妥耶夫斯基论艺术》，冯增义、徐振亚译，桂林：漓江出版社，1988年，第327页。

种积淀是源于"狄奥尼索斯（酒神）崇拜"与民间的狂欢活动。他坚持，狄奥尼索斯崇拜活动"始终贯穿于所有真正的宗教生活"①，甚至该活动先于人类语言的出现。维·伊·伊凡诺夫的现实主义的象征主义就是从宗教文化出发，把社会现实看作一种宗教文化活动在当今的象征化反映。在陀思妥耶夫斯基的长篇小说《卡拉马佐夫兄弟》中，这种现实的象征化就是酒神崇拜的现实反映。

维·伊·伊凡诺夫的批评方法显然深受尼采《悲剧的诞生》等论著思想的影响，但是在对酒神形象本身的认识上却迥异于这位德国学者。在尼采那里，狄奥尼索斯首先不是一种宗教和道德范畴内的现象，而是在此之外的一种心理现象和美学现象。可是，维·伊·伊凡诺夫则把它视为一种宗教范畴内的独特心理现象。酒神的癫狂状态其实是一种主体的泛化状态，主体与其他的"我"均不是客体，而成为另一群主体。酒神崇拜是一种精神宣泄、一种神圣的癫狂，也可以说是一种内在的认知方式。这种"精神普世运动"反映出文化的原始印迹，表明"超越个性"的个体群的经验的整体生成。众人在酒醉迷狂的情绪中彼此相遇，共同感知了上帝的存在。

在长篇小说《卡拉马佐夫兄弟》中，我们不难发现，几乎所有的主人公都处于"醉酒"的癫狂状态。陀思妥耶夫斯基是以主人公们对上帝的态度来区分和塑造人物形象的。父亲费多尔·巴甫洛维奇·卡拉马佐夫是一个心中没有上帝的恶棍，因此他是一个丑恶畸形的灵魂。长子德米特里·卡拉马佐夫是集"圣母玛丽亚的理想"与"所多玛城的理想"于一身的人物，虽然他追求肉欲、生性粗暴残忍，但是他自己说道："尽管我下

---

① *Иванов В. И.* Родное и вселенское. М.: Изд.«Республика», 1994. С. 14.

贱卑劣……然而上帝啊，我到底是你的儿子"。陀思妥耶夫斯基最终让德米特里在自我净化和自我完善中忏悔自己的罪过。次子伊凡·卡拉马佐夫是个无神论者，他的叛逆否定了上帝的存在，他为斯麦尔佳科夫弑父提供了思想依据，是思想上的凶手。伊凡的两个弟弟阿辽沙和斯麦尔佳科夫是两个性格迥然不同的人物，前者是陀思妥耶夫斯基笔下宗教理想人物的化身，后者则恰恰相反，是一个为了私利而背叛信仰的杀人恶魔。这一个个作为主体的人物精神宣泄、神圣的癫狂，从正反两个方面形成了一种"超越个性"的宗教文化氛围，创造了一种感知上帝的独特方式，反映了带有原始文化印记的"精神普世运动"。

在维·伊·伊凡诺夫那里，酒神崇拜应该是一种积极向上的活动，充满着欲望和自由。这显示出人对上帝的态度、人的创造欲或曰创造冲动。狄奥尼索斯崇拜表征为"创造自由"的宗教隐喻，因此值得颂扬和赞美。这种自由既有环境的自由、氛围的宽松，各个主体间的绝对平等，同时也包含着每一主体精神的彻底放松、本性的真实坦露。在陀思妥耶夫斯基的笔下，无论是恶魔还是圣徒，无论是有神论者还是无神论者，均是积极的行动者，各自渴望着不同的自由，争取着平等的权利。这里既有儿子与父亲为女人的争斗，也有亲生儿子与私生子之间为权益的争斗，每个人的"为所欲为"其实都是对各自自由的追求。陀思妥耶夫斯基并没有把理想人物阿辽沙描绘得强大有力，相反展现出他的苍白无力，而父亲费多尔·卡拉马佐夫和次子伊凡等也表现出性格强有力的一面。这便营造了酒神崇拜的"平等""宽松""自由"的话语语境。

在《卡拉马佐夫兄弟》里，读者透过表层社会现实生活，能够感触到深层次的宗教文化象征，即狄奥尼索斯崇拜。这并非一种神秘色彩浓重的宗教仪式，也不仅仅是表现为一场"精神普世运动"和创造自由的情感释放，而且是一种人们独特的认知方式。读者可以从酒神崇拜的艺术表现过程中感受到，当时人们在接受"上帝的教诲"时是如何感知"真理"或"真理"的各个侧面的。在维·伊·伊凡诺夫的现实主义的象征主义批评中，酒神形象实际上就是一种象征，而不是一个简单的概念。它象征着一种思维的形式，一种综合了各种错综复杂矛盾因素的精神文化。

在维·伊·伊凡诺夫看来，长篇小说《卡拉马佐夫兄弟》表面上展示的是在 19 世纪农奴制改革后的俄罗斯社会中各种灵魂畸形表现的现实生活图景，其实从深层次上发掘的是这一时期各种俄罗斯灵魂感知"上帝"的一幅宗教信仰图景，而这种图景体现了一种酒神崇拜的象征。

维·伊·伊凡诺夫强调，艺术家的任何创作都不应是"天堂"与"尘世"的分离，象征主义艺术也不例外。他把象征视为以"尘世的、现实的"方式体现宗教思想的最佳途径。他在人类的文化史上寻找着自己的支持者，例如柏拉图、弗·索洛维约夫等以及俄国象征派诗人。维·伊·伊凡诺夫作为俄国象征主义最重要的理论家，对现实主义的象征主义的理论阐释是非常独特的。

他不再像以勃留索夫为代表的俄国"老一代"象征派诗人那样，往往过于追求唯美主义，酷爱把心理体验投射到他们所否定的客观现实上，创造一种最为别出心裁的幻象世界。在他的《当代象征主义的两大本原》（1908 年）、《象征主义的遗训》（1910 年）和《关于象征主义的沉思》（1912 年）等论著中，就旗帜鲜明地表现出俄国"年轻一代"象征派理论的"现实化"特征。

维·伊·伊凡诺夫所遵循的是歌德关于"象征"的认识，即象征的客观认识性。他从"现象"触及"本体"，把"事物"化为"神话"，从对象的实实在在的现实性触及它的内在隐蔽的现实性，从而揭示"存在的秘密"的现实意义。"现实主义的象征主义"的艺术激情在于："运用象征认识每一现实，审视它们与最高的现实，也即现实之中更现实的现实之间的相互关系"①。在维·伊·伊凡诺夫看来，象征的现实化是由"合唱原则"来加以实现的。"合唱原则"就是要求作者放弃自我浪漫主义的独白，应当适当地牺牲"自我"。为了"别人"，为了"聚和性"，作者就要把自我主体彻底融合在集体的"巨大的主体"之中。"聚和性"意味着一种爱，意味着"自我主体"在作为绝对现实性的"你"或"别人主体"之中的本性恢复。"聚和性是一种独特的结合，即结合于其中的所有个性都可以充分敞开，取得自我唯一的、不可重复的、别具一格的本质规定，取得自我完整俱在的创作自由的定位，这种自由使每一个性都成为一种说出来的、崭新的、对于所有人均需要的话语。"②

　　如果细致分析长篇小说《卡拉马佐夫兄弟》的艺术结构，我们不难发现，这种"合唱原则"是作家结构该部小说的主要艺术手段。小说的主要部分均是由一个个人物群体的"合唱"而组成的，尽管每个场合参与的人物众多，但是时间大多短暂和紧凑。在小说作为引子的第一卷后，第二卷就展示了一个很有意思的集体"合唱"场景——佐西马长老修道室中的"不适当聚会"。这里集中了小说几乎全部的主要人物，读者可以在这个"合唱"中看到不同心灵交织的"乐章"，折射出社会现实的图景。第三卷则让读者更贴近每一个人物，在同一空间上感知他们对生活的看法及其相互间的复杂关系。在第四卷里，作者继续分解了前面展开的各条情节

①　*Нива Ж. и др.* История русской литературы: XX век. Серебряный век. М.: Издательство «Прогресс», 1995. C. 165.

②　*Иванов Вяч.* Легион и соборность（1916）//Родное и вселенское. М.: Издательство «Республика», 1994. C. 100.

线索，增添了不少插曲，使得费多尔·卡拉马佐夫与他的儿子们之间的冲突日益加剧。第五卷和第六卷在小说整体结构中占有非常特殊的位置。作者把两个相互对立的人物伊凡与佐西马放置在一起，构成了两种不同的世界观、道德观、宗教观的相互碰撞，形成了复调的"合唱"。第七卷通过阿辽沙与格鲁申卡的对话，更是把现实主义的场景与宗教的、民间口头创作的象征融合起来。第八卷、第九卷描绘了米佳和格鲁申卡在与他人的关系中，内心发生的激烈冲突与重大转折，直接由人物道德观念的重要变化反思了一些社会现实问题。第十卷一般被视为作者有意识让读者放松的章节，为更好地阅读最后两卷做准备。小说第十一卷又是由一系列零星的插曲组成，读者随着阿辽沙一起对格鲁申卡等人走访，表现了主人公们在老卡拉马佐夫被杀到米佳被审判前的复杂心态的"合唱"乐谱。最后一卷更是借助审判这一场景，由复述检察官和律师的演说，与当时的司法制度形成了相互对立的话语语境。

显然，从维·伊·伊凡诺夫的现实主义的象征主义出发，在陀思妥耶夫斯基的创作中，象征的现实化是通过主人公的场景对话以及人物在他人意识中的活动等"合唱原则"来实现的。相对于"独白"的作品来说，"合唱原则"构成的艺术作品才具有不断的可阐释性，艺术作品的现实性才能够不停地延伸，才具有可持续性。维·伊·伊凡诺夫对陀思妥耶夫斯基创作中的象征艺术（狄奥尼索斯崇拜）、"合唱原则"等探讨，后来对巴赫金的对话理论和思想形成起到了一定的积极作用。

在维·伊·伊凡诺夫那里，现实主义的象征主义批评之理论基础是对古希腊文化与宗教关系的探究，这也是他用以考察一切人类文化与文学现象的出发点和主要参照。在探讨陀思妥耶夫斯基的创作时，维·伊·伊凡诺夫不仅深入揭示了文本的现实性和象征性，而且用实证的方法从源头上考察了酒神崇拜和希腊民间的狂欢活动。他甚至更正了考古学的传统观点，指出，酒神崇拜不是起源于居住在巴尔干半岛东部的色雷斯人，而是起源于希腊某些荒僻地区和岛屿的土著居民。

当然，作为象征主义的大师，维·伊·伊凡诺夫明确写道，"一切伟大的艺术成就都是以宗教为基础的，并且肩负着驱恶扬善的使命"①。他认为，古希腊艺术与酒神崇拜等都体现了一般艺术与文化活动的本来真实含义，"现实主义的象征主义"就是要让整个现代艺术都应复归其本真意义，复归到其宗教根基上去。因此，他的研究没有局限于文献辨析和一般考据上，而是采用"移情原则"，联系宗教心理与文化哲学背景进行考察，通过宗教的神秘体验来完成的，从而更为深入地阐明陀思妥耶夫斯基创作中涉及的一些重要问题。

在维·伊·伊凡诺夫看来，艺术的真实是"现实"与"象征"、"客观"与"主观"、"情感"与"宗教"的融合。也正因为如此，经典的文学文本才具有无限大的可阐释空间，读者才会有"说不尽陀思妥耶夫斯基""说不尽的《卡拉马佐夫兄弟》"。可以说，陀思妥耶夫斯基的长篇小说《卡拉马佐夫兄弟》确实为维·伊·伊凡诺夫提供了一个极佳的批评文本。陀思妥耶夫斯基本人就反复强调："我对现实（艺术中的）有自己独特的看法，而且被大多数人称之为几乎是荒诞的和特殊的事物，对于我来说，有时构成了现实的本质。事物的平凡性和对它的陈腐看法，依我看，还不能算现实主义。"②

---

① *Дешарт О.* Послесловие. Собрание сочинений Вяч. Иванова. Т. 1. Брюссель: Жизнь с Богом, 1971. С. 15.

② [俄] Ф. М. 陀思妥耶夫斯基：《陀思妥耶夫斯基论艺术》，冯增义、徐振亚译，桂林：漓江出版社，1988年，第328-329页。

可以说，任何一部经典文学文本的现实性都具有两重性：小说反映当时社会生活的现实性和今天读者阐释作品的现实性。前者的现实性是非常有限的，仅限于小说反映的当时社会现实，对于《卡拉马佐夫兄弟》来说，就是 19 世纪农奴制改革后的俄罗斯社会现实。相反，读者阐释作品的现实性则是相对无限的，会随着时间的不断变化而逆向延伸。具体说来，不同时代的读者或者同一时代的读者，由于自身话语语境的迥异，对文学文本的现实性认识是不一样的，是不断发展变化着的，而且越是经典的文学文本，其现实性的逆向发展变化就越大。

　　从历时的角度来看，苏联文学批评界对陀思妥耶夫斯基创作中的现实性评价，可以以 1956 年为分界线，划分为前后两个阶段。在前一阶段，除陀思妥耶夫斯基的几部早期作品以外，其创作中的现实性基本上是遭到否定的，其中包括《卡拉马佐夫兄弟》，而被肯定的是他的艺术表现成就。高尔基就曾称陀思妥耶夫斯基是"恶毒的天才"[1]。所谓"恶毒"是就陀思妥耶夫斯基后期创作的现实性而言的，所谓"天才"是指作家的艺术天赋。因此，那时很少有人把陀思妥耶夫斯基看成是现实主义的大作家，而常常把他视为颓废主义作家。后一阶段是从陀思妥耶夫斯基逝世 75 周年开始。当时，苏联文艺学界又重新展开了一场关于陀思妥耶夫斯基创作问题的大讨论，各主要报纸杂志几乎都发表了纪念文章。大家又都异口同声地把陀思妥耶夫斯基尊为现实主义艺术大师，可以与托尔斯泰并驾齐驱。有人甚至把作家创作内容的复杂矛盾性也看作是现实的真实反映，《真理报》就指出，在陀思妥耶夫斯基的创作中渗透着俄罗斯现实主义的传统的

---

① ［俄］A. M. 高尔基：《高尔基论文学》（续集），冰夷、满涛、孟昌、缪灵珠、戈宝权、曹葆华译，北京：人民文学出版社，1979 年，第 178 页。

人道主义思想。①

很显然，无论是前一阶段，还是后一阶段，陀思妥耶夫斯基的创作文本都是一样，但评论却发生了很大的变化，陀思妥耶夫斯基由一个颓废主义作家变成了现实主义的艺术大师。这种对陀思妥耶夫斯基创作的现实性认识，难道不是我们对作品的新理解而追加上去的吗？难道不是一种逆向发展吗？随着时间的推移，人们也许还会不断发现陀思妥耶夫斯基创作中的新现实性。

从共时的角度来比较，在评价陀思妥耶夫斯基创作时，注重其创作与现实主义联系的批评者，往往把他本来纷繁复杂的艺术创作归入现实主义艺术的行列，称他是批判现实主义的艺术大师。侧重强调陀思妥耶夫斯基与现代主义艺术关系的批评者，又坚持把他的创作纳入现代主义艺术的创作模式，以现代主义的批评眼光来阐释陀思妥耶夫斯基的创作，并把他当作现代主义艺术的开拓者。批评者们都试图从复杂的创作现象中理出一条由因果关系串联起来的纵向线索，并以此来阐明自己的结论。前者竭力阐释陀思妥耶夫斯基的创新是现实主义艺术的发展；后者则要证明陀思妥耶夫斯的创作之所以是一种创新，就在于它摆脱了现实主义的羁绊转向了现代主义艺术。

在对陀思妥耶夫斯基创作，尤其是长篇小说《卡拉马佐夫兄弟》的研究中，我们能够非常清楚地看到批评界对这种现实性认识的逆向延伸。陀思妥耶夫斯基死后，其创作文本不可能再有任何改动，但是研究者的评价却在不断地变化着，与此同时，陀思妥耶夫斯基创作中的现实性还在永动地延伸着。也许只要存在着文学批评，只要陀思妥耶夫斯基创作还有认识

① *Институт Русской Литературы АН СССР*. Творчество Ф. М. Достоевского. М.: Изд. Академии наук СССР, 1959. С. 157.

价值，这种延伸就不可能停止。

这里便出现了一种非常值得思考的现象，在陀思妥耶夫斯基的长篇小说《卡拉马佐夫兄弟》中，酒神崇拜的象征是相对稳定不变的深层宗教文化含义，而"合唱原则"构成的现实则是极不稳定的表层社会现实生活。前者具有一定的超越性，无论后人怎样重新认识，都极少变化，而后者则由于局限于现实情感、认识水平和意识形态环境等因素，被后人不断重新阐释。因此，在"象征"与"现实"交织的艺术创作中，文本的现实性在逆向延伸着，而人类文明长期积淀而成的宗教文化象征却很难撼动。

第六章
走出环境的现实主义批评

　　俄罗斯著名作家列夫·托尔斯泰在《世纪的终结》中曾经指出："用福音书中的话说，一个世纪的终结不意味着一个百年的结束和开始，而是意味着一种世界观，一种信念，一种人们交际方法的出现。"[①] 19 世纪末至 20 世纪初，俄罗斯文学创作及其批评理论的发展均呈现出不断创新和求索的趋向，这一趋向主要反映在作家和批评家们对世界认知、信仰和探索方法上的求索。作为 19 世纪文学主潮的现实主义艺术自然是一股不容忽视和极其重要的力量。列夫·托尔斯泰、契诃夫和高尔基等一批经典作家不断推出新的作品，不仅获得了读者的广泛赞誉，而且引起了文学批评界的普遍关注。"发表于 1891 年的列夫·托尔斯泰的中篇小说《克莱采奏鸣曲》在读者界引发了真正的地震，以此开启了 19 世纪末的最后十年。"[②] 1900 年，高尔基把契诃夫的心理小说《带狗的女人》称为是一个文学创作新旧时代转换的标志。

　　可以说，19 世纪、20 世纪之交的俄罗斯文学是追新求异的文学，作

[①] *Толстой Л. Н.* Конец века//Келдыш В. А. Русский реализм начала XX века. М.: Наука, 1975. С. 12.

[②] 俄罗斯高尔基世界文学研究所：《俄罗斯白银时代文学史》第 1 卷，谷雨、王亚民等译，兰州：敦煌文艺出版社，2006 年，第 138 页。

家和批评家们力图在变化中求发展，在运动中展示自身的价值，努力影响读者的审美习惯和思维方式。在 19 世纪，俄罗斯的批判现实主义艺术大师们，如果戈理、陀思妥耶夫斯基、奥斯特洛夫斯基、列夫·托尔斯泰等，在社会环境和人的密切联系中来描写人的内在复杂性，反映恶劣环境对人的美好心灵的压抑、摧残和毁灭，表现人的理想幻灭。他们虽然并不忽视人的主观性的积极作用，但人的任何努力、挣扎还是不得不为环境所左右。他们笔下的人物常常是被社会扭曲了的，是环境的牺牲品。进入 20 世纪以后，现实主义的作家们已突破了传统现实主义心理描写艺术的框架，把描写的重心由环境转向了人，转向人对自身命运、生活的深沉思考。他们不再把一切都推诿于环境，不再只通过揭示人民的痛苦生活来批判现实社会，而是把笔触指向人的内心深处展开的激烈的，有时甚至是悲剧性的冲突。他们所谴责的往往不是环境，而是人自身。他们笔下的人物不仅仅是环境的附属品，而且人物本身就是环境的创造者、改造者。如果说 19 世纪的现实主义文学还主要是写环境、表现环境对人的影响的话，那么 20 世纪的现实主义文学则偏重写人，写人的内心世界，写人对环境的积极作用。

俄国作家列夫·托尔斯泰、契诃夫是跨两个世纪的现实主义艺术大师。他们的创作在 19 世纪末至 20 世纪初都发生了重大的变化。托尔斯泰完成于 1899 年的长篇小说《复活》，在对人的描写、对人的心理的刻画方面，和他自己以前的创作已有明显的不同。在长篇小说《安娜·卡列尼娜》中，作家还主要是描写环境对主人公安娜的迫害，通过展现安娜的悲剧命运，来达到批判黑暗社会的目的。而在《复活》里，托尔斯泰则侧重于描写主人公聂赫留朵夫的自我完善的心理忏悔过程。主人公周围的社会环境都是由聂赫留朵夫的心灵感受来描绘的。而最终聂赫留朵夫已毅然从恶劣的环境中走出，他的心灵达到了托尔斯泰的自我完善的境界。短篇小说家契诃夫在世纪之交创作的许多短篇小说中，在揭露社会环境的丑恶同时，更主要地谴责了主人公本身。他往往把人物的所作所为看成恶劣环境中的一个部分。这非常清楚地反映在契诃夫资产阶级知识分子的一系列小说中，如《醋栗》《姚尼奇》《挂在脖子上的安娜》等等。他的著名短篇小说《套中人》不仅揭示了窒息一切生机的"套子"即环境，更主要地鞭笞了"套"中的"人"别里科夫。高尔基作为20世纪现实主义文学艺术的最杰出代表之一，他对人与环境的关系产生了新的理解。他笔下的环境已经不只是"小人物"葬身的坟地，而更多的是获得新的心理因素的源泉。在高尔基的作品中，普通劳动者不再是一些被环境所吞噬的、思想贫乏的"灰溜溜"的"小人物"。他在一个被扭曲了的"底层"人物身上，开掘出他们丰富的精神世界，表现他们对现实生活的思考、探索，反映他们与环境的抗争。高尔基通过自己的创作表明：即使在黑暗的社会环境里，也能成长起新的一代，新的性格往往形成于反抗环境的斗争中。

无疑，现实主义文学的向内转趋向，即在"环境"与"人"的两极上更重视"人"的作用，推进了文学批评及其理论的"神学"研究。当然，这里的"神学"已经不只是当代东正教的神学思想了，而是更广意义上的"神学"。以"神学"思想为指导的文学批评及其理论则不再侧重人的社会经济环境，更加关注人的精神领域的需求，这也是与世纪之交的社会动荡、社会革命密切相关的。

1905年大革命失败以后，俄国知识界，包括社会各个政治派别和各种文艺社团等，都在努力思考这场革命失败的根源及其深刻教训。因此，尽管当时俄国革命处于低潮，但是各种理论探索和争论则形成了"热潮"，"宗教热潮"也成为一股声势浩大的潮流。身穿长袍和不着长袍的"神父"

们大多努力表明，不应以暴力革命的手段改造社会环境，而应该以宗教精神，通过道德上的自我完善去根除社会的邪恶势力。司徒卢威在《路标》文集中就声称："外部结构，也就是社会与经济制度的作用是次要的，促进社会进步的是意识革命、'宗教道德教育'、'个人责任感'。"[1] 这股思潮就是以别尔嘉耶夫、梅列日科夫斯基等为代表的"寻神派"，他们就是要建立"新基督教""新宗教意识"，甚至把社会主义与宗教结合起来。他们试图表明，只有宣扬宗教，即"净化了"的宗教，才能够消灭人剥削人的资本主义制度，凭借宗教的教义来建立起新型经济关系，从而实现社会主义。[2]

在这股"宗教热潮"中，也有一批现实主义的理论家和作家，甚至有的还被视为是马克思主义的文艺理论家和社会主义现实主义的奠基人，如卢那察尔斯基、高尔基等。他们虽然迥异于"寻神派"，却坚持"造神论"，通过理论阐释和文学创作等不同途径，努力宣扬"造神论"思想。他们的思想曾经遭受到列宁的猛烈批评，他们自己也在一定程度上认识到自身观点的问题。不过，他们的创作和理论阐释，毕竟应该成为20世纪初俄罗斯神学思想与文学相互融合的一个不容忽视的重要部分。卢那察尔斯基、高尔基的"造神论"思想，对20世纪初期15年的俄罗斯文学界产生过较大影响。如果我们不对其进行阐释，就不可能全面把握20世纪初俄罗斯文论与神学思想之间的关系，尽管这种神学思想已经超出了东正教的藩篱，甚至在很大程度上还是对当代东正教神学思想的批判。诸如长篇小说《母亲》等被誉为现实主义的代表作，其中也多少留有高尔基等"造神论"思想的痕迹。

---

① *Иовчука М. Т. и др.* Краткий очерк истории философии. М.: Соцэкгиз, 1960. С. 204.

② 同上，第220页。

第一节　卢那察尔斯基、高尔基：造神论思想

阿纳托里·瓦西里耶维奇·卢那察尔斯基（Анатоний Васильевич Луначарский，1875–1933）是俄国著名的马克思主义文艺批评理论家。他生于乌克兰波尔塔瓦一个开明的高官家庭，自17岁起参加基辅学生团体秘密举办的马克思主义小组学习，1895年加入俄国社会民主工党。同年，在基辅中学毕业后，他进入瑞士苏黎世大学自然科学哲学系，师从马赫主义即经验批判主义的创始人之一理·阿芬那留斯。1898年，卢那察尔斯基回国，次年因"在工人中进行反政府宣传"而被捕。1904年流放期满后，在列宁的影响下，他逐渐成为著名的布尔什维克活动家，参与编辑《前进报》及稍晚的《无产者报》等报刊，并因革命活动而经常奔走于俄国与西欧各国之间。1907年初，他被迫流亡国外，直至1917年二月革命后回国。十月革命后他担任人民委员会所属12个部门之一的教育人民委员会部的负责人，主持文化教育工作整整12年。1929年起，他改任苏联中央执行委员会所属的学术委员会主席，并于第二年以满票当选为科学院院士。1933年，在出任苏联驻西班牙首任大使途中，卢那察尔斯基不幸病逝。

卢那察尔斯基一生著作等身，涉及面极广，几乎论及了哲学、文化、历史、教育、科学、外交、宗教、建筑、文学、艺术等各个领域，仅剧本就创作了28个，还有大量的诗作和翻译。在他从事写作的30多年间，与美学、艺术相关的文章就多达2000多种。本节主要论述他的"造神论"思想，而不对其学术思想进行整体把握。

从形式上看，卢那察尔斯基等人确实旗帜鲜明地反对"寻神派"的主张。但他们是以"造神论"来替代"寻神"，实际上与"寻神派"殊

途同归。他们表明，自己是无神论者，要创造的并不是凌驾于人之上的"上帝"，而是要把人民群众的力量加以神化，即人民是通往社会主义的"神的力量"。应该说，卢那察尔斯基的主观意图的确如此。从1907年至1911年，他发表了一系列关于"造神论"的著述：《宗教的未来》（1907）、《无神论》（1908）、《评〈知识〉文集第23卷》（1908）等论文以及专著《宗教与社会主义》（2卷，1908-1911）。卢那察尔斯基的"新的宗教"理论主要是，从社会经验的组织理论出发，在探讨了宗教的起源及其伦理道德意义之后，提出了"社会主义宗教"的理论。他在《宗教的未来》一文中强调，宗教源自人类为了自身的生存，而作用于大自然的有意识活动。当人类社会生产活动还处于低级阶段时，限于自己的认识水平和劳动能力，把自身活动的成败均归结于超自然的力量，并对这一被称为神的力量加以膜拜。据此，卢那察尔斯基总结出宗教产生的两个原因，即认识和心理原因。前者是对世界的阐释，后者则是理想的情感。也就是说，当人类无法认识和解释自然现象时，就从神化的角度去阐释，而当人类对未来寄予美好希望时，也会期盼神灵的保佑。宗教的本质就是对超人的力量、对神的信仰与崇拜。

确实，人类社会发展到科学技术高度发达的现代化社会，宗教的认识作用，即通过神的意志来阐释世界，显然已经无法令人信服了。然而，宗教并没有因此消亡。人类的需求随着社会历史的发展，是日益增长的，这种需求既有物质的，更有精神的。当人类社会进入资本主义阶段时，人们不可能摆脱各种烦恼和灾难，甚至还会陷入经济危机和各种战争之中。人们的理想与残酷的现实猛烈冲突，这就需要宗教情感，只不过在社会主义学说出现之前，人们的理想只能够寄托于神明。其实，对神的信仰仅仅是宗教的形式，只有解决现实与理想之间的矛盾才是宗教的本质。卢那察尔斯基明确指出："宗教就是把理想与现实联系在一起的，探索由现实企及理想的途径。"①

其实，在当下，宗教的主要作用就是满足人们对美好生活的向往。卢那察尔斯基强调宗教情感的理想作用，并由此把"上帝"或曰"神"从宗教中清除出去，以此来创立他的无神论的宗教，实现造神的目的，为他把社会主义说成新的宗教，找到理论依据。在卢那察尔斯基那里，人类对美好生活的向往不应该把希望寄托于"上帝"或曰"神"，而是应该崇拜团结一致的人类自身，发掘出人的神力，即新宗教的神。因为这种"神"还没有出现，因此就需要创造它，为造神而奋斗。他把造神论视为向广大农民群众传送社会主义思想的理想途径。卢那察尔斯基在评论高尔基的小说《忏悔》时，重点强调的思想就是，人只能够崇拜"未来人类的意志"，这一意志其实就是人造的"神"。

在十月革命前，卢那察尔斯基的"造神论"思想受到了列宁的严厉批评。这从当时布尔什维克革命的需要出发，这一批评显然是值得肯定的。为了更全面地了解 20 世纪初俄罗斯思想和文学界的精神状况，"造神论"思想肯定是绕不开的话题，对卢那察尔斯基如此，对高尔基更是如此。

马克西姆·高尔基（Максим Горький，1868–1936）是 20 世纪伟大的俄罗斯现实主义作家、批评家、思想家，原名阿列克谢·马克西莫维奇·彼什科夫。他出生于下诺夫戈罗德（1932–1990 年曾称为高尔基市）的一个木工家庭，幼年丧父，在外祖父的家里度过童年。他从外祖母身上看到善良，从外祖母的童话故事中受到民间文化的熏陶。少年时代的高尔基备受生活的艰辛，只上到小学三年级，11 岁便到"人间"谋生，后主

---

① ［俄］卢那察尔斯基：《宗教的未来》，《教育》杂志，1907 年第 10 期，第 20 页。

要靠社会这所"大学"获得丰富的知识和营养。1889 年高尔基开始写作，1892 年发表第一篇短篇小说，逐渐成为 20 世纪最有影响的俄罗斯现实主义代表作家之一。

俄罗斯神学院的著名文学批评家杜纳耶夫在《东正教与俄罗斯文学》（第 5 卷）中，以专章的形式较为详尽地阐述了高尔基的创作与东正教之间的关系。[①]他明确写道："当高尔基谈及自己的童年、少年和青年时，我们根本不会想到，他在讲述现实事件的史实。自传体三部曲——《童年》（1913）、《在人间》（1916）、《我的大学》（1923）——是文学艺术作品，而不是史实的文献，作者完全有权加以想象。难道我们会说它不真实吗？不，然而，只是需要在这些小说中，就如同通常在艺术中，寻找的不是事件表面的真实，而是这个具体的人看待世界的真实。"[②]"因此，当高尔基步入文坛时，他就已经形成了坚定的信念：'艺术家不是在寻找真理，而是在创造真理'。"[③]杜纳耶夫指出，在幼小的阿辽沙心中就一直存在着两个上帝，即外祖父"仇恨"的上帝和外祖母"仁爱"的上帝。阿辽沙正是在这两个上帝碰撞的过程中成长起来的。当然，外祖母"仁爱"的上帝给了作家更多对人，特别是普通人的爱，并且影响他从这一维度来看待世界，描绘人生。这种思想和人生观伴随着高尔基创作，给了其创作以真实感。在杜纳耶夫看来，也只有从这一视角才更能够理解高尔基的创作。[④]

20 世纪初，高尔基发表了《人》（1903）和《同志》（1906）两篇文章，表达了自己关于 1905 年革命前后的哲学观和美学观。1905 年 1 月 9

---

① *Дунаев М. М.* Алексай Максимович Горький//Православие и русская литература. Т. 5. М.: «Христианская литература», 2003. С. 363–507.

② 同上，第 366 页。

③ 同上，第 388 页。

④ 同上，第 375–381 页。

日"流血星期日"的第二天，高尔基号召推翻镇压革命的尼古拉二世政权，后因此被捕。

高尔基关于"造神论"的思想主要反映在1907年至1913年期间。他本人关于"造神论"的著述和文学创作主要在这一时段完成并发表，这也是他与马赫主义者、造神论者联系最为密切的几年。在这一时期，高尔基发表了一系列文章和论著：《答〈法兰西信使报〉》（1907年4月15日）、《个性的毁灭》（1907-1909）、《俄国文学史》（1908-1909）、《神的起源》（1909）、《再论"卡拉马佐夫气质"》（1913）。这些论著反映了他对俄罗斯文学的思考和自己的主要文学思想，其中明显地表现出"造神论"思想。从文学创作来看，最能够反映高尔基"造神论"思想的代表作是中篇小说《忏悔》（1907-1908）。也有少数人把长篇小说《母亲》（1906）中涉及宗教的几段内容，视为是"造神论"思想的反映，虽然这一问题在学界存有争议，不过至少"造神论"思想的端倪已经显现出来。

高尔基在《答〈法兰西信使报〉》一文中，阐明了自己关于宗教命运的主要观点，也就是宗教注定是要消亡的，但宗教感情则是需要保存和继续发展的，因为这一情感有助于人的自我完善。他明确指出："人尊重人的感情是要成为宗教的，因为人类在为精神自由和为征服大自然力量而展开的无限的、宏伟的斗争中，所建立的丰功伟绩、走过的艰辛历史应该成为人类的宗教。"[①]显然，这种宗教情感是人类集体在共同奋斗的历史中形成的，是集体的而非个人的，这明显与马赫主义的集体经验或社会经验组织的理论是一致的。

在1969年出版的《高尔基档案》（第12卷）中刊载了高尔基于1909

---

① *Горький А. М.* Собрание сочинений: В 30-ти т. М.: Гос. изд-во худож. лит., 1949–1955. Т. 25, 1953. С. 18.

年 8 月至 12 月在喀普里党校讲课的提纲《神的起源》。在该文中，高尔基以考证古代犹太族社会生活的事件与变迁为依据，验证了《圣经》中部分训诫条文的现实基础，从而得出结论："一切观念，其中包括宗教，神乃是人民生活经验的组织形式。""在古代，宗教的确是人民全部知识的汇编、综合，是氏族、群体的共同活动所需要的全部社会必要条件的概括，简明地说，宗教是人民社会经验组织的形式。"① 据此，高尔基区分了早期宗教与后期宗教之间不同的社会作用。在他看来，早期的宗教里的神是人民全部自我认识的抽象和对象化，是人的社会需求的化身。然而，宗教是在不断变化着的，到了后来，宗教才被神圣化了，被反动阶级所利用，变得极端反动，站到了人民的对立面。

从宗教的起源来看，高尔基的宗教文学观是积极的，即宗教与文学是相互促进的。高尔基认为，宗教是起源于人类各民族集体创造的神话、英雄史诗。这也就是宗教的社会神话说。因此，宗教源自文学，叙事文学的发展最早也借助于宗教的力量。高尔基的《俄国文学史》也正是从文学与人民之间的关系来考察俄国文学进程的。毋庸置疑，在 19 世纪俄国文学史上经典作家大多是贵族。因此，高尔基就不得不论及文学的阶级性，他对普希金等作家进行了公正的评价。不过，他没有区分阶级性与阶级经验的不同，而是用以阶级经验组织的理论来说明文学的阶级性。他认为，资产阶级在掌握政权后，仅仅为了自身的统治而维护自己的意识形态，而不再为全人类的利益而组织经验。

从整体上看，高尔基在自己的文章和论著中，只是从一些侧面论及"造神论"问题，并没有进行系统的阐释。只有中篇小说《忏悔》是一部

---

① 转引自张羽:《高尔基的造神论观点研究》，载《张羽文集》，南京: 河海大学出版社，2014 年，第 175 页。

全面而又集中反映了高尔基"造神论"思想的作品。实际上，高尔基的"造神论"思想主要是由三个观点所构成："第一是对神与宗教的起源的认识，第二是对宗教的社会作用的认识；第三是贯穿前两个观点的集体经验组织的理论。"①

小说《忏悔》作为唯一完整而又明确体现高尔基"造神论"观点的文学作品，作家的思想是渗透在故事情节、人物性格和复杂的生活细节中的，尽管作家本人后来也承认小说中显示出浓厚的说教成分。小说主人公马特维的生活和思想轨迹就是由笃信上帝到崇拜人民群众的渐进心理历程，也就是接受"造神论"思想的过程。马特维的思想变化主要经历了三个阶段，即"逃避""寻神"和"造神"。第一个阶段表明，"逃避"实际上就是助纣为虐或曰同流合污；第二个阶段的"寻神"不仅没有寻找到主人公所需要的"上帝"，反而是信仰产生了危机；第三个阶段是在遇到流浪的造神论者约纳之后，马特维获得了新的信仰，赞美人民就是"上帝"，就是诸神的创造者。马特维由此完成了由"寻神"到"造神"的心理转折过程。在小说《忏悔》的结尾，高尔基浓墨重彩地渲染了"造神论"思想，并明确表示，"造神"运动才是可以使得人民摆脱愚昧和困苦的光明之路。

高尔基来自社会的底层，他走上"造神"之路是事出有因。尽管列宁曾多次对他进行批评，甚至有时是严厉的指责，但是高尔基只是部分地接受了列宁的意见，并没有彻底纠正。因为，在他看来，无产阶级要达到自己改造社会的目的，也可以唤起人们的宗教情感，创造出无产阶级自己的"无神"的宗教。其实，中篇小说《忏悔》就是高尔基"造神论"思想的

---

① 张羽：《张羽文集》，南京：河海大学出版社，2014年，第187页。

文学宣言。

　　在"造神论"的思想及其阐释、创作中，卢那察尔斯基与高尔基基本是一致的。他们都主张，神起源于神话，是人类经验组织的产物。宗教的本质是对未来向往的美好情感和信仰，宗教是解决人与世界整体关系的理想途径。虽然早在 19 世纪 90 年代的创作中，高尔基就已经表现出关于"造神"的一些思考，但是卢那察尔斯基对他的影响是显而易见的，卢那察尔斯基本人也曾提及过这种影响。当然，他们关于"造神论"思想阐释的视角又是不同的。卢那察尔斯基作为一名理论家，更多从哲学的维度阐释理想与现实之间的关系。高尔基则是一位作家，他主要从社会心理和伦理道德的维度，思考个人与人民的密切联系。前者更多是理论阐释，后者则主要以创作小说的形式，全面表述自己的"造神"观点。

　　无论是卢那察尔斯基还是高尔基，都是反对以东正教神学理论家别尔嘉耶夫等为代表的"寻神派"，但是他们的批判或主张又不可避免地与东正教存在着难以隔断的联系。首先，他们都是把"神"或曰"上帝"视为内在于"人"的。"创造"不仅只是上帝创造，而且人也与上帝一样在"创造"。别尔嘉耶夫就曾经明确指出："人具有神的形象或者类似物，也即把神的成分包含在自身之中。"① 他还多次强调，自己哲学的基本主题就是"人、自由、创造"。只不过，卢那察尔斯基和高尔基是要创造人民之神，集体的"神"。此外，"造神论"思想也在一定程度上反映了东正教的"弥赛亚意识"，即救赎精神，只是这种救赎不是要寻找"神"，而是要依靠人民大众，也就是创造出来的"神"，进行自我拯救。

　　在现实主义的文艺理论中，其实"造神"的思想也隐现在其中，例如

----

① *Бердяев Н. А.* Смысл творчества. М., 1989. С. 14.

理想化的典型观，即个性与共性的统一；发展中的现实观，即源于生活又高于生活等；全知全能的叙事观，即无所不知、无所不能的叙述者。这些文艺观后来均在俄罗斯现实主义的文学创作中有不同程度的反映。

第二节　《罗斯记游》中的"造神论"思想

高尔基的造神论思想的艺术呈现，非常清晰和形象地反映在他的《罗斯记游》中。杜纳耶夫曾经就依据梅列日科夫斯基的评价，明确指出："高尔基笔下的流浪汉生活，并非生活中丑陋的社会经济环境的写照，而是揭示了人的心灵的内在缺陷，正是这一缺陷为造神论的产生，提供了土壤。"[1]

《罗斯记游》写于 1912–1917 年。这是一个非常特殊的时期。在这几年里，俄国革命经历了由低潮走向高涨的这样一个充满斗争的曲折的过程。社会的动荡，各种各样人物的五光十色的表现，尤其是广大乡村城镇小私有者的生活态度，犹如一只斑斓的万花筒，吸引着高尔基。这也是高尔基的"造神论"思想对其创作产生一定影响的时期。高尔基心目中的"神"自然是人民，普通的民众。他迫切地感到要深入了解人民，探究民众的心理活动。他写道："有一个使我不安的问题，长久得不到解决：'人的心灵是什么？'"[2]高尔基把自己的全部注意力都倾注于开掘俄国社会各阶层，特别是广大劳动群众的心灵，探视埋葬在他们内心深处的愿望和理想。当然，在高尔基的心中，俄罗斯人民的形象包含着两个方面，一是客

①　*Дунаев М. М.* Алексай Максимович Горький//Православие и русская литература. Т. 5. М.: «Христианская литература», 2003. C. 392.

②　[俄] 高尔基：《高尔基文集》第 6 卷，北京：人民文学出版社，1983 年，第 24 页。

观的，即民众真实的心理状况；二是作家本人理解和创造的。他表明，小说集《罗斯记游》就是要描述"俄罗斯心理的某些特征和俄罗斯人民的典型情绪，就像我理解的那样"①。这里"造神论"思想的影响是显而易见的。

在《罗斯记游》中，高尔基构造了一个"不合群的人"的独特画廊。古宾（《古宾》）、大兵巴维尔（《在峡谷里》）、卡利宁（《卡利宁》）、季姆卡（《季姆卡》）等就属于这一类人物。这类人游离于人们之外，在生活中找不到适当的位置。他们对生活持玩世不恭的态度。从外表上看，他们似乎很有激情，对人世有自己的一定认识，也在竭力反抗恶劣的生活环境。其实，他们的内心却十分冷漠。他们没有固定的生活准则，把一切都当作儿戏。无论是财产，还是名誉，即便是生命，在他们的眼里也是无所谓的。他们的心灵是麻木的。他们在精神上已完全陷于沉沦，而自身又常常不甘心这种沉沦。因此，他们只能通过恶作剧来发泄自己心中的苦闷。这是一些被生活所抛弃的"不合群的人"。

高尔基以极其细腻的笔触，刻画了一系列"不合群的人"的生动形象，真实地揭示了部分落后群众身上的各种矛盾着的复杂因素。在《罗斯记游》里，作家还通过《观众》《尼卢什卡》等其他作品，直接反映了广大群众的低落情绪，如冷漠、忧愁、愚昧和麻木等等。在上述这些小说中，高尔基所采用的是现实主义的艺术方法。作品的叙述从总体上来看，显得较为沉闷、平缓。有些地方的环境渲染和写于1907年至1909年的奥古洛夫系列小说有点相似。

然而，《罗斯记游》又散发出另一股气息，一股清新、向上的气息。作家透过恶劣的生活环境，更敏锐地感触到，在俄国广大群众的心灵深处

---

① *Горький А. М.* Собрание сочинений: В 30-ти т. М.: Гос. изд-во худож. лит., 1949–1955. Т. 23, 1953. С. 252.

蕴藏着一股创造生活的极大力量、一种神圣的力量。这一力量推动着生活的前进。他在中篇小说《农民》中写道："说生活是黑暗的，这不对；说其中只有溃疡和呻吟，痛苦和眼泪，这也不对！即使在生活的黑暗中，也有高尚和美丽的东西。……在生活中不仅有鄙俗，也有英勇，不仅有污浊，也有光明的、迷人的、美好的东西。其中有人想寻找的一切，而在人身上就有一股力量，它能创造生活所缺少的一切！今天这种力量还不强，明天它就会得到发展。生活是美好的，生活是壮丽的，谁也阻挡不了它向着人人幸福和愉快的方向迈进。"① 高尔基对社会下层人物的描写已经表现出明显的独特性，他对于"小人物"的理解，既不同于 19 世纪批判现实主义的作家们，也比自己的早期创作更前进了一步。在他笔下，社会底层的"小人物"已不再是作家同情的对象。相反，他们的心灵里蕴藏着巨大的创造力，是作家心目中可以创造理想生活的"神"。

在《罗斯记游》的《吃人的情欲》一篇中，女主人公是一个缺鼻少眼的丑陋妓女。恶劣的生活不仅毁坏了她的容貌，而且玷污了她的人格。她的心灵似乎对"爱"早已麻木了。然而，正是在这样一个受尽摧残和折磨的女人身上，高尔基却挖掘出了她的心灵深处蕴藏着的"美"的力量。这个女人深深地爱着自己的儿子。当她和自己的残疾儿子在一起时，内心充满着温暖的感情。她的话语温柔而又动人。对儿子的爱在她来说高于一切。她非常感谢关心自己儿子的"漫游者"。为了酬谢他，这位一无所有的女人甚至想用手帕蒙住自己丑陋的脸，以肉体这个唯一属于她可利用的财产，来报答"漫游者"。作家极其细腻地描绘出女主人公和残疾儿子之间固有的人情感：揭示了她内心丰富的"爱"，而这种"爱"是神圣的，

---

① *Горький А. М. Собрание сочинений: В 30-ти т. М.: Гос. изд-во худож. лит., 1949–1955. Т. 4, 1950. С. 326.*

可以创造一切。

在《罗斯记游》里，高尔基不仅挖掘出普通劳动群众心灵深处的情感力量，而且更重要地反映了他们对新生活的憧憬和探求，即对开创新生活的理想，哪怕这种探求是极其艰难的。在短篇小说《女人》中，作家真实地描绘了流浪者女主人公塔季娅娜渴望开创幸福生活的迫切心情。她深知人与人之间难得有真挚的情感，却仍然还在寻找理想的丈夫，幻想着缥缈的美满姻缘。在一群四处放荡的流浪者中间，她的努力一次次地失败了，但是她的倔强劲照旧驱使着她去探寻。她一方面在进行着自我救赎，另一方面又努力帮助别人，救赎他人。虽然塔季娅娜只不过是一个被生活所抛弃的人，高尔基却在她的身上表现出了人们内心渴求创造美好生活的强烈愿望，揭示出这一形象闪烁着的灵光。

《一个人的诞生》既是《罗斯记游》的开篇，也是最集中地体现这本小说集的主题思想，反映高尔基"造神"思想的重要作品之一，也是高尔基以作品来赞美人的又一篇"宣言"。虽然小说的情节发生在饥饿的1892年，主人公母亲是一个漂泊不定的流浪者，情节的中心是描写母亲的分娩，但是作家并没有把描写的重心放在饥饿和痛苦上，而是把它移向看来似乎和作品内容关系不大的环境渲染。他不再像传统的现实主义作家那样，逼真地去反映恶劣的社会环境，突出分娩带来的生理恐惧与痛楚，反而以浪漫主义的浓墨重彩描绘了壮观的自然景象，烘托出人的诞生的庄严，讴歌伟大的母爱，赞美那战胜疲惫不堪肉体的痛苦的爱。"在大地上做一个人，真是好福气。在这里能看到多少奇妙的东西，而面对这使人醺醉的美景，心儿又是多么激动和甜美！"①小说中到处都洋溢着高尔基对人

---

① ［俄］高尔基：《高尔基文集》第 6 卷，北京：人民文学出版社，1983 年，第 2—3 页。

的称颂。实际上，这已经不是在描写一个普通人的诞生，而是"神"的诞生。这种创造出来的"神"是神圣的爱，"神"诞生的环境是壮美的。高尔基已经把对大自然的浪漫主义描绘同对母爱力量的赞颂以及对社会关系方面的现实主义的真实描绘融合交织在一起。在这里，我们看到对生活的现实主义描写和浪漫主义憧憬构成一幅赞美人生的和谐画面。

在《罗斯记游》中，高尔基不再像写他的奥古洛夫系列小说那样，从人物自身接受生活的角度，而主要是通过"漫游者"这一观察的角度，来揭示人物的心理活动。"漫游者"几乎对所有人物的心理都做了深入的透示，用大段的议论来加以描述。这里的"我"已不仅仅是讲故事的人，而且是心灵的探索者、发掘者，或者可以说就是"造神者"。正如高尔基本人指出的那样："我故意用漫游者，而不用'过路人'，是因为我觉得漫游者在一定程度上是个主动的人物，他不但汲取生活的印象，而且还有意识地去创造某种明确的东西。"①显然，《罗斯记游》不同于一般的以第一人称写成的作品，在一定程度上可以说，它是一部体现高尔基"造神"思想的、具有独特艺术风格的佳作。

显然，高尔基是一个人道主义者。"然而，他又并非完全站在人道的立场上看待人的。这似乎是奇谈怪论。其实，我们不要混淆人道主义、人高于上帝的自我价值肯定的抽象概念、人性以及爱具体活生生的人。总的说来，高尔基把人提得很高，但什么是人呢？"②他在自己的剧本《在底层》中通过自己的人物沙金之口加以表白。"什么是人呀？"沙金自问自

---

① Горький А. М. Собрание сочинений: В 30-ти т. М.: Гос. изд-во худож. лит., 1949–1955. Т. 29, 1955. С. 251–252.

② Дунаев М. М. Алексай Максимович Горький//Православие и русская литература. Т. 5. М.: «Христианская литература», 2003. С. 425.

答："这说的不是你，不是我，不是他们……不！这说的也是你，也是我，也是那个老头儿，也是拿破仑……合到一起就是人！""……万事都在于人，万事都为着人啊！只有人才是实实在在的，人以外的东西，都是他的双手跟大脑创造出来的！"①

在杜纳耶夫看来，这就是高尔基人道主义思想的集中表征，也是其造神论思想的基础。杜纳耶夫指出："这就是彻底的人道主义思想的表述。人就是——上帝，生活的创造者，但……这是一种抽象的概念，具体的人是不存在的。"②

第三节 罗赞诺夫：文学的生活化与生活的文学化

瓦西里·瓦西里耶维奇·罗赞诺夫（Василий Васильевич Розанов，1856-1919）是 19 世纪末 20 世纪初俄罗斯著名宗教思想家、活动家、东正教文学批评理论家之一。他与弗·谢·索洛维约夫一样，也经历了从一个热衷于实证主义、社会主义思想的无神论者到转向宗教，走向基督教的宗教思想家。他不仅自己倾心于宗教探索，而且还是一个宗教活动的热心组织者，曾经参与创设了圣彼得堡宗教—哲学聚会（圣彼得堡宗教—哲学协会的前身），并积极参与其组织活动，尽管后来由于思想激进被取消会籍。鉴于瓦·瓦·罗赞诺夫的文学批评及其理论阐释更加接近于现实生活，据此，我们把他的文学批评理论归入现实主义之列。

瓦·瓦·罗赞诺夫的精神生活纷繁复杂。他的思想既是基督教式的，

---

① *Дунаев М. М.* Алексай Максимович Горький//Православие и русская литература. Т. 5. М.: «Христианская литература», 2003. С. 425.

② 同上注。

但又不同于传统的基督教意识，而是对其的深刻批判和改造。他虽然抨击东正教会的保守性，却醉心于东正教的神学思想，因此从思想上来说，他是一位东正教文学批评理论家。他驰骋于上帝的宗教世界，却又不忘与现实生活的紧密联系，他甚至突破基督教的禁区，把性与宗教结合起来，一边是最圣洁的、崇高的上帝，一边却是最粗俗的、低级的性欲。也许正因为如此，瓦·瓦·罗赞诺夫才形成了自己独特的学术个性，在白银时代俄罗斯的宗教文化批评思潮中，确立了自己不可动摇的地位。

瓦·瓦·罗赞诺夫的学术探索是非常勤奋的，一生著作等身，甚至在生活极其艰难的情况下，也从不放弃写作，而且他的创作几乎都与宗教有关，其中相当一部分是直接论述宗教问题的。他的主要学术专著有《论理解：对作为完整知识的科学本质、界限和内在结构的研究》（1886）、《基督教在历史中的地位》（1890）、《关于陀思妥耶夫斯基的宗教大法官的传说》（1894）、《宗教与文化》（1899）、《自然与历史》（1900）、《在不清楚的和问题重重的世界里》（1901）、《俄罗斯教会》（1909）、《阴郁的面孔：基督教形而上学》（1911）、《月光下的人们：基督教形而上学》（1911）、《孤独》（又译《离群索居》，1912）、《在艺术家中间》（1914）、《落叶集》（两卷本，1913–1915）、《我们时代的启示录》（1917）等。

1856年，瓦西里·瓦西里耶维奇·罗赞诺夫出生在俄罗斯科斯特罗马省维特卢加城的一个林务官家庭，幼年丧父，家境贫寒，在伏尔加河沿岸的科斯特罗马、西姆比尔斯克和下诺夫戈罗德度过青少年时代。在中学时代，瓦·瓦·罗赞诺夫热衷于科学实证主义、社会主义和无神论。1878年，他考入莫斯科大学历史—语文系学习，很快便放弃了中学时代的无神论思想。1882年，大学毕业后在布良斯克、叶列茨等地的外省中学任教。1893年，经文学批评家、哲学家尼·尼·斯特拉霍夫（1828–1896）介绍，瓦·瓦·罗赞诺夫迁居圣彼得堡，在国家监察机关任职员。1899年，他辞职后，成为《新时代报》的经常撰稿人，还在几乎当时的所有报刊上发表文章，并开始广泛接触首都思想界、文化界人士。1901年，他与朋友们创立了圣彼得堡宗教哲学聚会，后来该聚会成为圣彼得堡宗教哲学协会。

20世纪头10年间，每周日，尼·亚·别尔嘉耶夫、梅列日科夫斯基夫妇、加吉列夫（1872–1929）、维·伊凡诺夫、索洛古勃、别雷、列米佐夫及艺术家、宗教界名流，都集中在瓦·瓦·罗赞诺夫家，探讨宗教哲学、文化和文学艺术方面的问题，后被称为"罗赞诺夫家的星期天"。同一时期，瓦·瓦·罗赞诺夫开始接触《艺术世界》杂志，并在《新路》中开设专栏。《新路》停刊后，他又在由谢·尼·布尔加科夫和尼·亚·别尔嘉耶夫主持的《生活问题》杂志工作，并曾加入宗教哲学协会。由于对教会禁欲主义的抨击并就"贝利斯案件"发表的反犹文章，1914年初他被开除出宗教哲学协会。

1917年8月，瓦·瓦·罗赞诺夫一家在巴·亚·弗洛连斯基的帮助下，迁往莫斯科市郊著名的谢尔盖镇圣三一修道院，1919年2月5日，瓦·瓦·罗赞诺夫在未完成自己出版计划的情况下，带着深深的遗憾，在饥寒交迫中去世。

从1886年出版《论理解：对作为完整知识的科学本质、界限和内在结构的研究》一书到1918年完成《我们时代的启示录》（1917–1918），瓦·瓦·罗赞诺夫发表过大量著作和难以计数的文章，其内容涉及哲学、宗教、文学、艺术、教育、社会政治和婚姻家庭等各个领域。去世之前，他曾将自己的著作整理为哲学、宗教、文学与艺术、社会与国家等9大系列共50卷的文集，计划出版，这里专门论述宗教问题的就有15卷，其中涉及多神教的3卷、犹太教的3卷，最多的是涉及基督教的9卷，只是一

直由于种种原因可惜未能出版。也许是因为意识形态的缘故，也许还有其他因素，此后，他的名字不仅不为广大读者所熟悉，而且就是研究界也较少涉及，直至 1989 年，他的著作才在被尘封半个多世纪后重新问世。

《孤独》《落叶》是使瓦·瓦·罗赞诺夫名声大噪的两部著作，它们的续篇是没来得及出版的《转瞬即逝》。就文学批评而言，瓦·瓦·罗赞诺夫的《关于陀思妥耶夫斯基的宗教大法官的传说》是最早引起学界普遍关注的一部专著。这部书与他的文学批评论集《文学随笔》及其艺术评论集《在艺术家中间》，再加上他从 1892 年至 1918 年发表的各种批评文章，构成了一本 700 多页的批评文集《创作与作家论》，直到 1995 年，在他去世 76 年之后，才在俄罗斯得以出版。

瓦·瓦·罗赞诺夫的文学与文化批评著述的特点是非常鲜明的。一方面，他特别注重接近现实生活本身，反对纯理论探索和逻辑地去思索推理，尽量去"日常生活地"思考，包括把实际生活与神秘的宗教联系起来。另一方面，在他的著述中，他还尽可能从俄罗斯文学与哲学相融合的特点来论述问题。早在《论理解》一书中，瓦·瓦·罗赞诺夫作为一个哲学家在论述时，就曾经明确指出：在德国，哲学是作为一门独立的学科存在的；在俄罗斯，情况却迥然不同，俄罗斯文学在其自身体现了本民族哲学思想的发展。在他看来，斯拉夫派和西欧派，陀思妥耶夫斯基和列夫·托尔斯泰，列昂季耶娜和巴·亚·弗洛连斯基，都既是哲学家和思想家，又是艺术家和作家。他认为，陀思妥耶夫斯基和列夫·托尔斯泰创作中的最重要作品，"归根结底可以被视为是俄罗斯哲学起始的根本基础，在他们的作品中，俄罗斯哲学的框架，或许，连同它在许多世纪中的格局，都已经被描绘出来了"①。

显而易见，瓦·瓦·罗赞诺夫的思考是生活化的，其对哲学等问题的探讨是文学化的。

瓦·瓦·罗赞诺夫的探索是非常有趣的，他的思想在同时代人中是独具特色的，他在神秘的宗教与现实生活的联系中，来突破基督教思想史上的禁区，将人类生活中的性问题引入了宗教研究的范围。他对生活及其意义的感悟完全渊源于生活本身，但又迥异于神秘主义的感知方式。他认为，生命的原动力和内驱力是性及其表现形式——爱情、家庭和生育，并将这一切视为个人内在创造力的源泉，是人的不朽以及民族精神健全的根源。

宗教界和神学界，甚至有时在世俗的文学界，人类生活中的性问题往往是被回避的，而且自有基督教以后，禁欲主义一直是教徒们对待性的主要态度。在基督教中，性和性的区别问题已经不再重要，其实，这一点在其他宗教里也体现得非常明显。在我国的寺庙里菩萨往往也是没有明确的性别的。瓦·瓦·罗赞诺夫对基督教在性的问题上的虚伪态度进行了尖锐的批判，并且以为，这是基督教的问题所在，同时开始着手建立独特的性宗教。他坚持："只有把宗教与性融合在一起，才会诞生最大的幸福。"②

瓦·瓦·罗赞诺夫的观点是很有依据的，是来自现实生活的。一般来说，在基督教信徒中，男女要结为夫妻，婚礼是要在教堂里举行的，而且是由牧师来主持的。这实际上就把"神圣的"上帝与"本能的"性，把"最崇高的"与"最低俗的"融合了起来。不过，在瓦·瓦·罗赞诺夫看来，性在人的本性中，非但不是"最低俗的"，不是肮脏和恶行，而是一

---

① *Розанов В. В.* Умственные течения в России за 25 лет.//Новое время, 1900, 21 марта.

② *Розанов В. В.* Люди лунного света. В 2 т. М.: Изд. «Правда», 1990. Т. 2. С. 54.

种人的生命的升华，是人的生命产生的起点。性不只是一种男人与女人之间的功能性行为，不只是一种器官的结合。性已经超越了人的生理范围，与人的灵魂相通，也许，这就是人的性与动物的交配之间的本质差异吧。任何一个人的性意识，只要是建立在爱情基础之上的，其实就是与其的灵魂相通的。

在不少的宗教和哲学学说中，精神和肉体，也就是崇高的上帝与凡人的性是被截然分开的，这种二元论总是极力鼓吹精神至上，而尽量贬低肉体。然而，瓦·瓦·罗赞诺夫则把这两者完全融合起来，其融合的基础就是"性"。这样一来，性就具有了形而上学的理论意义。在他那里，性是人与自然完美融合的产物，是人与自然之间的神秘纽带。"因此，人整个就是一个性变体，只是性的变形，是自己的，也是群体的；其实，也不可能有其他的情形，因为人整个就是由两半个组成的，一半是母亲的身体，一半是父亲的身体，这两半在他们的性器官和性行为中是分开的。这里任何其他的，非性的东西是没有的。"[1]

显而易见，瓦·瓦·罗赞诺夫对性的理解是宽泛的，不过，他与弗洛伊德不同，没有把性问题仅仅置于人的生理范围来探讨，而是为了探讨性的形而上学的理论意义。他也不像弗洛伊德那样，没有继续把性欲看成是人原始的破坏力量。他强调，性是人本身值得肯定的因素，是神圣的。"性与上帝的关系胜过理性与上帝的关系，甚至胜过良心与上帝的关系……"[2]

瓦·瓦·罗赞诺夫就性的问题，把《圣经》中的《旧约》与《新约》做了对比。《旧约》中涉及性的问题要比《新约》多，比《新约》更加接

---

[1] *Розанов В. В.* Люди лунного света. В 2 т. М.: Изд. «Правда», 1990. Т. 2. С. 55.

[2] *Розанов В. В.* Уединенное. В 2 т. М.: Изд. «Правда», 1990. Т. 2. С. 243.

近生活。因此，在他看来，《旧约》描绘的是太阳下的人间生活，而《新约》描写的是月光下的天堂生活。《旧约》中上帝让人类繁衍后代；《新约》则更多是救赎，否定性与婚姻。瓦·瓦·罗赞诺夫一针见血地指出，《旧约》是生命宗教，而《新约》是死亡宗教。

在对基督教、犹太教和多神教关于性问题的深入对比基础上，因为基督教回避性问题，甚至是禁欲主义，瓦·瓦·罗赞诺夫就选择了多神教，他明确指出："多神教——早晨，基督教——晚上。"① 在基督教中，性只是人的兽欲，而这种兽欲是并不符合神圣的原则的，甚至连基督也是非受精所生的。瓦·瓦·罗赞诺夫批判道："基督教就是这样来表述的，向世界揭示了非受精的内容，而犹太教和《旧约》揭示的是受精。在那里——一切都是精子，从精子开始，走向精子，精子自己为自己。在这里一切都回避精子，仿佛丧失了精子。'不再有男性和女性'，有的不过是'人'。"②

当然，瓦·瓦·罗赞诺夫批判基督教在性问题上的禁欲主义，目的还是为了帮助基督教，使得基督教能够有所改变，哪怕部分地成为生殖崇拜的宗教，维护爱情、婚姻、家庭等。"在性里——力量，性就是力量。犹太人与这一力量融合了，但基督教则与它分离了。这就是犹太人将战胜基督徒的原因。这里，斗争是根本性的，而不是表面的……"③

在爱情与婚姻的关系上，瓦·瓦·罗赞诺夫也公开批判了基督教："然而，就是在基督教中，而不是在伊斯兰教中，也不是在犹太教中，两千年来一直被强调的是另一个法则：让爱情屈从于婚姻的法则。因此，在这里

---

① *Розанов В. В.* Опавшие листья. В 2 m. М.: Изд. «Правда», 1990. Т. 2. С. 315.

② 同上，第 403 页。

③ 同上，第 328–329 页。

一切都被窒息了。"①显然，瓦·瓦·罗赞诺夫坚持另一种法则，就是婚姻应该服从于爱情，性爱是婚姻的基础。自然地，性、婚姻、家庭三者的和谐统一是他追求的生活的理想境界。

瓦·瓦·罗赞诺夫认为，性是婚姻，乃至家庭的基础，性不是孤独的。由于他把家庭也看成是一种宗教，这样，性就把婚姻、家庭联系在一起，成为人的生活中最为神圣的东西。他的"家庭宗教"学说也是在此基础上产生的。这一学说关注以人自身为目的，以性为重要因素的日常生活，肯定日常生活才是人的个性得以"完整存在"的最佳环境，并内在地决定人民的力量及其文化本性。瓦·瓦·罗赞诺夫主张日常生活要相对于国家、社会和政治而"孤独"，宣称"私人生活高于一切"。所以，洛·吉皮乌斯说，在瓦·瓦·罗赞诺夫心中，有两个概念非同寻常地存在于一个有机的统一体中，这就是上帝和性。

瓦·瓦·罗赞诺夫认为，任何宗教都应该建立在性、婚姻和家庭的基础之上，这是最为纯洁和神圣的净土，甚至比国家和教会还要圣洁。他在探讨性、婚姻和家庭问题时，特别注重与日常生活联系，反对家庭的破裂，坚持家庭的基督教化，努力从家庭的日常生活琐事中发现重要的神学意义。

为了接近生活，瓦·瓦·罗赞诺夫甚至认为，在基督教中，基督与生活的距离实在是太远了，基督与实际生活是相对立的。1907年11月21日，他在宗教哲学协会的聚会上发表了题为《关于最甜蜜的耶稣和世界的苦果》的发言，认为，耶稣是最甜蜜的，他比世界上的任何东西都更加美好，就仿佛是太阳取代了星星。福音书中的基督形象比国家、权利、财

---

① *Розанов В. В.* Опавшие листья. В 2 m. М.: Изд. «Правда», 1990. Т. 2. С. 515.

产，甚至家庭都更加"甜蜜"，即便是当人们面对死亡、面对孤独的时候，只要有耶稣，也会"甜蜜地"去死或寡居。然而，瓦·瓦·罗赞诺夫批判性地指出，基督教把耶稣标榜为人类的理想，只是人类是否能够达到这一理想，它是否离现实生活太遥远了。天上的美会使人类对凡间的美失去兴趣，就如同尝过天上的甜蜜面包，就不会爱吃人间的一般面包。他批评道，在甜蜜的耶稣和苦涩的世界之间，前者遮蔽了后者，就像洪水一样，把人类的一切理想、成就都冲垮了。这样的耶稣只能够给世界以忧伤和苦难，福音书中的耶稣从来就不知道什么是微笑。福音书是天书，不是为人间写的。基督教关注的仅仅是彼世的天堂，而根本不是现实世界的人类生活。基督教对待性、婚姻和家庭的禁欲主义立场，也是源于对社会现实生活的脱离。

关于性与宗教的关系以及在此基础上产生的"家庭宗教"学说、对甜蜜的基督的批判，均是瓦·瓦·罗赞诺夫学术思想和宗教文化批评理论的重要组成部分。也许是因为性是人的自然属性，瓦·瓦·罗赞诺夫又特别关注性与宗教的联系，他的理论是建立在对自然崇拜的基础上的，凡是自然的就是完美的，自然的存在是无须改变的，人性本身是没有恶的，因此他的宗教被视为自然宗教。

在白银时代的俄罗斯东正教文学批评家中间，瓦·瓦·罗赞诺夫是独树一帜的，他的杰出贡献也为同时代的同行所公认。可以说，他对白银时代的人文社会科学产生了重要影响，是一个集大成者。然而，作为一个宗教文化批评理论家，他的独特性并不在"神秘的玄学"，而恰恰在于接近生活，在文学创作和文学批评活动中，他更是如此。

不过，究竟怎样才能把宗教、哲学，甚至神学等问题的探讨与现实生活结合起来呢？瓦·瓦·罗赞诺夫是通过"文学化"的批评途径来实现的。

因为，在他看来，从文学及其批评的视角来探讨哲学、宗教乃至神学等问题，更容易接近生活，从而实现自身的价值。

普希金是 19 世纪俄罗斯文学的"太阳"，也是瓦·瓦·罗赞诺夫首先关注的主要作家之一。后者先后发表过 20 多篇评论文章，对这位天才诗人给予了高度评价。在瓦·瓦·罗赞诺夫看来，普希金的创作是把文学与哲学、创作与思想有机结合起来的典范。普希金用自己的诗篇把俄罗斯哲学和俄罗斯思想向前推进了不只是一大步，而是整整一个时代。在普希金那里，几乎没有诗人保持沉默、哲学家出面说话的场合，其实，诗人与思想家、文学与哲学已经融为一体了。

瓦·瓦·罗赞诺夫认为，普希金以自己的创作在思想上解决了西欧派与斯拉夫派之间的争辩，他不仅是一位民族诗人，而且永远是一位"现代的"哲人。普希金是"永恒的""永远年轻的"，无论再过许多年，他也比托尔斯泰和陀思妥耶夫斯基都要更加年轻、"更加现代"。"如果普希金的生命再长久些，那么在我们的文学中也许就根本不会存在西欧派与斯拉夫派之间的争论，这一争论也不会采取那种激烈的方式，因为普希金在他的文学同辈人中间具有崇高的威望，而这种西方的欧洲和东方的罗斯之间的争论在普希金那里已经解决了。"[1]

瓦·瓦·罗赞诺夫以为，文学表现出的哲学思想应该是贴近生活、积极向上的，而不是消沉的、虚无主义的。他把普希金与果戈理做了对比，充分肯定了前者，批评了后者。在他的批评视野中，普希金是一位积极向上、充满活力、永远青春的大诗人，而果戈理则是消极的、缺乏活力、讽刺和虚无的作家。"普希金给我们以慰藉，而果戈理却给我们描绘了令人

① *Розанов В. В.* А. С. Пушкин//О писательстве и писателях. М.: Изд. «Республика», 1995. С. 46–47.

不快的情景，他自己也面对这情景哭泣、号啕"[1]；普希金热爱生活，热爱自然，热爱每一个个性，从未表现出对人的鄙视；果戈理却丑化生活，漫画社会，否定现存制度，丧失了生活真实的情感，表现出虚无主义的处世态度。"在果戈理之后，破坏成了既不可怕、也不可惜的事。"[2]瓦·瓦·罗赞诺夫对果戈理的现实讽刺和浪漫抒情也予以尖刻的否定，甚至把浪漫抒情仅仅看作对现实讽刺的一种亡羊补牢。瓦·瓦·罗赞诺夫虽然也在一定程度上肯定了果戈理对俄罗斯文坛的影响，但这种影响是一种心灵的忧郁、现实的痛苦、自我的批判和对他人的贬斥。他甚至把果戈理称之为"俄罗斯文学的忧郁之父"[3]。

列夫·托尔斯泰也是一位具有同样深刻思想，并能够使之文学化地描述出来的俄罗斯伟大作家。他创作中表现出的"勿以暴力抗恶""自我完善"等思想甚至被学界冠以"托尔斯泰主义"的名称，他的地位可以被称为是文坛上的"沙皇"。然而，瓦·瓦·罗赞诺夫却认为，这位俄罗斯文坛的"沙皇"要比陀思妥耶夫斯基逊色得多。

瓦·瓦·罗赞诺夫确实承认，在创作艺术与技巧方面，列夫·托尔斯泰并不输给陀思妥耶夫斯基，他的极其深刻的心理分析和浮雕般的艺术描写，使得他的几部长篇小说均是一座座文学丰碑。但是，在瓦·瓦·罗赞诺夫看来，这位"沙皇"喜欢孤芳自赏，"缺少切肤之痛"，只是全能的设计师，一切均计划得如此精妙，而表现心灵的痛楚不够，"说教"太多；陀思妥耶夫斯基则是背着箭囊的沙漠的骑手，他把箭射向哪里，那里就流

---

① *Розанов В. В.* Гоголь.//О писательстве и писателях. М.: Изд. «Республика», 1995. C. 121.

② 同上，第 122 页。

③ *Розанов В. В.* Русь и Гоголь.//О писательстве и писателях. М.: Изд. «Республика», 1995. C. 353.

血，令人震撼；列夫·托尔斯泰是以其"说教"来规劝读者，陀思妥耶夫斯基却让读者的心灵感动。

不过，瓦·瓦·罗赞诺夫在用思想的文学化标准来评判作家创作的时候，同时也用生活化的尺子在度量作家的文学创作。从生活化的视阈来看，瓦·瓦·罗赞诺夫又充分肯定了列夫·托尔斯泰的创作。他赞扬列夫·托尔斯泰表现的是"劳动的罗斯""俄罗斯的本性"。同样，瓦·瓦·罗赞诺夫也认定莱蒙托夫《当代英雄》中的人物形象具有某种"原型"的意义。

可以说，哲学思想的文学化和文学创作的生活化是瓦·瓦·罗赞诺夫评判 19 世纪至 20 世纪初俄罗斯文学的两个重要视角。与白银时代的其他宗教文化批评家不同，他的主要研究对象并非同时代作家，而是从普希金到列夫·托尔斯泰的 19 世纪俄罗斯文学。当然，他也写过关于安德列耶夫、高尔基、勃洛克、梅列日科夫斯基、阿尔志跋绥夫等人的评论文章；在外国作家中，他曾对歌德、卢梭、狄更斯、左拉、莫泊桑和梅特林克等人做过评说，考察过易卜生、王尔德的戏剧成就。

一般说来，瓦·瓦·罗赞诺夫对同时代作家评价不高，白银时代的文学创作中几乎没有任何一位作家或诗人是瓦·瓦·罗赞诺夫充分肯定的。当然，任何文学创作、哲学思想都要经过时间检验的。此外，这与瓦·瓦·罗赞诺夫本人认识是分不开的。他认为，"黄金时代"之后的俄罗斯文学先后表现出对整个生活的肢解与冷漠，再加上生活本身也显示出萎缩与平庸，就如同贺拉斯之后的罗马文学和塞万提斯之后的西班牙文学那样；他甚至感到，"我们有可能正处在一个文学大终结的时代"。

无论如何，在瓦·瓦·罗赞诺夫那里，生活化是判断文学创作优劣的标准，而文学化则是俄国知识分子表述自身思想的重要途径。他评价一切作家作品的标尺是陀思妥耶夫斯基的创作，这样就决定了他难以对同时代

的俄罗斯作家做出较高的评价。瓦·瓦·罗赞诺夫是白银时代俄罗斯宗教
文化批评理论家中独具特色的一位。

第四节　思想探索的文学化："宗教大法官"的传说

在俄罗斯文学史中，瓦·瓦·罗赞诺夫最偏爱的作家可以说是陀思妥
耶夫斯基。从他研究的早期著述《关于陀思妥耶夫斯基的宗教大法官的传
说》，直至晚年的成果《转瞬即逝》，陀思妥耶夫斯基的创作一直是他关注
的焦点之一。这里的主要原因也许就在于陀思妥耶夫斯基以自己伟大的文
学创作揭示了深刻的哲学思想和宗教问题。

作为一位东正教文学批评家、思想家、哲学家，瓦·瓦·罗赞诺夫能
够非常敏锐地发现陀思妥耶夫斯基创作中的宗教哲学思想，并且善于独具
慧眼地揭示这些思想是怎样通过文学创作表现出来的。

瓦·瓦·罗赞诺夫首先把目光投向陀思妥耶夫斯基的长篇小说《卡拉
马佐夫兄弟》，又特别关注该小说中的"宗教大法官"一节。在宗教大法
官的形象中，交织着一对无法克服的内在矛盾：作家本人狂热的宗教信仰
和某种"纠正基督的事业"的思想之间的激烈冲突。这种冲突主要反映在
宗教和教会之间的关系，对于正教、天主教和新教的不同评价，人在精神
自由和现实需求之间的选择，人的信仰需求与战争的根源以及征服人的神
秘力量，等等。陀思妥耶夫斯基正是通过这一形象，把困扰着自己的诸多
宗教、哲学、社会和道德问题，以小说中的故事传说形式来文学地展示
出来。

"宗教大法官"的传说是长篇小说《卡拉马佐夫兄弟》中的老二伊凡
对其弟老三阿辽沙讲述的一个很长的故事。16 世纪西班牙塞维尔地方的

宗教大法官把降临人世的基督逮捕了，并对基督发表了一通关于自由与面包、偶像崇拜与接受奴役、苦难与幸福的言论，随后又把他放走了。陀思妥耶夫斯基匠心独具地让这位反基督的宗教大法官恰恰以维护宗教的绝对权威的面貌出现，这就很容易把一系列思想上的矛盾和问题变成一种特殊的文学形式来体现，甚至揭示出宗教大法官的某些思想与19世纪俄罗斯的虚无主义、激进主义思潮之间的联系，从而使得这一形象具有多重意义的内涵。

当然，文学描绘的哲学思想和心灵探索，是隐蔽的、内在的。瓦·瓦·罗赞诺夫指出："陀思妥耶夫斯基的本质在于其无限的隐蔽性。……陀思妥耶夫斯基是一位最隐秘、最内在的作家，因此阅读他，仿佛并不是在阅读别人，而像是在倾听自己的灵魂，不过比通常的倾听更深入……"因此，就读者而言，"陀思妥耶夫斯基并不是'他'，像列夫·托尔斯泰和其他所有作家那样；陀思妥耶夫斯基是'我'，是罪过的、愚笨的、懦弱的、堕落的和正在崛起的'我'"。[1]

瓦·瓦·罗赞诺夫主要在强调：首先是陀思妥耶夫斯基的创作具有很深的隐秘性、内在性，读者应该深入进去才能够理解；其次是作家能够与读者进行心灵的对话，作品把生活写得真实，并且并不有意在作品与读者之间制造阅读阻塞；第三是"自我"的"堕落"与"上升"紧密相连。在瓦·瓦·罗赞诺夫看来，陀思妥耶夫斯基在思想探索的文学化方面是非常独特的，他用文学创作展示了自己独特的人生哲学。

陀思妥耶夫斯基作品描写的多是犯罪、堕落、丑恶、恐惧、压抑、混乱、阴暗等。实际上，这是在用创作揭示每个人、每个民族乃至全人类精

① *Розанов В. В.* Чем нам дорог Достоевский?//О писательстве и писателях. М.: Изд. «Республика», 1995. C. 533, 535–536.

神发展的第二阶段，即"犯罪和堕落的"阶段，陀思妥耶夫斯基描绘了该阶段的恐怖情景，同时又表现了透过黑暗王国的一线光明。在瓦·瓦·罗赞诺夫那里，精神发展的另外两个阶段，即第一阶段和第三阶段，分别是原始的明晰阶段和新生阶段。

陀思妥耶夫斯基的文学创作深刻地揭示了不少哲学的辩证思想：堕落与复兴、生与死等互相依存、互为前提的关系。《卡拉马佐夫兄弟》一书的卷首引用了《约翰福音》中的一段话："我实实在在地告诉你们：若一粒麦子落在地里，不死，仍旧是一粒；若是死了，就会结出许多子粒来。"

瓦·瓦·罗赞诺夫明确指出，陀思妥耶夫斯基以这部长篇小说揭示了一个深刻的哲学思想：生与死是不可分离的，只有死的必然，才使得生变得可能。他把陀思妥耶夫斯基称为"辩证法的天才，在他那里几乎所有正题都转化为反题"[①]。而且，陀思妥耶夫斯基是通过自己的文学创作来表现这种哲学思辨方式的。他创作中蕴含着的深刻矛盾性、二律背反的辩证性、纷繁的复杂性与瓦·瓦·罗赞诺夫的思想是一致的。

站在 20 世纪的门槛上，瓦·瓦·罗赞诺夫曾经预言，世界文学迎来的新世纪将是"陀思妥耶夫斯基的世纪"。这位作家的文学创作遗产是"表层略有些被毁损的思想、形象、猜想和期盼的矿场，但俄罗斯社会却还不得不依赖它，或者至少，一切真正的俄罗斯灵魂都将先后向那里回归"。"就欧洲而言，陀思妥耶夫斯基是一场尽管已经完全准备好了，但还并没有开始的革命。当他的思想变得相当明晰了、甚或仅仅是为人所共知的时候，欧洲伟大的思想革命就即将开始了。"[②]

---

① *Николюкин А.* Живописец русской души//Розанов В. В. Среди художников. М.: Изд. «Республика», 1994. C. 12.

② 同上注。

第五节　洛斯基：具体的理想现实主义

　　尼古拉·奥努夫里耶维奇·洛斯基是20世纪上半期俄罗斯各种哲学流派的理论家中最重要的思想家之一，是白银时代俄罗斯东正教文学批评家中真正意义上的哲学家。这不仅仅是因为他撰写过专门的《俄罗斯哲学史》，也不在于他曾经获得过哲学博士学位，科班出身，并且在几所大学里担任哲学教授，而更主要的是由尼·奥·洛斯基思想和理论本身的系统化、深刻性所决定的。他一生都在建立和完善自己的形而上学的哲学体系。津科夫斯基在自己的两卷本《俄罗斯哲学史》中这样写道："从准确的哲学一词的语意上来说，他几乎是唯一的能够构建体系的俄罗斯哲学家。"①

　　然而，尼·奥·洛斯基的哲学体系并不是抽象的思辨哲学，他的形而上学的哲学体系是与神学思想密切相关的。可以说，尼·奥·洛斯基的思维方式是形而上学的，而学术归属则是神学的。因此，学界也把他的哲学称为宗教哲学，把他视为将纯哲学与神学研究有机联系起来的宗教哲学家。

　　从学术渊源上来看，津科夫斯基的《俄罗斯哲学史》把尼·奥·洛斯基归入了莱布尼茨主义，而尼·奥·洛斯基本人则把自己归为直觉主义。无论如何，应该说，他的哲学体系是莱布尼茨主义和直觉主义兼而有之，但是他更直接地受到的是弗·谢·索洛维约夫的万物统一学说的影响，因此可以说是白银时代东正教文学批评理论家。当然，弗·谢·索洛维约夫本人也赞同莱布尼茨的单子论，从他的《神人类讲座》的第四、第五讲中，就可以见出。在白银时代的俄罗斯众多的宗教文化批评家中，

---

① *Зеньковский В. В.* История русской философии. В 2 т. Л., 1990. Т. 2. Ч. 1. С. 205.

尼·奥·洛斯基与谢·路·弗兰克在哲学思想和理论上最为接近，都是信奉基督教的宗教哲学家。

如果用一个概念来概括尼·奥·洛斯基的宗教哲学思想和文化批评理论，爱沙尼亚大学教授、著名俄罗斯美学家列·纳·斯托洛维奇在 2005 年出版的《俄罗斯哲学史》中，选用了"具体的理想现实主义"。[①] 也许从这里，我们就不难发现尼·奥·洛斯基的学术个性，也正因为如此，我们把他的文学批评理论归入现实主义之中。

列·纳·斯托洛维奇还明确指出，尼·奥·洛斯基在存在论、认识论、价值论以及美学、伦理学等方面，为俄罗斯哲学奠定了基础。他撰写的大量学术著作都引起了俄罗斯乃至其他国家哲学家的积极回应。他的《俄罗斯哲学史》一书先后于 1951 年和 20 世纪 90 年代两次出版英文版，在俄罗斯国内曾三次再版。这本《俄罗斯哲学史》不仅能够让读者很好地了解俄罗斯哲学发展的历程，而且非常清晰地展示了他自己的哲学体系以及对俄罗斯历代思想家的态度。[②]

尼古拉·奥努夫里耶维奇·洛斯基于 1870 年 11 月 24 日出生在拉脱维亚的克拉斯拉瓦（当时的维捷布斯克省的克列斯拉夫卡村）的一个宗教氛围浓重的家庭。他的父亲是一个东正教徒，而母亲则是一个天主教徒。家里兄弟姐妹一共有十五人，他排行第八。他的父辈是从波兰移居到白俄罗斯的，家族里有波兰血统，但是他们一家人都把自己视为地道的俄罗斯人，有着浓厚的俄罗斯民族意识。1881 年，尼·奥·洛斯基进入维捷布斯克古典中学读书，他开始阅读皮萨列夫、杜勃罗留波夫、米哈依洛夫斯基等的著作，迷恋于社会主义学说和无神论。1887 年，他因为宣传这些激

---

① *Столович Л. Н.* История русской философии. М.: Изд. «Республика», 2005. С. 258.

② 同上注。

进的思想而被学校开除。他失去了在俄罗斯国内继续读书的机会，便偷渡来到瑞士的苏黎世，经过许多周折，才进入瑞士的伯尔尼大学哲学系学习。在这里，他听了普列汉诺夫等人的讲座，研究了有关社会主义的文献资料。他在自己的回忆录里，清楚地记载了自己在国外的经历，包括曾经在阿尔及利亚的法国驻外军团服役以及自己经济窘迫的状况。

1889年，尼·奥·洛斯基返回维捷布斯克，为了能够继续上学，这位年轻人来到了彼得堡，一开始学习会计学，后来在亲戚的帮助下，完成了中学的学习。1891年，尼·奥·洛斯基进入彼得堡大学的物理数学系学习，在学习过程中，他首先是"坚信机械唯物主义的正确"[1]。他以为，可以通过自然科学的探讨，寻觅到真理的存在。随后，在老师帕·弗·列斯加夫特和阿·阿·科兹洛夫的影响下，他的世界观和知识结构渐渐发生了重大转型，尤其是与后者的频繁接触。阿·阿·科兹洛夫（1831–1901）及其儿子阿·阿·谢尔盖（1870/1871–1945）均是俄罗斯有影响的哲学家，是莱布尼茨单子论的拥护者。在与他们相处的日子里，他成为一个泛心论的拥护者。1894年，尼·奥·洛斯基全身心地投入哲学研究之中，转入了历史哲学系学习，并且听了阿·伊·符维坚斯基（1856–1925）讲授的有关康德哲学的课程。

在尼·奥·洛斯基一生中，最值得一提的是，1896年，他在阿·阿·科兹洛夫家中，认识了俄罗斯著名宗教哲学家弗·谢·索洛维约夫并且应他的约请翻译了康德的著作《纯粹理性批判》（1907年第1版）。这次结识使得尼·奥·洛斯基的哲学探索开始了宗教文化转向。尼·奥·洛斯基这样写道："最后一次我见到他是在1900年。那时我已经走上了自己的直觉主

---

① *Лосский Н. О.* Воспоминания. Жизнь и философский путь. СПб., 1994. С. 46.

义道路。索洛维约夫很有兴趣地听我谈论认识论问题，而我当时已经沉浸在逻辑学和认识论之中，根本没有想到，过 20 年我会探索建立形而上学的体系，这一体系在所有的俄罗斯哲学家中间是与索洛维约夫最接近的。"①

大学毕业以后，他通过了硕士课程的考试，于 1901 年秋去了法国的斯特拉斯堡，继续自己的学业，师从新康德主义者文德尔班。1902 年春，尼·奥·洛斯基在德国莱比锡心理学研究所跟随心理学家冯特学习。1902 年下半年起，尼·奥·洛斯基被聘为彼得堡大学的编外副教授，负责讲授哲学和心理学课程。1903 年夏，他到了哥廷根，在心理学家戈·埃·缪勒的指导下学习，他的第一个儿子、后来俄罗斯著名的东正教神学家弗拉基米尔在这里出生。也就在这一年，他回到彼得堡后，通过了题为《从唯意志论的角度看心理学的主要学说》的硕士学位论文答辩，获得了硕士学位。1906 年，他撰写了博士学位论文《直觉主义论》，1907 年获得博士学位。1916 年，尼·奥·洛斯基正式成为彼得堡大学的教授。

此后，尼·奥·洛斯基的学术论著引起国际学术界的普遍关注，并被翻译成英文、德文在欧洲国家出版。由于意识形态的问题，他于 1922 年被捕，并很快被驱逐出境。1922 年至 1944 年间，尼·奥·洛斯基主要在捷克斯洛伐克的布拉格、布诺尔、布拉迪斯拉发等地的大学里讲课和从事学术研究工作。这段流放时期也是他一生中出版学术著作最多的时期。1945 年，尼·奥·洛斯基去了法国巴黎，1946 年移居美国，从 1947 年直至 1950 年退休，他一直在纽约的圣弗拉基米尔神学院任哲学教授。退休后，他依然热衷于哲学研究，后来又移居法国巴黎，于 1965 年 1 月 24 日

---

① *Лосский Н. О.* Воспоминания. Жизнь и философский путь. СПб., 1994. С. 106.

去世。

尼·奥·洛斯基一生撰写了约 30 部学术著作以及数百篇学术论文，其中主要的专著有《从唯意志论的角度看心理学的主要学说》（1903）、《直觉主义论》（1906）、《柏格森的直觉主义哲学》（1914）、《世界是有机的整体》（1917）、《意志自由》（1925）、《价值与存在：上帝与上帝国是价值的基础》（1931）、《世界观的类型：形而上学导论》（1931）、《感性的、理智的和神秘的直觉》（1938）、《绝对善的条件：伦理学基础》（1938）、《上帝与世界的恶：神正论基础》（1941）、《陀思妥耶夫斯基及其基督教世界观》（1953）、《俄罗斯哲学史》（1954）、《哲学通俗引论》（1957）、《俄罗斯人民的性格》（1957）、《回忆录：生平与哲学之路》（1968）、《世界是美的实现》（1998）等。

从尼·奥·洛斯基的主要学术著作中，我们不难看到，他主要是一位宗教哲学家。他毕生都在致力于建立自己宗教哲学的形而上学体系，他的宗教思想是建立在形而上学基础之上的，而他的形而上学体系又是为了表述自己的宗教神学思想。列·纳·斯托洛维奇之所以把尼·奥·洛斯基的宗教哲学体系的特性归结为"具体的理想现实主义"，主要是因为这与他的哲学研究的出发点分不开的。这个出发点就是他形而上学思想体系中的一个核心概念"实体活动者"。要了解尼·奥·洛斯基的思想，就必须从这个概念开始。

其实，实体的概念自古以来就一直是形而上学体系的理论核心概念之一。近代以来，哲学界努力对这一概念进行修正，莱布尼茨就试图用单子论对传统的实体论进行改造。19 世纪末，以弗·谢·索洛维约夫为代表的一批宗教哲学家接受了莱布尼茨的单子论，在俄罗斯哲学史上出现了一批莱布尼茨主义者。尼·奥·洛斯基在接受莱布尼茨的单子论时，还对其进行了改造，同时还发展了他的神学思想。

　　具体说来，在探索哲学的基本问题"本原"时，尼·奥·洛斯基利用莱布尼茨的单子论，对传统的实体概念进行了修正，努力使得实体概念突破静止的状态，成为动态的。他运用的概念就是"实体活动者"，并且认为，它是世界的本原和基础。尼·奥·洛斯基认为，在世界这个有机的整体中，不同的存在形式是有高低之分的，其中最低级的存在形式是现实存在，因为它是受到时间和空间的限制的，是时间中的变化事件。它本身并不具有统一的特征和基础，是随着时间和空间的改变而显示出不同的状况。在现实存在之上，还存在着一种较高的存在，就是理想存在，这种存在是不受时间和空间的限制，没有时空的特征。"现实存在只有在理想存在的基础之上，才能够显示出系统的特征。"① 现实存在无疑是以理想存在为基础的，而理想存在又存在着两种形式：抽象的与具体的。前者的理想存在的主要特征是抽象性和普遍性，比如数学和物理的公式、计量关系等。后者的理想存在，也就是尼·奥·洛斯基强调的"具体的理想存在"，不仅没有抽象性或普遍性特征，而且具有具体性和特殊性。

　　应该说，理想存在无论是抽象的，还是具体的，都是超越时间和空间的存在。然而，抽象的理想存在，在尼·奥·洛斯基看来，是缺乏活力和内驱力的，是消极和被动的存在，无法成为现实的基础，是没有实体性特征的。具体的理想存在主要呈现出的则是个体性特征，摆脱了哲学研究存在的抽象性，也只有具体的理想存在才能够成为现实的基础。尼·奥·洛斯基把这种"具体的理想存在"称为"实体活动者"，只有这个"实体活动者"才是传统形而上学意义上的实体概念。具体的理想存在或曰实体活

---

① *Лосский Н. О.* История русской философии. М.: Изд. «Советский писатель», 1991. С. 323.

动者是能够以创造的形式来表现自己的，甚至可以在一定的时空中以物质的形式来表现。

尼·奥·洛斯基强调，实体活动者实际上就是个性，他发展到可以认识绝对价值，尤其是道德价值，就成为现实的个性，而未来将出现的则是潜在的个性。因此，尼·奥·洛斯基又把关于"具体的理想存在"或"实体活动者"理论称为人格主义，也就是关于个性的理论。与莱布尼茨的单子不同，他的实体活动者之间是互动的、必须交往的。不过，尼·奥·洛斯基把不同的实体活动者群分为不同的等级，低级只能与低级的在一起，服从较高级的；较高级与较高级的在一起，服从更高级的，这就形成了一个实体活动者的系列，所以，这一理论也被尼·奥·洛斯基本人称为等级人格主义。那么实体活动者的产生自然是来自上帝的创作。无论是现实存在，还是理想存在，都受制于一种元逻辑的存在，这种存在就是上帝，它超越时空，超越任何规律，决定着一切。

从尼·奥·洛斯基的理论中，我们不难看出，世界是由一个个具体的理想存在或曰实体活动者构成的，他们之间的等级序列形成了世界的秩序和系统，这一切又是由元逻辑存在决定的。这就是尼·奥·洛斯基关于世界存在、关于上帝存在的学说，也就是他的"具体的理想现实主义"。

尼·奥·洛斯基强调，他的理想现实主义不是抽象的，而是具体的。他指出，"我把理想现实主义称之为是抽象的，这里只有抽象的理想因素、思想，而具体的理想现实主义承认，在它们之上还有具体的理想因素"。他进一步明确，具体的理想现实主义是一个形而上学的体系，"该体系属于理想（精神）存在的领域，其中不仅仅存在着抽象的思想、规则、规律等等，而且还有具体的理想因素，即实体是活生生的存在物，精神具有存在的无限意义，不是由抽象思想获得的。"①

如果说尼·奥·洛斯基的形而上学的理论体系是具体的理想现实主义的，那么他的宗教思想的基础就是直觉主义的。尼·奥·洛斯基曾经多次把自己的学说称为直觉主义，他的博士学位论文也是论证直觉主义的。他是从直觉主义的角度来把握上帝的存在，阐发自己的宗教思想的。

实际上，在哲学中，直觉主义属于认识论的范畴，而认识论主要是探讨认识的主体与客体之间的关系。根据康德的观点，人的认识活动的整个过程都不可能超越主体的界限，因为客体是"自在之物"，是不可能被完全认识的。唯物主义者则把认识过程视为人脑对物质存在活动的客观反映。对于唯物主义者来说，外部世界是认识的动因，它是作为客观世界的主观形象出现在人的意识中。尼·奥·洛斯基则以为，在认识的主体与客体之间并不存在着必然的联系，而存在的仅仅是"认识的一致性"，由于这种"一致性"，"外部客体由于自身的完整性和内容的无限可能性，与认识个性达到一致"②。这种客体的丰富性已经通过潜意识，与人的自我联系起来。世界上的万事万物都存在着内在的一致性和内在联系，当然也包括认识的主体与认识及其客体之间。尼·奥·洛斯基的这一观点已经在 1898年就曾明确表达过。③

直觉主义是与理性主义相悖的，它并非要通过理性分析和逻辑推理及演绎来把握认识客体的不变本质，而是对客体进行非理性化的直观感悟，从而得出的认识并非唯一的、绝对的，甚至有时是很难通过语言文本来论

---

① *Лосский Н. О.* Избранное. М.: Изд. «Правда», 1991. С. 476.

② *Лосский Н. О.* История русской философии. М.: Изд. «Советский писатель», 1991. С. 322.

③ *Лосский Н. О.* Воспоминания. Жизнь и философский путь. СПб.: Изд. «С.–Петербургский университет», 1994. С. 110.

证。尼·奥·洛斯基对主客体之间关系的认识，显然是直觉主义的，他也是用这样的认识范式来探讨上帝存在的问题的。

尼·奥·洛斯基认为，上帝是并非任何实际的有限存在物，上帝就是虚无，是超越世界的绝对原则。然而，他并不反对证明上帝的存在，只是提出，要证明上帝，就不能够采用理性主义的方式，而只能够用直觉主义的方式去把握。因为上帝的存在也是一种理想存在，是超越现实的时空的。上帝是"无法借用世界存在领域中的任何概念来表述和规定的，因为它不是理性，不是个性，甚至不是一个存在物，由于它高于这一切规定；与世界存在相比较，上帝就是虚无，就是说，它不是任何有限的存在物"①。上帝是可以在神秘的直觉中被认知的，因为尼·奥·洛斯基把上帝视为元逻辑的存在。

如果要感知上帝的存在，就必须具备一定的宗教经验和神秘的直觉。只要拥有了这两点，上帝就会直接显现在人们的面前，而且是活生生的显现，这也是信徒与普通人的区别。当然，尼·奥·洛斯基反对用理性主义的方式去证明上帝的存在，但是他也并非完全排斥理性思维，有时也会应用反证的方法来丰富直觉主义对上帝存在的证明。

为了证明上帝的存在，尼·奥·洛斯基把神学分为两种，即肯定神学与否定神学。前者是通过说明上帝是什么，来论证上帝的存在；而后者则说明上帝不是什么，来感知上帝的存在。比如，就上帝自身而言，上帝不是什么，上帝就是虚无；而就上帝与世界的关系而言，上帝不是世界，上帝就是绝对；再就上帝与现实社会的恶而言，上帝不是什么，上帝就是绝对的善；等等。他虽然并不完全反对肯定神学，但是更加主张用否定神学

---

① *Лосский Н. О.* Чувственная, интеллектуальная и мистическая интуиция. М.: Изд. «Республика», 1995. C. 260.

的方式去把握上帝的存在。他坚持，上帝是不可能由肯定的规定来说明的，上帝并非任何有限的事物，而是超越世界、超越时空的绝对。

尼·奥·洛斯基认为，一般看来，否定无疑是消极、被动的，必然导致论证的贫乏和空无。"其实，这种否定应被看成是对于上升进入一个更高层次的要求，这是一个超越个性的，并非无个性的层次，这是一个超越理性的，而并非理性的层次，等等。"① 尼·奥·洛斯基之所以采取直觉主义的方式来证明上帝的存在，其主要原因在于他的一个基本观点：人的世界与上帝之间不存在着必然的联系，因此也没有必要用理性主义去证明。在他看来，上帝是虚无，上帝是绝对，同时，上帝也是自在的。人如何看待上帝，上帝就如何存在。他的这一观点是与尼·亚·别尔嘉耶夫等人不相同的。

尼·奥·洛斯基强调："上帝创造世界，无需提供任何的确定质料，他既不从外部拿来这种质料，也未从自身取出这种质料。因为他所创造的世界，无论在形式还是在内容，均是崭新的，迥异于自身的，而且这一世界是从前任何地方都没有过的。因此，上帝是在虚无之中创造世界的，从这个意义上来说，上帝创造世界是无需任何东西的，无论是他以外的，还是他自身的。"② 显然，在上帝与世界之间存在着一条无法逾越的鸿沟，上帝与世界是并列的，他们在本质上没有任何的同一性。

实际上，尼·奥·洛斯基彻底否定了有关上帝按照自己的理念创造世界的说法，可以说，他是更加坚定的上帝的信徒，因为他以为，世界中的任何理念都无法与上帝相提并论。世界上的任何规律都不是上帝本身固有的。

---

① *Лосский Н. О.* Мир как органическое целое//Лосский Н. О. Избранное. М., 1991. С. 386.

② *Лосский Н. О.* Бог и мировое зло. М.: Изд. «Республика», 1994. С. 321–322.

然而，上帝创造世界究竟创造了什么？在尼·奥·洛斯基看来，上帝在创造世界之前，先创造了无数个实体活动者，这些实体活动者产生在世界出现的时间与空间之前，因此具有超时空性。虽然上帝与世界之间没有共同点，上帝没有按照自身来创造世界，但是，尼·奥·洛斯基认为，上帝按照自己的样子，创造了作为实体活动者之一的人，当然，"上帝按照自己的形象造人的目的是要人去自由地创造"①。

因此，人对上帝的把握和世界的认知，也应该是自由的、不受任何约束的、创造性的。这也就是尼·奥·洛斯基用直觉主义把握上帝存在的目的之所在。

第六节　现实与理想：《樱桃园》的直觉阐释

尼·奥·洛斯基是一位哲学家式的文学批评家和理论家，他基于自己的宗教哲学观提出的"具体的理想现实主义"，为我们的文学批评，尤其是经典文本的解读，开辟了一条新的认知途径。本节以俄罗斯著名作家契诃夫于20世纪初创作的最后一部经典剧作《樱桃园》为例，努力揭示"具体的理想现实主义"在文本阅读和批评方法上的实际价值。

《樱桃园》剧情展示的是一个破落的贵族地主家庭不得不将祖传的樱桃园拍卖出去。在相当长的一段时间里，评论界一般认为，这部剧"形象地反映了贵族地主阶级必然灭亡并为新兴资产阶级所替代的历史发展趋向"②。剧中的两个贵族地主的代表朗涅夫斯卡娅及其兄长夏耶夫由于自身的无能和寄生虫生活，虽然前者为人坦诚、单纯，后者也还善良，但是只

---

① *Лосский Н. О.* Бог и мировое зло. М.: Изд. «Республика», 1994. С. 333.

② 曹靖华主编：《俄苏文学史》（第一卷），郑州：河南教育出版社，1992年，第600页。

能够非常无奈地将樱桃园卖给了新兴资产者、实干家陆伯兴。契诃夫把未来的希望，寄托在以家庭教师特罗菲莫夫和 17 岁的安妮雅为代表的年轻一代知识分子身上，他们是勇敢地告别旧时代、憧憬幸福美好未来的一代人。

然而，如果我们以尼·奥·洛斯基的"具体的理想现实主义"批评方法来分析，任何文学文本都只是一个"实体活动者"，而"实体活动者"就是具体的理想存在，这种存在交织着现实存在与理想存在，从而形成"个性"。因此，上述对《樱桃园》的阐释仅仅是从现实存在层面展开的，也就是揭示了文本的现实意义，而尚未对《樱桃园》内涵的理想存在，即超越具体社会现实的层面，进行深入发掘。那么究竟什么是《樱桃园》的理想存在呢？为什么不同时代的读者都会对《樱桃园》感兴趣呢？这显然并非读者们都感兴趣了解 19 世纪末至 20 世纪初俄罗斯社会具体现实的变化，而是恰恰是超越了这一现实的具体性，感触到深层的情感化的理想存在。这就是作品内含的、任何时代都存在的古老文明与当代文明的情感冲突。

显然，《樱桃园》的现实存在与理想存在的交织与融合，构成了剧本的"实体活动者"，造就了自身的独特性（个性）。具体的现实存在避免了理想存在的抽象性，而理想存在又赋予了文学作品深刻的思想性和普适性。不过，在尼·奥·洛斯基那里，任何现实存在或者理想存在，都是由上帝所决定的，这个上帝就是超越一切的一种元逻辑。这种元逻辑在《樱桃园》中，就是事物的两面性和矛盾性规律，对旧的不舍，又对现实的不满；对变化的无奈，又对新的憧憬；等等。

尼·奥·洛斯基是用直觉主义来把握上帝的存在的，上帝不是一个有限的具体存在物，而是可以在神秘的直觉感知中被认知的，也就是说读者可以从自己的直觉感知中获得对《樱桃园》意义的把握。随着读者所处语境和心境的变化，《樱桃园》的元逻辑（上帝）就会呈现出斑斓的色彩。任何理性的分析和文本意义的简单归纳，都只会是对《樱桃园》的片面理解，而每一种直觉感知都是对文本意义的一种丰富，这也许就可以解释为什么《樱桃园》是说不尽的经典吧。

依据尼·奥·洛斯基的具体的理想现实主义，文学创作应该比日常生活文本更加能够反映生活的真谛，因为文学的认知是永无止境的，直觉主义的阐释是不断发展变化的，是没有终极意义的。

第七章
超越理性思维的悲剧哲学批评

当代西方社会文明的繁荣几乎可以成为世界文明发展的榜样，发展中国家似乎都在朝着发达国家文明的方向前进。这里的文明显然包括自然科学研究、经济发展、哲学社会科学水平以及人的受教育程度等，而且使西方文明发展的关键因素，就是西方科学和哲学研究的理性思维方式。这就是"一分为二，二元对立"的研究方法，理念世界与经验世界的二元论，前者又可以分成理性与信仰两个世界，后者则更多是现实世界。

长期以来，西方的文学批评理论也是沿着"一分为二，二元对立"的理性思维及其研究路径运行的，顺着哲学研究的理性主义和经验主义两条线索展开。在文学批评理论上，浪漫主义与现实主义成为两大对立的文学创作传统，延续着古希腊以来柏拉图和亚里士多德的不同文学观和创作传统，无论是哪个流派，无外乎都可以归入这两大传统之一。进入20世纪以后，这种"一分为二"的理性批评倾向更加凸显。表现主义以艺术的本质是"直觉"表现，来区分于其他"理性"的事实。弗洛伊德的精神分析就把人的心理世界划分为"意识"与"无意识"。俄国形式主义借鉴了索绪尔对语言研究的划分，即语言的内部研究和外部研究，把文学研究也分为"内部研究"与"外部研究"。文艺符号学同样把文艺作品视为情感符号，以此与其他日常生活文本相对立。新历史主义批评更是把历史主义批评分为"旧"与"新"，前者是从作者创作的历史环境、规律来考察，后者则从读者接受的阐释语境来分析；前者意义是"归一"的，后者则是"多元的"；等等。

在当代西方的语言文学研究中，以理性思维为主导的实证主义的科学研究靡然成风。在西方的文艺批评中，不仅科学分析或史实考证式的批评占据了相当重要的地位，甚至有的权威期刊只发表科学或实证批评的论文，而且各种科学分析理论也不断运用于文学文本的分析，例如精神分析、神经认知等。这种"一分为二，二元对立"的思维模式能够更加科学化地研究文学现象，但是缺失的是对文学现象的精神层面把握。这种思维方式和批评方法直接影响着我国的文学批评及其理论的发展，甚至让我们渐渐丢失了我国古典文学批评的整体性、感悟式文本意义把握的传统。

西方文明注重实证和科技的理性思维确实给人类文明带来了空前的繁荣，推动着社会的进步。然而，为什么在物质文明高度发展的今天，社会的伦理、人们的信仰、民族的精神等却又会在某种程度上令人感到有所缺失呢？高科技在不断改变着人们日常生活方式的同时，又该如何提升社会的精神价值的作用呢？西方的实证科学和哲学思维对文学研究的影响应如何认识呢？

当代俄罗斯东正教文学批评理论家伊·阿·叶萨乌洛夫（Иван Андреевич Есаулов）在《俄罗斯经典：新理解》一书的序言中指出："在当代人文学科中，对待研究客体的基本态度可以分为两种：针对研究对象的这种或那种的外部阐释，以及对于现象所需要的内部理解。'研究'绝对不是'理解'。如果说'研究'既存在于人文学科，也存在于非人文学科，那么理解就是'精神学科'所特有的……""一般对待客体对象持两种态度：'物体'、'个性'。与此相对应的前者是'自然的科学属性'，主要是知识的独白形式，后者则是认识的对话积极性，前者是规律，后者是精神。"[1]在叶萨乌洛夫看来，俄国形式主义、结构主义和符号学等的研究均属于前者。他还在书中指出，19 世纪俄罗斯著名文学批评家别林斯基对作家果戈理后期创作的评价，显然是从"研究"出发的，而缺乏以"理解"为基础的"精神"把握。如果能够从精神层面多理解果戈理本人思想的转变，也许更加能够深入体会到作家后期变化的缘由，从超越理性的层面上把握作家的创作。其实，在西方的文学批评中，一直存在着一个无法克服的矛盾或曰悖论：文学创作的艺术感染力是其区别于非文学文本的关键之所在。文学批评本来是要揭示文学创作的审美价值，但是经过科学化的理性批评分析以后，这种审美感受便丧失殆尽。例如，结构主义批评本来强调的是文学文本的艺术审美形式，反对仅仅从思想内容出发的批评，但是其研究的结果则是一些毫无艺术魅力的叙事模式或公式。现实主义批评虽然重视文学创作与社会生活的密切联系，但是依然无法让读者感受到文学阅读的愉悦感。现代主义批评可以摆脱现实生活的层面，深入发掘无意识领域或荒诞变形的人生轨迹，却也难以传递给读者任何艺术的审美快感，等等。科学研究需要理性分析的切分、细化，甚至对立，而文学批评则更需要整体、融合。文学批评的目的并不只是要帮助读者去"研究"文学创作文本，从某一个视角或用某一种方法，来揭示其思想内涵或艺术形式，而且是应该注重引导读者去"理解""体验"和"感受"文本的精神价值，这就需要超越理性的批评方法。这种批评方法不再把文学创作的内容与形式相对立，而是在这两者的相互融合中，领略到超越文本之上的艺

---

① *Есаулов И. А.* Русская классика: новое понимание. Издание третье, исправленное и дополненное. СПб.: Изд. РХГА, 2017. С. 7.

术魅力，从而达到提升读者艺术欣赏力和净化心灵的作用。用文学创作去评价文学创作，用艺术作品去诠释文学理论，也许是一条理想的文学批评途径。意大利作家卡尔维诺的经典小说《寒冬夜行人》就被视为对符号学家艾柯的文本诠释理论的元小说式回应。更有不少经典作家把文学叙事与创作阐释融合在作品之中，以此达到相互之间的交融，如19世纪俄罗斯诗人普希金的代表作、诗体小说《叶甫盖尼·奥涅金》等。

在东正教文学批评理论那里，对西方理性思维的超越是探索新的文学批评的起点，从"对立"走向"融合"，由"二元"转向"三元"，则是文学批评的理想途径。只有超越理性思维及其为主导的实证科学的批评，才是具有神学魅力的文学批评。人类对艺术创作的评价最初是非常混沌的，非科学清晰化的，经过长时期的探索渐渐形成了文艺学，开辟了理性化的科学批评之路。然而，正是这一发展又丢失了文学创作本身的艺术魅力，丧失了艺术之魂。当代东正教文学批评则是要在理性与情感之中，现实与彼岸的世界之间，去探索超越理性的文学批评之路。

第一节　哲学的悲剧与悲剧的哲学

伊·阿·叶萨乌洛夫在《世界文化历史语境中的俄罗斯经典文学》一书中明确指出："俄罗斯经典文学是俄罗斯的主要民族成就之一，是公认的它对世界文明的贡献之一。"[1]然而，随后他就一针见血地指出了俄罗斯文学批评及其理论存在的困境和危机。"问题在于对俄罗斯经典一元论现

---

[1]　*Есаулов И. А., Ужанков А. Н., Сытина Ю. Н. и др.* Русская классическая литература в мировом культурно-историческом контексте. М.: Изд. Индрик, 2017. С. 7.

象阐释的危机正在日益加深。"①叶萨乌洛夫是从当代东正教文学批评的立场上，提出这一观点的，他所说的阐释危机显然是与西方哲学或文论的危机相一致的。其实，早在19世纪末至20世纪上半期，谢尔盖·尼古拉耶维奇·布尔加科夫作为索洛维约夫的追随者，坚定的"万物统一"哲学思想的维护者，就一针见血地指出了西方哲学的危机和悲剧，并把自己的哲学称为"哲学的悲剧"。谢·尼·布尔加科夫的哲学研究始终是与俄罗斯文学创作及其理论紧密相连的。正如俄罗斯科学院哲学研究所研究员尼克利斯基（Сергей Анатольевич Никольский）所说："优秀俄罗斯文学总是哲学化的，如同哲学经常在与文学的联系中，或者完全在文学形式里呈现自己。"②

俄罗斯高等经济大学哲学系教授波鲁斯（Владимир Натанович Порус，1943-）在题为《俄罗斯哲学与欧洲文化的危机》的演讲中，指出："我们可以把布尔加科夫的悲剧称为哲学的悲剧，这是他最重要的一部专著的名称。"布尔加科夫的"哲学的悲剧"主要包含着两个方面：一是哲学运用理性的分析方法，必然陷入悲剧的困境；二是哲学研究的对象是存在的悲剧。可以说，对待人生的悲剧性思考，是当代东正教文学批评理论的重要哲学基础之一。在谢·尼·布尔加科夫看来，用悲剧化的哲学理性分析方式，去归纳和分析复杂的文学创作所表现的存在悲剧，显然会陷入危机四伏、极其艰难的困境。不过，布尔加科夫虽然认为，文学批评理论的理性化思维方式是悲剧的，研究的文学对象也是存在的悲剧，但

---

① *Есаулов И. А., Ужанков А. Н., Сытина Ю. Н. и др.* Русская классическая литература в мировом культурно-историческом контексте. М.: Изд. Индрик, 2017. С. 7.

② ［俄］尼克利斯基：《俄罗斯文学的哲学阐释》，张百春译，合肥：安徽大学出版社，2017年，第1页。

是他并没有彻底否定理性。谢·尼·布尔加科夫坚持的理性是人与上帝之间自由的和道德的联系。"在这种哲学里，占据核心地位的是关于自由理性和道德理性的论断，这种理性体现在绝对里，也是人和人类追求的目标。"①

在谢·尼·布尔加科夫那里，理性与信仰是融合在一起的，文学批评应该揭示文学文本中的精神价值，而精神价值在文本和读者中"在"起来的过程又是复杂的。也正是这种"神学"意义的精神，才是连接主体（作者、读者）与客体（作品、生活）的关键，才是使得文本"在"起来的关键。因此，在谢·尼·布尔加科夫的"三位一体"的文学批评中，主体、客体和存在是一个整体，而连接这一整体的是由理性与信仰融合的精神。②

当然，谢·尼·布尔加科夫在文学批评中，摆脱了一般宗教哲学理论的束缚，不再把文学创作视为某种"精神"的传声筒，而是"神性"与"魔性"的融合体。他在分析陀思妥耶夫斯基长篇小说《卡拉马佐夫兄弟》时，不再把体现"善"的理想化人物阿辽沙·卡拉马佐夫作为评论的重点，而是着重剖析了悲剧式的极端个人主义者伊凡·卡拉马佐夫。伊凡的命运是悲剧性的，这一悲剧并不是他的无神论思想，也不是其"为所欲为"的处事原则，而是他自身的良心拷问和精神折磨。伊凡的性格是极其复杂的、矛盾的，往往纠缠于善与恶、理想与现实、忍耐与暴力之间。其实，在布尔加科夫看来，存在的悲剧并非在于生活的苦难或生命的消失，而主要是在于灵魂的迷茫和困惑，找不到精神的出路。伊凡的悲剧就在于此，人类的悲剧也莫过于此。

---

① ［俄］波鲁斯：《俄罗斯哲学与欧洲文化的危机》，张百春译，合肥：安徽大学出版社，2017年，第3页。
② 张杰等：《20世纪俄苏文学批评理论史》，北京：北京大学出版社，2017年，第113–114页。

　　显然，谢·尼·布尔加科夫的"哲学的悲剧"批评还是在为现实生活中信仰的丧失，为哲学探索世界方式的理性困惑，而发出悲叹。他的"哲学的悲剧"是建立在信仰与理性相互融合的"万物统一"的思想之下的。

　　当代东正教文学批评理论的另一位悲剧式思想家是列夫·舍斯托夫。从表面上看，他与布尔加科夫的哲学思想，甚至索洛维约夫的理论主张，分歧明显且争论不休。俄罗斯高等经济大学哲学系教授波鲁斯在题为《俄罗斯哲学与欧洲文化的危机》的演讲中，指出："舍斯托夫的悲剧是悲剧的哲学，这是他关于陀思妥耶夫斯基和尼采的一部重要著作的副标题。"[①]"布尔加科夫和舍斯托夫观点产生分歧的主要原因是对理性的理解不同。舍斯托夫所回避的'理性'与布尔加科夫所希望的'理性'是两个不同的理性。准确地说，他们对理性有不同的理解。布尔加科夫的理性是人与上帝之间自由的和道德的联系，这是遭遇痛苦的理性，因为它把世界悲剧纳入自身，尝试在自身中解决这个悲剧的矛盾。舍斯托夫所诅咒的理性对人漠不关心，所以人不应该相信它。"[②]列夫·舍斯托夫的"悲剧的哲学"更加关注的是，个体命运与自满理性之间的悲剧性冲突。[③]在谢·尼·布尔加科夫那里，"理性"是与信仰联系在一起的，而舍斯托夫则以为，如果这样，实际上就是用"理性"来代替信仰，最终导致信仰的丧失。

　　然而，尽管在对于"理性"的认识上，列夫·舍斯托夫与谢·尼·布尔加科夫的分歧很大，但是他们在世界观和文艺观上则又是一致的。无论是谢·尼·布尔加科夫，还是列夫·舍斯托夫，都深受索洛维约夫思想的影

---

① [俄]波鲁斯：《俄罗斯哲学与欧洲文化的危机》，张百春译，合肥：安徽大学出版社，2017年，第2–3页。

② 同上，第5页。

③ 同上，第18页。

响，把"万物统一"于精神，视存在为主客体的载体。他们都认为哲学研究的方法和对象是悲剧性的。悲剧性产生于理性分析的无奈和理性规范的失败。只不过，谢·尼·布尔加科夫还在为"理性"的悲剧感叹，而列夫·舍斯托夫则从根本上就不相信这种"理性"。

在《悲剧的哲学》一书中，列夫·舍斯托夫当提及对莱蒙托夫的小说《当代英雄》主人公毕巧林评价时，曾多次强调，虽然毕巧林身上集中了一代人的缺点，但是莱蒙托夫本人在小说的序言中，则明确指出要"如何医治，只有天晓得"①。其实，列夫·舍斯托夫与莱蒙托夫一样，反对艺术创作的理性分析。他写道："艺术的任务绝不在于，听命于由各种人依据这种或那种基础想象出来的规则和标准，而在于冲破那桎梏追求自由的人类智慧的锁链。"②

在评价契诃夫创作时，列夫·舍斯托夫指出："契诃夫是绝望的歌唱家。契诃夫在自己差不多 25 年的文学生涯当中百折不挠、乏味单调地仅仅做了一件事：那就是不惜用任何方式去扼杀人类的希望。"③他认为，剧本《海鸥》最能够真实体现契诃夫的生活态度。主人公特里果林整日忙忙碌碌，毫无目的地不停抄写。他既不知晓"为什么做"，也不清楚"怎样做"。这显然是极其荒诞的。契诃夫揭示的正是人类社会普遍存在的悲剧，即生活是无目的的，大家都昏昏欲睡，随波逐流，一旦理性行动，便就四处碰壁。契诃夫在自己的创作中表明，人类只有用磨难、绝望，甚至死亡来抗争理性，只有深陷绝境，才能感觉到用理性无法论证的上帝，向他发

---

① ［俄］Л. И. 舍斯托夫：《陀思妥耶夫斯基与尼采——悲剧的哲学》，张杰译，北京：商务印书馆，2019 年，第 8 页。
② 同上，第 9—10 页。
③ ［俄］Л. И. 舍斯托夫：《开端与终结》，方珊译，昆明：云南人民出版社，1998 年，第 8 页。

出旷野的呼告，重新找回对上帝的信仰。

谢·尼·布尔加科夫和列夫·舍斯托夫分别从"哲学的悲剧"与"悲剧的哲学"，这两条不同的批评途径，努力揭示文学文本的精神价值。无论这种精神是积极的，还是消极的，哪怕是绝望的，他们都去正视它。文学创作的悲剧感和绝望感不是让人消沉，而是"通过表现个体的毁灭来埋葬死"，从而肯定"活人的权利"①。

第二节 精神活动：文本的意义构建

在我国传统的文学批评及其理论中，文学文本与社会现实之间的关系通常被视为研究的重点，是反映与被反映的关系。文学批评界也习惯于从反映的真实性与表现的审美性，这两个维度来揭示文学文本的意义和价值。随着文学批评及其理论研究的不断深入，文学文本的意义再生机制逐渐引起越来越多的关注，并以此来阐释文学文本意义的无限可阐释性。然而，无论是现实的文本反映，还是艺术的审美表现，甚至文本的意义再生机制，均是通过人的精神活动加以实现的，即"万物统一"于心理过程。可以说，生活现实、文学文本和心理活动是意义构建的三维，其中心理活动是纽带，是统一的关键。也正是这一精神活动，使得文学文本的意义再生机制成为有生命力的"活物"，可以不断地产生意义。

无论是谢·尼·布尔加科夫的哲学悲剧，还是列夫·舍斯托夫悲剧哲学，都是把文学批评视为一种人类的精神活动，是理性与信仰相互作用的心理过程。他们无论是赞同还是反对，都受到了索洛维约夫"万物统一"

---

① [俄] Л. И. 舍斯托夫:《陀思妥耶夫斯基与尼采——悲剧的哲学》，张杰译，北京：商务印书馆，2019 年，第 1 页。

于精神的思想影响。索洛维约夫就曾明确指出，美是"精神的物质"，是"思想的化身"①。他以金刚石为例，说明金刚石之所以具有美的价值，就在于物质与光的结合，文学文本的美学价值也在于人的精神之光与物质生活的融合。索洛维约夫强调，美实际上是主体精神的对象化，也就是创作主体与客观现实世界之间的精神联系构建了文学文本。当然，这位伟大的思想家也不否定文学文本反映现实的客观性，他承认："美在自然中具有客观的现实性。"②但是，在索洛维约夫看来，客观世界的美是一定要与精神世界相伴的。这就表明，文学文本反映现实的精神联系是读者意义的构建基础。

在"万物统一"的世界中，精神活动或曰心理过程是最富于变化的。文学文本意义的构建无疑是变化的、多元的、复杂的，永远处于未完成状态，为读者提供着无限的可阐释空间。这种文本构建的意义在以变形、夸张、荒诞为特色的现代主义创作中是显而易见的。爱尔兰现代主义剧作家塞缪尔·贝克特的两幕悲喜剧《等待戈多》表现的是一出极其荒诞的悲剧，在该剧中，什么也没有发生过，谁也没有来，谁也没有去，甚至等待的戈多究竟是谁也不太清楚。作者只是想在观众与戏剧表演之间建立一种想象的联系，激发观众无限延伸的可想象空间。可以说，《等待戈多》是由塞缪尔·贝克特对生活认识的精神产物，同时也是该剧与观众想象之间的动态意义构建，剧本的意义再生机制则形成于这种心理的联系过程之中。从布尔加科夫的"哲学的悲剧"维度来看，文学反映的对象，即世界，是荒谬、悲剧的；文学批评或理论试图用理性思维的方法去概括和分析，显然也是悲剧的、无解的。从舍斯托夫的"悲剧的哲学"批评出发，

---

① *Соловьев Вл.* Сочинения. В 2 т. М.: Мысль, 1988. Т. 1. С. 774.
② 同上，第555页。

实际上文学批评的理性分析本身必然是悲剧的，因为理性的自满与个性的需求之间是永远无法调和的，文本的意义是永远无法企及的，悲剧是根本无法避免的。

其实，即便是在现实主义的文学创作中，文本的意义建构也同样形成于"作者→文本→读者"的心理联系之中。在 19 世纪俄罗斯文学史上，也许屠格涅夫创作的长篇小说《前夜》是作者与批评家之间认识迥异、争议最大的一部文学作品，最终还导致了《现代人》杂志的分裂，屠格涅夫、列夫·托尔斯泰等贵族作家退出该杂志，不再为其撰稿。这"是俄罗斯文学史中最早的一部歌颂'信任'，即献身事业、有行动的人物的长篇小说"[①]。小说的故事情节非常简单，讲述的是一位贵族少女叶莲娜·斯塔霍娃与在俄罗斯的保加利亚民族解放运动战士英沙罗夫的爱情故事。屠格涅夫自己就曾经表示，小说要塑造一个自觉的英雄性格，一个民族解放运动的参加者，而不是要写一个推翻沙皇统治的革命者。[②]但是，这种由作者主体对象化后的文本却给了批评家杜勃罗留波夫迥然不同的解释。这位革命民主主义者在《真正的白天何时到来》一文中，明确表示从该小说中看出了俄国面临着革命的"前夜"，甚至指出："这一天，它到底是要来的。"由于作家屠格涅夫与批评家杜勃罗留波夫在信仰和政治立场上的极大差异，各自主体与文本构建的心理联系也就截然不同，因此对文本的意义建构也就会不一致。也许还有读者不从任何信仰或政治立场出发，就能够从《前夜》中只看出叶莲娜与英沙罗夫之间忠贞不渝的爱情，或许还有更多的其他阐释。

显然，文学文本的意义形成于作者与文本、文本与读者之间的精神联

① 曹靖华主编：《俄苏文学史》第一卷，郑州：河南教育出版社，1992 年，第 338 页。
② 同上，第 338–339 页。

系的过程之中，这种联系既是理性的、有信仰的，也可能是感性的、无信仰的。正如索洛维约夫所说，人世间的万物都是统一的，统一于"精神"。在自然科学与社会科学中，应该还存在着"神学"，主观与客观之间必然由心理活动相联系。正是这种"三位一体"的"万物统一"思想构建了白银时代俄罗斯东正教文学批评理论的灵魂，也造就了谢·尼·布尔加科夫的"哲学的悲剧"和列夫·舍斯托夫的"悲剧的哲学"。尽管或许这种思想需要加以唯物主义的批判，但是它毕竟为我们认知世界，分析文学文本，提供了一条值得思考的、"万物统一"的文学批评路径。

第三节　舍斯托夫：走向《圣经》哲学

在 19 世纪末 20 世纪初的俄罗斯东正教文学批评理论家中，列夫·舍斯托夫是一位个性鲜明、思想独特的思想家、存在主义哲学家。他毕生都在发出"旷野的呼告"，呼唤以基督教、《圣经》思想为基础的非理性存在，并以此来对抗西方崇尚理性的哲学和美学思想传统。列夫·舍斯托夫强调世界的本质是非理性的，努力探索理性无法面对的人的痛苦、恐惧、绝望、死亡等悲剧性问题。他本人在纪念德国现象学哲学家胡塞尔时，曾经宣称："……我在没有人认为尽一切力量可能有胜利希望的地方开始进行斗争。"[①]列夫·舍斯托夫的学术探索之路就是由对理性的悲剧哲学认识，走向圣经哲学之路。

别尔嘉耶夫曾如此夸赞过列夫·舍斯托夫，是他"一生之中所遇到的最出色、最优秀的人物之一"。作为"20 世纪初最有独创性、最杰出的思

---

① ［俄］Л. И. 舍斯托夫：《纪念伟大的哲学家爱德曼·胡塞尔》，谭湘凤译，《哲学译丛》，1963 年第 10 期，第 62 页。

想家之一"，列夫·舍斯托夫"思想的独立性令人折服；他从来不属于任何一个流派，不受时代精神的影响。他置身于俄罗斯思想的基本轨道之外"①。确实，列夫·舍斯托夫与自己同时代俄罗斯的任何一个思想或文学流派都没有十分密切的联系，因此也很难将其归入哪一个派别。他既批判索洛维约夫、谢·尼·布尔加科夫等人的理论观点，也不去附和别尔嘉耶夫、弗兰克等人宗教人本主义思想，同时还批判了梅列日科夫斯基的"新宗教意识"等。长期的域外生活，成就了他思想的独立性，开创了自己独特的"悲剧哲学"和"圣经哲学"，在思想界独树一帜。

列夫·舍斯托夫的"悲剧哲学"源于他的宗教人道主义和存在主义思想。他虽然曾参加由谢·布尔加科夫和别尔嘉耶夫主持的宗教—哲学协会的活动，参加《生活问题》杂志的编辑工作，而学界却始终把他视为是精神领域中漫游的"孤独的朝圣者"。10月革命前，列夫·舍斯托夫的主要著作有：《莎士比亚及其批评者勃兰兑斯》（1898）、《托尔斯泰伯爵和弗·尼采学说中的善——哲学与说教》（1899），《陀思妥耶夫斯基与尼采——悲剧的哲学》（1903），《毫无根据的颂扬》（1905），《开端与终结》（1908）。1920年出国后，他又先后撰写了《在约伯的天平上（灵魂中漫游）》（1929）、《克尔凯郭尔与存在主义》（1935）和《雅典与耶路撒冷》（1938）等著作。如果用一句话来概括列夫·舍斯托夫一生的探索轨迹，那就是从"悲剧哲学"走向"圣经哲学"。

列夫·舍斯托夫，原名为列夫·伊萨科维奇·施瓦茨曼（Лев Исаакович Шварцман），1866年2月23日出生于基辅的一个犹太商人家庭。他的父亲是俄罗斯西南地区负有盛名的"施瓦茨曼公司"的老板，文化修养极

① *Бердяев Н. А.* Русская идея. Основные проблемы русской мысли XIX века и начала XX века//Русская идея. М.: Изд. «Искусство», 1994. Т. 2. С. 269.

高。他非常重视孩子教育问题，特别是传统思想的教育。他不仅能够自由阅读古犹太文书籍，而且研究犹太古典文献，甚至自己教孩子学犹太文。父亲对舍斯托夫的成长影响非常大。

列夫·舍斯托夫首先在基辅当地读书，后转入莫斯科中学，1884 年进入莫斯科大学数理系，随后又转入法律系学习。他由于与学监布雷茨戈洛夫发生激烈冲突，离开莫斯科大学，转入基辅大学。在大学期间，他主要热心于政治经济等社会问题，甚至选修了许多相关课程，他尤其关注俄国社会的工人运动，完成了学士学位论文《论工人阶级在俄国的地位》。不过，该论文并未通过审核。1889 年大学毕业，他开始在父亲的企业中工作，仍然热衷于经济问题。不久，他因为对哲学和文学的浓厚兴趣，于 1895 年先后在杂志《艺术与生活》和《基辅言论报》上发表了自己最早的两篇学术论文《论弗·谢·索洛维约夫》和《乔治·勃兰兑斯论哈姆雷特》。

1896 年，列夫·舍斯托夫在出国治病期间，先后到达了维也纳、柏林、慕尼黑、巴黎、罗马等地，大量阅读了康德、尼采、莎士比亚、勃兰兑斯等的著作。就列夫·舍斯托夫自己而言，他从康德那里汲取了批判的力量，而从莎士比亚那里则获得了内在冲动的精神动力。文艺复兴时代这位伟大的英国剧作家，曾借同名剧作主人公哈姆雷特之口所说的一句话："这是一个颠倒混乱的时代"，在列夫·舍斯托夫看来，不仅包含着对现存社会秩序的批判，而且表现出对传统哲学的质疑。据此，他开始了对传统西方哲学和文学思想的颠覆性批判。他几乎是全身心地投入哲学和文学的探索之中。在此期间，他撰写了自己最早的两部专著《莎士比亚及其批评者勃兰兑斯》（1898）和《托尔斯泰伯爵和弗·尼采学说中的善——哲学与说教》（1899）。

1898 年，列夫·舍斯托夫回到俄罗斯以后，就开始撰写《陀思妥耶夫斯基与尼采——悲剧的哲学》一书，此书于 1903 年在圣彼得堡出版。1905 年，他又出版了《毫无根据的颂扬》。从此，列夫·舍斯托夫的学术研究引起了学界的普遍关注，在《教育》《新时代》《生活问题》等杂志上，巴扎洛夫、洛扎诺夫、列密佐夫、别尔嘉耶夫等先后发表评论。别尔嘉耶夫曾经评论道："我认为，列夫·舍斯托夫对各种实证主义、各种常识性观念进行了尖锐而又深刻的批判，并取得了很大的成就，虽然这种批判是在唯心主义的伪装下展开的。"① 谢·尼·布尔加科夫也曾经指出过列夫·舍斯托夫早期与晚期创作的一致性：在列夫·舍斯托夫的众多学术论著和繁杂的论题中，"不难发现一定的一致性，甚至是老一套。列夫·舍斯托夫是思想专注的人，他没有思想的演变。他的思想特征在其早期作品中就已经明确了"②。

列夫·舍斯托夫本人尽管并不热衷于政治，却参与了如《生活问题》等不少刊物的实际工作。1895–1914 年，他大多居住于瑞士。第一次世界大战爆发后，他返回俄罗斯。1917 年 10 月革命爆发时，他在莫斯科，不久便于 1918 年举家迁往基辅，在大学里讲授古希腊哲学。1920 年，列夫·舍斯托夫再次出国，从此以后就一直侨居于法国巴黎。

列夫·舍斯托夫来到法国以后，立即得到西方学界的认可，知名度迅速提升。1922 年，他在巴黎大学斯拉夫学研究院俄罗斯历史语言系任教，同年，他的论文《克服自明性——纪念陀思妥耶夫斯基百年诞辰》在法文杂志发表。1923 年初，他的论著《死亡的启示——论列夫·托尔斯泰的晚期著作》出版了法译本，也就在这一年，他在索邦大学讲授"陀思妥耶夫

① *Ловцкий Герман.* Лев Шестов по моим воспоминаниям. Библиотека 《Вехи》, 1956.

② *Булгаков С. Н.* Некоторые черты религиозного мировоззрения Л. И. Шестова. Сочинения в двух т. М., 1993. Т. 1. С. 552.

斯基与帕斯卡尔的哲学思想"。1926 年，他的《钥匙的统治》《凡人皆有一死——论埃德蒙特·胡塞尔的认识论》等著作也先后出版了法译本。

列夫·舍斯托夫非常善于把友谊与学术问题区分开来，尽管在学术观点上他与现象学大师、德国哲学家胡塞尔存在着严重的分歧，甚至他还毫不留情地批评过胡塞尔，然而他仍然称赞胡塞尔是伟大的哲学家，与胡塞尔是亲密的朋友。胡塞尔本人就说过"没有一个人像他那样尖锐地攻击过我，正因为这样，我们反而成了亲密的朋友了"①。此外，列夫·舍斯托夫还与马克斯·舍勒、海德格尔交往密切。或许得益于西方学术的土壤，列夫·舍斯托夫生命中最后 10 年出版的学术著作《在约伯的天平上（灵魂中漫游）》（1929）、《旷野的呼告——克尔凯郭尔与存在主义》（1935）和《雅典与耶路撒冷》（1938）均是他思想的代表作。1938 年 11 月 20 日，列夫·舍斯托夫病逝于巴黎，12 月 4 日追悼会在犹太教堂举行，12 月 18 日列夫·舍斯托夫的纪念大会在宗教哲学学院举行。

可以说，从"悲剧哲学"走向"圣经哲学"是列夫·舍斯托夫的学术探索的历程。"悲剧的哲学"无情地揭示了人类生活的悲剧性本质，而"圣经哲学"则为人类指出了摆脱悲剧命运的道路：信仰。显然，走向信仰之路就是圣经哲学的核心。

列夫·舍斯托夫强调："信仰，并且只有信仰，才能摆脱人的罪孽。信仰，并且只有信仰，才能使人从必然性的真理的支配之下解脱出来，而必然性真理掌握了人的知识是在他尝了禁树之果以后。只有信仰才能赋予人以勇敢无畏的力量，去正视死亡和疯狂，而不是优柔寡断地向它们顶礼膜

---

① ［俄］列夫·舍斯托夫：《纪念伟大的哲学家埃德蒙特·胡塞尔》，谭湘凤译，载方珊主编《舍斯托夫文集》第 5 卷《思辨与启示》附录，张百春、张杰等译，上海：上海人民出版社，2005 年，第 350 页。

拜。"① 在这里，列夫·舍斯托夫所说的信仰是"符合《圣经》的信仰"②。信仰为人类开辟了真正的、理想的精神家园，也只有在上帝的家园里，人类才能真正做到惩恶扬善，找到通往真正自由的精神之路。信仰给人以希望、意志和力量，帮助人类直面现实的苦难。信仰为人类提供了一种与理性思维迥异的、顿悟式、直观型的"呼告"，以回应上帝的启示。信仰能够帮助人类摆脱现代文明社会的异化状况，追求人生的终极价值。因此，信仰上帝也就是另一种形式的人道主义，即宗教人道主义。

　　在中世纪，宗教信仰曾经迫使理性与科学低头，从而才出现了文艺复兴的理性崛起和人性的解放。然而，当理性和科学阻碍了人类通往信仰之路时，新的为信仰而斗争的哲学——"圣经哲学"又出现了，它在争取新的自由。这也许就是人类本身的认识规律吧，有人把它称为否定之否定的循环上升，有人把它叫作钟摆式前进。

　　《圣经》的神话内容、表述方式和审美价值取向都与传统的理性化哲学形成了鲜明的对照。这就使得列夫·舍斯托夫可以从《圣经》中获取精神力量。

　　列夫·舍斯托夫确实是一个哲学家，但却是一个宗教哲学家，他的哲学是以信仰为基石，以拯救人类为宗旨的。这种宗教哲学并非以神为本的，而是以人为本的，只不过这种以人为本不是以抛弃神为代价。他认为，理性根本无力回答人类的生与死问题，无法排解人类社会的苦难、堕落、绝望和恐惧。世界的本质不是理性的，而是非理性的，信仰是人心灵深处的内在需求。如果丧失信仰，人就会走向精神死亡。在列夫·舍斯托夫那里，个体的存在状况显然比理性的规律和法则更加重要。

---

① ［俄］Л. И. 舍斯托夫：《旷野呼告》，方珊、李勤译，北京：华夏出版社，1999 年，第 15 页。
② 同上，第 20 页。

　　列夫·舍斯托夫代表作《雅典与耶路撒冷》中，曾明确写道："宗教哲学不是寻求永恒的存在，不是寻求存在的不变的结构和秩序，不是反思（Besinnung），也不是认识善恶之别（这种认识向受苦受难的人类许诺虚假骗人的安宁）。宗教哲学是在无比紧张的状态中诞生的，它通过对知识的拒斥，通过信仰，克服了人在无拘无束的造物主意志面前的虚假恐惧（这种恐惧是诱惑者给我们始祖造成的，并传达到了我们大家）。换言之，宗教哲学是伟大的和最后的斗争，目的是争取原初的自由和包含在这种自由的神的'至善'。"①

　　列夫·舍斯托夫强调，哲学探讨的对象不应该只是主客体之间的认识关系，而应该是主体争取精神自由的过程。他努力改变传统哲学的研究视角，开辟一种以人的生命体验为基点的新视角，建立与宗教哲学为特征的"悲剧的哲学"和"圣经哲学"。在这种哲学思想中，人的存在状况是关注的焦点，也就是说，人是研究的中心，信仰是出发点，依据是上帝的存在，目的是拯救人类。因此，列夫·舍斯托夫的宗教哲学是人本主义的，列夫·舍斯托夫是存在主义的先驱。

　　特别值得一提的是，德国现象学哲学家胡塞尔是存在主义大师萨特的老师，他的现象学思想也被看作存在主义的基础。然而，列夫·舍斯托夫作为存在主义的先驱则与胡塞尔的观点迥然不同，甚至对胡塞尔的思想进行了非常尖锐的批评。胡塞尔强调"哲学是一种反思"，而列夫·舍斯托夫却坚持"哲学是一种伟大的、终极的斗争"。他们从不同的视角为存在主义探索开辟了道路，胡塞尔是从认识论的角度，而列夫·舍斯托夫则从信仰的角度，真可谓是殊途同归。

① ［俄］Л. И. 舍斯托夫：《雅典与耶路撒冷》，徐凤林译，杭州：浙江人民出版社，2000年，第22页。

列夫·舍斯托夫还坚决反对斯宾诺莎关于自由是必然性认识的说法，甚至指出，如果顺从必然性是自由的话，那么就等于宣布了自由的死亡。因为人如果成为必然性的奴隶，还有什么自由可言呢？人一旦失去自由，就陷入了悲剧的生活境地。列夫·舍斯托夫就是要反对传统哲学对人的命运的冷漠，探索一种以关心人的命运和拯救人的心灵为宗旨的新型哲学——圣经哲学。

第四节 存在主义："悲剧哲学"批评

可以说，列夫·舍斯托夫的"悲剧哲学"和"圣经哲学"探索都是首先开始于文学批评的，因此他的宗教哲学研究始终与文艺批评是密切相关的，而这一切的基础就是存在主义。

狭义的存在主义主要是指以由德国现象学哲学家胡塞尔开创，经他的研究生即法国哲学家、美学家萨特发展而来的哲学和美学思想，主要包含了三个核心思想。（1）存在先于本质。人首先是存在，然后才按照自己的思想造就自身。人的本质并不是天生的，不像物的本质是事先被人规定好了的，人的本质是自己规定的。（2）人是绝对自由的。人的本质既然是由他自己造成的，所以人是绝对自由的，他可以通过自由选择来创造自身。（3）他人是地狱。人是绝对自由的，但他人和社会总是限制人的这种绝对自由，因此，人与人之间是彼此冲突的。人面对的是虚无，是一个荒谬的世界。①上述这些思想在列夫·舍斯托夫的"悲剧哲学"中都已显露出来，只不过胡塞尔、萨特等是从理性思维出发的，列夫·舍斯托夫则是从信仰

---

① 朱立元、张德兴：《二十世纪美学》（上），载蒋孔阳、朱立元主编《西方美学通史》第6卷，上海：上海文艺出版社，1999年，第481–482页。

出发的。因此，他与胡塞尔一样均可以被称之为存在主义哲学的先驱，只不过列夫·舍斯托夫的存在主义是一种宗教哲学或曰圣经哲学。

列夫·舍斯托夫的一生都在与传统哲学的理性、自明、规律性和绝对真理做坚决的抗争。他非常清楚地看到，从苏格拉底开始，传统西方哲学始终以追求真理或知识为目的，创造了理念、逻各斯、必然性、规律性等诸多概念，建起了一个庞大的以理性为基础、以逻辑推理为基本方法、以认识永恒真理为目的的完整哲学体系。这一体系不仅几乎涉及了后来西方学界所涉及的所有问题，而且表明，必须在理性的自明中去探寻永恒的真理。任何一部西方思想史，只不过是历代思想家们从各自的不同视角，运用思辨的方式，论证理性原则、探索永恒法则和必然性的历史。苏格拉底为了追求真理而选择了死亡，柏拉图把哲学家称为理想国的君主。哲学变成了一门关于形而上学的学问，而形而上学是"一门回避危险的生命体验的伟大艺术"[①]，它向与人类现实生活不相干的法则和规律顶礼膜拜，却对人类社会最重要的问题、人类的痛苦本身漠不关心。在对传统哲学产生怀疑和感到绝望的情形下，列夫·舍斯托夫开始了自己独特的精神探索。

或许是因为列夫·舍斯托夫本人就反对传统的理性主义，反对体系化的理论构建，他自己就从未设想过要建立一个完整的理论体系。因此，一般说来，学界参照列夫·舍斯托夫本人的提法，大多把他的哲学分为两个部分："悲剧哲学"和"圣经哲学"。前者涉及的是人的悲剧性困境以及人与传统哲学、科学和伦理道德的抗争；圣经哲学则是指明了一条拯救人类的道路，即信仰之路。这两种哲学其实是有机联系在一起的。

---

① *Шестов Л. И. Апофеоз беспочвенности//История русской литературы: XX века: Серебряный век, под ред. [и с предисл.] Ж. Нива и др. Москва: Прогресс: Литера, Б. г, 1994. С. 228.*

　　显然，存在主义关心人的生存状况，努力争取人的自由。列夫·舍斯托夫的"悲剧哲学"与"圣经哲学"也是如此，因此可以视为存在主义思想的雏形。然而，列夫·舍斯托夫只不过不是在理性范围内去探索。相反，他认为，理性、必然规律和普遍真理都只能够让人类听从于命运的安排，服从所谓的自然或社会规律，而不是以人为本的，不是从人类现实生活的苦难出发的，更不是让人为了个体自身的自由而去努力。可以说，理性等是捆绑人的自由翅膀的精神枷锁。

　　列夫·舍斯托夫的"悲剧哲学"渗透着俄罗斯民族关爱生命价值的精神传统，不仅极其重视人类的幸福，而且更加关注人类的苦难。它自始至终都要求人们面对真实的人生，不要自我欺骗，从美丽的谎言中走出来。因此，"真"是"悲剧哲学"的人道主义的精神实质。这种人道主义反对任何空洞和抽象的人道主义"大道理"，要求把对人的关怀具体落到一个"实"字。这种人文关怀不仅要针对一般的普通人，而且要指向受苦受难的人群，应该"爱"生活在底层的人、地下室人乃至死囚。

　　列夫·舍斯托夫的"悲剧哲学"遵循着一个始终不变的基本原则："认识之树就是生活之树。"[①]这就是说，人类并非通过理性认识真理的，而是通过生活本身来实现对真理的感知的，而且主要是对生活悲剧的感知。只有充分感知到生活的悲剧实质，人们才能够摆脱它，从必然王国走向自由王国。

　　列夫·舍斯托夫对人生悲剧的考察，并非仅仅局限于美学范围内的，而是涉及人的个体生存的悖论，从挖掘个体生存的根基着手。他把人看作是一个生物体与精神体的融合来考察人的悲剧性存在。人是自然界的一种

---

① 引自古罗马诗人奥维德的长诗《变形记》Ⅶ. 20-21.

生物，因此人与自然界的其他生物一样，都必然面临死亡。人与其他动物迥然不同的是，人本身也是一个精神体，一个具有上帝形象的生命体，是可以认识到无限的有限者，因此，人在自然界中的命运就是悲剧性的。只要能够意识到无限，只要渴望永生，死亡才会是悲剧性的。如果人只是一种自然界的毫无认知能力的有限存在物，那么人之死就没有任何悲剧意义可言了。可以说，自我的死亡意识是人不同于其他动物的关键之所在，同时又是人的存在的悲剧性根源。用别尔嘉耶夫的话说，这绝对是一种不可克服的"内在悲剧"，而其他一切"外在悲剧"，如贫穷、灾难等都是可以被克服的。

　　不过，列夫·舍斯托夫的"悲剧哲学"既要承认人生活在悲剧性的现实社会世界中，这种悲剧性的社会现实一定会剥夺人的精神自由，而且它还要呼唤人们不要顺从这种悲剧性的命运，要奋起抗争，要寻找出路。列夫·舍斯托夫赞同克尔凯郭尔的说法"自由就是可能性"。[①]自由也只有在多种可能性之中才能够得以最终变为现实。

　　在列夫·舍斯托夫看来，人如要摆脱生活的悲剧，走上自由之路，肯定不能够再通过理性和意识，不能够再凭借传统的哲学思维方式，因为理性意识恰恰是导致精神的人与生物的人相互冲突的根源。据此，人类只有另辟蹊径，探索新的途径。也正因为如此，列夫·舍斯托夫就转向了与古希腊理性传统相对峙的另一传统——《圣经》（《新旧约全书》）。他的圣经哲学也就由此产生。

　　列夫·舍斯托夫在《陀思妥耶夫斯基与尼采——悲剧哲学》一书中明确指出，尼采和陀思妥耶夫斯基都已深刻感觉到，悲剧是人类生活的不可

---

① ［俄］Л. И. 舍斯托夫：《旷野呼告》，方珊、李勤译，北京：华夏出版社，1999，第185页。

避免的必然结局。他的哲学和美学探索正是从这里起步，走向存在主义的。他明确指出："只有当事实说明唯心主义承受不住现实的压力的时候，只有当人的命运的意志和实际生活面对面发生冲突，突然恐惧地看到一切美妙的先验论都是虚伪的时候，只有在这个时候，人们才会第一次产生极大的怀疑。这一怀疑一下子就摧毁了旧的虚幻的看来是很牢固的墙。苏格拉底、柏拉图以及一切过去的天使和那些使得人的无辜的心灵免于怀疑主义和悲观主义侵蚀的圣人，他们的善、人性和思想都消失得无影无踪，人面对自己最可怕的敌人第一次在生活中感到可怕的孤独。因此人无论如何不能保持一颗纯洁和火热的心。这就开始了悲剧的哲学。"①

列夫·舍斯托夫深受莎士比亚、陀思妥耶夫斯基、尼采和克尔凯郭尔等思想家的影响，走上了独特的"悲剧哲学"探索之路。在哲学和文学两大领域中，列夫·舍斯托夫既无意于构建一个庞大严谨的哲学理论体系，也不热衷于从美学层面、艺术层面发掘作家创作的思想意义和艺术价值，而更多是从哲学、宗教和文化的视角审视作品本身，从具体作家的创作中探寻出其哲学、宗教和文化观点予以评论。因此，列夫·舍斯托夫的批评理论就显示出明显的哲学—文化随笔和宗教—文化述评的特征。

"悲剧哲学"就是要揭示人在现实中与一切痛苦与灾难搏斗的悲剧性结局。这种悲剧性的根源在于人对自由的追求与这种追求的不可能实现之间的激烈矛盾冲突。陀思妥耶夫斯基的创作是列夫·舍斯托夫的"悲剧哲学"批评的重点研究对象。《陀思妥耶夫斯基与尼采——悲剧哲学》是列夫·舍斯托夫对陀思妥耶夫斯基和尼采进行比较考察的一部学术专著。

在列夫·舍斯托夫看来，陀思妥耶夫斯基的创作主要展示了作家本

---

① [俄] Л. И. 舍斯托夫：《陀思妥耶夫斯基与尼采——悲剧哲学》，张杰译，北京：商务印书馆，2019 年，第 74 页。

人的信念从诞生、发展到蜕化的整个悲剧性历史。从完成处女作《穷人》（1845）开始，作家在别林斯基思想的影响下，力图通过"小人物"的悲惨命运，来唤醒人们善良的感情，显示出对人道理想的信念。然而，经过流放和苦役之后，在《地下室手记》（1864）里则表现出作家原有理想的崩溃，是作家与自己的信念公开决裂的标志。那些曾使作家感动的理想、"美"和"崇高"只能引起他极其厌恶和反感。

列夫·舍斯托夫一针见血地指出，陀思妥耶夫斯基非常痛苦地发现，理性、规律、道德法则以及"美""崇高"这些人类追崇的概念，都根本无法解决现实社会生活的主要问题，那些长期始终被自己奉为伟大真理的东西现在变成了十足的谎言。陀思妥耶夫斯基在自己的后期创作中，不再满足于用博爱来抚慰自己的心灵，不再期盼用未来虚无的幸福憧憬来遮掩社会现实的苦难，不再信仰爱的伟大。这位伟大的作家无情地揭露了社会现实生活的丑陋，显露出"他人是地狱"的思想雏形。同时，列夫·舍斯托夫又多次强调，陀思妥耶夫斯基并非在与他人辩争，他在扼杀的并非他人的理想和"美"，而只是他本人心中的生活理想。他的心灵开始变成一片荒漠，徘徊、痛苦、迷茫驱赶了这片荒漠上的任何生机和希望。无疑，陀思妥耶夫斯本人是一个悲剧性的人物，他的文学创作也带有明显的悲剧性哲学探索的痕迹。

列夫·舍斯托夫在西方的哲学家、思想家中发现了一位与陀思妥耶夫斯基非常相似的难兄难弟，这就是德国哲学家、作家尼采。尼采显然也经历过一个痛苦思想的"炼狱"阶段，即从追随康德和瓦格纳、沉湎于幻想，直至与自己的导师、青春的理想进行彻底而痛苦的决裂的悲剧化过程。尼采声称的"上帝死了""重估一切价值"，其实就是陀思妥耶夫斯基"信念蜕化"的翻版。在列夫·舍斯托夫看来，尼采开始重新审视人类的理想并加以猛烈的批判，他把理想主义仅看成人的理性思想的一种表现。他非常深刻地发掘出人的心灵深处还潜藏着非理性化的内驱力，强调尊重人的个体生命的生存价值，而并不再只去追寻形而上学的"伟大""崇高"和"美"等，尼采开始开辟为科学和道德所遗忘的新途径。

列夫·舍斯托夫敏锐发现并深刻揭示了，尼采的创作表现出与陀思妥耶夫斯基作品不同的深刻性和独特性。陀思妥耶夫斯基，在表现"地下室人""死囚"等悲剧性人物的苦难时，能够面对现实的苦难，描绘了对苦难无所畏惧的精神，不再为受难者悲伤和哭泣。在陀思妥耶夫斯基的笔下，人们能够接受任何社会现实的可怕，甚至恐怖。尼采则干脆并不把苦难视为单纯的不幸，不排斥生活中的各种艰难，反而表明一切神秘和未来恰恰隐藏在生活的可怕之中，埋藏于现实的苦难。这样一来，在列夫·舍斯托夫看来，陀思妥耶夫斯基和尼采的创作构成了一个共同的"悲剧哲学"基础：人类的悲剧和不幸恰恰存在于实证主义和唯心主义之中，存在于对规律、真理的科学探索之中。可以说，正是在生活的苦难、可怕和灾难之中预示着未来的希望。

列夫·舍斯托夫非常清晰地指出："陀思妥耶夫斯基的辩证法，无论是《地下室手记》还是他的其他作品中表现出来的辩证法，都可以自由地同公认的欧洲哲学随便哪一位哲学家的辩证法相媲美，可是就思想勇气而言，我敢说，人类有许多有名的人未必能比得上他。"[①]陀思妥耶夫斯基的辩证法思想最集中反映在作家如何对待人的生与死的问题上。

列夫·舍斯托夫具体阐明，当陀思妥耶夫斯基被野蛮地剥夺公民权时，当他站在断头台上等待着死亡降临之时，当他在服苦役和被流放时，虽然

---

① [俄] Л. И. 舍斯托夫：《在约伯的天平上》，董友等译，北京：生活·读书·新知三联书店，1992 年，第 45 页。

在他的面前充满了死亡的恐惧、痛苦的折磨，然而生的希望仍然存在。对于他来说，现实的一切并非生活的全部，监狱上方的一小块天空远远没有大墙之外的天空辽阔，在断头台之外有着自由的、鲜活的生命。在陀思妥耶夫斯基那里，死就是生。当他亲身体验了死亡的等待，当他结束了苦役和流放生涯，陀思妥耶夫斯基作为一个自由的人享受"整片天空"时，他开始渐渐认识到，自由的生活反而变得越来越像苦役般的生活。他不仅仍然受到歧视，而且精神被束缚。他仿佛依然过着被囚禁服苦役的生活，活在几乎令人窒息的氛围之中。因此这种"死囚般"的生存，对于陀思妥耶夫斯基本人来说，其实就是死亡。用列夫·舍斯托夫的话来说，陀思妥耶夫斯基在"天然眼睛"的第一视力之外，还能够用第二视力透视出普通人根本看不见的东西。

因此，在列夫·舍斯托夫看来，陀思妥耶夫斯基比大哲学家、思想家康德具有更加敏锐而深邃的洞察力。康德是在用普通人的视力来考察和分析世界，他的《纯粹理性批判》其实不是在批判人类的理性，而是在为理性进行辩护，他努力说明形而上学的理性逻辑结构与实证主义的科学逻辑结构是完全吻合的。康德反复强调，任何人的意识都不可能摆脱自然规律和理性法则的约束。陀思妥耶夫斯基的"第二视力"使得他能够深刻地洞察到，超然于人的经验世界的法则、规律和永恒原则是根本不存在的，他对理性的权威地位提出了质疑和挑战。列夫·舍斯托夫强调，陀思妥耶夫斯基的创作意义就在于开始摧毁思辨哲学的堡垒，探索建立"悲剧哲学"的王国。

列夫·舍斯托夫指出："《死屋手记》和《地下室手记》是陀思妥耶夫斯基后来全部作品的滋养源。他的长篇小说《罪与罚》《白痴》《群魔》

《少年》和《卡拉马佐夫兄弟》，都是对早期作品《手记》的广泛注释。"①
它们都是"《约伯记》主题的翻版"②。列夫·舍斯托夫把陀思妥耶夫斯基和
尼采称为一对孪生兄弟，并将他称为存在主义哲学家"克尔凯郭尔第
二"，因为他和克尔凯郭尔一样，都在试图把《圣经》的启示与思辨的真理相对
立，也均在"把战胜作为欧洲思想发展集大成者的黑格尔哲学体现的思想
体系，看成是自己的使命"③，他们一起背离了黑格尔而走向了特殊的思想
家——约伯。

　　列夫·舍斯托夫明确指出，在《地下室手记》中，陀思妥耶夫斯基弘
扬了与思辨哲学相反的放荡不羁精神，表明了理性的无能。陀思妥耶夫斯
基以此让人们回归圣经关于原罪和亚当、夏娃堕落的故事。亚当和夏娃
因受到诱惑，相信认知可以使人与上帝平等，显示出人和上帝的本质统
一。这种所谓人获取的"知识"从根本上毁坏和扭曲了人的意识，决定了
人的尘世苦难和永恒的悲剧命运。因此，人的罪孽并不在现实社会的存
在之中，不在创世主创造的事物之中，而就在我们的"知识"和"理性"
之中。

　　实际上，只有基督教，只有对上帝的信仰，才能够彻底洗清人类身上
的原罪，打通一条通往本原和希望的光明之路。陀思妥耶夫斯基以文学作
品，克尔凯郭尔以哲学论述，共同表达了这相同的思想。然而，他们的声
音只是面对旷野发出的呼告，很少被人们理解。虽然陀思妥耶夫斯基晚期
思想的某些变化，让列夫·舍斯托夫多少有点感到遗憾，不过，他还是从

---

① ［俄］Л. И. 舍斯托夫：《在约伯的天平上》，董友等译，北京：生活·读书·新知三联书店，
　　1992 年，第 61 页。
② ［俄］列·舍斯托夫：《开端与终结》，方珊译，昆明：云南人民出版社，1998 年，第 132 页。
③ 同上，第 125 页。

根本上对这位作家的创作予以了充分的肯定。

列夫·舍斯托夫还把陀思妥耶夫斯基与列夫·托尔斯泰联系起来，比较了这两位伟大作家创作的不同特征。列夫·托尔斯泰努力描绘形象的完美，追求永恒的"美"与"崇高"，不断探索生活可能的理想幸福。可是这些在陀思妥耶夫斯基看来，"却是可耻的、丑陋的和讨厌的虚伪"①。不过，有趣的是，晚年的陀思妥耶夫斯基由信仰转向了理性，而列夫·托尔斯泰则在后期表现出了对理性的质疑。其实，这两位伟大作家的创作不同转向表明了一种探索倾向，也就是伟大的作家往往在创作探索中不断进行自我批判、自我否定，自我批判意识已经成为他们创作的内驱力之一。也许这也是一种思想探索难以避免的悲剧吧。

列夫·舍斯托夫指出，列夫·托尔斯泰创作转向的明显标志是他1884年撰写、死后出版的一篇未完成小说《疯人笔记》。我们仅从该小说的名称就不难见出列夫·托尔斯泰晚期创作发生的思想转向。小说是以第一人称展开叙述的，其中有一句自白："他们以为我头脑健全，但我知道，我是疯子。"这就为我们理解列夫·托尔斯泰的内心转变提供了非常有力的证据。此后，在列夫·托尔斯泰的创作中，主人公都会在不同程度上表现出一定的疯癫。小说《舞会之后》让主人公在舞会与酷刑之间的极大反差中深受刺激，切身感受到现实其实本身就是一场疯狂而痛苦的噩梦。《谢尔盖神父》的主人公则陷入了外在评价与自我意识的痛苦磨难之中，深感理性的欺骗性。《伊凡·伊里奇之死》的主人公甚至在临死前否定了自己一生的信仰，把自己一直信奉的东西视为伪善的。《主人与雇工》中的主人布列胡诺夫则干脆决定与自己的一切往事断绝关系。其实，列夫·托尔

---

① [俄] Л. И. 舍斯托夫：《陀思妥耶夫斯基与尼采——悲剧哲学》，张杰译，北京：商务印书馆，1992年，第71页。

斯泰的许多晚年行为，包括离家出走，以致病死的悲剧发生，都很难从理性的角度去解释。

列夫·舍斯托夫指出，所有这些主人公的"疯狂"行为主要表现在，"从前认为是真实的、真正存在的东西，现在看来是虚幻的东西；从前以为是虚幻的东西，现在则以为是唯一真实的东西"[①]。列夫·舍斯托夫从列夫·托尔斯泰的剧本《光在黑暗中发亮》中人物的对话中，深刻揭示了作家在努力摧毁理性权威的倾向。因此，列夫·舍斯托夫把列夫·托尔斯泰的晚年创作称赞为哲学探索和创作的楷模。

列夫·舍斯托夫从俄罗斯文学史的发展历程来考察，认定果戈理是陀思妥耶夫斯基的先驱。在果戈理的创作中，从早期描绘乌克兰风情的浪漫主义作品，直至喜剧《钦差大臣》和长篇小说《死魂灵》，均不难发现共同的创作倾向。有的创作可以被视为"地下室囚犯"，甚至"死囚"的"手记"续篇。在长篇小说《死魂灵》中，列夫·舍斯托夫不仅揭示了俄罗斯的愚昧、落后和悲哀，而且深刻发掘了俄国社会的"死魂灵"，甚至把整个世界描绘成一个中了魔的王国，几乎所有人物都是丧失自我意识的精神病患者，他们机械地服从任何指令，顺从现实生活的安排。因此，在列夫·舍斯托夫看来，《死魂灵》的作者果戈理并不是现实社会的揭露者，而是自己和人类悲剧命运的占卜者。

在果戈理的创作中，无论是《狂人日记》表现出的"疯狂"，还是《维》、《可怕的复仇》和《旧式地主》等作品中揭示的非理性的感受、恐怖和可怕的死亡，无论是他笔下的巫师、女妖和魔鬼，还是极端神秘的恐惧或诱惑，都体现了理性的无力、现实的无序。只有死亡和精神失常的

[①]　[俄] Л. И. 舍斯托夫：《在约伯的天平上》，董友等译，北京：生活·读书·新知三联书店，1992 年，第 107 页。

"疯狂"才能把人们从现实社会的魔幻中唤醒。列夫·舍斯托夫明确指出，果戈理的"真正的《狂人日记》是《死魂灵》和《与友人书简选》"，"《书简选》不过是对《死魂灵》的注释和补充。"①无疑，果戈理的创作也反映出非理性化的悲剧特征。

列夫·舍斯托夫对契诃夫的评价也是非常独特的，他指出："契诃夫是绝望的歌唱家。契诃夫在自己差不多二十五年的文学生涯当中百折不挠、乏味单调地仅仅做了一件事：那就是不惜用任何方式去扼杀人类的希望。"②从这样的"悲剧"视角出发，契诃夫似乎超然于现实社会之上，窥视着人类社会的进程，只要一旦出现任何希望，契诃夫就会立刻让它泯灭。契诃夫创作的这种悲剧性特征主要反映在 19 世纪 80 年代出版的小说《没有意思的故事》和剧本《伊凡诺夫》中。列夫·舍斯托夫指出，这两部作品几乎每一个词都在发出悲哀的呼号，这种呼号实际上是契诃夫在从艺术上向传统哲学理论体系的一种直接挑战，是对形而上学和实证主义的根本否定。对于作为医生出生的契诃夫来说，创作出这样的作品，不能不是一种严重的自我挑战。这里显然受到了列夫·托尔斯泰《伊凡·伊里奇之死》等晚期作品的直接影响，当然与他自己的身体状况也密切相关。

在契诃夫的这两部作品中，主人公几乎都陷入了悲惨绝望的境地，他们没有任何理想，看不到前途，无所事事，是一些根本不抱任何希望的悲剧性人物。列夫·舍斯托夫甚至语出惊人，断定，由于契诃夫本人从来都坚持独立和自由，厌恶顺从，而理想的前提却是顺从，因此，契诃夫从未有过"理想"。契诃夫的这种创作倾向曾经遭受到文学评论界的非议。他

---

① [俄] Л. И. 舍斯托夫：《在约伯的天平上》，董友等译，北京：生活·读书·新知三联书店，1992 年，第 107 页。
② [俄] Л. И. 舍斯托夫：《开端与终结》，方珊译，昆明：云南人民出版社，1998 年，第 8 页。

的创作仿佛也有些变化，例如《第六病室》中的主人公拉京医生似乎也在渴望斗争和反抗了，他的死亡也好像思想斗争胜利的象征；《决斗》中的拉耶夫斯基最终也改邪归正，决定重新做人了。然而，列夫·舍斯托夫却非常深刻地指出，《第六病室》的故事从未离开过"怀疑"的主旋律，而《决斗》更是对伦理道德的嘲弄。剧本《万尼亚舅舅》则干脆提醒人们，决不能够向外人坦诚，应当始终保持沉默，因为任何动作或反抗的结果都是徒劳的、适得其反的，还会导致死亡与绝望。因此，任何努力和抗争均无法摆脱荒诞、疯狂的悲剧性命运。

列夫·舍斯托夫明确指出，剧本《海鸥》是契诃夫真实生活态度的最集中反映。在契诃夫笔下，主人公特里果林终日忙忙碌碌，抄写不停，但他根本就不清楚为什么而写，却又无法停下来。这种创作显然是荒诞的、悲剧性的。契诃夫其实揭示的正是人类生活中普遍存在的怪诞特征，即不知道"为什么做""怎样做"。一句话，生活是无目的的，大家都昏昏欲睡，随波逐流，一旦理性化行动起来，就会四处碰壁。这也许就是人生的悲剧之所在吧。

在列夫·舍斯托夫看来，契诃夫是在用自己的创作给人们以启示。也就是，人类只有用自身的磨难、绝望、诅咒，甚至死亡来反抗理性、必然性和规律性。只有当人身陷悲剧的深渊，充满恐怖，陷入绝境，才能感觉到那个用理性无法证明的上帝，向他发出旷野的呼告，重新找回对上帝的信仰。这既是列夫·舍斯托夫对契诃夫创作中蕴含的宗教文化意义的阐释，也是他对陀思妥耶夫斯基、果戈理、列夫·托尔斯泰等俄罗斯伟大作家创作的内在价值的肯定，更是列夫·舍斯托夫本人作为思想家，从自己特有的"悲剧哲学"批评视角，进行文学批评的必然结果。

尽管列夫·舍斯托夫的"悲剧哲学"批评存在着明显的神秘性、虚幻性、非理性和一定的非科学性，以至于我们很难阐释清楚，更加难以予以实证，但是它毕竟为我们开辟了一条崭新的文学批评途径，一条向传统哲学及其思维模式挑战的路径，一条把宗教与人道主义融合起来的批评之路。我们不能够简单地从唯物还是唯心的角度轻易地加以批判，更不能够机械地全盘否定，而应该充分理解和发掘其批评内在的合理性和学术价值。

在白银时代的俄罗斯宗教文化批评家中，列夫·舍斯托夫是一位自始至终把自己的哲学、神学和文学探索紧密地结合在一起的伟大思想家、批评理论家。他在白银时代俄罗斯宗教文学批评理论发展史上，留下了自己的浓浓一笔。他的非理性化批评倾向和许多经典的文本分析，为后人提供了极有启发性的思考，他也成为存在主义等思潮当之无愧的先驱。

第五节　布尔加科夫：宗教唯物主义探索

谢尔盖·尼古拉耶维奇·布尔加科夫是 19 世纪末 20 世纪上半期俄罗斯著名的哲学家、东正教文学批评家、经济学家、神学家、社会活动家、政论家。他的学术探索之路就是把宗教与唯物主义结合起来的历程。

在白银时代俄罗斯东正教文学批评理论家中，谢·尼·布尔加科夫是索洛维约夫哲学和美学思想的坚定继承者和发扬者。然而，这位思想家的世界观和学术探索方法的形成则经历了一个艰难而又漫长的探索历程。谢·尼·布尔加科夫生于牧师家庭，就读于宗教学校，从孩提时代就受到浓厚宗教氛围的影响，基本确立了自身的宗教信仰。到了青年时期，他由于受到唯物主义思想的影响，一度放弃了宗教信仰，开始信仰马克思主义。最终，思想成熟的他又转向索洛维约夫学派的"万物统一"的哲学美学思想，并于 1918 年成为一名牧师，跟索洛维约夫一起从事神学研究。不过，从文学批评方法上来看，谢·尼·布尔加科夫的文学批评活动在索洛维约夫的基础上，又前进了一大步，形成了自己独特的"三位一体"的文学批评方法。

谢·尼·布尔加科夫的学术思想发展历程是纷繁复杂的，但大致可以分为以下几个阶段：第一阶段（1896-1902 年）是马克思主义阶段；第二阶段（1902-1925 年）是转向宗教哲学的阶段；第三阶段（1925-1944 年）可以确定为狭义的神学阶段。布尔加科夫的主要代表作被收入了1993 年由俄罗斯《哲学问题》杂志社出版的《布尔加科夫文集》（2 卷本）。在这两卷本的文集中，第一卷包括了他的博士学位论文《经济哲学》（1912）和最能够体现他学术思想的专著《哲学的悲剧》（1927 年德文第一版，收入《文集》时用的是俄文版）。第二卷主要收入了他的一批重要的学术论文：《作为哲学典型的伊凡·卡拉马佐夫》（1902）、《赫尔岑的精神悲剧》（1902）、《进步理论的基本问题》（1902）、《作为思想家的契诃夫》（1904）、《费尔巴哈的人神说的宗教》（1905）、《荆冠——纪念陀思妥耶夫斯基》（1906）、《作为宗教典型的卡尔·马克思》（1906）、《俄罗斯的悲剧》（1914）等。尚未被收入的重要论著还有：《从马克思主义到唯心主义》（论文集，1903）、《永不熄灭之光》（专著，1917）、《静思录》（1918）等。

谢尔盖·尼古拉耶维奇·布尔加科夫于 1871 年 6 月出生在奥尔洛夫省的名叫利夫内的一座古老小城中。他的祖先几代人的职业都是神甫。父亲是一位墓地教堂的堂长。在他的童年回忆里，几乎留下的都是教堂的印象。1881-1884 年，他在利夫内的神学学校里读书，历史、文化、艺术、文学这些概念基本上是经过神学的洗礼，进入他的视野的。1885-1888 年，谢·尼·布尔加科夫到省城奥尔洛夫神学学校继续学习。1889 年，他违背了父母的意愿，进入叶列茨中学 8 年级学习。1890 年他考入莫斯科大学，开始正式接受经济学教育，那时起就开始为《俄罗斯思想》写书评。1894 年，谢·尼·布尔加科夫完成了学业，毕业于莫斯科大学。

此后，谢·尼·布尔加科夫留在莫斯科大学政治经济学与统计学教研室工作两年。后来，他应邀在莫斯科心理协会及其会刊《哲学与心理学问题》工作，1898–1900 年前往德国柏林、法国巴黎和英国伦敦，并结识了德国社会民主党的领袖们和普列汉诺夫。回到莫斯科之后，谢·尼·布尔加科夫的硕士学位论文《资本主义与农业》（1900）通过了答辩，获得了硕士学位。他于 1901 年作为综合中等技术学校的教授和大学的编外副教授前往基辅。

谢·尼·布尔加科夫虽然很早就表现出对文学、艺术和哲学的极大兴趣，但他一开始却着迷于马克思关于经济的学说，这便形成了他的第一个学术探索阶段的成果。他所撰写的第一批论文和第一本著作《论资本主义生产的市场》（1897），被学术界认定为是对马克思主义理论的贡献。

从 1896 年至 1902 年，也就是谢·尼·布尔加科夫的学术思想发展的马克思主义阶段，他站在所谓"合法马克思主义"的立场，写了一些关于政治经济学领域的著作，他与斯特鲁夫、别尔嘉耶夫、弗兰克、土冈－巴尔诺夫等一样，都同意卡尔·马克思的经济学观点，并在一些公开发行的刊物上发表论文。他的经济学著作《关于资本主义条件下的市场》（1897年）和《资本主义与农业》（1900年）引起了俄国和德国相关领域学者们的关注。然而，尽管如此，应该承认，当时的谢·尼·布尔加科夫并不是正统的马克思主义者。他认为，在农业经济中生产集中原则是不会起重要作用的，而在哲学中他喜欢康德胜于马克思。

在 19 世纪与 20 世纪之交，鉴于三方面原因，谢·尼·布尔加科夫渐渐转向宗教哲学，开始了他学术探索的宗教哲学阶段。首先，在 1899-1900 年，他在探讨农业问题时，不同意马克思和考茨基对小农经济的看法，坚持小农经济自身的生命力，并由此逐渐表现出在一些问题上与马克思主义立场的分歧，终于分道扬镳。其次，他受到康德唯心主义认识论的深刻影响，开始批判马克思主义的方法和哲学基础，转而接受俄罗斯著名哲学家索洛维约夫的宗教哲学思想，特别是"万物统一"的哲学美学思想。最后，对于谢·尼·布尔加科夫而言，具有特别重要意义的是，在 1902 年底，他在基辅，结识了列夫·舍斯托夫和别尔嘉耶夫。在他们的积极影响下，谢·尼·布尔加科夫的思想加速由关注现实社会的经济政治问题，逐渐转向了宗教哲学问题。

20 世纪初，谢·尼·布尔加科夫在宗教哲学、德国唯心主义哲学，特别是弗·谢·索洛维约夫唯心主义哲学美学思想的影响下，最终从一个并不坚定的马克思主义者转为唯心主义者。1902 年，他参与编写了《唯心主义的问题》，1903 年出版了文集。就文集的名称《从马克思主义到唯心主义》来看，可以清晰反映出他的世界观的巨大转变。谢·尼·布尔加科夫还是一系列宗教哲学刊物的作者，其中包括文集《里程碑》。两卷本《双城》中刊载了他关于宗教、文化及哲学的作品。

谢·尼·布尔加科夫对俄罗斯文学理论及其批评贡献最大的时期，是他的学术活动的第二时期，即宗教哲学时期。谢·尼·布尔加科夫并不是从外部来考察哲学与宗教的外部联系，而是深入哲学的内部，通过宗教的视角来探讨美学、文艺理论的问题。谢·尼·布尔加科夫虽然在这一时期，表现出的宗教哲学思想转向是明显的，但他本人仍然还是在参与一定的政治和社会活动。1904 年 10 月，谢·尼·布尔加科夫和别尔嘉耶夫一起编辑

《新路》杂志，1905 年当该杂志被关闭后，他又编过《生活问题》杂志，1906 年春曾与人合编宗教协会的报纸《人民》，不过仅办到第 7 期，该报就被当局封了。由于信仰和志趣一致，他还与弗罗连斯基一直保持着十分密切的联系。1906 年秋，谢·尼·布尔加科夫返回莫斯科，积极地投入莫斯科宗教哲学协会和《俄罗斯思想》杂志的编辑工作中去，并被选举为第二届国家杜马议员。

谢·尼·布尔加科夫虽然在思想转型后，放弃了马克思主义，却没停止过经济学问题研究。1901–1906 年，他担任着基辅工学院政治经济学教研室教授、弗拉基米尔大学的编外副教授。只不过，当时的谢·尼·布尔加科夫已不再单纯地探讨社会政治经济学问题，而是把社会政治经济问题研究与宗教问题探索有机地融合起来，他的专著、政治经济学博士学位论文《经济哲学》就是最好的例证。谢·尼·布尔加科夫的学术研究特点就在于，能够将经济学问题与他所信仰的宗教唯心主义融合起来。

1907 年 3 月 12 日，谢·尼·布尔加科夫就站出来，公开反对暴力，号召停止革命和政府的恐怖活动。随后，他便拒绝参加任何社会政治活动，反对革命，彻底转向宗教哲学、美学、文学、艺术和文化研究。1914–1918 年的战争曾激起过他的民族的宗教爱国激情。1919 年他返回克里木的家中，1922 年 12 月 17 日由于意识形态等方面的原因，谢·尼·布尔加科夫被苏维埃政府驱逐出国。

此后，谢·尼·布尔加科夫一直流亡国外，主要居住在法国巴黎。从 1925 年起，他任巴黎东正教神学院教长和神学教授，肩负起了巴黎东正教神学院的领导工作。也正是从这时起，他已经彻底转入了神学探索，步入了他学术思想探索的第三阶段，即狭义的神学阶段。在流亡期间，谢·尼·布尔加科夫的许多著作是研究神学的，在这些著作中，这位伟大的思想家、神学家继续研究自己关于索菲娅的学说。在他的晚年，索洛维约夫的影响是非常深刻的。1939 年，谢·尼·布尔加科夫因喉癌手术后失去了说话能力，1944 年 12 月在巴黎逝世。"教堂"和"祖国"是谢·尼·布尔加科夫一生中最重要的两个关键词。

在宗教哲学美学的探索中，谢·尼·布尔加科夫延续着索洛维约夫的基督教人文主义传统，他始终坚持，整个世界是上帝专门为人类而创造的，并且世界之所以存在的坚实基础就是因为这里包含着人的自由和人类的威严。

谢·尼·布尔加科夫在论文《索洛维约夫哲学的本质》中，把索洛维约夫的观点归结为宗教唯物主义。他指出："这种宗教唯物主义究竟是什么呢？它把两个互不相关的概念联系在了一起，这难道不存在着明显的矛盾吗？相反，他追求它们的统一。宗教唯物主义与唯物主义都承认物质实体和自然界形而上学的现实性。他认为，人不是披着物质外表的精神，而是精神与肉体相互联系的统一体，人的形而上学的命运与自然界是分不开的。"[1] 这就是谢·尼·布尔加科夫本人继承的索洛维约夫的哲学思想。

谢·尼·布尔加科夫坚持认为："经济就是人类与大自然力量的斗争，其目的就是保护和拓展生命，征服自然和把自然人化，将自然变成潜在的人化的机体。"[2] 在他看来，每一个人都是一只"世界灵魂的眼睛"[3]，是属于"上帝的索菲娅"的。"每一个个性都只是一些复制品或备份，他们的思想是永远存在于上帝的索菲娅之中的，是一种再造出来的思想翻版。"[4]

---

[1]　*Булгаков С. Н.* Соч.: В 2т. М.: Изд. «Наука», 1993. Т. 1. С. 20.

[2]　同上，第 85 页。

[3]　同上，第 143 页。

[4]　同上，第 149 页。

宗教唯物主义就是要把"上帝的索菲娅"宗教思想与人的物质体或曰肉体融合起来，真正达到宗教与物质的统一。

根据谢·尼·布尔加科夫的观点，人类社会的经济、文化、艺术等各种活动，也就是人类的一切创造活动，都是索菲娅式的。人类可以在社会经济等活动中认识自我。据此，社会经济等活动就被视为一种创造性的心理活动，是一种心理学现象，或者更确切地说，社会经济现象也是人类的精神生活现象。这就是谢·尼·布尔加科夫的经济哲学与马克思经济唯物主义对立的根本之所在。

谢·尼·布尔加科夫还进一步拓展了索洛维约夫关于索菲娅的学说。按照他的观点，"索菲娅作为一种现实、一种历史的客观规律、一种发展规律，正主宰着历史"。同时，索菲娅本身也表现为"世俗的索菲娅"和作为"世俗索菲娅的母亲"——"天国的索菲娅"。[1]这里宗教（"天国的索菲娅"）显然与现实或曰物质（"世俗的索菲娅"）有机地融合在一起，谢·尼·布尔加科夫对索洛维约夫的宗教唯物主义的继承和发展是显而易见的。

此后，在索洛维约夫和弗洛连斯基的基础上，谢·尼·布尔加科夫又深入具体地阐释了自己对索菲娅的独特理解，论证了索菲娅学说是一种关于上帝先验智慧的学说。谢·尼·布尔加科夫在论著《永不熄灭之光》中，充分叙述了自己对索菲娅的理解。这部论著写作于1911年至1916年，出版于1917年。书名《永不熄灭之光》源自阿·霍米亚科夫（А. Хомяков）的诗歌《夜曲》，副标题为"直观与思辨"。从这里，我们就可以清楚地看到谢·尼·布尔加科夫关于索菲娅的释义。

---

① *Булгаков С. Н.* Соч.: В 2 m. М.: Изд. «Наука», 1993. Т. 1. С. 171.

在《永不熄灭之光》中，谢·尼·布尔加科夫表明，索菲娅是上帝的
先验智慧的载体，存在于上帝与世界之间，是连接上帝与人、天国与凡间
的纽带。她既是无形的上帝智慧，又是有形的人间形象。"索菲娅位于上
帝与世界之间，处于存在与超存在之间，既不是某一事物，也不是另一事
物，或者一下子是这两种事物。"① 他在《索菲娅学说的中心问题》一文中
明确写道："索菲娅学说的中心问题是关于上帝与世界的关系问题，或本
质上就是上帝与人的问题。"②

　　长期以来，关于索菲娅与三位一体的圣像（圣父、圣子、圣灵的
三位一体）的关系问题，一直是一个严肃而且极有争议的宗教问题。
谢·尼·布尔加科夫指出："索菲娅具有个性和形象，有主体和面孔，或用
神学术语说，具有位格。"③ 他甚至称她为第四种位格，尽管后来又补充说
明，索菲娅并没有把圣像的"三位一体变为四位一体"④。

　　1918 年，谢·尼·布尔加科夫在接受牧师教职之后，仍然遭到国内外
的俄罗斯东正教会的各种批评，其中也包括对他的索菲娅学说的指责。一
些东正教神学家，如 В. Н. 洛斯基、Г. В. 弗罗洛夫斯基等，就旗帜鲜明地
批评谢·尼·布尔加科夫关于索菲娅的论述。当然，同时也有一些著名的
宗教哲学家以"神学思想自由"的名义，支持谢·尼·布尔加科夫关于索
菲娅的学说。俄国索菲娅学家 Н. О. 洛斯基认为，谢·尼·布尔加科夫的索
菲娅学说"是对神学信条个人的理解"，他"从来没有赋予它以必须的教

---

① *Булгаков С. Н.* Свет Невечерний. Созерцания и умозрения. М.: Республика, 1994. С. 188.
② *Булгаков С. Н.* Центральная проблема софиологии//Булгаков С. Н. Тихие думы. М.:
Республика, 1996. С. 269.
③ 同上，第 186 页。
④ 同上，第 187 页。

义"①。

谢·尼·布尔加科夫对索菲娅的意义阐释是多元的。在他看来，索菲娅作为上帝的先验智慧是上帝对世界看法的隐喻，她是"爱和美的化身"，是"永恒的女性"，是真正的"美"。正是因为美的存在，索菲娅才能够在现实世界中凸显出来。因此，谢·尼·布尔加科夫的理论视野中，索菲娅就是一个位于在上帝与人之间的中介角色。正是由于索菲娅的存在，自然界以及生活于其中的一切生命体才可能是美好的。任何反索菲娅的行为都会导致社会的苦难、人性的丑恶、命运的悲剧状况等。

显然，在谢·尼·布尔加科夫那里，索菲娅形象是"神人合一"的载体。作为一个具体的形象，索菲娅是物质的、具体的，但同时她又是神的精神的化身。可以说，谢·尼·布尔加科夫关于索菲娅的阐释，充分反映了他的宗教唯物主义思想以及对索洛维约夫"万物统一"哲学思想的继承与拓展。

第六节　"三位一体"的文学批评

19世纪末至20世纪初的俄国宗教哲学家索洛维约夫的宗教哲学思想对谢·尼·布尔加科夫的影响最为深刻，他的宗教哲学美学就是源于对其"万物统一"思想的批判继承和发展。索洛维约夫根据古希腊哲学家柏拉图的"两个世界"的学说，认为，现实世界或曰此岸世界与理念世界或曰彼岸世界是共存的，现实世界只是理念世界的一种反映、一种被歪曲的类似物。他呼吁人们摆脱此岸世界的羁绊，奔向那永恒的彼岸世界。索洛维约夫的这一思想深刻影响着19世纪末至20世纪初的俄罗斯宗教文化

---

① *Лосский Н. О.* История русской философии. М.: Советский писатель, 1991. С. 296.

批评家们，在他们中间，无论是赞同还是反对，都与此有着密切的关联，谢·尼·布尔加科夫也不例外。

在早期的文艺批评活动中，谢·尼·布尔加科夫把艺术创作的首要任务视为，要重新构造一个与"理念世界"相一致的、永恒的精神世界。在后来的艺术探索过程中，他逐渐意识到，艺术家所追求的精神世界与现实的被扭曲的世界之间、人的本能欲望与崇高的精神追求之间，是存在着深刻矛盾冲突的。如果说，在索洛维约夫看来，哲学研究和艺术创作的目的就是探讨和构建"精神"与"现实"这二位一体的世界，那么，在谢·尼·布尔加科夫那里，这种"二位一体"已转化为"三位一体"。

谢·尼·布尔加科夫在《哲学的悲剧》一书中，重新论述了基督教的基本信条之一的"三位一体"的概念，强调哲学研究的"三位一体"。他赋予了"三位一体"以新的意义，而不再是纯粹的"圣父、圣子和圣灵"的"三位一体"，而是"物质"（客体）、"精神"（主体）和"存在"，这"三个各具特定位份的概念，完全同具一个本体"。他指出，语言中的形象主要是包含在"句子"之中的，句子或判断不只是一种表达思想的形式，而且是一种多功能的表现艺术。"人就是活生生的判断或句子。"①句子的形式通常是"我是什么"。这里，"我"是主语，表示主体，"什么"是谓语或在哲学中称宾辞，表示客体，"是"是连系动词，表示存在。谢·尼·布尔加科夫指出，主体、客体和存在是"三位一体"的，不可分割的。以往哲学研究偏重于某一方面，如唯物主义偏向客体，而唯心主义则偏向主体，这显然都是不全面的，所以也不可能得出正确的结论。哲学要走出悲剧的困境，就必须把主体、客体和存在联系成一个整体来看，不可分割。

---

① *Булгаков С. Н.* Сочинения в двух томах. Т. 1. Философия хозяйства. Трагедия философии. М., 1993. С. 416.

在 19 世纪末至 20 世纪初，俄罗斯东正教文学批评理论家们大都把艺术形象看成精神与个性的统一体。谢·尼·布尔加科夫就明确指出："人把自己的独立身份，或者把存在于自身上的个性理解成某种完全绝对的，永恒的东西……"① 然而，他并非仅仅停留在精神与个性同一的简单认识上，而且是进一步表明，精神只有通过存在才能真正实现与个性同一，并且努力揭示这"三位一体"内在的矛盾性、复杂性。在谢·尼·布尔加科夫的批评理论中，艺术形象是一个由存在联系着的主客体共生整体。这个"三位一体"的共生整体越复杂、越充满矛盾，其艺术性就越强，任何文学典型都是这样的"三位一体"的形象体现。

正是从这样的美学立场出发，谢·尼·布尔加科夫关于文学艺术现象的阐释是独树一帜的。他主要从宗教哲学的维度，先后研究过赫尔岑、普希金、陀思妥耶夫斯基、托尔斯泰、契诃夫、安德烈·别雷等俄罗斯经典作家的文学创作，其中重点关注的是陀思妥耶夫斯基的创作。在他看来，在这位作家的创作中，充满着复杂和激烈的精神与现实、理性与非理性的矛盾，交织着善与恶、美与丑、真与伪之间的斗争，这里既有伦理道德的丧失，也有良心的内在谴责；既有非理性的疯狂和宣泄，也有理智的思考与判断；既有刻骨的仇恨和敌意，也有感人的悲伤与怜悯等。

谢·尼·布尔加科夫认为，陀思妥耶夫斯基为了深刻揭示艺术形象的矛盾性、复杂性，更好地展示社会生活的场景，往往采用戏剧表现的艺术方法，把人物放置在戏剧表现的情境之中，通过人物形象自身的独白和他们之间的对话来实现。他专门把陀思妥耶夫斯基的长篇小说《卡拉马佐夫兄弟》中的伊凡·卡拉马佐夫形象作为一个哲学典型，进行了极为独特的

---

① *Булгаков С. Н.* Свет Невечерний. Созерцания и умозрения. М.: Изд. «Республика», 1994. C. 218.

分析。

从谢·尼·布尔加科夫的文学批评中，我们不难看出，他虽然在艺术分析中运用了宗教中的"三位一体"的概念，运用了宗教批评的方法，却摆脱了一般宗教哲学理论和思想的羁绊，他不是把文学典型或艺术现象看成某种"精神"的传声筒，而是看成一个极其复杂的矛盾体。当然，谢·尼·布尔加科夫的文学批评活动也还存在着不少可以商榷之处，例如对艺术创作与宗教思想之间关系的探讨还不够全面和充分，在某些方面还存在着以宗教哲学分析来代替文学艺术分析的倾向等。然而，谢·尼·布尔加科夫对美学和文学批评的贡献是很大的，它不仅丰富了 19 世纪末 20 世纪初的俄罗斯文学理论与批评，而且在西方哲学和文学批评理论界产生了较大的影响。谢·尼·布尔加科夫的著述已成为俄罗斯东正教文学批评的一个重要组成部分。

第七节　弗洛罗夫斯基：回归东方教父

在第一代流亡的俄罗斯神学家、思想家中，格奥尔吉·瓦西里耶维奇·弗洛罗夫斯基的年龄最小，在白银时代俄罗斯宗教文化复兴运动兴起时，他还是个未成年的少年。但是，他也许才是西方学界公认的最能够代表东正教神学思想的理论家。本书之所以把格·瓦·弗洛罗夫斯基归入"悲剧哲学"批评，主要是因为他对待俄罗斯神学历史之路的态度是悲观主义的，虽然对未来的展望并非悲观的。也正是在这一思想的影响下，他对陀思妥耶夫斯基创作中的宗教主题予以了独特的评价。

格·瓦·弗洛罗夫斯基在法国巴黎出版的俄文版著作《俄罗斯神学之路》（1937）一书，深刻揭示了"在俄罗斯神学发展的道路上出现了奇怪的断裂，即神学和虔敬之间、神学学术和祷告的神思之间、神学学校和教会生活之间的断裂。整个《俄罗斯神学之路》都在描述和揭示这些断裂。"① 格·瓦·弗洛罗夫斯基表明，俄罗斯神学已经被西方神学所俘虏，拜占庭的东正教神学已成为少有人问津的古老文献。他始终坚持东正教立场，期望俄罗斯神学能够"回归东方教父"。他一生著述繁多，除了专著《俄罗斯神学之路》之外，主要著作还有《公元 4 世纪的东方教父》（1931）、《公元 5-8 世纪的拜占庭教父》（1933）等，主要有影响的论文有《人的智慧与神的智慧》（1921）、《陀思妥耶夫斯基与欧洲》（1922）、《宗教体验与哲学意识》（1923）、《关于古代俄罗斯基督教的特征》（1924）、《普世传统与斯拉夫观念》（1925）、《欧亚主义的诱惑》（1928）、《被造物与被创造性》（1928）、《奥利金主义的矛盾》（1929）、《圣餐礼与聚和性》（1929）、《谈十字架之死》（1930）、《陀思妥耶夫斯基的宗教主题》（1931）、《关于拜占庭与俄罗斯对圣智慧索菲娅的崇拜》（1932）、《教会的基督徒》（1933）、《基督教重构问题》（1933）、《关于教会的边界》（1933）、《死人的复活》（1935）等。格·瓦·弗洛罗夫斯基的许多文章后来被收入他本人的文集《教义与历史》和《源于过去的俄罗斯思想》（俄文版，1998），在莫斯科出版。

格·瓦·弗洛罗夫斯基 1893 年 8 月 28 日生于俄国伊丽莎白格勒市，在故乡中学毕业后，于 1911 年进入敖德萨的新俄罗斯大学历史—哲学系学习，1912 年发表第一篇论文《关于索洛维约夫新著的研析》。1916 年他留校任教，1919 年任副教授，1920 年随家人赴保加利亚的索菲娅，并加入了当地的一个"欧亚派"小组，为他日后批判"欧亚派"思想提供了

---

① 张百春：《当代东正教神学思想——俄罗斯东正教神学》，上海：上海三联书店，2000 年，第 412 页。

依据。1921 年他前往布拉格，并于 1923 年通过硕士学位论文《赫尔岑的历史哲学研究》，1926 年成为法国巴黎圣谢尔盖东正教神学院教授。1932年正式成为神父。"二战"期间，他在南斯拉夫，战后返回巴黎继续神学院的任职。此后，他在美国圣弗拉基米尔东正教神学院任主任（1951-1955），还曾兼任该院学报主编（1952-1956）。由于他在神学院的改革受到反对和抵制，被迫离开。他先后在加利福尼亚大学、普林斯顿大学讲课，于 1979 年 8 月 11 日在普林斯顿去世。

《俄罗斯神学之路》是格·瓦·弗洛罗夫斯基一生最重要的代表之作。在该书中，他竭力表明，俄罗斯神学深受西方的天主教和新教神学的影响，甚至不顾俄罗斯神学界的反对，坚持俄罗斯神学根源就在西方。他明确指出："神学是从西方移植到俄国的，长期以来，它在俄国一直是个外人，甚至固执己见地使用与俄罗斯不相适应的话语。"① 在格·瓦·弗洛罗夫斯基看来，在俄罗斯，神学显然是缺乏基础的，知识分子基于对"自然"的崇拜，对"神学"的冷漠，致使他们去追求自由，对真正"信仰"的偏离。相反，广大民众由于无知却盲目地崇拜和虔诚，因此东正教成为下层小人物们的信仰。这样一来，"宗教民粹主义"就滋生出来，似乎在民间才能够存在地道的东正教信仰，至于信仰等宗教问题，不用去问"东正教父"，更不用去阅读教父的著作，反而应去转向农民。

在《俄罗斯神学之路》中，格·瓦·弗洛罗夫斯基进一步探究了这一现象产生的缘由，认为西方神学的影响只是外因，其实真正的内因是俄罗斯神学放弃了拜占庭的东正教传统，这一危机发生于 16 世纪，从那时起俄罗斯神学背叛了"教父传统"。这种放弃无异于"自杀"，俄罗斯神学

---

① *Флоровский Г. В.* Пути русского богословия. Киев: Христиан.–благотвор. ассоц. "Путь к истине", 1991. Репринт. изд. Вых. дан. ориг.: Париж: YMCA-PRESS, 1983. С. 503.

成为变了形的西方神学，也正是从这个意义上来说，当代俄罗斯神学的根基成了西方神学。这也是《俄罗斯神学之路》得出的最终结论。然而，格·瓦·弗洛罗夫斯基并不只是悲观地得出结论，而且表示，俄罗斯神学的未来只能是从东正教父的传统出发，而不是西方神学。他写道："对俄罗斯历史的回顾让我坚定了一个信念，当代东正教神学只能在教父传统里才能寻觅到正确的标准和创造灵感的生气勃勃的源泉。"① 在格·瓦·弗洛罗夫斯基看来，东方教父传统的最主要特征就是始终以"信仰"为核心，教父们是按照信徒的方式，而不是按照理性逻辑的方式进行神学思考的。教父神学的任务就是对神的感知和信仰，凭借信仰见证真理，而不是逻辑推演和科学实证。

从文学批评及其理论的视角来看，格·瓦·弗洛罗夫斯基特别注重对《圣经》的探讨，这是与传统的东正教神学不同的。《圣经》又曰《新旧约全书》，不仅是犹太教和基督教的经典，也是一部史学巨著，更是西方文学创作的源泉之一。他从理解的角度，称《圣经》释放出一种福音，只有信徒才能够感知它。格·瓦·弗洛罗夫斯基对《圣经》的阐释是历史主义的，把《圣经》视为上帝与他的选民之间的故事和历史。他明确提出，"上帝在历史之中，在人群之中，在我们的平常生活中与人相遇。上帝创造了历史，而且毫无障碍地载入了史册。《圣经》饱含深刻的历史性，因为如果说它在叙述永远的秘密，倒不如说是对上帝行为的述说，其实秘密也只有历史才能够阐释"② 。实际上，《圣经》无论是《旧约》还是《新约》，都记载着一种历史的约定关系，即上帝与自己选民和信徒之间的约

---

① *Флоровский Г. В.* Пути русского богословия. Киев: Христиан.–благотвор. ассоц. "Путь к истине", 1991. Репринт. изд. Вых. дан. ориг.: Париж: YMCA–PRESS, 1983. C. 1.

② *Флоровский Г. В.* Догмат и история. М.: Изд–во Св.–Владимир. Братства, 1998. C. 21.

定。《圣经》记载着上帝对人们说的话，而这些话是由人的语言来转述的，也就是说在人的话语中传递着上帝的声音。神学则是人对上帝的回应。格·瓦·弗洛罗夫斯基认为："《圣经》是历史，但不是教义的汇总，所以不能够把《圣经》当作是神学大全。"①

在《陀思妥耶夫斯基的宗教主题》一文中，读者不难发现格·瓦·弗洛罗夫斯基在《俄罗斯神学之路》中贯穿始终的思想。这位神学家在评价陀思妥耶夫斯基的创作时，强调作家创作的宗教主题。他认为，在陀思妥耶夫斯基的创作中，那些似乎是无知的、生活在底层的小人物们却是东正教的信徒，他们盲目地崇拜和虔诚，忍受着痛苦和欺凌，坚持着信仰，反对用暴力去抗恶，甚至追求自由和解放。例如处女作《穷人》中的小人物杰弗什金、几乎落入卖笑地步的陀勃罗谢洛娃，长篇小说《罪与罚》中的妓女索尼娅，等等，均是如此。相反，《罪与罚》里的大学生拉斯柯尔尼科夫、长篇小说《卡拉马佐夫兄弟》中的伊凡等，虽然都是有文化、有思想的知识分子，却基于对知识和真理的崇拜，表现出对"上帝"的冷漠，以致他们以暴力或其他非神学的方式去追求自由和理想，偏离了真正"信仰"。陀思妥耶夫斯基的创作表现出，在俄国知识分子那里神学难以立足，而东正教是下层小人物们坚守的信仰。格·瓦·弗洛罗夫斯基坚信，俄罗斯民族必须回归东正教父，坚持"信仰"，从而实现社会和谐和民族兴旺。

格·瓦·弗洛罗夫斯基对陀思妥耶夫斯基创作中宗教主题的阐释，令读者不禁会想起，别尔嘉耶夫为什么会称自己及同时代人为陀思妥耶夫斯基的精神之子。陀思妥耶夫斯基的创作确实形象地揭示了俄罗斯民族精神与东正教之间的密切关系。

---

① *Флоровский Г. В.* Догмат и история. М.: Изд-во Св.-Владимир. Братства, 1998. С. 31.

第八章
宗教文化渊源的审美形式批评

　　自 20 世纪 90 年代起，随着苏联的解体，俄罗斯作为苏联政治主体的继承者，在原有共产主义信仰崩塌之际，其国内的宗教文化意识以前所未有的速度在各个领域得以显性化复苏。对作为俄罗斯宗教文化主导因素的东正教与俄罗斯文学的关系研究，也成为近年来国内外俄罗斯文学研究的热门话题之一。然而，迄今为止，无论是在俄罗斯还是在我国或其他世界各国，俄罗斯文学研究界主要关注的是东正教文化思想对作家及其作品思想的影响研究，即作家的宗教观在作品中的体现。在探讨东正教与俄罗斯文学批评及其理论的关系时，白银时代的东正教神学家的思想和理论往往成为关注的重点，似乎其他的文学批评理论家与东正教神学的关系不大，尤其是以审美艺术形式批评为主要对象的批评理论家们。确实，一般说来，科学仿佛与宗教的关系不大。前者是对客观自然规律的探索，以审美形式探索为己任的理论家们事实上就是在揭示作家创作的艺术规律和特征。后者则是以主观精神探索和表现为主要艺术归旨的，几乎很难从科学实证的维度去验证。虽然后者不能够简单地被归入伪科学的行列而加以批判或否定，但是至少是与科学和实证格格不入的，在探索方法和路径上与前者是迥然不同的。

　　其实，自 988 年基辅罗斯大公弗拉基米尔首先受洗，并将拜占庭基督教（东正教）定为国教以来，在长期的历史发展进程中，东正教对俄罗斯文学创作及其理论的影响绝不仅仅局限于显性的思想意识，更不仅仅是影响了 19 世纪末 20 世纪初东正教文学批评理论家和思想家们的形形色色的理论建树，而且在深层次的创作思维方式上对其他的文学理论家和思想家们也产生了潜移默化的影响，包括审美形式研究的文论家们，如巴赫金、乌斯宾斯基等人。实际上，东正教作为俄罗斯民族文化和精神的渊源，始终对俄罗斯文学的审美形式和创作艺术产生着极其深刻的影响，成为俄罗斯民族精神和文学创作的灵魂。同时，俄罗斯文学创作及其理论也以自己独特的艺术方式，形象化或多维度地拓展着东正教的思想内涵，形成了双向互动、互为载体的发展态势。这一切显然值得学界高度关注和深入探究。

　　应该承认，文学审美形式批评及其理论与东正教之间的关系问题非常复杂，很难在本章中阐释清楚，哪怕是本书或更多的努力都难以厘清和总结。因此，本章只能够主要从作家创作的艺术文本结构和结构诗学理论的建构视角来管窥作为俄罗斯东正教文化的核心理念"聚和性"对俄罗斯文学的影响，同时也努力揭示巴赫金、乌斯宾斯基的诗学理论和莱蒙托夫的小说《当代英雄》对东正教"聚和性"理念的逆向丰富与拓展，以期为东正教与文学创作审美形式之间的互动研究，提供值得借鉴的参考。

　　鉴于本章的主要任务是揭示审美形式批评、文学创作和东正教之间的关系，而且学界一般对审美批评的理论家们已经非常熟悉，这里就不再对巴赫金、乌斯宾斯基等理论家进行生平和主要著述的介绍，直接切入这种关系本身来展开研究。

第一节　巴赫金："复调"中的"聚和性"

提及"复调"小说理论，必然会想到 20 世纪苏联文学批评理论家巴赫金和 19 世纪俄罗斯著名作家陀思妥耶夫斯基。正是巴赫金在对陀思妥耶夫斯基长篇小说进行研究的过程中，发现了后者创作结构的"复调"或曰"多声部"特征，并据此提出了"复调"小说理论的。陀思妥耶夫斯基不仅是一位创作了多部中长篇小说的文学艺术家，更是一位宗教思想家，他的作品为我们塑造了一系列如杰弗什金、陀勃罗谢洛娃、拉斯柯尔尼科夫、索尼娅、梅思金、斯塔夫罗金、伊凡·卡拉马佐夫、阿辽沙·卡拉马佐夫、宗教大法官等具有浓厚宗教意识的主人公形象，同时关于上帝的问题也在他的作品中占据了核心地位。然而，令人困惑的是巴赫金在《陀思妥耶夫斯基诗学问题》开篇的第一句话[1]就告诉我们，他在这部作品中仅想讨论有关陀思妥耶夫斯基创作的诗学问题，即从文学作品的结构和艺术审美批评的角度展开论述。当然，这并不排除巴赫金有可能想突出艺术形式的审美研究，而故意回避了产生"复调"结构的思想和文化根源。但是，这又是一个无法回避的问题，19 世纪俄罗斯社会的东正教文化构成了那个时代俄罗斯文学的灵魂，对这一问题的回避不仅无法阐释陀思妥耶夫斯基"复调"小说创作的社会文化历史渊源，更难以深刻认知"复调"创作的作用和意义。

巴赫金认为，陀思妥耶夫斯基在小说形式方面创造了一种全新的艺术结构类型，并指出陀思妥耶夫斯基长篇小说的基本特点是"有着众多的各自独立而不相融合的声音和意识，由具有充分价值的不同声音组成真正的

---

[1] "本书论述的是陀思妥耶夫斯基的诗学问题，因之对他的创作，仅仅是从这个角度加以考察。"详见巴赫金：《陀思妥耶夫斯基诗学问题》，《巴赫金全集》第 5 卷，白春仁、顾亚玲译，石家庄：河北教育出版社，2009 年，第 1 页。

复调"。^① 由此可见，他强调从作品中各种思想的联系上去分析作品的艺术形式，从而达到对艺术创作的整体把握。为了探求陀思妥耶夫斯基小说创作的这种多声部"复调"特征的渊源，巴赫金从文化原型和历史诗学的角度探讨了欧洲古代叙事艺术"庄谐体"的两种体裁：苏格拉底对话和梅尼普讽刺。他认为"'苏格拉底对话'在欧洲文学史上，第一次塑造了思想家式的主人公"^②，而"'梅尼普讽刺'直接根植于狂欢体的民间文学"^③，这两者属于同一类文化传统，都可归因于狂欢节现象。同时，巴赫金还指出，"陀思妥耶夫斯基所处时代客观上的复杂性、矛盾性和多声部性，平民知识分子和社会游民的处境，个人经历和内心感受同客观的多元化生活的深刻联系，最后还有在相互作用和同时共存中观察世界的天赋——所有这一切构成了陀思妥耶夫斯基复调小说得以成长的土壤"^④。然而，巴赫金所指出的构成陀思妥耶夫斯基复调小说成长土壤的最后一个因素，即对世界独特的观察方式，显然不能够简单地归结为他的天赋。文本作为意义的发生器，是一种烙有历史文化印记的思维机制。复调小说以其独特的艺术审美形式，不仅反映了作家本人的创作个性，还承载了陀思妥耶夫斯基所处时代和俄罗斯东正教文化信仰等一系列社会文化信息，其创作的一个最重要的思想基础，就是俄罗斯民族的灵魂——东正教。复调小说独特的构成方式其实是源自俄罗斯东正教文化的核心理念——"聚和性"，该理念的根本特征就是"多样性中的统一"。就像叶萨乌洛夫认为的那样，"陀思

---

① ［俄］巴赫金：《陀思妥耶夫斯基诗学问题》，《巴赫金全集》第 5 卷，白春仁、顾亚玲译，石家庄：河北教育出版社，2009 年，第 4 页。
② 同上，第 143 页。
③ 同上，第 145 页。
④ 同上，第 40 页。

妥耶夫斯基诗学中的东正教‘符码’是如此显而易见”①。

那么巴赫金是真的没能意识到这种叙事形态的俄罗斯东正教文化因素？还是如他所说的那样，“我们的分析将不涉及陀思妥耶夫斯基引入作品的各种思想的内容方面，对我们来说重要的是这些思想在作品中的艺术功能”②。难道真的如此吗？或许巴赫金在晚年与鲍恰罗夫的一次谈话已经为我们揭开了这一困惑的谜底：“将形式与内容分离的原因仅仅是因为不能谈那些问题……那些哲学思想以及折磨陀思妥耶夫斯基毕生的问题——上帝的存在。我不得不始终绕弯子，克制自己……”③如果我们去回溯一下巴赫金写作《陀思妥耶夫斯基诗学问题》的历史背景，则不难想象巴赫金对陀思妥耶夫斯基作品中的思想内容和宗教问题的回避，还有更深层次的意识形态原因，即当时“不自由的”“极左的”政治环境。

巴赫金的“复调”小说理论最早见于1929年出版的《陀思妥耶夫斯基创作问题》，也就是巴赫金的写作时期是20世纪20年代，正值苏维埃政权建立的初期。当时苏联政府实行的是政、教分离政策，东正教虽得以继续保留其宗教形式，但必须与国家和苏共的思想保持一致。而且，鉴于当时巩固政权的需要，东正教“聚和性”理念中的“多样性”和“统一”两个方面，对于政府来说重心自然在于后者，而陀思妥耶夫斯基小说中“复调”特征的重心明显在于前者。同时，巴赫金由于政治上的缘故，正处于被限制人身自由的时期，甚至都不能以真实姓名发表自己的全部作

① *Есаулов И. А.* Категория соборности в русской литературе. Петрозаводск: Издательство Петрозаводского университета, 1995. С. 130.

② [俄] 巴赫金：《陀思妥耶夫斯基诗学问题》，《巴赫金全集》第5卷，白春仁、顾亚玲译，石家庄：河北教育出版社，2009年，第99页。

③ *Бочаров С. Г.* Об одном разговоре и вокруг него. Новое литературное обозрение, 2（1993）: 71–72.

品。因此，对陀思妥耶夫斯基作品中的思想内容和宗教问题，巴赫金或许除了回避，别无他法。

然而，这一根本性的问题又是无法回避的，是不以巴赫金本人主观意志为转移的。他在其《陀思妥耶夫斯基诗学问题》中，还是间接地指出了陀思妥耶夫斯基复调小说结构的东正教"聚和性"文化特征："如果一定要寻找一个为整个陀思妥耶夫斯基世界所向往又能体现陀思妥耶夫斯基本人世界观的形象，那就是教堂，它象征着互不融合的心灵进行交往。……这样一种形象符合陀思妥耶夫斯基本人的风格，确切些说符合他的思想特点。"① 因而，除了与欧洲文化传统的历史瓜葛和陀思妥耶夫斯基所处时代综合而复杂因素的作用外，复调结构的"多声部性"特征与发端于俄罗斯"村社"② 文化的东正教"聚和性"思想的渊源关系无可断裂。

"聚和性"作为俄罗斯东正教哲学最重要的核心理念之一，源于俄罗斯斯拉夫派领袖阿·斯·霍米亚科夫最早提出并加以论述的一个东正教神学概念"соборность"，具有特定的深刻的宗教哲学含义。霍米亚科夫认为："'собор（教堂）'这个词不仅仅表达了许多人在某个地方有形的看得见的'会议、集会'的概念，还有更一般的意义，即这种集合的永久性观念，换言之，它体现了'多样性中的统一'思想。"③ 因而，正是为了体现东正教会这一本质特征"多样性中的统一"，霍米亚科夫提出了抽象化

---

① [俄]巴赫金：《陀思妥耶夫斯基诗学问题》，《巴赫金全集》第5卷，白春仁、顾亚玲译，石家庄：河北教育出版社，2009年，第3页。

② 村社（община）是俄国社会的一种独特现象，俄国几乎是从原始的部落状态直接进入封建社会，因此，原始的共同观念也得以保存下来，它成为俄罗斯文化中集体主义传统的源头之一。

③ *Хомяков А. С.* Письмо к редактору «L'Union Chretienne» о значении слов «кафолический» и «соборный» по поводу речи отца Гагарина, иезуита//Полное собрание сочинений в 8 т. М.: Университетская типография, 1886–1906. Т. 2. С. 325.

的神学概念"соборность"，即"聚和性"，以表明东正教会与天主教会（"没有自由的统一"）、新教会（"没有统一的自由"）之间的根本不同。对霍米亚科夫来说，"соборность"已不具有"собор"所包含的客观实在意义。"它是精神上的有机统一体，不是外表上的彼此联结。在该统一体内部，每个个体保有自身的个性和自由。该统一体是建立在无私的富有自我奉献精神的爱的基础上。"[①]"聚和性"突出了东正教会的精神性，"反映了俄罗斯民族东正教信仰的实质，即由内向外的和谐的精神有机体"[②]。在陀思妥耶夫斯基的小说中，"聚和性"则表现为小说中众多人物独立而不相融合的平等声音和意识构成的"多声部性"的和谐统一体"复调"。

巴赫金的"复调"小说理论不仅揭示了陀思妥耶夫斯基长篇小说创作的"多声部"特征，而且通过较为隐晦的方式让我们明白，以"聚和性"作为核心理念的东正教文化传统，已深深地影响了陀思妥耶夫斯基的创作思维；同时，我们有足够的理由认为，巴赫金之所以能发现陀思妥耶夫斯基"多声部"的独特创作风格，也是受东正教文化传统长期影响的结果，在他的笔下"聚和性"理念已嬗变为文学批评的"复调"艺术思维方式。巴赫金的这一艺术思维方式，在很大程度上消弭了科学与宗教之间的对立性矛盾。其实，科学与宗教之间并没有不可逾越的鸿沟，他们只不过是人类认知世界的不同途径。陀思妥耶夫斯基小说创作中的复调结构既是作家本人东正教思想观的体现，更是巴赫金的独特艺术思维方式探索世界的结果。

---

① *Миненков Г. Я.* Соборность//Новейший филосовский словарь. Сост. Грицанов, А. А. Минск: Изд. В. М. Скакун, 1998. С. 630.

② 张杰：《陀思妥耶夫斯基小说创作艺术的"聚和性"》，《外国文学研究》，2010年第5期，第75页。

第二节 巴赫金的"狂欢化"诗学与基督教文化

显然,"复调小说"理论最集中体现了巴赫金的对话思想,这一思想来源于东正教文化的核心概念"聚和性"。巴赫金在《弗朗索瓦·拉伯雷的创作与中世纪和文艺复兴时期的民间文化》(1965)一书中,结合拉伯雷的创作,集中探讨了人类的"笑"文化和民间"狂欢化"(карнавал)文化现象与文学创作之间的密切关系,从而详细地阐释了"狂欢化"诗学的一些问题。关于"狂欢化"诗学的研究,也常常散见于巴赫金的许多论著中。巴赫金从1929年独立出版的第一部专著《陀思妥耶夫斯基创作问题》起直至晚年,几乎从未停止过"狂欢化"诗学的研究。如果深入探讨"狂欢化"诗学产生的社会历史背景和宗教文化关系,其实巴赫金"狂欢化"思想的提出,也与基督教文化有着密不可分的渊源关系。

或许,把"笑"与基督教联系在一起是难以理解的,因为基督这一形象似乎从来也没有"笑"过,甚至很少"幽默"和"诙谐"。要把以"笑"和"诙谐"为核心的"狂欢"与基督放在一起,很难找到他们之间的共同点或内在关系。然而,如果从"狂欢化"自身的特征来看,我们就不难发现其产生的社会历史和宗教文化的关系。

"狂欢化"就是来自狂欢节本身。欧洲的狂欢节民俗可以追溯到古希腊罗马时期,甚至更早的人类活动。它来源于古代的神话传说与仪式。它是一种以酒神崇拜为核心不断演变的人类社会文化现象。在狂欢节时,人们可以戴上假面具,穿着各种奇装异服,举行狂欢游行,纵情欢乐,尽情地宣泄自己的原始本能,而不必顾及人与人之间平时的社会等级差别。狂欢节的主要特征是:第一,无等级性,即每一个人不论其地位如何,不分高低贵贱都可以以平等的身份参与狂欢;第二,宣泄性,狂欢节的主要是

呈现形形色色的笑，无论是纵情欢悦的笑，还是尖刻讥讽的笑，或者自我解嘲的笑，都表现了人们摆脱现实社会束缚的心理宣泄；第三，颠覆性，在狂欢节中，人们完全可以疯狂地颠覆现存的一切，重新构造和实现自己的理想。无等级性实际上就是对社会等级制度的颠覆，心理宣泄则是对现实伦理规范的颠覆。第四，大众性，狂欢活动是民间的整体活动，"笑"文化更是一种与宫廷文化相对立的通俗文化，表现出与权力的抗争。

《弗朗索瓦·拉伯雷的创作与中世纪和文艺复兴时期的民间文化》一书的创作，开始于 1936-1937 年，也就是巴赫金在库斯塔奈和萨兰斯克的时期，最终完成于 1940 年末的莫斯科近郊。由于 1941 年 6 月爆发的抗击德国法西斯入侵的卫国战争，这部本来准备提交副博士学位申请的论文被束之高阁，直到 1946 年 10 月才被安排答辩。虽然副博士学位论文答辩顺利通过，但答辩委员会提出可以直接授予巴赫金博士学位的申请没能通过。直到 20 世纪 50 年代末至 60 年代初苏联文艺界关于"艺术的审美本质"大讨论之后，经过 1963-1964 年的修订完善，该书才于 1965 年正式出版。可以说，巴赫金的这部经典之作产生的社会文化背景是 1956 年苏共二十大之后，反对个人崇拜、文学解冻以及文艺意识形态本质论的反思与批判。因此，那个时代的主旋律是平等、民主、自由和解放思想。

苏联文艺批评理论家 С. С. 阿韦林采夫（Аверинцев Сергей Сергеевич，1937-2004）在由俄罗斯科学院哲学研究所主编的《作为哲学家的巴赫金》一书中，发表了自己的论文《巴赫金，笑，基督教文化》。他在文章中曾明确指出："笑——并非是自由，而是解放"。"幽默就是自主地享有自由。"[①]他还深入发掘了巴赫金的"狂欢化"诗学的精神内涵，即争取解

---

① *Аверинцев С. С.* Бахтин, смех, христианская культура//Гоготишвили Л. А. Гуревич П. С.: М. М. Бахтин как философ. Москва: Наука, 1992. С. 8-9.

放、平等和自由，因为人们只有在狂欢节的时候，才可以打破高低贵贱的等级之分，平等而自由地相处。也正是在这一点上，巴赫金的"笑"和"幽默"与基督教文化联系到了一起，实际上基督教的核心就是要人人平等、和睦相处，强调自由和解放。作为基督教的分支，东正教文化显然延续着这一精神。巴赫金的"狂欢化"诗学则是在文学理论上传承着这种精神。

巴赫金沿着文学创作发展的轨迹，考察了历史文化现象对诗学演变的影响。在文学创作上，巴赫金主要研究了受狂欢化作用影响的一些文学体裁与作家创作。在古希腊罗马时期有古代风雅喜剧、罗马各种形式的讽刺体文学，特别是庄谐体文学。在中世纪出现了大量的讽刺性闹剧、笑剧、诙谐文学以及宗教警世剧和神秘剧等。在文艺复兴时期狂欢化已开始全面影响正统文学的许多体裁，巴赫金甚至认为，文艺复兴实质上是狂欢的古希腊罗马精神的复兴，"是意识、世界观和文学的直接狂欢化"[1]。他指出，拉伯雷、莎士比亚和塞万提斯等人的创作都是"狂欢化"文学的典范。从17世纪至20世纪，许多大作家的创作都与"狂欢化"有着密切的联系。例如，伏尔泰、狄德罗、霍夫曼、巴尔扎克、雨果、乔治·桑等等。在巴赫金那里，歌德的名著《浮士德》是一部具有浓厚"狂欢化"文化色彩的复调史诗，以普希金、果戈理等为代表的19世纪俄罗斯文学中也反映出"狂欢化"的创作传统。巴赫金还探讨了陀思妥耶夫斯基的复调小说与庄谐体文学的关系，指出复调小说的历史渊源是"狂欢化"的创作传统。

从欧洲诗学理论的发展传统来看，亚里士多德倡导的以理性、规范为主导的诗学理论一直占据着统治地位。根据这一理论，诗学归入一种严格

---

[1] *Бахтин М. М.* Творчество Франсуа Рабле и народная культура средневековья и Ренессанса. М.: Худож. лит., 1990. С. 300.

规范性的范畴，审美趣味、文学语言、写作文体和创作风格均有"高雅"和"低俗"之分。在这里，"高雅"部分自然被奉为正宗，拥有绝对权威，比如，诗歌就被视为比小说和戏剧更"高雅"的艺术。"笑"文学长期以来被认为是俗文学。巴赫金发掘人类的"狂欢化"文学价值，在很大程度上是在向传统的诗学体系挑战，是要颠覆旧的诗学理论，为传统的高雅体裁"脱冕"，而替所谓的低俗体裁"加冕"，消除诗学研究的封闭性，加大文学内容和形式的开放性，寻求各种纷繁复杂的文学因素的融合，如各类文体、各种语言（口语、俚语、行话、方言等）、各种手法（反讽、夸张、讽刺、幽默、调侃等）的相互联系。同时，在文学叙述上，"狂欢化"诗学要打破逻各斯中心主义，以狂欢化思维方式来颠覆理性化思维结构，运用超语言学的方法，重视语言环境和话语交际分析，走出传统语言学研究的框架。"狂欢化"诗学的最终目的是要发掘人类的创造性思维潜力，把人们的思想从现实的压抑中解放出来，用狂欢化的享乐哲学来重新审视世界，反对永恒不变的绝对精神，主张世界的可变、价值的相对。

应该说，巴赫金的"狂欢化"诗学理论体现着基督教文化的精神，即反权威、重平等、弘扬个性解放和自由精神，其意义是显而易见的。因此，这一理论的颠覆性赢得了当代西方文论界的青睐。

第三节 走向多维的"聚和性"诗学结构理论

巴赫金的"复调"小说理论始终聚焦的是陀思妥耶夫斯基艺术文本中各个不同主人公思想的碰撞，即意识形态层面的"多声部"特征。而这种碰撞或对话往往存在于同一空间范围内，巴赫金所理解的"聚和性"实际上是美与丑、善与恶、真与假等在同一空间维度上的"多样性统一"。

　　然而，随着诗学结构理论的不断发展，俄罗斯文学理论批评界对东正教 "聚和性" 理念的理解也在不断深入，文学批评的思维更是在不断变化。就在巴赫金新版的《陀思妥耶夫斯基诗学问题》（1963）问世后不久，俄罗斯当代著名的语言学家、符号学家 Б. А. 乌斯宾斯基（1937-）提出了基于艺术文本叙述视点的结构诗学理论，不仅在批评方法上拓展了巴赫金的 "复调" 小说理论，同时在思维层面上也更进一步丰富了东正教的 "聚和性" 理念。

　　20 世纪 60 年代初，乌斯宾斯基是苏联塔尔图—莫斯科符号学派莫斯科小组的重要领导人之一，他在与塔尔图符号学小组的领导 Ю. М. 洛特曼长期密切的学术合作过程中，受到了洛特曼在文艺符号学领域研究兴趣的影响，同时也直接或间接地受到了巴赫金 "复调" 小说理论和东正教 "聚和性" 理念的启发，于 1966 年初产生了从视点角度对文艺作品进行符号学分析的想法，并最终在 1970 年出版了其专著《结构诗学：艺术文本结构和结构形式类型学》。在这部作品中，乌斯宾斯基吸收了巴赫金的 "复调" 小说理论和 В. Н. 沃洛申诺夫、В. В. 维诺格拉多夫等大家的研究成果，大胆地提出了基于 "聚和性" 理念和多维视点的结构诗学理论，为艺术文本的审美批评提供了全新的立体化的批评路径。

　　依据乌斯宾斯基的视点结构诗学理论，在巴赫金的 "复调" 小说理论中，众多的各自独立而不相融合的声音和意识的 "聚和"，可能存在于作者本人、与作者不吻合的讲述者或某个出场人物的视点之中。当一部作品中针对某被叙述事件，存在几个原则上相互平等的独立评价视点，它们彼此互不隶属，也不存在任何抽象的，可超乎某个主人公个体之外的意识形态立场时，此时的意识形态视点结构则为复调型。在复调的话语层面，巴赫金注意到了话语意义存在于同一空间不同话语的对话之中，具有动态的开放性结构特征，而作为语言学家的乌斯宾斯基关注的是话语层面的语言表达特征，认为不同人物由于所处环境、社会地位、教育等方面的差异，他们对同一事件表达的语言特征是不一样的，从而形成了话语视点层面的"聚和"。

乌斯宾斯基在对巴赫金"复调"小说理论进行研究的基础上，凭借着对"聚和性"理念的独特理解，创造性地将在叙事学领域得到广泛研究的"视点"问题作为艺术文本结构的研究视角，根据揭示和确定视点的不同手段，指出了艺术文本的结构可以由意识形态、话语、空间—时间的特征描写和心理等多个层面的视点构成，而在同一个视点层面上又可能存在多种视点，例如：在时空视点层面，叙述者的时空位置可以与所述事件发生的时空一致，也可不一致；而在心理视点层面，叙述者在叙述时可以从事件的参与者或旁观者的不同视角进行叙述。同时，乌斯宾斯基还涉及了文本之外的读者视点对文本结构的参与，而巴赫金则很少涉及读者阅读的对话参与，也没有涉及不同层面的视点对话。这样，乌斯宾斯基就不仅不再像巴赫金那样，把"复调"局限在同一空间的层面，而且从多维的角度拓展了东正教"聚和性"的理念，把原本在同一空间的"聚和"变为不同层面的立体"聚和"。

乌斯宾斯基认为，艺术文本的结构可以由多层面的不同视点构成，而同一层面又存在不同视点的结构。视点与视点之间不仅具有多维的层面性区分特征，且各层面视点具有自身独立的意义，同时在每一个区分性层面上都有可能存在内、外视点的对立，并且不同层面以及同一层面的不同视点之间还存在着互为渗透的内在联系和复杂的关系网络。由此可见，乌斯宾斯基的结构诗学理论建构的艺术文本结构是一个多维立体的，由不同层面的视点构成的"自由而有机的统一体"，这些不同视点层面既有自身相对的独立性，彼此之间又互相联系和渗透，丰富了东正教"聚和性"思想的本质特征——"多样性中的统一"。

作为东正教的虔诚信仰者和东正教圣像艺术研究的集大成者，乌斯宾斯基之所以能建构出这样的理论，一方面，同样与东正教文化的长期熏陶分不开，该理论的建构正是这种熏陶在其内在深层次的思维方式上的体现；另一方面，该理论也是乌斯宾斯基对巴赫金复调思想和复调研究方法的继承和发展。他与巴赫金相识于20世纪60年代初，在着手创作《结构诗学》时，已对巴赫金本人及其主要作品的思想相当熟悉。在《结构诗学》中，乌斯宾斯基多次引用或提到巴赫金的两部作品《陀思妥耶夫斯基诗学问题》和《拉伯雷的创作与中世纪和文艺复兴时期的民间文化》[1]，并且明确指出，"'复调'实质上是意识形态层面视点结构表现的一种情形"[2]。

乌斯宾斯基的艺术文本结构统一体是多层面视点的自由而有机的"聚和"，他的研究已超越了巴赫金的"聚和性"复调统一体所研究的视域。他的基于视点的结构诗学理论，促使艺术文本的结构研究从一维的平面走向了多维的立体，不仅推动了文艺批评理论的发展，还在如何实现多样性和统一性的融合上，丰富和发展了东正教的核心理念——"聚和性"的内涵，反映了俄罗斯文学与东正教文化传统的双向互动关系。

第四节　"聚和性"与《当代英雄》

巴赫金和乌斯宾斯基的诗学结构理论不仅为我们解读经典打开了思

---

① См.: Успенский Б. А. Поэтика композиции. СПб.: Азбука, 2000. С. 13, 16, 23, 25–26, 32–33, 39, 218, 221, 243, 273.

② 同上，第26页。

路，还为我们进一步挖掘经典文本的可阐释空间和其意义再生机制的历史文化特征，提供了新的东正教文化批评的路径。其实，这一批评路径或曰方法，也为文学经典文本中存留的许多无法阐释的疑问，提供了合理阐释的可能。

在解读俄罗斯经典作家莱蒙托夫的代表作《当代英雄》时，读者往往会感到困惑，在该小说的序言中，为什么作家本人既表明主人公毕巧林是集中了"整整一代人身上发展到极点的恶习所构成的肖像"[1]，但又进一步强调："指出毛病，仅此而已，而如何医治，只有上帝知道了？"[2]究竟什么原因导致莱蒙托夫本人并不关心怎样医治这些恶习呢？

由五篇独立故事构成的《当代英雄》曾以独特的文本结构吸引了众多文学批评家的关注，但他们几乎都是从作家对毕巧林心理刻画的层层递进，去阐明这种结构的必要性和合理性，很少有人去探寻这种结构的东正教"聚和性"特征和莱蒙托夫内在思维方式的东正教文化渊源。"聚和性"是东正教文化的本质特征，强调建立在"爱"的基础上的"自由而有机的统一体"。"自由是聚和性的根本属性，聚和性是自由与统一的有机结合。"[3]而长篇小说《当代英雄》文本结构的自由性显而易见：由五篇各自独立的故事《贝拉》《马克西姆·马克西梅奇》《梅丽公爵小姐》《塔曼》《宿命论者》构成，它们各自具有完整独立的故事情节，而且描写对象之间也没有严格的逻辑限制。彼此除主人公毕巧林之外，可谓互不相关，而且各个事件之间的时空连接也不紧密，甚至没有按照故事发展的时间次序来结构小说。然而，这种自由不仅没破坏小说的统一性，反而创造了内在

---

① *Лермотов М. Ю.* Герой нашего времени. СПб.: Азбука–классика, 2009. С. 30.

② 同上注。

③ 徐凤林：《俄罗斯宗教哲学》，北京：北京大学出版社，2006年，第20页。

心灵的统一性。莱蒙托夫通过贯穿始终的主人公毕巧林，将不同"镜头"中的所有描写对象紧密而牢固地联结在一起，从而使得"一切部分都和整体相适应，每一个部分独自存在着，构成一个锁闭在自身内的形象，同时又作为必不可少的一部分，为整体存在着，来促成整体的印象"①。

作为"聚和性"统一体的另一属性，"有机性"也成了《当代英雄》结构布局的明显特征。从文本结构可以看出，作者莱蒙托夫是借助多个叙事主体，即年轻军官旅行者"我"、主人公马克西姆·马克西梅奇上尉和毕巧林本人的叙述，形成了一个故事套故事，再套故事的嵌入式结构。"我"提供了故事框架，自始至终是以一个旁观者的身份出现，没有作为故事中的人物参与到故事情节中去。"我"只是故事真实性的见证者并提供了主人公毕巧林的最终结局，而真正的故事内容则由马克西姆·马克西梅奇和毕巧林所提供。《当代英雄》文本结构的统一体是由作为完整个体，并具有自主自足性的五篇发生在不同时空的故事，按照一定的编排原则构成的，"这一整体具有自己的生命及其源泉，并按照自己的方式改造所有成员"②。五篇故事虽都有自身内在的完整性和独立性，分别从三位不同叙述者的视角刻画了主人公毕巧林的不同侧面，但这些侧面在整部作品的结构中，使得毕巧林的整体形象变得丰满、多维，让读者对毕巧林这一形象也产生了越来越清晰的整体认识。"每一个成员都因加入这个整体而使自身得到丰富，又通过这一丰富而得到改造，获得新的含义和新的生命。"③

这些故事相互对立又相互补充，按照音乐中的复调原则连接到一起。

---

① ［俄］别林斯基：《当代英雄》（短评之一），《别林斯基选集》（第二卷），满涛译，上海：上海译文出版社，1979年，第251页。
② 徐凤林：《俄罗斯宗教哲学》，北京：北京大学出版社，2006年，第21页。
③ 同上注。

在《贝拉》和《马克西姆·马克西梅奇》这两篇故事中，作者通过青年军官旅行者"我"和马克西姆·马克西梅奇的叙述相互交织，使得毕巧林的形象和性格中的一些特点，如冷漠和玩世不恭，较为清晰地展露出来，同时也激发了人们进一步探究其性格成因的兴趣。而后三篇故事《塔曼》《梅丽公爵小姐》和《宿命论者》以日记体形式，通过主人公毕巧林本人对自己内心深处的思想活动的尽情倾诉和矛盾情感的宣泄，使读者看到了他人格上的分裂与内心幻灭的悲哀。这样，不仅前两篇故事中毕巧林的行为表现留给读者的许多不解得到了回应，马克西姆·马克西梅奇和青年军官旅行者"我"，从自身限制性的有限视角所无法理解的一切，也有了合理的解释。同时，整部作品结构的有机性也随着毕巧林整体形象的显现而得以彰显。

"聚和性"理念中的"自由而有机的统一体"是统一于"爱"的，这种"爱"有别于伦理学和心理学中作为道德原则的"爱"，具有本体论和形而上学的意义，是"新生命和世界秩序的基础和源泉"[1]。在《当代英雄》文本结构的统一体中，"爱"则表现为作家莱蒙托夫对一代人身上发展到极点的"恶习"的包容，并把它视为是推动社会现实变革的内在诉求和源动力。"聚和性"理念中的"爱"是一种"博爱"，包括"爱"人的一切，既有正面的也有反面的，既有美的也有丑的，既有善的也有恶的，等等。也许，这就是莱蒙托夫并不想要"医治"这些"恶习"的根本原因之所在。

"俄罗斯人的灵魂是由东正教会铸成的，它具有纯粹的宗教结构。"[2]莱蒙托夫塑造毕巧林这一时代肖像的真正目的并非要以"善"治"恶"，

---

① 徐凤林：《俄罗斯宗教哲学》，北京：北京大学出版社，2006年，第22页。

② Бердяев Н. А. Истоки и смысл русского коммунизма. М.: Наука, 1990. С. 8.

而是要以东正教"聚和性"理念的"爱"来包容毕巧林身上的一切优缺点，仅此而已。在作家的创作思想意识中，"当代英雄"毕巧林就是"善"与"恶"的有机统一体，在某种程度上毕巧林行为的"恶"就是"善"，"善"也是"恶"，无须区分彼此。这种人物形象的"聚和性"特征不仅表现在他的感情游戏里，也非常明显地表现在他玩世不恭和冒险的行为方面。也许正因为如此，毕巧林形象才更加栩栩如生，魅力无限。

艺术文本结构是作家创作时认识和表达世界的重要方式，也是作家自身内在深层次思维方式的外显。然而，"聚和性"特征在不同作家创作的艺术文本结构中的表现并非完全一致。相较于陀思妥耶夫斯基创作中文本结构的"聚和性"特征，莱蒙托夫《当代英雄》创作的艺术文本结构是借助于五篇在情节上彼此不相干的独立故事构成，其"聚和性"特征的"多维异质"性明显，而陀思妥耶夫斯基作品中的"聚和性"则多聚焦于主人公的思想和意识，具有"一维同质"的平面化特点。

"俄罗斯的思维方式和俄罗斯的文化完全区别于西欧，比起西方的思维重视范畴的分化与分析来看，俄罗斯思维更加注重集聚和讲究整体化。"[1] 这是在东正教文化熏陶下的俄罗斯民族所特有的思维方式。"聚和性"这一东正教文化的核心理念对俄罗斯文学的影响在创作思维方式方面不仅表现在作家的具体作品结构中，还表现在文论家的诗学理论建构上。"复调"小说理论是巴赫金对陀思妥耶夫斯基创作思维方式的概括与总结，而乌斯宾斯基借助于视点这一叙事学中的概念所建立的"聚和性"结构诗学理论，具有多维立体的特征，是对巴赫金复调小说结构理论的继承与发展，也是对东正教"聚和性"理念的逆向丰富与拓展。

---

① ［俄］别尔嘉耶夫:《俄罗斯思想》，雷永生等译，北京: 生活·读书·新知三联书店，1995年，第41页。

第五节　文化之源：俄罗斯民族独特的"聚和性"思维

无论是巴赫金从对话思想出发对陀思妥耶夫斯基创作"复调"结构的揭示，还是乌斯宾斯基基于"视点"的结构诗学理论发掘艺术文本中不同视点之间的相互关系，他们其实都强调了各种话语或视点之间相互作用所产生的整体效果，同时又运用现代科学的研究手段和术语，对不同话语或视点进行了深入的剖析。他们的理论是集整体性与科学的精确性于一体的"多样性中的统一"，是俄罗斯民族独特的文化精神和思维方式"聚和性"特征的具体显现。

"聚和性完全不是'各个组成部分的聚集'，而是一种整体性，这种整体性决定了俄罗斯民族精神气质的所有特征。"①"聚和性"这一概念虽然是由霍米亚科夫作为俄罗斯东正教哲学的核心理念提出，但作为俄罗斯民族精神的主体价值观之一，它并非完全源自东正教文化，而首先与俄罗斯民族生存和发展的特定自然地理环境息息相关。黑格尔在《历史哲学》一书中说："助成民族精神的产生的那种自然的联系，就是地理的基础。"②俄罗斯人的祖先东斯拉夫人来自喀尔巴阡山脉以北，维斯杜拉河和第聂伯河之间的东欧平原上的沼泽地，坐落在森林区和大草原的交界处，西北部寒冷地带茂密的森林和东南部一望无际的大草原决定了该民族生存的经济方式和外部环境。早期处于原始社会的东斯拉夫人盛行"伐林耕作制"，这种需要消耗大量劳动量的耕种方式使得个人或者单个家庭的生存仅靠自身力量难以为继，同时，为了抵御来自东南部开阔草原地带游牧民族的不断侵袭，俄罗斯人的祖先明白只有依靠更大的集体的共同劳作和对外族的

---

① *Колесов В. В.* Жизнь происходит от слова... СПб.: Златоуст, 1999. С. 136.

② [德] G. W. F. 黑格尔：《历史哲学》，王造石译，上海：上海书店出版社，2001年，第82页。

抵御才能维持生存，于是在 7 世纪后东欧平原北部就出现了叫作"米尔（мир）"的村社（община）。到 9 世纪古罗斯国家形成之后，"村社"则逐步成为古罗斯国家农民从事经济活动的主要方式和俄罗斯社会最小的基层单位。这种俄罗斯民族独特的缘于寒冷森林地带的严酷环境而在生产劳动过程中自然形成的，以集体所有制为基础和血缘、地缘、宗教缘等为纽带的经济共同体——"村社"是在经济上崇尚自给自足与自由耕作的最基本的社会组织形式，具有整体的内部互助协作传统。霍米亚科夫的追随者萨马林（Самарин）认为，"古代罗斯的社会和村社生活是聚和性原则的具体体现"。①"聚和性"理念在俄罗斯人的自我意识中占据独特的位置，强调人们彼此之间建立在自由的爱的基础上的有机内在统一和精神的一致性。可见，民族精神作为上层建筑的一种表现，它的形成、发展、定性、完善，离不开孕育和构成它的土壤——一定的生产方式。村社既是俄罗斯历史进程的社会细胞，又是民族精神生成的重要载体，其文化传统几乎贯穿全部俄国历史，直至 20 世纪 20 年代末的苏联全盘集体化后才在俄罗斯大地不复存在。

然而，现如今俄罗斯的村社虽不复存在，但村社文化的精神保存在东正教。988 年的罗斯受洗不仅仅是以基辅大公弗拉基米尔为首的统治者选择的结果，也契合了作为俄罗斯社会根基的村社文化精神，也许正是这一点使得村社中的农民（крестьянин）成了居民中最笃信基督教（东正教）的阶层，从词源看 крестьянин 一词来源于希腊语中的 christianos，即христианин "基督徒"。②霍米亚科夫认为，"现实生活中的村社是理想的

---

① 转引自 *Лосский Н. О.* История русской философии. СПб.: Азбука, 2018. С. 50.

② *Шанский Н. М., Боброва Т. А.* Этимологический словарь русского языка. М.: Прозерпина, 1994. С. 155.

聚和性的原型"①。罗斯受洗后，强调平等、统一与整体性的东正教文化精神与俄罗斯"村社"文化精神相辅相成，两者的相互契合共同推动了俄罗斯民族文化精神的精髓——"聚和性"特征的形成。

民族文化的独特性决定了不同文化群体思维过程的差异。法国民族和心理学家雷维－布律尔（Леви-Брюль，1857-1939）认为，要研究个体思维，必须分析该个体所属的文化特征。②通过分析特定群体文化中存在的共同观点或集体概念，我们可以确定属于该群体的个体的思维过程，因为人的社会性特征决定了个体对周遭世界的理解、区分和思考过程不可避免地会带有所属民族文化的痕迹。在对乌斯宾斯基的结构诗学理论进行研究的过程中，笔者曾就该理论建构的方法论问题当面请教过乌斯宾斯基教授，虽然笃信东正教并对东正教圣像艺术有过深入研究，但他还是非常肯定地否认了东正教的"聚和性"理念对其理论建构方法论的影响，因为在他看来，科学的审美批评方法是不可能与无法用科学来阐释的宗教相提并论的。然而，事实证明，不同民族恒定的内在思维和表达方式可以通过潜在的文化传承而处于集体的无意识状态，也就是说，人类社会的行为，包括语言表达的模式，不一定都能为行为主体所意识，虽然它们在实际的生活过程中可能被非常一致的贯彻着。"这种模式化的无意识本质并非存在于种族或社会思维的神秘功能中，并在作为社会成员之个体的思维中反映出来，而只存在于个体对其时刻自动遵循的行为特征、界限、意义的典型

① *Горелов А. А.* А. С. Хомяков: учение о соборности и русская община. Культура и общество, 2（2017）：92.

② *М. Коул и С.* Скрибнер. Культура и мышление. Психологический очерк. М.: Изд. «Прогресс», 1977. С. 32.

无意识中。"①

"文本作为意义的发生器是一种烙有历史文化印记的思维机制。"② 俄罗斯民族独特的"聚和性"思维方式既对小说家的创作，也对理论家的理论建构方法论产生了影响。这一点在陀思妥耶夫斯基的长篇小说创作中有所体现，也促成巴赫金在对陀思妥耶夫斯基"多声部"创作风格的研究中提出了著名的"复调"小说结构理论，我们甚至可以在莱蒙托夫《当代英雄》的独特结构中找到"聚和性"特征的影子。乌斯宾斯基的艺术文本结构统一体是多层面的具有自身相对独立性的视点的自由而有机的"聚和"，在批评方法上拓展了巴赫金的"复调"小说理论，使艺术文本的结构研究从一维的平面走向了多维的立体，推动了文艺批评理论的发展，而在思维层面则就如何实现多样性和统一性的融合问题，丰富和发展了俄罗斯民族的核心价值观——"聚和性"理念。

---

① [美]爱德华·萨丕尔（Edward Sapir）：《萨丕尔论语言、文化与人格》，高一虹等译，北京：商务印书馆，2011年，第312页。

② 管月娥：《东正教的"聚和性"理念与复调小说和结构诗学理论》，《外国文学研究》，2018年第2期。

结　语
从科学转向宗教：反思与启示

回眸 19 世纪下半期以来俄罗斯东正教文化批评理论家们的思想发展轨迹，我们不难发现，他们的精神探索大多经历了由研究自然科学、哲学、经济学、法学等实在科学向宗教、神学的转向，也就是由科学的真理探索转向了精神的神学追求。在他们看来，以"爱"为本的宗教精神才是真理存在的本质。

弗·谢·索洛维约夫虽然生长在一个宗教氛围浓厚的家庭，却在十四岁时就不再去教堂，沉湎于无神论，对唯物主义和社会主义思想感兴趣，甚至进入莫斯科大学后还一度转入物理—数学系学习。然而，后来在斯宾诺莎、康德、叔本华等人的哲学思想影响下，他逐渐认识到，知识与信仰并不是二元对立的，科学与宗教是能够统一起来的，伟大的哲学家应该是走向上帝的。基于这种认识，弗·谢·索洛维约夫建立并提出了自己独到的"完整知识"哲学和关于世界精神的"万物统一"的观点。他的思想为整个白银时代以来俄罗斯东正教文化批评理论奠定了基础。

瓦·瓦·罗赞诺夫早在中学时代就热衷于科学实证主义、社会主义和无神论。经过大学阶段的学习，受到文学批评家、哲学家尼·尼·斯特拉霍夫等人的影响，他成为圣彼得堡宗教哲学协会的创始人，甚至在生命的最后阶段，他把家都搬入了莫斯科市郊著名的谢尔盖镇圣三一修道院。不过，他的转向并没有让生活与宗教完全分开，而是把现实生活与神秘的宗教融合起来，他恰恰把宗教要遏制的性欲看成生命的原动力和内驱力，也就是人的精神活动的源泉，这样就从生理范围进入了精神领地。当然，瓦·瓦·罗赞诺夫的目的还是要努力从日常生活的琐事中发现重要的神学意义，他的出发点和归宿都是宗教的、神学的。

特鲁别茨科伊兄弟俩在中学学习期间也都着迷于英国实证主义、别林斯基、杜勃罗留波夫、皮萨列夫等人的哲学，并形成了无神论思想。陀思妥耶夫斯基、阿·斯·霍米亚科夫和弗·谢·索洛维约夫等人的思想帮助哥哥谢尔盖实现了基督教世界观的转向。弟弟叶甫盖尼也曾经历了与其哥哥相类似的宗教转向，除了受到上述三位大师的影响以外，贝多芬的第九交响曲也让他感知到上帝的启示和神秘主义的存在。哥哥谢尔盖提出的"聚和性意识"和弟弟叶甫盖尼关于生命意义的宗教探索，都极大地丰富了白银时代的俄罗斯宗教文化批评理论。

德·谢·梅列日科夫斯基在青年时代也曾迷恋实证主义哲学，尤其是孔德的实证主义、达尔文的进化论思想以及斯宾塞等人的著作。然而，在文学创作的过程中，他深受俄罗斯宗教氛围的极大影响，慢慢产生了浓厚的宗教哲学兴趣和激情，走出了科学实证主义的境地，转向了宗教，形成了象征主义诗歌艺术的独特风格。他在《论现代俄罗斯文学衰落的原因与若干新流派》中甚至坚决否定19世纪现实主义文学对社会现实生活的过于关注，明确表态，只有永恒的宗教神秘情感才是真正艺术不变的基础。他在多神教与基督教、个性与社会性的相互融合之中，形成了自己的新宗教意识，并以此来拯救世界。

列夫·舍斯托夫在大学学习期间，也是先在莫斯科大学的数理系，后转入法律系，即便转到基辅大学以后，还是特别关心政治经济问题，还热衷于俄国工人运动，他的学士学位论文就是《论工人阶级在俄国的地位》。后来，他在出国治病期间，阅读了康德、尼采、莎士比亚、勃兰兑斯等的大量著作。康德激发了他的批判力量，而莎士比亚则赋予了他深层的精神动力，他对传统西方哲学和文学思想的颠覆也从此开始，这种颠覆的直接结果就是转向宗教，形成了自己独特的悲剧哲学与圣经哲学。悲剧哲学是存在主义思想的雏形。列夫·舍斯托夫把人看成是一个生物体与一个精神体的交织，人的悲剧性也因此产生，而要摆脱悲剧性的命运，人类只有走向信仰之路，这就是圣经哲学指明的道路。显然，在列夫·舍斯托夫那里，宗教信仰是人类真正的精神家园。

维·伊·伊凡诺夫的早期探索也是在无神论和社会革命思想的指引下展开的，他试图从历史学的视域来寻找现实社会的改造方式，甚至在大学期间专攻历史。后来在德国期间，他的研究兴趣才逐渐转向了宗教文化。1926 年他皈依了天主教，在大学讲授有关宗教文化的课程。他的现实主义的象征主义批评也是与他的世界观宗教转向密切相关的。他坚持认为，艺术创作通过象征的方法把尘世的现实社会与宗教的彼岸世界理想地联系在了一起。

尼·奥·洛斯基在维捷布斯克的中学读书期间，曾经大量阅读皮萨列夫、杜勃罗留波夫、米哈依洛夫斯基等人的书籍，痴迷于社会主义学说和无神论，还因此被校方开除，无法在俄罗斯国内继续求学。他进入彼得堡大学学习时，选择的是物理数学系，因为在他看来，自然科学是通往真理的唯一途径。后来在帕·弗·列斯加夫特、阿·阿·科兹洛夫、阿·阿·谢尔盖等人的影响下，他转向哲学研究。然而，在结识了弗·谢·索洛维约夫以后，最终转向了宗教哲学。他把受时空限制的现实存在视为是最低级的存在形式，而没有时空特征的理想存在则是较高的存在，在理想存在中具体的理想存在又是摆脱了抽象性的个体性存在，这种存在是源于上帝的创造。尼·奥·洛斯基是用直觉主义的方式来阐发自己的宗教思想和论证上帝存在的。

谢·尼·布尔加科夫虽然在 18 岁的时候就违背了父母的意愿，离开了神学学校，进入莫斯科大学时，选择的是经济学教育专业，毕业后留在莫斯科大学的政治经济学与统计学教研室工作。他的硕士学位论文也是专门研究资本主义与农业之间关系的，他还一度着迷于马克思主义学说。在世纪之交，由于在农业问题上与马克思等人意见的分歧，又受到康德唯心主义认识论的影响和结交了列夫·舍斯托夫、尼·亚·别尔嘉耶夫，特别是在弗·谢·索洛维约夫唯心主义哲学的启迪下，谢·尼·布尔加科夫开始从关注现实社会的经济政治问题，渐渐转向了宗教哲学探索，由马克思主义者转变为唯心主义的宗教文化批评家。

尼·亚·别尔嘉耶夫虽然是一个思想纷繁复杂的百科全书式的人物，他是一个在马克思主义、唯心主义、基督教人本学之间自由往来的探索者。然而，从他的真理探索过程来看，他也经历了从马克思主义，经雅各·波墨、康德和尼采的唯心主义哲学，最终走向俄罗斯本土根深蒂固的东正教文化传统的转变历程。少年别尔嘉耶夫与许多贵族子弟一样进入的是享有特权的军官学校，但他实在受不了那种僵化的生活，离开军校，进入了基辅大学的自然科学系学习法律。他曾参加过社会革命运动，两次被捕，甚至被开除学籍和流放。流放并没有消磨尼·亚·别尔嘉耶夫的意志，从流放地回来之后，他还加入了"解放协会"。在流放期间的大量阅读以及后来与德·谢·梅列日科夫斯基等人的交往，特别是在莫斯科与宗教界人士的频繁接触，尼·亚·别尔嘉耶夫完成了世界观的转型，撰写

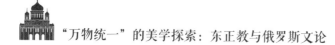

了不少理论著作。他甚至为了维护自己的宗教哲学立场，而被驱逐出境。尼·亚·别尔嘉耶夫坚持，人的存在的本质是精神性的，精神的特征就是自由，是一种不断超越自我的力量。

谢·路·弗兰克的思想发展轨迹与尼·亚·别尔嘉耶夫有着惊人的相似之处。他们早期均深受马克思主义的影响，投身于社会活动，后来也都转向了唯心主义，最终走向宗教哲学，而且因为相同的缘故，一起被驱逐出境，流亡国外。学界一般认为，谢·路·弗兰克的思想发生过两次转向。第一次转向是由"合法马克思主义"者向唯心主义者的转向，即从重视物质利益的唯物主义转向了对精神文化的关注，他的《虚无主义伦理学》就是这次转向的重要标志。第二次转向就是宗教转向，他提出了"宗教人道主义"的概念，也就是把直觉主义认识观与东正教人道主义融合在一起。他还进一步明确了"直觉知识即生命知识"的观点，这显然是对弗·谢·索洛维约夫"完整知识"哲学的发展。他的宗教哲学思想的总结之作是《实在与人》（1947）。他的直觉主义的宗教人道主义在白银时代众多的俄罗斯宗教文化批评理论中显示出自己的独特性。

通往科学的道路，一般被人们看成真理探索的唯一正确的途径。然而，巴·亚·弗洛连斯基的真理探索与其他的白银时代俄罗斯宗教文化批评家们一样，也经历了一个苦难的宗教转向，只不过，他从自然科学研究转向宗教的历程更为艰辛，甚至充满了血腥，最终他为此付出了生命的代价。青少年时期的弗洛连斯基酷爱自然科学，他因此进入了莫斯科大学数学物理系学习。不过，就在大学期间，随着知识视野的不断扩大，在他的探索中，哲学、宗教、艺术等问题渐渐取代了数学、物理的地位。他明确意识到，凭借自然科学的研究，在现象世界是无法把握真理本质的。他曾经努力运用数学方法和概念来解决哲学方面的问题，最终他还是走上了纯宗教研究的道路，他把以"爱"为本的宗教精神视为是真理的本质。在弗·谢·索洛维约夫思想的影响下，他用形而上学的哲学研究方法，从探讨本源出发，把科学、哲学、宗教和艺术融合起来进行思考，努力探寻真理的存在，走出了一条独特的宗教文化探索之路。他的代表作《真理的柱石与确立——东正教神正论的体验（12 封信）》就真实地反映了他本人投入东正教怀抱的整个精神发展的轨迹。

　　长期以来，学界一直把东正教与俄罗斯文论的关系研究，局限在俄罗斯神学家们的有关文学论述中。其实，即便是在科学性极强的形式主义文论中，我们也不难发现东正教思想的深刻影响。巴赫金的"复调小说理论"、乌斯宾斯基的"视点理论"的文化渊源均来自东正教的"聚和性"思想，这一点在本书中已有论及。更何况，以莫斯科—塔尔图符号学派为代表的符号学家们也早已把研究的目标转向了宗教文化符号。任何一个民族的科学研究都是与其自身的精神探索息息相关的。科学研究并不是与宗教信仰相互对立的，或许具有信仰价值的科学探索才是充满激情和超越现实世界的。

　　在当今的俄罗斯社会，也就是在被称为"后苏维埃"的时期，宗教文化运动也如同在白银时代一样，蓬勃兴起，几乎席卷了整个社会的各个角落。上至学界下至民间，东正教信仰几乎成为大多数人的精神支柱，也就是说，宗教转向已经成为俄罗斯社会的全民行为，几乎在俄罗斯的任何一个地方都可以看到东正教教堂。

　　当然，宗教探索可以说一直贯穿人类社会活动的整个过程。然而，为什么宗教文化的热潮总是会出现在俄罗斯的世纪之交呢？为什么每当社会发生重大变革，人们的价值观念发生急剧转型的时候，宗教总会成为人们追逐的目标呢？为什么无论社会怎样变化，而"老面孔"的宗教却能够唤

起不同时代人们的那种同样的热情、执着，甚至狂热呢？

19世纪末至20世纪初，俄罗斯宗教文化运动的浪潮迎来了俄罗斯精神文化复兴的白银时代，而时隔近一个世纪，在20世纪与21世纪之交，由于原有政治信仰的动摇或毁灭，曾经沉没了半个多世纪的宗教意识和民族主义又开始在意识形态领域里重新崛起，并且很快全面渗透社会生活的各个层面。不少思想家、作家、文学评论者已转向宗教，力图完全从宗教研究的角度来解释文学现象，甚至撰写文学史。宗教文化批评在文学论坛上的声势越来越大。大量以宗教为题材的作品蜂拥而出，形成了一股强大的"回归宗教"的热潮。一大批白银时代的宗教哲学家和文艺理论家弗·谢·索洛维约夫、瓦·瓦·罗赞诺夫、谢·尼·特鲁别茨科伊、叶·尼·特鲁别茨科伊、德·谢·梅列日科夫斯基、列夫·舍斯托夫、维·伊凡诺夫、尼·奥·洛斯基、谢·尼·布尔加科夫、尼·亚·别尔嘉耶夫、谢·路·弗兰克、巴·亚·弗洛连斯基等人的思想遗产被重新发掘出来。真理出版社和《哲学问题》杂志先后大量出版了这些理论家的文集。大型文学期刊《世界文学》也以极大的篇幅刊登了他们的作品以及有关评论。

白银时代俄罗斯宗教文化精神开始回归俄罗斯当今社会，并且成为当代俄罗斯文学批评的重要理论支柱之一。持宗教文化批评方法的理论家们大多把宗教意识，即俄罗斯人所信奉的东正教意识，作为认识世界、分析文学创作活动的一种重要认知范式。他们在哲学思想上受到弗·谢·索洛维约夫和德·谢·梅列日科夫斯基等人的影响，大都把尘世的现实社会看作只是彼岸世界的一种反映或者象征，认为文学及其批评的功能在于帮助人们摆脱世俗的羁绊，去接近永恒的彼岸世界。也正是在这一点上，宗教文化批评与象征主义批评是一致的。所不同的是，宗教文化批评直接揭示文学艺术创作活动的宗教底蕴，强调文艺创作活动以宗教活动为目的。

　　当今俄罗斯文学批评界最主要的文艺评论杂志之一《文学问题》编辑部在 1991 年专门就"宗教与文学"问题展开了热烈的讨论。该刊主编德·乌尔诺夫回顾了宗教文化批评在当代社会崛起和发展的过程。他把文艺学界在当代对宗教问题的关注，追溯到 20 世纪 60–70 年代米·布尔加科夫的《大师与玛格丽特》等一批禁书的陆续开禁。随后，由谢·阿韦林采夫在康拉德院士的支持下撰写的有关神学研究论文以及就艾特马托夫小说《断头台》展开的讨论，终于促使宗教问题得到了文艺学界的普遍关注。此后，俄罗斯科学院高尔基世界文学研究所专门举行了关于共产主义信仰与基督教教义之间关系的学术研讨会。天主教作家格雷厄姆·格林参加了此次会议。会议的结论是很明确的："共产主义信仰与基督教教义并非相互对立"。德·乌尔诺夫认为，现在共产主义思想与宗教在俄国仿佛互换了位置，这种境况就像在十月革命前夕东正教教会及其信仰处于崩溃一样。[①]

　　从宗教文化的角度来重新评论俄罗斯经典作家的创作，探讨他们与基督教文化之间的联系，已成为当代宗教文化批评的主要任务。1990 年，莫斯科书籍出版社为迎接普希金诞辰 200 周年，出版了《俄国哲学批评论普希金》（普希金文库之一）一书。此书收集了白银时代几乎所有俄罗斯宗教哲学家关于普希金创作的论述。1992 年，高尔基世界文学研究所在莫斯科主办了题为"普希金与基督教文化"的学术研讨会。瓦·涅波姆尼亚希在开幕词中，把俄罗斯文化之所以形成讲新约戒律语言的文化，归功于普希金，并认为，普希金创作的基础是基督教文化。[②]

　　如果说普希金是 19 世纪俄罗斯文学的奠基人，那么高尔基则无疑

---

① Вопросы литературы, No. 8, 1991.

② Литературная газета, 1992, 11 марта.

是 20 世纪俄罗斯文学的开拓者。1991 年第 2 期的《文学问题》刊登了巴欣斯基的题为《人道主义的逻辑》的文章。文章援引了俄罗斯宗教哲学家德·谢·梅列日科夫斯基对高尔基人道主义思想内在矛盾性的分析。德·谢·梅列日科夫斯基认为，这种矛盾性在于高尔基同时继承了外祖父身上那种"积极的"西方因素和外祖母身上的"顺从的"东方因素。前者主要是从理智上的继承，后者则是在心灵上的相通。高尔基的创作正是这两种因素交织的产物。德·谢·梅列日科夫斯基主张复兴俄罗斯的传统东正教文化和道德，以抵御西欧主义的侵蚀。还有的学者从宗教的角度，把高尔基的《母亲》中的母亲与儿子巴维尔之间的关系看成圣母与圣子的关系。

在声势浩大的"宗教复兴"的"回归"大潮中，不少批评家在宣扬宗教文化批评的同时，力图从理论上彻底否定传统的现实主义批评理论。最有代表性的是伊·康达科夫在《文学问题》上发表的一系列文章。他认为，在 19 世纪俄罗斯文学批评史中，以别林斯基、车尔尼雪夫斯基、杜勃罗留波夫的文学批评，对作家的创作激情采取的是压制、否定和"文学恐怖主义"，特别是杜勃罗留波夫提出的创立"文学中的人民党派"，是一种"精神暴政"，为后来"党的文学"的批评纲领开拓了道路。他指出，与别、车、杜相对立的还有另一条批评路线，其主要代表人物有宗教哲学思想家康·列昂捷耶夫、雅·沃伦斯基、弗·谢·索洛维约夫、德·谢·梅列日科夫斯基，象征主义批评家维·伊凡诺夫、别雷、勃留索夫、勃洛克，唯美主义批评家德鲁日宁、安年科夫，以及瓦·迈科夫、阿·格里戈利耶夫、尼·斯特拉霍夫等。这些批评家勇敢地反对别林斯基后期的专政，对文学艺术采取保护态度。康达科夫认为，以别、车、杜为代表的民主主义美学为了社会平等和正义，就牺牲艺术，它把艺术变成一种"社会宣传工具"，变成"政治的奴仆"；而与其相悖的保守主义美学则为了艺术审美的多样性，牺牲掉许多政治和道德因素。①

在理论界这样的"拨乱反正"的背景下，从根本上重写文学史和批评史的任务被提了出来。1995 年，俄罗斯联邦高等教育委员会和国立彼得罗扎沃茨克大学联合出版了由叶萨乌洛夫撰写的《俄罗斯文学中的聚和性》。这本书后来成为不少高校的俄罗斯文学史的教学参考书。著者完全从宗教的角度研究了俄罗斯文学史的发展。他主要探讨了《伊戈尔远征记》与东正教的关系、普希金诗学中的宗教因素、果戈理笔下的圣徒形象、托尔斯泰的宗教思想等等。

宗教文化批评的重新崛起确实始于 20 世纪 80 年代末 90 年代初的当代俄罗斯文坛，并逐渐成为当代俄罗斯文学批评的重要理论支柱之一。然而"宗教文化的复兴"却并不只是要解决一些文艺创作和文艺批评范围内的问题，而且更重要的是要坚持俄罗斯民族精神和民族文化传统，重新审视俄罗斯文化遗产，力图"回归"斯拉夫主义、象征主义、宗教哲学中去，并寻找到理论依据，以建立起能与西方文化影响相抗衡的理论体系。

---

① Вопросы литературы, No. 7. 1991; No. 2. 1992; No. 6. 1993.

参考文献

一、中文

1. [俄] M.M.巴赫金:《陀思妥耶夫斯基诗学问题》,载《巴赫金全集》第5卷,白春仁、顾亚玲译,石家庄:河北教育出版社,2009年。

2. [俄] H.A.别尔嘉耶夫:《俄罗斯思想》,雷永生等译,北京:生活·读书·新知三联书店,1995年。

3. [俄] H.A.别尔嘉耶夫:《精神与实在》,张百春译,北京:中国城市出版社,2002年。

4. [俄] H.A.别尔嘉耶夫:《精神王国与恺撒王国》,安启念、周靖波译,杭州:浙江人民出版社,2000年。

5. [俄] H.A.别尔嘉耶夫:《论人的使命——悖论伦理学体验》,张百春译,上海:学林出版社,2000年。

6. [俄] H.A.别尔嘉耶夫:《陀思妥耶夫斯基的世界观》,耿海英译,桂林:广西师范大学出版社,2008年。

7. [俄] H.A.别尔嘉耶夫:《人的奴役与自由》,徐黎明译,贵阳:贵州人民出版社,1994年。

8. [俄] H.A.别尔嘉耶夫:《自我认识》,雷永生译,桂林:广西师范大学出版社,2001年。

9. [俄] В.Н. 波鲁斯：《俄罗斯哲学与欧洲文化的危机》，张百春译，合肥：安徽大学出版社，2017年。

10. [俄] С.Н. 布尔加科夫：《东正教——教会学说概要》，徐凤林译，北京：商务印书馆，2001年。

11. [俄] В.Г. 别林斯基：《别林斯基文学论文选》，满涛、辛未艾译，上海：上海译文出版社，1999年。

12. [美] 伯克富·路易斯（Louis Berkhof）：《基督教教义史》，赵中辉译，北京：宗教文化出版社，2000年。

13. 曹靖华主编：《俄苏文学史》，郑州：河南教育出版社，1992年。

14. 陈燊主编：《陀思妥耶夫斯基全集》（22卷），石家庄：河北教育出版社，2010年。

15. 戴桂菊：《俄国东正教会改革（1861-1917）》，北京：社会科学文献出版社，2002年。

16. 俄罗斯科学院高尔基世界文学研究所：《俄罗斯白银时代文学史》（4卷），谷雨等译，兰州：敦煌文艺出版社，2006年。

17. 方珊主编：《思辨与启示》（《舍斯托夫文集》第5卷），张百春、张杰等译，上海：上海人民出版社，2005年。

18. [俄] С.Л. 弗兰克：《上帝与人》，董友译，载《20世纪西方宗教哲学文选》（上卷），刘小枫主编，上海：上海三联书店，1991年。

19. [俄] С.Л. 弗兰克：《生命的意义》，载《俄国知识人与精神偶像》，徐凤林译，上海：学林出版社，1999年。

20. [俄] С.Л. 弗兰克：《实在与人》，李昭时译，杭州：浙江人民出版社，2000年。

21. [俄] С.Л. 弗兰克：《虚无主义的伦理学》，徐凤林译，载《俄国知识人与精神偶像》，上海：学林出版社，1999 年。

22. [苏] Г.М. 弗里德连杰尔:《陀思妥耶夫斯基的现实主义》，陆人豪译，合肥：安徽文艺出版社，1994 年。

23. [苏] Г.М. 弗里德连杰尔:《陀思妥耶夫斯基与世界文学》，施元译，上海：上海译文出版社，1997 年。

24. [俄] Г.В. 弗洛罗夫斯基:《俄罗斯宗教哲学之路》，吴安迪等译，上海：上海人民出版社，2006 年。

25. [俄] А.М. 高尔基:《高尔基论文学》(续集)，冰夷、满涛、孟昌、缪灵珠、戈宝权、曹葆华译，北京：人民文学出版社，1979 年。

26. [俄] А.М. 高尔基:《高尔基文集》(20 卷)，靖宏等译，北京：人民文学出版社，2015 年。

27. [俄] Т.С. 格奥尔吉耶娃:《文化与信仰：俄罗斯文化与东正教》，焦东建、董茉莉译，北京：华夏出版社，2012 年。

28. [苏] Л.П. 格罗斯曼:《陀思妥耶夫斯基传》，王健夫译，北京：外国文学出版社，1987 年。

29. [苏] А.Ф. 古雷加:《俄罗斯思想及其缔造者们》，郑振东译，南京：南京大学出版社，2018 年。

30. 郭小丽:《俄罗斯的弥赛亚意识》，北京：人民出版社，2009 年。

31. [德] 黑塞 (Hermann Hesse) 等:《陀思妥耶夫斯基的上帝》，斯人等译，北京：社会科学文献出版社，1999 年。

32. [苏] Ю.Ф. 赫克:《俄国革命前后的宗教》，高骅等译，上海：学林出版社，1999 年。

33. [德] G. W. F. 黑格尔:《历史哲学》，王造石译，上海：上海书店出版社，2001 年。

34. [苏] И.А.克雷维列夫，《宗教史》（上、下），乐峰等译，北京：中国社会科学出版社，1984 年。

35. [英] 加德纳·海伦 (Helen Gardner)：《宗教与文学》，沈弘等译，成都：四川人民出版社，1998 年。

36. 季明举：《斯拉夫主义的文艺理论和文化批评》，北京：中国社会科学出版社，2015 年。

37. 蒋孔阳、朱立元主编：《西方美学通史》（7 卷），上海：上海文艺出版社，1999 年。

38. [俄] B.B.津科夫斯基：《俄国哲学史》（上下），张冰译，北京：人民出版社，2013 年。

39. 金亚娜：《充盈的虚无：俄罗斯文学中的宗教意识》，北京：人民文学出版社，2003 年。

40. [德] 劳特·莱因哈德（ Reinhard Lauth)：《陀思妥耶夫斯基哲学：系统论述》，沈真等译，北京：东方出版社，1996 年。

41. 乐峰主编：《俄国宗教史》（上下），北京：社会科学文献出版社，2008 年。

42. 林精华主编：《西方视野中的白银时代》，北京：东方出版社，2001 年。

43. 刘建军：《基督教文化与西方文学传统》，北京：北京大学出版社，2005 年。

44. 刘锟：《东正教精神与俄罗斯文学》，北京：人民文学出版社，2009 年。

45. 刘宁主编：《俄国文学批评史》，上海：上海译文出版社，1999 年。

46. 刘小枫主编：《20 世纪西方宗教哲学》（上、中、下），杨德友、董友等译，上海：上海三联书店，1991 年。

47. [俄] A.B.卢那察尔斯基,《论俄罗斯古典作家》,蒋路译,北京：人民文学出版社,1958 年。

48. [俄] A.B.卢那察尔斯基：《论文学》,蒋路译,北京：人民文学出版社,1978 年。

49. [俄] H.O.洛斯基：《俄国哲学史》,贾泽林等译,杭州：浙江人民出版社,1999 年。

50. [俄] B.B.罗赞诺夫：《陀思妥耶夫斯基的"大法官"》,张百春译,北京：华夏出版社,2002 年。

51. [俄] B.B.罗扎诺夫：《陀思妥耶夫斯基启示录——罗扎诺夫文选》,田全金译,上海：华东师范大学出版社,2013 年。

52. [英] 麦格拉思（Alister McGrath）编：《基督教文学经典选读》（上、下）,苏欲晓等译,北京大学出版社,2004 年。

53. [俄] Д.C.梅列日科夫斯基：《路德与加尔文》,杨德友译,上海：学林出版社,1998 年。

54. [苏] H.M.尼科利斯基：《俄国教会史》,丁士超等译。北京：商务印书馆,2000 年。

55. [苏] C.A.尼克利斯基：《俄罗斯文学的哲学阐释》,张百春译,合肥：安徽大学出版社,2017 年。

56. [法] 布莱兹·帕斯卡尔（Blaise Pascal）：《思想录》,何兆武译,北京：商务印书馆,1987 年。

57. [俄] Б.И.普鲁日宁、Т.Г.谢德琳娜：《认识论与俄罗斯哲学》,张百春译,合肥：安徽大学出版社,2017 年。

58. 任光宣：《俄国文学与宗教：基辅罗斯——十九世纪俄国文学》,北京：世界图书出版公司,1995 年。

59. 任光宣等:《俄罗斯文学的神性传统:20 世纪俄罗斯文学与基督教》,北京:北京大学出版社,2009 年。

60. [美] 爱德华·萨丕尔(Edward Sapir):《萨丕尔论语言、文化与人格》,高一虹等译,北京:商务印书馆,2011 年。

61. [俄] В.Б. 什克洛夫斯基:《陀思妥耶夫斯基》,载《陀思妥耶夫斯基的上帝》,北京:社会科学文献出版社,1994 年。

62. [俄] Л. И. 舍斯托夫:《开端与终结》,方珊译,昆明:云南人民出版社,1998 年。

63. [俄] Л. И. 舍斯托夫:《纪念伟大的哲学家爱德曼·胡塞尔》,谭湘凤译,载《哲学译丛》,1963 年第 10 期。

64. [俄] Л. И. 舍斯托夫:《旷野呼告》,方珊、李勤译,北京:华夏出版社,1999 年。

65. [俄] Л. И. 舍斯托夫:《陀思妥耶夫斯基与尼采——悲剧的哲学》,张杰译,北京:商务印书馆,2019 年。

66. [俄] Л. И. 舍斯托夫:《雅典与耶路撒冷》,徐凤林译,杭州:浙江人民出版社,2000 年。

67. [俄] Л. И. 舍斯托夫:《在约伯的天平上》,董友等译,北京:三联书店,1992 年。

68. [俄] В.С. 索洛维约夫等:《俄罗斯思想》,贾泽林等译,杭州:浙江人民出版社,2000 年。

69. [俄] В.С. 索洛维约夫:《俄罗斯与欧洲》,徐凤林译,石家庄:河北教育出版社,2002 年。

70. [俄] В.С. 索洛维约夫等:《精神领袖:俄罗斯思想家论陀思妥耶夫斯基》,徐振亚等译,上海:上海译文出版社,2009 年。

71. ［俄］B.C.索洛维约夫：《西方哲学的危机》，李树柏译，杭州：浙江人民出版社，2000年。

72. ［俄］C.B.特洛依茨基：《基督教的婚姻哲学》，吴安迪译，石家庄：河北教育出版社，2002年。

73. ［俄］Ф.M.陀思妥耶夫斯基：《陀思妥耶夫斯基论艺术》，冯增义、徐振亚译，桂林：漓江出版社，1988年。

74. 王志耕：《宗教文化语境下的陀思妥耶夫斯基诗学》，北京：北京师范大学出版社，2003年。

75. 王志耕：《圣愚之维：俄罗斯文学经典的一种文化阐释》，北京：北京大学出版社，2013年。

76. 吴琼：《永不磨灭的灵魂——寻觅与超越：罗赞诺夫的文学批评研究》，黑龙江大学博士学位论文，2014年。

77. 徐凤林编：《俄国哲学》，北京：商务印书馆，2013年。

78. 徐凤林：《俄罗斯宗教哲学》，北京：北京大学出版社，2006年。

79. 徐凤林：《索洛维约夫》，台北：台湾东大图书公司，1995年。

80. 徐凤林：《索洛维约夫哲学》，北京：商务印书馆，2007年。

81. ［俄］Π. H.叶夫多基莫夫：《俄罗斯思想中的基督》，杨德友译，上海：学林出版社，1999年。

82. ［英］以赛亚·伯林（Isaiah Berlin）:《俄国思想家》，彭淮栋译，台北：联经出版事业公司，1987年。

83. 张百春：《当代东正教神学思想——俄罗斯东正教神学》，上海：上海三联书店，2000年。

84. 张杰、汪介之：《20世纪俄罗斯文学批评史》，南京：译林出版社，2000年。

85. 张杰等:《20 世纪俄苏文学批评理论史》,北京:北京大学出版社,2017 年。

86. 张杰:《复调小说理论研究》,桂林:漓江出版社,1992 年。

87. 张杰:《走向真理的探索——白银时代俄罗斯宗教文化批评理论研究》,北京:北京大学出版社,2012 年。

88. 张羽:《高尔基的造神论观点研究》,载《张羽文集》,南京:河海大学出版社,2014 年。

89. 张志刚:《走向神圣——现代宗教学的问题与方法》,北京:人民出版社,1995 年。

90. 赵桂莲:《漂泊的灵魂:陀思妥耶夫斯基与俄罗斯传统文化》,北京:北京大学出版社,2002 年。

91. 中国社会科学院外国文学研究所《世界文论》编辑委员会:《陀思妥耶夫斯基的上帝》,北京:社会科学文献出版社,1994 年。

92. 任继愈主编:《宗教词典》,上海:上海辞书出版社,1981 年。

二、俄文

93. *Бахтин М. М.* Литературно-критические статьи. М.: Изд. «Художественная литература », 1986.

94. *Бахтин М. М.* Проблемы поэтики Достоевского. М.: Изд. «Советская Россия», 1979.

95. *Бахтин М. М.* Творчество Франсуа Рабле и народная культура средневековья и Ренессанса. М.: Изд. «Художенственная литература», 1990.

96. *Бердяев Н. А.* Духовный кризис интеллигенции. М.: Изд. «Канон+», 1986.

97. *Бердяев Н. А.* Душа России. М.: Изд. «Товарищество И. Д. Сытина», 1915.

98. *Бердяев Н. А.* Истоки и смысл русского коммунизма. М.: Изд. «Наука», 1990.

99. *Бердяев Н. А.* Миросозерцание Достоевского // Творчество, культура и художественная философия. Т. 2. М.: Изд. «Искусство», 1994.

100. *Бердяев Н. А.* О рабстве и свободе. М.: Изд. «АСТ», 2010.

101. *Бердяев Н. А.* Русская идея. Основные проблемы русской мысли XIX века и начала XX века // Русская идея. Т. 2. М.: Изд. «Искусства»,1994.

102. *Бердяев Н. А.* Смысл творчества // Творчество, культура и художественная философия. Т. 1. М.: Изд. «Искусство», 1994.

103. *Бердяев Н. А.* Судьба России. М.: Изд. «Философское общество СССР», 1990.

104. *Бердяев Н. А.* Трагедия и обыденность // Творчество, культура и художественная философия. Т. 2. М.: Изд. «Искусство», 1994.

105. *Бердяев Н. А.* Философия творчества, культуры, искусства. В 2 т. М.: Изд. «Искусство», 1994.

106. *Булгаков С. Н.* Свет Невечерний. Созерцания и умозрения. М.: Изд. «Республика», 1994.

107. *Булгаков С. Н.* Сочинения. В 2 т. М.: Изд. «Наука», 1993.

108. *Булгаков С. Н.* Тихие думы. М.: Изд. «Республика», 1996.

109. *Буббайер Ф. С.* Л. Франк: жизнь и творчество русского философа. 1877–1950. М.: РОССПЭН, 2001.

110. *Бурлака Д. К.* Православие: PRO ET CONTRA. СПб.: Изд. Русского Христианского гуманитарного института, 2001.

111. *Вадимов А.* Бердяев Н. А. О религиозном значении Льва Толстого. Публикация А. Вадимова // Вопросы литературы, 1989, № 4. С. 269–274.

112. *Гоготишвили Л. А. и Гуревич П. С.* (отв. ред.). М. М. Бахтин как философ. М.: Наука, 1992.

113. *Горичева Т. М.* Православие и постмодернизм. Л.: ЛГУ, 1991.

114. *Гайденко П. П.* Владимир Соловьёв и философия Серебряного века. М.: Изд. «Прогресс-Традиция», 2001.

115. *Горелов А. А.* А. С. Хомяков: учение о соборности и русская община // Культура и общество, 2017, № 2. С. 78–97.

116. *Дунаев М. М.* Православие и Русская литература в 6-ти частях. Издание второе, исправленное, дополненное. М.: Изд. «Христианская литература», 2001–2004.

117. *Дунаев М. М.* Вера в горниле сомнений. М.: Изд. «Православная Художественная литература», 2019.

118. *Есаулов И. А.* Категория соборности в русской литературе. Петрозаводск.: Изд-во Петрозавод ун-та, 1995.

119. *Есаулов И. А.* Пасхальность русской словесности. М.: Кругъ, 2004.

120. *Есаулов И. А.* Русская классика: новое понимание. Издание третье, исправленное, дополненное. СПб.: Изд. РХГА, 2017.

121. *Есаулов И. А., Сытиная Ю. Н., Тарасов Б. Н.* Русская классическая литература в мировом культурно-историческом контексте. М.: «ИНДРИК», 2017.

122. *Зеньковский В. В.* История русской философии. В 2 m. М.: Изд. «Академический проект : Раритет», 2001.

123. *Зеньковский В. В.* Русские мыслители и Европа : критика европейской культуры у русских мыслителей. М.: Изд. «Республика», 1997.

124. *Иванов В. И.* Легион и соборность(1916) // Родное и вселенское. Москва: Изд. «Республика», 1994.

125. *Иванов В. И.* Собрание сочинений Вяч. Иванова. В 2 m. Брюссель: Изд. « FOYER ORIENTAL CHRETIEN», 1971.

126. *Ильин Н. П.* Трагедия русской философии. М.: Айрис-Пресс, 2008.

127. *Институт Русской Литературы АН СССР.* Творчество Ф. М. Достоевского. М.: Изд. Академии наук СССР, 1959.

128. *Институт философии АН СССР.* История эстетической мысли. В 5 т. М.: Изд. «Искусство», 1990.

129. *Кантор В. К.* Феномен русского европейца. Культурфилософские очерки. М.: МНФ Изд. центр науч. и учеб. прогр., 1999.

130. *Катков М. Н.* Идеология охранительства. М.: Институт русской цивилизации, 2009.

131. *Катков М. Н.* Собрание сочинений. В 6 т. СПб.: Росток, 2010–2012.

132. *Келдыш В. А.* Русский реализм начала XX века. М.: Наука, 1975.

133. *Киреевский И. В.* Критика и эстетика. М.: Изд. «Исскуство», 1998.

134. *Колесов В. В.* Жизнь происходит от слова. СПб.: Златоуст, 1999.

135. *Котельников В. А.* (отв. ред.) Христианство и русская литература: сборник статей в 8 т. СПб.: Наука, 1994–2016.

136. *Коул М. Д., Скрибнер С.* Культура и мышление. Психологический очерк. М.: Изд. «Прогресс», 1977.

137. *Кузнецов Ф. Ф.* Русская литература XX века. В 2 т. М.: Изд. «Просвещение», 1993.

138. *Кулешов В. И.* История русской критики XVIII–начала XX веков : учебник. 4-е изд., дораб. М.: Просвещение, 1991.

139. *Кулешов В. И.* Русская литература XIX века и христианство, под редакцией В. И. Кулешова. М.: МГУ, 1997.

140. *Левин Ш. М.* Очерки по истории русской общественной мысли: вторая половина XIX -начало XX века. Л.: Прибой, 1974.

141. *Леонтьев К. Н.* Полное собрание сочинений и писем в двенадцати томах. СПб.: Владимир Даль, 2000–2017.

142. *Лермонтов М. Ю.* Герой нашего времени. СПб.: Азбука-классика, 2009.

143. *Лифшиц М. А.* Проблема Достоевского (разговор с чёртом). М.: Академический Проект, 2013.

144. *Лихачев Д. С.* Избранное: мысли о жизни, истории, культуре. Москва: РФК, 2006 (М.: Типография «Наука» РАН).

145. *Лихачев Д. С.* Очерки по философии художественного творчества. СПб.: Русско-Балтийский информационный центр, 1999.

146. *Лихачев Д. С.* Раздумья о России. СПб.: Изд. «LOGOS», 1999.

147. *Лосев А. Ф.* Бытие. Имя. Космос. М.: Изд. «Мысль», 1993.

148. *Лосев А. Ф.* Владимир Соловьев и его время. М.: Изд. «Молодая гвардия», 2000.

149. *Лосев А. Ф.* Миф. Число. Сущность. М.: Изд. «Мысль»,1994.

150. *Лосев А. Ф.* Очерки античного символизма и мифологии. М.: Изд. «Мысль»,1993.

151. *Лосев А. Ф.* Форма. Стиль. Выражение. М.: Изд. «Мысль», 1995.

152. *Лосский Н. О.* Воспоминания. Жизнь и философский путь. СПБ.: Изд. «С.-Петербургский университет», 1994.

153. *Лосский Н. О.* Бог и мировое зло. Москва: Изд. «Республика», 1994.

154. *Лосский Н. О.* Избранное. М.: Изд. «Правда», 1991.

155. *Лосский Н. О.* История русской философии. Москва: Изд. «Советский писатель», 1991.

156. *Лосский Н. О.* Чувственная, интеллектуальная и мистическая интуиция. Москва: Изд. «Республика», 1995.

157. *Лотман Ю. М.* Беседы о русской культуре: Быт и традиции русского дворянства (ⅩⅧ -начало ⅩⅨ века). СПб.: Искусство, 1994.

158. *Лотман Ю. М.* Внутри мыслящих миров // Семиосфера. СПб.: Искусство-СПБ, 2000.

159. *Лотман Ю. М., Иванов Вяч. Вс., Пятигорский А. М., Топоров В. Н. И Успенский Б. А.* Тезисы к семиотическому изучению культур (в применении к славянским текстам) // Семиосфера. СПб.: Искусство-СПБ, 2001.

160. *Лотман Ю. М.* Культура как коллективный интеллект и проблемы искусственного разума // Семиосфера. СПб.: Искусство-СПБ, 2000.

161. *Лотман Ю. М.* Наследие Бахтина и актуальные проблемы семиотики // История и типология русской культуры. СПб.: Искусство-СПБ, 2002.

162. *Лотман Ю. М.* Семиотика культуры в тартуско-московской семиотической школе // Лотман Ю. М. История и типология русской культуры. СПб.: Искусство-СПБ, 2002.

163. *Лотман Ю. М.* Семиотика культуры и понятие текста // Избранные статьи в трех томах, Т. 1. Таллин: Александра,1992.

164. *Лотман Ю. М.* Статьи по семиотике и топологии культуры // Избранные статьи в трех томах, Т. 1. Таллин: Александра, 1992.

165. *Лотман Ю. М.* Структура художественного текста // Об искусстве. СПб.: Искусство-СПБ, 1998.

166. *Мережковский Д. С.* Грядущий хам. // Мережковский Д. С.

Больная Россия. Л.: Изд. «ЛГУ», 1991.

167. *Мережковский Д. С.* О причинах упадка и новых течениях современной русской литературы. СПб.: Изд. «типо-лит. Б. М. Вольфа», 1893.

168. *Мережковский Д. С.* Реформаторы: Люрер, Кальвин, Паскаль. Томск: Изд. «Водолей: Сотников», 1999.

169. *Миненков Г. Я.* Соборность // Новейший филосовский словарь. Сост. Грицанов А. А. Минск: Изд. В. М. Скакун, 1998.

170. *Мочульский К. В.* Владимир Соловьев. Жизнь и учение. Т. 1. Детство и отрочество (1853–1869). Париж: УМСА-Press, 1936.

171. *Мочульский К. В.* Владимир Соловьев. Жизнь и учение. Т. 2. Студенческие годы. Религиозное обращение (1869–1874). Париж: УМСА-Press, 1936.

172. *Мочульский К. В.* Гоголь. Соловьев. Достоевский. М.: Изд. «Республика», 1995.

173. *Нива Ж. и др.* История русской литературы, XX века: Серебряный век. М.: Издательская группа «Прогресс»-«Литера», 1994.

174. *Прозоров В. В.* История русской литературной критики: учебник для студентов вузов. М.: Высшая школа, 2002.

175. *Розанов В. В.* О писательстве и писателях. М.: Изд. «Республика», 1995.

176. *Розанов В. В.* Сочинения. В 2 m. М.: Изд. «Правда»,1990.

177. *Розанов В. В.* Среди художников. М.: Изд. «Республика», 1994.

178. *Соколов А. Г.* История русской литературы 19 века и начала 20 века. М.: Изд. «Высшая школа», 1988.

179. *Соловьев В. С.* Сочинения. В 2 m. М.: Мысль, 1988–1990.

180. *Столович Л. Н.* История русской философии. М.: Изд. «Республика», 2005.

181. *Столович Л. Н.* Красота. Добро. Истина. М.:Изд. «Республика», 1994.

182. *Тамарченко Н. Д.* Теоретическая поэтика. М.:«Академия», 2004.

183. *Топоров В. Н.* Первый век христианства на Руси // Святость и святые в русской духовной культуре. Т. 1. М.: «ГНОЗИС», 1995.

184. *Топоров В. Н.* Три века христианства на Руси(XII -XIVвв.) // Святость и святые в русской духовной культуре Т. 2. М.: «ГНОЗИС», 1998.

185. *Трубецкой Е. Н.* Избранное. М.: Изд. «Канон», 1995.

186. *Трубецкой С. Е.* Минувшее. М.: Изд. «ДЭМ», 1991.

187. *Успенский Б. А.* Гентский алтарь Яна ван Эйка: композиция произведения. Божественная и человеческая перспектива. М.: «Индрик», 2009.

188. *Успенский Б. А.* Избранные труды, Т. 1: Семиотика истории; семиотика культуры. М.: «ГНОЗИС», 1994. // Изд. 2-е, испр. и переработ. М.: Школа «Языки русской культуры», 1996.

189. *Успенский Б. А.* Избранные труды, Т. 2: Язык и культура. М.:«ГНОЗИС», 1994. // Изд. 2-е, испр. и переработ. М.: Школа «Языки русской культуры», 1996.

190. *Успенский Б. А.* Крестное знамение и сакральное пространство. М.:«Языки славянской культуры», 2004.

191. *Успенский Б. А.* Поэтика композиции: Структура художественного текста и типология композиционной формы. М.: «Искусство», 1970. // Поэтика композиции. СПб.: «Азбука», 2000.

192. *Успенский Б. А.* Семиотика искусства: Поэтика композиции, Семиотика иконы, Статьи об искусстве. М.: Школа «Языки русской культуры», 1995. // М.: «Языки славянской культуры», 2005.

193. *Успенский Б. А.* Цаль и патриарх (Византийская модель и её русское переосмысление). М.: Школа «Языки русской культуры», 1998.

194. *Флоренский П. А.* Столп и утверждение истины // П. А. Флоренский. Т. 1. М.: Изд. «Правда»,1990.

195. *Флоренский П. А.* У водоразделов мысли // П. А. Флоренский. Т. 2. М.: Изд. «Правда», 1990.

196. *Флоровский Г. В.* Догмат и история. М.: Изд. Свято-Владимирского Братства,1998.

197. *Флоровский Г. В.* Из прошлого русской мысли: Сборник статей. М.: Аграф, 1998.

198. *Флоровский Г. В.* Пути русского богословия. 4-е издание. Киев: Путь к истине, 1991.

199. *Франк С. Л.* Свет во тьме. Опыт христианской этики и социальной философии. Париж: YMCA-Press,1949.

200. *Хомяков А. С.* Письмо к редактору «L'Union Chretienne» о значении слов «кафолический» и «соборный» по поводу речи отца

Гагарина, иезуита // Полное собрание сочинений в 8 m. Т. 2. М.: Университетская типография, 1886–1906.

201. *Шалыгина О. В.* Проблема композиции поэтической прозы (А. П. Чехов-А. Белый-Б. Л. Пастернак). М.: ООО «Образование 3000», 2008.

202. *Шанский Н. М., Боброва Т. А.* Этимологический словарь русского языка. М.: Прозерпина, 1994.

203. *Шестов Л. И.* Сочинения. В 2 m. М.: Изд. «Наука»,1993.

204. *Шкловский В. Б.* Собрание сочинений. В 3 m. М.: Изд. «Художественная литература», 1973–1974.

205. *Щербина В. Р.* (ред.) Ф. М. Достоевский. Новые материалы и исследования // Литературное наследство. Том 86. М.: Наука, 1973.

附 录

附录一 主要批评理论家及其论著中外文对照表

（按本书论述的先后顺序）①

弗拉基米尔 · 谢尔盖耶维奇 · 索洛维约夫

（**Владимир Сергеевич Соловьев**，1853–1900）

《西方哲学的危机：反对实证主义者》

Кризис западной философии（против позитивистов）

《完整知识的哲学原理》

Философские начала цельного знания

《神人论讲义》（《神人类讲座》的讲稿）

Чтения о Богочеловечестве

《抽象原理批判》

Критика отвлеченных начал

《生命的精神基础》

Духовные основы жизни

---

① 本对照表中所涉及的批评理论家排列秩序为：先专门章节论述的，后本书涉及的。专门论述的理论家按照专节的先后秩序排列。

《大争论与基督教政治》

Великий спор и христианская политика

《神权政治的历史与未来》

История и будущность теократии

《俄罗斯与宇宙教会》

Россия и Вселенская церковь

《爱的意义》

Смысл любви

《善的证明》

Оправдание добра

《上帝概念（维护斯宾诺莎哲学）》

Понятие о Боге（в защиту философии Спинозы）

《自然的美》

Красота в природе

《艺术的共性思维》

Общий смысл искусства

《关于战争、进步，和世界历史终结的三次对话》

Три разговора о войне, прогрессе и конце всемирной истории

尼古拉·亚历山大诺维奇·别尔嘉耶夫

（ Николай Александрович Бердяев，1874–1948 ）

《社会哲学中的主观主义和个人主义》

Субьективизм и индивидуализм в общественной философии

《为唯心主义而斗争》

Борьба за идеализм

《哲学的真理与知识分子的真理》

Философская истина и интеллигентская правда

《自由哲学》

Философия свободы

《创造的意义》

Смысл творчества

《俄罗斯命运》

Судьба России

《陀思妥耶夫斯基的世界观》

Миросозерцание Достоевского

《新的中世纪》

Новое средневековье

《文艺复兴的终结与人道主义的危机》

Конец Ренессанса и кризис гуманизма

《不平等哲学》

Философия неравенства

《新的中世纪——关于俄罗斯与欧洲命运的沉思》

Новое средневековье: Размышления о судьбе России и Европы

《20世纪初俄罗斯的精神复兴与杂志〈路〉》

Русский духовный ренессанс начала XX в. и журнал "Путь"

《俄国共产主义的起源与意义》

Истоки и смысл русского коммунизма

《俄罗斯思想——19世纪与20世纪初俄罗斯思想的基本问题》

Русская идея: основные проблемы русской мысли XIX века и начала XX века

《自我认识——哲学自传试作》

Самопознание. Опыт философской автобиографии

谢苗·路德维果维奇·弗兰克

（Семен Людвигович Франк，1877–1950）

《马克思的价值论及其意义》

Теория ценности Маркса и ее значение

《尼采和"爱远人的伦理学"》

Фр. Ницше и этика «любви к дальнему»

《虚无主义伦理学》

Этика нигилизма

《知识的对象》

Предмет знания

《人的灵魂——哲学心理学导论》

Душа человека. Опыт введения в философскую психологию

《活知识》

Живое знание

《偶像的毁灭》

Крушение кумиров

《生命的意义》

Смысл жизни

《马克思主义原理》

Основы марксизма

《社会的精神基础——社会哲学导论》

Духовные основы общества. Введение в социальную философию

《不可知物——宗教哲学的本体论导论》

Непостижимое. Онтологическое введение в философию религии

《实在与人》

Реальность и человек

《黑暗之光——基督教伦理与社会哲学的经验》

Свет во тьме. Опыт христианской этики и социальной философии

《上帝和我们在一起》

С нами Бог

谢尔盖·尼古拉耶维奇·特鲁别茨科伊

(Сергей Николаевич Трубецкий，1862–1905)

《古希腊的形而上学》

Метафизика в Древней Греции

《逻各斯学说及其历史》

Учение о Логосе в его истории

《论人类意识的本质》

О природе человеческого сознания

《唯心主义的基础》

Основания идеализма

叶甫盖尼·尼古拉耶维奇·特鲁别茨科伊

（**Евгений Николаевич Трубецкий**, 1863–1920）

《尼采哲学批评纲要》

Критический очерк о философии Ницше

《法哲学的历史》

История философии права

《柏拉图的社会乌托邦》

Социальная утопия Платона

《法学百科全书》

Энциклопедия права

《弗·谢·索洛维约夫的世界观》

Миросозерцание Вл. С. Соловьева

《颜色中的理性：古代俄罗斯圣像绘画中关于生命的意义问题》

Умозрение в красках. Вопрос о смысле жизни в древнерусской
религиозной живописи.

《古代俄罗斯圣像画术中的两个世界》

Два мира в древнерусской иконописи

《认识的形而上学前提——论对康德和康德主义的克服》

Метафизические предположения познания. Опыт преодоления
Канта и кантианства

《圣像中的俄罗斯》

Россия в ее иконе

《生命的意义》

Смысл жизни

德米特里·谢尔盖耶维奇·梅列日科夫斯基

（Дмитри Сергеевич Мережковский，1865–1941）

《论现代俄罗斯文学衰落的原因与若干新流派》

О причинах упадка и новых течениях современной русской литературы

《基督与反基督者》

Христос и Антихрист

《列夫·托尔斯泰与陀思妥耶夫斯基——生活与创作》

Л. Толстой и Достоевский. Жизнь и творчества

《果戈理与魔鬼》

Гоголь и чёрт

《俄国革命的先知——纪念陀思妥耶夫斯基》

Пророк русской революции. К юбилею Достоевского

《未来的卑鄙小人》

Грядущий хам

《不是和平，而是纷争——基督教的未来批判》

Не мир, но меч. К будущей критике христианства

《在寂静的深渊里》

В тихом омуте

《米·尤·莱蒙托夫——超人诗人》

М. Ю. Лермонтов. Поэт сверхчеловечества

《病态的俄罗斯》

Больная Россия

《别林斯基遗训——俄罗斯知识分子的宗教性和社会性》

Завет Белинского. Религиозность и общественность русской

интеллигенции

《俄罗斯诗歌的两种奥秘——涅克拉索夫与丘特切夫》

Две тайны русской поэзии. Некрасов и Тютчев

《反基督者的王国》

Царство Антихриста

《诸神的诞生——克里特岛上的图坦卡蒙》

Рождение богов. Тутанкамон на Крите

《三的秘密——埃及与巴比伦》

Тайна Трёх. Египет и Вавилон

《西方的秘密——大西洲岛和欧洲》

Тайна запада. Атлантида–Европа

《未知者耶稣》

Исус Неизвестный

维亚切斯拉夫·伊凡诺维奇·伊凡诺夫

（Вячеслав Иванович Иванов，1866–1949）

《引航的星斗》

Кормчие звезды

《通体清澈》

Прозрачность

《古希腊的拜受难神教》

Эллинская религия страдающего бога

《尼采与狄奥尼索斯》

Ницше и Дионис

《雅典娜之矛》

Копье Афина

《狄奥尼索斯宗教》

Религия Диониса

《个人主义的危机》

Кризис индивидулизма

《愤怒之年》

Година гнева

《温馨的秘密》

Нежная тайна

《当代象征主义的两大本原》

Две стихии в современном символизме

《论俄罗斯思想》

О русской идее

《面向群星：文章与箴言》

По звездам: ст. и афоризмы

《陀思妥耶夫斯基与悲剧式小说》

Достоевский и роман-трагедия

《弗·索洛维约夫的宗教事业》

Религиозное дело Владимира Соловьева

《列夫·托尔斯泰与文化》

Лев Толстой и культура

《美学与信仰》

Эстетика и исповедания

《垄沟与阡陌》

Борозды и межи

《象征主义的遗训》

Заветы символизма

《关于象征主义的沉思》

Мысли о символизме

《论艺术的界限》

О границах искусства

《祖国的与世界的》

Родное и вселенское

《俄罗斯的面貌与面具——陀思妥耶夫斯基思想体系研究》

Лик и личины России. К исследованию идеологии Достоевского

《俄罗斯灵魂的两种形式》

Два лада русской души

《两地书简》

Переписка из двух углов

《狄奥尼索斯与原初的狄奥尼索斯崇拜》

Дионис и прадионисийство

《陀思妥耶夫斯基：悲剧—神话—神秘论》

Достоевский. Трагдия—Миф—Мистика

《黄昏的光》

Свет вечерний

阿纳托里·瓦西里耶维奇·卢那察尔斯基

（Анатоний Васильевич Луначарский，1875–1933）

《俄国的浮士德》

Русский Фауст

《艺术家总论与艺术家专论》

О художнике вообще и о некоторых художниках в частности

《实证美学概述》

Очерк позитивной эстетики

《马克思主义与美学——关于艺术的对话》

Марксизм и эстетика. Диалог об искусстве

《社会民主主义艺术创作的任务》

Задачи социа-демократического художественного творчества

《革命与艺术》

Революция и искусство

《列宁与艺术》

Ленин и искусство

《亚·谢·格利鲍耶陀夫》

А. С. Грибоедов

《亚历山大·谢尔盖耶维奇·普希金》

Александр Сергеевич Пушкин

《尼·加·车尔尼雪夫斯基的长篇小说》

Роман Н. Г. Чернышевского

《思想家和艺术家陀思妥耶夫斯基》

Мыслитель и художник—Достоевский

《普希金与涅克拉索夫》

Пушкин и Некрасов

《安·巴·契诃夫在我们今天》

А. П. Чехов в наши дни

《托尔斯泰与我们现代生活》

Толстой и наша современность

《艺术家高尔基》

М. Горький——художник

《高尔基〈创作 40 周年纪念〉》

Горький（к сороколетнему юбилею）

《作家和政治家》

Писатель и политик

《萨姆金》

Самгин

《歌德和他的时代》

Гете и его эпоха

《席勒与我们》

Щиллер и мы

《批评与批评家们》

Критика и критики

马克西姆·高尔基（原名阿列克谢·马克西莫维奇·彼什科夫）

Максим Горький (Алексей Максимович Пешков，1868–1936)

《俄罗斯文学史》

История русской литературы

《个性的毁灭》

Разушение личности

《论自学的作家》

О писателях самоучках

《论巴尔扎克》

О Бальзаке

《论“卡拉马佐夫气质”》

О “карамозовщине”

《再论“卡拉马佐夫气质”》

Ёще о “карамозовщине”

《来自远方》

Издалека

《致读者的信》

Письма к читателю

《论傻瓜及其他》

О дураках и прочем

《两种灵魂》

Две души

《革命与文化——1917 文集》

Революция и культуре. Статьи 1917 года

《不合时宜的思想——关于革命与文化的札记》

Несвоевременные мысли. Заметки о революции и культуре

《论俄国农民》

О русском крестьянстве

《论罗曼·罗兰》

О Ромене Роллане

《谈谈我怎样学习写作》

О том, как я учился писать

《论精力的耗费》

О трате энергии

《还是那些话》

Всё о том же

《论文学》

О литературе

《论剧本》

О пьесах

《论散文》

О прозе

《致绥拉菲莫维奇的一封公开信》

Открытое письмо к Серафимовичу

《苏联的文学》

Советская литература

《论形式主义》

О формализме

瓦西里·瓦西里耶维奇·罗赞诺夫

（**Василий Васильевич Розанов，1856–1919**）

《论理解：对作为完整知识的科学本质、界限和内在结构的研究》

О понимании. Опыт исследования природы, границ и внутреннего строения науки как цельного знания

《宗教与文化》

Религия и культура

《文学随笔》

Литературные очерки

《自然与历史》

Природа и история

《基督教在历史中的地位》

Место христианства в истории

《关于陀思妥耶夫斯基的宗教大法官的传说》

Легенда о Великом инквизиторе Ф. М. Достоевкого

《在不清楚的和问题重重的世界里》

В мире неясного и нерешенного

《俄罗斯教会》

Русская Церковь

《阴郁的面孔：基督教形而上学》

Темный лик. Метафизика христианства

《月光下的人们：基督教形而上学》

Люди лунного света. Метафизика христианства

《孤独》（又译《离群索居》）

Уединённое

《在艺术家中间》

Среди художников

《落叶集》

Опавшие листья

《我们时代的启示录》

Апокалипсис нашего времени

尼古拉·奥努夫里耶维奇·洛斯基

（ Николай Онуфриевич Лосский，1870–1965 ）

《从唯意志论的角度看心理学的主要学说》

Основные учения психологии с точки зрения волюнтаризма

《直觉主义论》

Обоснование интуитивизма

《柏格森的直觉主义哲学》

Интуитивная философия Бергсона

《世界是有机的整体》

Мир как органическое целое

《意志自由》

Свобода воли

《价值与存在：上帝与上帝国是价值的基础》

Ценность и бытие. Бог и Царство Божие как основа ценностей

《世界观的类型：形而上学导论》

Типы мировоззрений. Введение в метафизику

《感性的、理智的和神秘的直觉》

Чувственная, интеллектуальная и мистическая интуиция

《绝对善的条件：伦理学基础》

Условие абсолютного добра. Основы этики

《上帝与世界的恶：神正论基础》

Бог и мировое зло. Основы теодицеи

《陀思妥耶夫斯基及其基督教世界观》

Достоевский и его христианское миропонимание

《俄罗斯哲学史》

История русской философии

《哲学通俗引论》

Общедоступное введение в философию

《俄罗斯人民的性格》

Характер русского народа

《回忆录：生平与哲学之路》

Воспоминания. Жизнь и философский путь

《世界是美的实现》

Мир как осуществление красоты

列夫·舍斯托夫（原名列夫·伊萨科维奇·施瓦茨曼）

Лев Шестов（Лев Исаакович Шварцман，1866–1938）

《莎士比亚及其批评者勃兰兑斯》

Шекспир и его критик Брандес

《托尔斯泰伯爵和弗·尼采学说中的善——哲学与说教》

Добро в учении гр. Толстого и Ф. Ницше（Философия и

проповедь）

《陀思妥耶夫斯基与尼采——悲剧的哲学》

Достоевский и Ницше（Философия трагедии）

《毫无根据的颂扬》

Апофеоз беспочвенности

《开端与终结》

Начала и концы

《在约伯的天平上（灵魂中漫游）》

На весах Иова（Странствования по душам）

《克尔凯郭尔与存在主义》

Киркегард и экзистенциальная философия

《雅典与耶路撒冷》

Афины и Иерусалим

谢尔盖·尼古拉耶维奇·布尔加科夫

（**Сергей Николаевич Булгаков，1871–1944**）

《经济哲学》

Философия хозяйства

《哲学的悲剧》

Трагедия философии

《作为哲学典型的伊凡·卡拉马佐夫》

Иван Карамазов как философский тип

《赫尔岑的精神悲剧》

Душевнная драма Герцена

《进步理论的基本问题》

Основные проблемы теории прогресса

《作为思想家的契诃夫》

Чехов как мыслитель

《费尔巴哈的人神说宗教》

Религия человекобожия у Л. Фейербаха

《荆冠——纪念陀思妥耶夫斯基》

Венец терновый. Памяти Ф. М. Достоевского

《作为宗教典型的卡尔·马克思》

Карл Маркс как религиозный тип

《俄罗斯的悲剧》

Русская трагедия

《从马克思主义到唯心主义》

От марксизма к идеализму

《永不熄灭之光》

Свет невечерний

《静思录》

Тихие думы

格奥尔吉·瓦西里耶维奇·弗洛罗夫斯基

（**Георгий Васильевич Флоровский，1893–1979**）

《陀思妥耶夫斯基与欧洲》

Достоевский и Европа

《公元 4 世纪的东方教父》

Восточные Отцы IV века

《公元 5–8 世纪的拜占庭教父》

Византийские Отцы Ⅴ–Ⅷ вв.

《俄罗斯神学之路》

Пути русского богословия

《教义与历史》

Догмат и история

《源于过去的俄罗斯思想》

Из прошлого русской мысли

巴维尔·亚力山德罗维奇·弗洛连斯基

（ Павел Александрович Флоренский 1882–1937 ）

《真理的柱石与确立———东正教神正论的体验（十二封信）》

Столп и утверждение истины. Опыт православной теодицеи в двенацати письмах

《在思想的分水岭旁》

У водоразделов мысли

《祭祀哲学概述》

Очерки философии культа

《圣像壁》

Иконостас

米哈依尔·米哈依洛维奇·巴赫金

（ Михайл Михайлович Бахтин 1895–1975 ）

《论行为哲学》

К философии поступка

《审美活动中的作者与主人公》

Автор и герой эстетической деятельности

《文学创作中的内容、材料和形式问题》

Проблема содержания, материала и формы в словесном художественном творчестве

《弗洛伊德主义批判纲要》

Фрейдизм: Критический очерк

《马克思主义与语言哲学》

Марксизм и философия языка

《文艺学中的形式主义方法》

Формальный метод в литературоведении

《陀思妥耶夫斯基创作问题》

Проблемы творчества Достоевского

《长篇小说的话语》

Слово в романе

《长篇小说的时间形式和时空体形式》

Формы времени и хронотопа в романе

《长篇小说的话语发端》

Из предыстории романного слова

《史诗与小说》

Эпос и роман

《言语体裁问题》

Проблемы речевых жанров

《语言学、语文学和其他人文科学中的文本问题》

Проблема текста в лингвистике, филологии и других гуманитарных

науках

《文学与美学问题》

Вопросы литературы и эстетики

《语言创作美学》

Эстетика словесного творчества

《文学批评论集》

Литературно-критические статьи

《陀思妥耶夫斯基的诗学问题》

Проблемы поэтики Достоевского

《拉伯雷的创作以及中世纪和文艺复兴的民间文化》

Творчество Франсуа Рабле и народная средневековья и Ренессанса

《人文科学方法论》

К методологии гуманитарных наук

鲍里斯·安德烈耶维奇·乌斯宾斯基

（ **Бориис Андреевич Успенский 1937–** ）

《结构类型学原则》

Принципы структурной типологии

《语言结构类型学》

Структурная типология языков

《教会斯拉夫语发音的古老体系（俄罗斯礼拜发音史）》

Архаическая система церковнославянского произношения（Из

истории литургического произношения в России）

《从俄罗斯教名史谈起（针对俄罗斯标准语和口语形式中合乎教规的专有名词重音史）》

Из истории русских канонических имен（История ударения в канонических именах собственных в их отношении к русским литературным и разговорным формам）

《结构诗学——艺术文本结构和结构形式类型学》

Поэтика композиции: Структура художественного текста и типология композиционной формы

《结构诗学》

Поэтика композиции

《用母语写成的第一部俄罗斯语法——祖国俄罗斯学的前罗蒙洛索夫时期》

Первая русская грамматика на родном языке: Доломоносовский период отечественной русистики

《斯拉夫古代语文学探索（尼古拉·米勒里季斯基的东斯拉夫祭祀仪式中多神教遗俗）》

Филологические разыскания в области славянских древностей（Реликты язычества в восточнославянском культе Николая Мирликийского）

《基辅罗斯的语言状况及其对俄罗斯标准语史的意义》

Языковая ситуация Киевской Руси и ее значение для истории русского литературного языка

《从 18 世纪至 19 世纪初俄罗斯标准语史谈起——卡拉姆辛的语言纲要及其历史根源》

Из истории русского литературного языка ⅩⅧ –начала ⅪⅩ века: Языковая программа Карамзина и ее исторические корни

《俄罗斯标准语史（11–17 世纪）》

История русского литературного языка（Ⅺ–ⅩⅦ вв.）

《俄罗斯标准语史概论（11–19 世纪）》

Краткий очерк истории русского литературного языка（Ⅺ–ⅪⅩ вв.）

《作品选集第一卷：历史符号学·文化符号学》

Избранные труды, т. Ⅰ: Семиотика истории. Семиотика культуры

《作品选集第二卷：语言和文化》

Избранные труды, т. Ⅱ: Язык и культура

《艺术符号学：结构诗学·圣像符号学·有关艺术文章》

Семиотика искусства: Поэтика композиции, Семиотика иконы, Статьи об искусстве

《作品选集第三卷：普通语言学和斯拉夫语言学》

Избранные труды, т. Ⅲ: Общее и славянское языкознание

《沙皇和宗主教：俄罗斯政权的神授性（拜占庭模式及俄罗斯对其的再认识）》

Царь и патриарх: харизма власти в России（Византийская модель и ее русское переосмысление）

《鲍里斯和格列布：古罗斯对历史的理解》

Борис и Глеб: Восприятие истории в Древней Руси

《沙皇和皇帝：登极及君主称号的语义》

Царь и император: Помазание на царство и семантика монарших титулов

《俄罗斯史论》

Этюды о русской истории

《（基督教徒）画十字手势和神圣空间：为什么东正教徒画十字从右到左，而天主教徒从左到右？》

Крестное знамение и сакральное пространство: Почему православные крестятся справа налево, а католики–слева направо?

《历史语文学概论》

Историко–филологические очерки

《俄语语法中的"部分"和"整体"》

Часть и целое в русской грамматике

《十字形和圆形：从基督教象征符号史谈起》

Крест и круг: Из истории христианской символики

《我说：语言和交际空间》

Ego loquens: Язык и коммуникационное пространство

《涉及特列季亚科夫斯基的俄语和俄罗斯文化史论著》

Вокруг Тредиаковского: Труды по истории русского языка и русской культуры

《根特的扬凡埃克圣堂：作品结构（从神和人的视角）》

Гентский алтарь Яна ван Эйка: композиция произведения. Божественная и человеческая перспектива

亚历山大·费多罗维奇·洛谢夫

（ Алексей Федорович Лосев 1893–1988 ）

《古希腊罗马美学史》

История античной эстетики

《公元 1-2 世纪希腊化时代的罗马美学》

Эллинистически–римская эстетика I–II вв. н. э.

《文艺复兴美学》

Эстетика Возрожения

《奥林匹斯神话学》

Олимпийская мифология

《历史发展中的奥林匹斯神话学》

Олимпийская мифология в её историческом развитии

《古希腊罗马宇宙和现代科学》

Античный космос и современная наука

《作为逻辑学对象的音乐》

Музыка как предмет логики

《名称哲学》

Философия имени

《艺术形式辩证法》

Диалектика художественной формы

《普罗提诺的数字辩证法》

Диалектика числа Плотина

《亚里士多德对柏拉图主义的批判》

Критика платонизма у Аристотеля

《神话辩证法》

Диалектика мифа

《古希腊罗马音乐美学》

Античная музыкальная эстетика

《古希腊罗马历史哲学》

Античная философия истории

《符号·象征·神话》

Знак. Символ. Миф

《弗·索洛维约夫》

Вл. Соловьёв

《语言结构》

Языковая структура

《弗·索洛维约夫及其时代》

Владимир Соловьёв и его время

《存在·名称·宇宙》

Бытие. Имя. Космос

《古希腊罗马象征主义和神话学概述》

Очерки античного символизма и мифологии

《神话·数·本质》

Миф. Число. Сущность

《形式·风格·表现》

Форма. Стиль. Выражение

列昂尼特·瑙莫维奇·斯托洛维奇

（ Леонид Наумович Столович，1929–2013 ）

《现实和艺术中的审美》

Эстетическое в действительности и в искусстве

《美的问题和社会理想》

Проблема прекрасного и общественный идеал

《美学的对象》

Предмет эстетики

《审美价值的本质》

Природа эстетической ценности

《生活·创作·人——艺术活动的功能》

Жизнь, творчество, человек. Функции художественной деятельности

《美·善·真——美学价值说历史概述》

Красота. Добро. Истина. Очерк истории эстетической аксиологии

《美的哲学》

Философия красоты

《关于艺术命运的争论》

Спор о судьбах искусства

《生活和艺术中的美》

Прекрасное в жизни и искусстве

《论艺术审美本质的若干问题》

Некоторые вопросы эстетической природы искусства

《美的范畴和社会理想》

Категория прекрасного и общественный идеал

《哲学·美学·笑》

Философия. Эстетика. Смех

《哲学中的多元论与多元论哲学》

Плюрализм в философии и философия плюрализма

《俄罗斯哲学史》

История русской философии

尤利·米哈依洛维奇·洛特曼

（**Михайлович Юрий Лотман，1922–1993**）

《安德列·谢尔盖耶维奇·凯萨罗夫及其时代的文学社会斗争》

Андрей Сергеевич Кайсаров и литературно-общественная борьба

его времени

《诗体小说〈叶甫盖尼·奥涅金〉——专题课程：文本研究导论讲稿》

Роман в стихах "Евгений Онегин". Спецкурс. Вводные лекции в

изучение текста

《第二性模拟系统论文集》

Сборник статей по вторичным моделирующим системам

《论结构的语言学概念和文艺学概念的区别》

О разграничении лингвистического и литературоведческого

понятия структуры

《结构诗学讲义》

Лекции по структуральной поэтике

《诗歌文本分析：诗的结构》

Анализ поэтического текста：Структура стиха

《文化类型学论文集》（1–2 册）

Статьи по типологии культуры（вып. 1–2）

《第二性模拟系统》

Вторичные моделирующие системы

《1992–1993 年的论文和演讲选集》

Избранные статьи и выступления 1992–1993гг.

《符号系统著作》（1–6 辑，12–15 辑，17 辑，19–21 辑）

Труды по знаковым системам（1–6, 12–15, 17, 19–21）

《卡拉姆辛的创作》

Сотворение Карамзина

《文化与爆炸》

Культура и взрыв

《尤·米·洛特曼的三卷本论文选集》

Избранные статьи в трех томах

《俄罗斯文学讲座》

Беседы о русской литературы

《普希金》

Пушкин

《论诗人和诗歌——诗歌文本分析、论文、研究、评论》

О поэтах и поэзии. Анализ поэтического текста. Статьи. Исследования.

Заметки

《书信》

Письма

《艺术文本结构》

Структура художественного текста

《论艺术》

Об искусстве

《在思维的世界里：人—文本—符号圈—历史》

Внутри мыслящих миров: Человек–текст–семиосфера–история

《符号圈》

Семиосфера

《俄罗斯文化历史和类型学》

История и типология русской культуры

《培育心灵》

Воспитание души

《文化的不可预见机制》

Непредсказуемые механизмы культуры

附录二　术语和概念中俄文对照表

（以中文名称首字的拼音字母为序）

B

白银时代	серебряный век
悲观主义	пессимизм
悲剧	трагедия
悲剧的哲学	философия трагедии
本体论	онтология
本质	сущее
彼岸世界	потусторонний мир
比喻	сравнение
辩证法	диалектика
不可知论	агностицизм
不平等哲学	философия неравенства

C

超人哲学	сверхчеловеческая философия
超意识	надсознание
超智语言（莫名其妙的语言）	заумный язык
抽象性	абстрактность
创作方法	творческий метод
创造哲学	философия творчества

此岸世界	посюсторонний мир
此岸性	посюсторонность
崇高	высокость
抽象原理	отвлеченные начала
存在	бытие
存在主义	экзистенциализм
存在主义哲学	экзистенциальная философия

D

反基督者	антихрист
东正教	православие
东正教人本主义	православный антропологизм
东正教社会主义	православный социализм
东正教神正论	православная теодицея
对话	диалог
独白	монолог
多神教	язычество
多元论	плюрализм

E

俄罗斯的悲剧	русская трагедия
二律背反	антиномия
二元论	дуализм

F

反思	рефлексия
反映论	теория отражения
泛神论	пантеизм
泛心论	панпсихизм
方法论	методология
非理性主义	иррационализм
符号学	семиотика
弗洛伊德主义	Фрейдизм

G

概念化	концептирование
感伤主义	сентиментализм
个人主义	индивидуализм
个性	индивидуальность, личность
个性说	учение о личности
公式化	схематизм
共产主义	коммунизм
共时性	синхронность
共性思维	общий смысл
孤独	уединённое
古希腊罗马神话	античная мифология

H

涵义	смысл
"活人论"	теория "живого человека"
活知识	живое знание

J

假定性	условность
价值	ценность
基督	Христос
基督教	христианство
基督教伦理学	христианская этика
基督教形而上学	метафизика христианства
基督教政治	христианская политика
结构	композиция
禁欲主义	аскетизм
经济哲学	философия хозяйства
静思录	тихие думы
精神悲剧	душевная драма
精神复兴	духовный ренессанс
绝对精神	абсолют
绝对善	абсолютное добро
绝对真理	абсолютная истина
聚和性	соборность
具体的理想现实主义	конкретный идеал-реализм

K

空间	пространство
空想社会主义	утопический социализм

L

类型学	типология
理想现实主义	идеал-реализм
理想现实主义的象征主义	идеал-реалистический символизм
理性	разум
理性主义	рационализм
理念	идея
理想化	идеализация
历时性	диахронность
灵感	вдохновение
伦理学	этика
逻各斯	логос
逻辑斯提	логистика
逻辑思维	логическое мышление

M

马克思原理	основы марксизма
马克思主义	марксизм
美	красота
美学	эстетика
美学标准	эстетический критерий

弥赛亚说   мессианизм, мессианство

弥赛亚意识   мессианское сознание

民族主义   национализм

陌生化   остранение

末日论   эсхатология

N

内容   содержание

拟人   олицетворение

O

偶像的毁灭   крушение кумиров

欧亚大陆主义   евразийство

P

片段   фрагмент

Q

启示录   апокалипсис

潜能   потенциал

潜意识   подсознание

情节   сюжет

起源   первоначало

R

人本主义	антропологизм
人道主义	гуманизм
人的灵魂	душа человека
人类学	антропология
人民性	народность
人神论	человекобожество
人神说的宗教	религия человекобожия
人文主义	гуманизм
人物	герой（-иня）
人性	человечность
人学	человековедение
人智学	антропософия
认识论	гносеология, теория познания
认知	узнавание

S

三段式	триада
三次对话	три разговора
三维世界	трёхмерный мир
三位一体	триада（Троица）
善的证明	оправдание добра
熵	энтропия
社会乌托邦	социальная утопия

社会性	общественность
社会学批评	социологическая критика
社会哲学	общественная философия
神话	миф
神话化	мифологизация
神话学	мифология
神话主义	мифологизм
神秘论	мистика
神秘主义	мистицизм
神权政治	теократия
神人论	богочеловечество
圣经	библия, священное писание
圣母	богиня
圣像壁	иконостас
神学	богословие, теология
神正论	теодицея
神智学	теософия
审美价值	эстетическая ценность
生命的意义	смысл жизни
生命哲学	философия жизни
实在与人	реальность и человек
实证主义	позитивизм
诗学	поэтика
世界观	миросозерцание

世俗化	приземление
实体活动者	субстанциальный деятель
斯拉夫主义	славянофильство
思想的分水岭	водоразделы мысли
索菲亚	софия
宿命论	фатализм
说教	проповедь

T

通灵术	оккультизм
同一性	тожедество
童话	сказка
颓废派	декадентство

W

万物统一论	всеединство
万物有灵论	анимизм
完整知识	цельное знание
文本	текст
危机	кризис
唯理论	рационализм
唯灵论	спиритуализм
唯美主义	эстетизм
唯物主义	материализм
唯心主义	идеализм

唯意志论	волюнтаризм
祭祀哲学	философия культа
文学性	литературность
文学语言	литературный язык
文艺复兴	Ренессанс, Возрождение
文艺思潮	литературное течение
文艺学	литературоведение
乌托邦	утопия
乌托邦主义	утопизм
无意识	бессознательное
无政府主义	анархизм

X

想象	воображение
西欧派	западничество
细节	деталь
先天论	априоризм
现代主义	модернизм
现实主义	реализм
象征	символ
象征主义	символизм
新宗教意识	новое религиозное сознание
心理分析	психоанализ
心理主义	психологизм

心理学	психология
性格	характер
信仰	вера
形而上学	метафизика
形式	форма
形式主义	формализм
行为	поступок
形象	образ
形象思维	образное мышление
修辞学	стилистика
虚构	вымысел
虚无主义	нигилизм
虚无主义的伦理学	этика нигилизма
叙事文学	эпос
寻神派	богоискательство

Y

耶稣	Исус
寓意	аллегория
一神教	монотеизм
艺术性	художественность
艺术真实	художественная правда
艺术的审美本质	эстетическая сущность искусства
意识	сознание

意识形态	идеология
意向	интенция
意象主义	имажинизм
意志自由	свобода воли
隐喻	метафора
语言	язык
宇宙教会	Вселенская церковь
原型	прототип

Z

真理的柱石	столп истины
赞美诗	псалом
造神论	богостроительство
哲学	философия, любомудрие
哲学的悲剧	трагедия философии
哲学的真理	философская истина
哲学典型	философский тип
哲学心理学导论	введение в философскую психологию
真实性	правдивость
直觉	интуиция
直觉主义	интуитивизм
直觉主义哲学	интуитивная философия
知识的对象	предмет знания
知识分子的真理	интеллигентская правда

主观主义	субьективизм
主题	тема
转喻	метонимия
传记批评	биографическая критика
自然神论	деизм
自然主义	натурализм
自我认识	самопознание
自我意识	самосознание
自由精神文化学院	Вольная академия духовной культуры
自由哲学	философия свободы
中世纪	средневековье
宗教	религия
宗教典型	религиозный тип
宗教人道主义	религиозный гуманизм
宗教性	религиозность
宗教哲学	религиозная философия
宗教哲学聚会	религиозно-философские собрания
宗教哲学协会	религиозно-философское общество
宗教哲学研究院	религиозно-философская академия

后 记

《"万物统一"的美学探索：东正教与俄罗斯文论》一书终于顺利完成了，作为国家社会科学基金重大项目"东正教与俄罗斯文学研究"的子项目，它不仅揭示了东正教与俄罗斯文学批评理论之间的关系，而且对整个项目起到思想引领的作用。理论是研究的基础和方法指导，是思想和灵魂。失去思想的人就是没有灵魂的躯壳，没有理论支撑的研究项目，就会丧失基础，甚至是无法想象的。

回顾自己从事俄罗斯文学研究的 30 多年历程，从 1989 年我获得的第一个国家社科基金青年项目起，到 2021 年重大项目的结项，感慨万千，让我切实体会到学术与生命的交融。离开了学术研究我们的生命就会枯竭，失去意义。感谢本项目的各子项目负责人，正是我们团队的精诚合作，才能够如此顺利按时完成任务，提交出版。

本书的另一位著者是南京师范大学外国语学院俄语系主任管月娥教授，她不仅参与了部分章节的写作和全书的校对工作，而且负责了重大项目的管理工作以及与各子项目负责人之间的联系。她认真负责的态度和精神保障了本书的质量。她与另外三本书《保守主义、东正教与俄罗斯国家形象建构》《"聚和性"与俄罗斯文学经典》《东正教与陀思妥耶夫斯基创作研究》的著者朱建刚、萧净宇、万海松，都曾经是我的学生。他们的参与让我感受到生命的活力和学术的传承，让我深切地体会到作为老师的快乐和精神享受。也许正因为如此，学术之旅是快乐的，这不仅是时光岁月留下的单程，更是学术接力的轨迹，是学术人生生不息的精神。

本项目的子项目《东正教与俄罗斯民族语言研究》的负责人刘宏教授是我早在 1995 年俄罗斯访学期间就已经结识的朋友。这位当年与我们一起游伏尔加河、漫步莫斯科和彼得堡街头的青年研究生，如今已经是大连外国语大学的校长、教育部外语教学指导委员会俄语分会主任。感谢她和彭文钊教授、王钢博士的加盟，感谢大连外国语大学的支持，难忘 2018 年 7 月我们在大连举办的"东正教与俄罗斯文学研究"的国际学术研讨会。项目研究是有起始期限的，但是学术友谊则是无界的、永存的。

本书就要提交出版社了，要感谢的人很多！感谢南京师范大学外国语学院，我工作了 30 多年的单位，感谢这里的领导、老师和学生们对我的关心和帮助！没有如此和谐、温暖的大家庭，要完成这项巨大的工程是难以想象的！感谢中国社会科学院外国文学研究所，我攻读硕士、博士学位的"娘家"！每当我感到力不从心的时候，我就会从"娘家"得到学术的力量，继续前行！感谢我的导师，中国社会科学院外国文学研究所的张羽研究员和俄罗斯科学院高尔基世界文学研究所的盖依研究员！你们是我的学术领路人，我的成长中渗透了你们太多的心血，师恩永远铭记！感谢国内的同行和朋友们，特别是中国社会科学院外国文学研究所的陈众议研究员、清华大学的王宁教授、东南大学的凌继尧教授、浙江大学的吴笛教授和许钧教授、上海交通大学的刘建军教授、首都师范大学的刘文飞教授、上海外国语大学的郑体武教授！感谢你们在项目立项、开题以及结项中提出的宝贵意见和给予的帮助！感谢我的老友吴文智先生在本书出版过程中给予的帮助，感谢中国华侨出版社，尤其是高文喆女士对本书出版的大力支持！感谢家人、感谢朋友，感谢所有关心本项目的亲朋好友！顺便说一句，要特别感谢我的博士后叶林博士，他熟练的电脑操作和文献检索能力，为本项目的完成提供了有力的保障！

项目完成和本书的出版并非学术研究的终点，只是新航程的起点。生命在于运动，学术在于追求。或许时间可以让人渐渐变老，甚至可以终止人的生命，但它无法阻挡研究给予学术人的快乐和享受，这也就是学术人永远是年轻的秘诀吧！

张 杰

2021 年 5 月 24 日于

南京师范大学随园 700 号 207 室